hänssler

ARMIN MAUERHOFER

Pädagogik

nach biblischen Grundsätzen

Band 2
Entwicklungspsychologie, bibelorientierte Didaktik und katechetische Überlegungen

Dr. Armin Mauerhofer wurde 1946 in Neuenegg geboren. Er war einige Jahre Primarlehrer. Nach dem Studium an der Staatsunabhängigen Theologischen Hochschule in Basel war er längere Zeit Pfarrer der Freien Evangelischen Gemeinde in Langenthal. Neben der Gemeindearbeit promovierte er an der Uni in Bern. Heute ist er Lehrer innerhalb des Bundes der Freien Evangelischen Gemeinden und Dozent an der STH im Bereich der Praktischen Theologie. Er unterrichtet seit 1986 Pädagogik und Katechetik. Er ist verheiratet und Vater von drei erwachsenen Kindern.

hänssler-Paperback
Bestell-Nr. 393.823
ISBN 3-7751-3823-4

D-71087 Holzgerlingen
Internet: www.haenssler.de
E-Mail: info@haenssler.de
Titelfotos: H. B. Binder; The Image Bank
Umschlaggestaltung: Daniel Kocherscheidt
Satz: AbSatz, Klein Nordende
Druck und Bindung: Freiburger Graphische Betriebe, Freiburg
Printed in Germany

Inhalt

6 Entwicklungspsychologie

6.1 Einleitende Gedanken zur Psychologie

Bevor ich mich dem eigentlichen Thema der Psychologie, nämlich der »Lehre vom Verhalten und Erleben des Menschen« zuwende, möchte ich zunächst darauf hinweisen, dass der Mensch sich nicht zum Menschen entwickelt, sondern gleich von Anfang an Mensch ist. Der Embryologe E. Blechschmidt hat nachgewiesen, dass es in der embryonalen Entwicklung eines Menschen keine Vorformen des Menschseins gibt. Die Entwicklung des Menschen ist von Anfang an eine Entwicklung auf das Menschsein hin.[1]

Werdendes Leben gibt es nicht. Auch der allerjüngste menschliche Keim ist schon Person, perfekte Person vom Wesen her, denn die individuelle Persönlichkeit des Menschen und damit seine Psyche ist nicht das Ergebnis seiner körperlichen Entwicklung.[2]

Die Bibel sagt dies in unübertroffener Klarheit in Psalm 139,15.16: *»Es war dir mein Gebein nicht verborgen, als ich im Verborgenen gemacht wurde, als ich gebildet wurde unten in der Erde. Deine Augen sahen mich, als ich noch nicht bereitet war, und alle Tage waren in dein Buch geschrieben, die noch werden sollten und von denen keiner da war.«*

Aus diesem Grund verwerfen wir die »Rekapitulationsthese«[3] des Darwinismus. Die ethische Konsequenz daraus ist, dass jeder, der eine Schwangerschaft unterbricht – auch im Frühstadium der Entwicklung – ein Individuum tötet. An dieser Stelle ist darauf hinzu-

---

[1] Seiß, R., Identität und Beziehung. Ein zentraler Aspekt verstehender Entwicklungspsychologie, Neuhausen-Stuttgart 1986, S. 138-139

[2] Kinder – unsere Zukunft. Plädoyer für die Ungeborenen, hg. v. H. Thielscher-Noll u. H. G. Noll, Neuhausen-Stuttgart 1988, S. 24

[3] Man meint, dass die Ontogenese eines Menschen eine schnelle Wiederholung der Evolutionsgeschichte sei. Dass dies nicht der Fall ist, zeigt E. Blechschmidt in seinem Buch »Die Erhaltung der Individualität. Fakten zur Humanembryologie, Neuhausen-Stuttgart 1982«

weisen, dass ein Fötus ab dem dritten Monat lebhaft mit den Beinen stößt, Füße und Zehen bewegt, eine Faust macht, den Daumen zum Mund bewegt und lutschen kann, den Mund öffnet und Fruchtwasser schluckt, die Stirn runzelt. Die Sinnesorgane entwickeln sich vor allem ab dem sechsten Monat. Das Kind kann jetzt schon hören, sehen, schmecken und nimmt Anteil am Gefühlsleben der Mutter.[4] Deshalb haben wir uns mit aller Kraft gegen die Abtreibung von ungeborenen Kindern einzusetzen.

Um uns in der Psychologie in rechter Weise mit dem Menschen beschäftigen zu können, müssen wir wissen, wer der Mensch eigentlich ist.

Ich habe in Kapitel 2 ausgeführt, dass weder die Philosophie noch irgendwelche Ideologie uns dies sagen kann. Nur der Schöpfer der Menschen kann dem Menschen sagen, wer er ist. Und genau dies hat er in der Bibel gemacht.

Gott hat die Idee der Beschaffenheit des Menschen seinem eigenen, göttlichen Wesen entnommen. Er schuf den Menschen nämlich *»nach seinem Bild«* (1. Mose 1,27).

Der Gott, der den Menschen in seinem Bild erschaffen hat, hat uns auch etwas über **seine Strukturen** offenbart. Die Bibel spricht vom **Leib,** von der **Seele**, dem **Geist** und dem **Herzen** des Menschen.

1. Das Verhältnis von Seele und Leib

Was uns auffällt ist, dass die Bibel wohl einen Unterschied zwischen Seele und Leib macht, aber **keine Trennung** vornimmt. Die Bibel spricht oft so, als ob Leib und Seele dasselbe wären (Ps 63,2; 84,3). Vielleicht ist es am besten zu sagen, dass dort, wo die Bibel einen Unterschied macht, der Leib die Außenseite und die Seele die Innenseite eines Menschen hervorhebt (2. Kor 4,16). Die Seele, wie auch der Geist, werden nach dem physischen Tod weiterleben (Mt 10,28; Apg 7,59).

---

[4] Schenk-Danzinger, L., Entwicklung, Sozialisation, Erziehung. Von der Geburt bis zur Schulfähigkeit, Bd. 1, Stuttgart; Wien 1994², S. 14-18

2. Das Verhältnis von Seele und Geist[5]

Auch zwischen Seele und Geist finden wir in der Bibel eine Unterscheidung, aber **keine Trennung** (Phil 1,27; 1. Thess 5,23; Hebr 4,12).

Das Denken, Wollen und Empfinden entspringen sowohl der Seele (Ps 103,2; Mt 22,37; Joh 12,27), als auch dem Geist (1 Kor 2,11; Mt 26,41; Lk 1,47).

Wenn wir versuchen, die Unterschiede zwischen Seele und Geist aufzuzeigen, fällt auf, dass die Seele eher auf den Leib ausgerichtet ist, während der Geist eine stärkere Ausrichtung auf das Transzendente, auf das Ewige, letztlich auf Gott oder auf Götzen hat.

Sowohl *»Seele«* als auch *»Geist«* sind Bezeichnungen für das »Ich«, und somit für den ganzen Menschen (Ps 42,2; 143,7).

Der Geist bleibt ewig (Hebr 12,23; 1 Petr 3,19).

3. Das Herz

Willem J. Ouweneel sucht in seinem Buch »Psychologie. Ein bibelorientiert-wissenschaftlicher Entwurf«, aufzuzeigen, dass eigentlich **das Herz das tiefste Innere eines Menschen ist**, das, was das Ego, **die ganze Persönlichkeit** ausmacht (Kol 2,2; 1. Joh 3,19f). Das Herz ist beim sündigen Menschen der Ausgangspunkt der Sünde (Mt 15,19), aber es ist zugleich auch der Ausgangspunkt göttlicher Einwirkung (Apg 15,9; Röm 2,15). Das Ziel Gottes ist es, durch das Erlösungswerk Jesu das Herz des Menschen zu reinigen (Mt 5,8; Jak 4,8), sodass der Heilige Geist und durch ihn Jesus im Herzen eines Gläubigen wohnen können (2. Kor 1,22; Gal 4,6; Eph 3,16f).

Das Herz ist **der Knoten- und Brennpunkt des Denkens, Wollens und Empfindens** (Mt 9,4; Joh 16,6.22).

Das Herz steht auch für **das Ich** des Menschen (Ps 55,5).

Wenn man genau hinsieht, fasst das Herz Seele und Geist mit all ihren Ausrichtungen in sich zusammen.

Der Begriff Herz will die **Einheit aller Aspekte und Strukturen unseres inneren und äußeren Seins hervorheben.**[6]

---

5 Ouweneel, W. J., Psychologie. Ein bibelorientiert-wissenschaftlicher Entwurf, Bielefeld; Dillenburg 1993, S. 63

6 ebd., S. 64-65

Wir sehen, dass Leib, Seele, Geist und Herz **nicht Bestandteile (Substanzen)** des Menschen sind, sondern dass der Mensch, obwohl die Bibel diese Unterscheidungen macht, **eine Einheit** bildet.

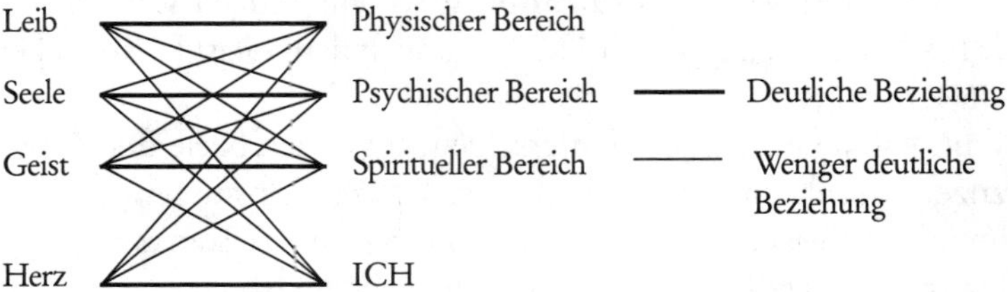

Leib, Seele, Geist und Herz entsprechen bestimmten Bereichen, die eine Einheit bilden.

Jeder Mensch ist, da er aus seinem Innersten heraus denkt, will und empfindet, **eine Persönlichkeit**. Weil Wille, Denken und Empfinden bei jedem Menschen ganz verschieden zusammenwirken, ist er eine **einzigartige Persönlichkeit**.[7]

Der Mensch ist, da er im Bild Gottes geschaffen wurde, als Persönlichkeit **gemeinschaftsfähig, befähigt Verantwortung zu tragen, intellektuell begabt, kreativ und mit Emotionalität beschenkt** (Siehe dazu 2.3). Im Ausleben dieser gottgeschenkten Befähigungen kommt es zum **Zusammenwirken von Leib, Seele, Geist und Herz**.

Diese biblischen Aussagen gilt es im Bereich der Psychologie wissenschaftlich anzuwenden. Von diesen biblischen Voraussetzungen herkommend, haben wir alle Bereiche des menschlichen Lebens zu untersuchen. Empirische Untersuchungen können uns dabei helfen. Wichtig ist aber, dass wir die Ergebnisse von der Bibel her deuten. Wir werden so Wesentliches über das psychische und spirituelle Leben eines Menschen erfahren, das so nicht im Einzelnen in der Bibel steht.[8]

Wir versuchen **biblische Aussagen, die wir erst noch dogmatisch ordnen, in der wissenschaftlichen Psychologie anzuwen-**

[7] Ouweneel, W. J., Herz und Seele. Gibt es eine christliche Psychologie? Dillenburg 1991, S. 44

[8] Ouweneel, W. J., Psychologie, S. 29

den. Diese Möglichkeit bezweifelt Willem J. Ouweneel. Er ist der Überzeugung, dass die Theologie nicht für die Beurteilung psychologischer Resultate und Theorien ausgerüstet sei.[9] Er versucht deshalb, eine bibelorientierte wissenschaftliche Psychologie auf der Grundlage der von H. Dooyeweerd und D. H. Th. Vollenhoven entfalteten **christlichen Philosophie, auszuarbeiten.**[10]

Grundsätzlich bin ich überaus dankbar, dass W. J. Ouweneel eine bibelorientierte wissenschaftliche Psychologie ausgearbeitet hat. Ich bezweifle aber, dass der Weg über eine christliche Philosophie nötig ist. Mir scheint es eher ein Umweg zu sein. Ich bin überzeugt, dass wir direkt von **dogmatisch geordneten theologischen Aussagen** zu einer bibelorientierten wissenschaftlichen Psychologie gelangen können. Sicherlich müssen die dogmatischen Ausführungen dem Fachgebiet Psychologie entsprechend angewandt werden.[11]

6.1.1 Warum beschäftigen wir uns auch eingehend mit der heutigen Psychologie?

Hier die Gründe:[12]

- Wir begegnen in unserem Alltag ständig Beurteilungen, Entscheidungen und Wertungen, die auf psychologische Diagnosen und Sichtweisen des Lebens zurückgehen. Wir sollten diese als Christen überprüfen können. Deshalb ist es nötig zu wissen, wie sie zustande kamen.
- Immer neue psychologische Erkenntnisse beeinflussen die Erziehungskonzepte, welche wir als Gläubige hinterfragen müssen.
- Schließlich gilt es zu beachten, dass es keine ideologiefreie Wissenschaft vom Menschen gibt. Weil dies auch im Bereich der Psy-

9 ebd., S. 27
10 ebd., S. 33-35
11 Richard Schultz schreibt: »Zudem sollen sich christliche Psychologen eingehend in Biblische Theologie, Dogmatik und Ethik einlesen ...« Zit. nach Schultz, R., Im Wort gegründet? Ein Ruf zum verantwortlichen Umgang mit der Bibel in der christlichen Psychologie, in: Bibel und Gemeinde, hg, v. Bibelbund, Reiskirchen Nr. 1/1998, S. 20
12 Seiß, R., Die seelische Entwicklung im Schulalter, Wuppertal 1979, S. 14-18

chologie so ist, muss der Christ die psychologischen Ergebnisse und Behauptungen anhand der Bibel beurteilen und einordnen können.

Nun wenden wir uns **der heutigen Psychologie** zu:

W. Traxel schreibt:

> »Gegenstand der wissenschaftlichen Psychologie ist die Beziehung zwischen Ich und Nicht-Ich, ist die Art und Weise, wie das Ich mit der äußeren Welt in Beziehung tritt.«[13]

Er ist weiter davon überzeugt, dass das Ich selbst nicht erforscht werden kann.

Die Psychologie versucht aber trotzdem, dieses Ich zu erforschen und es mit messenden Verfahren und statistischen Methoden zu erfassen. So ist zum Beispiel nach H. M. Trautner die

> »wesentliche Aufgabe einer Entwicklungstheorie die Erklärung und Vorhersage von Verhaltensänderungen.«[14]

Rudolf Seiß schreibt dazu, dass er es für einen der größten Fehler der Aufklärung und des modernen Denkens hält, dass man in Überschätzung der naturwissenschaftlich-technologischen Erfolge meint, den Menschen in seiner Ganzheit mit Hilfe einer wissenschaftlichen Herangehensweise erfassen zu können. Diese falsche Herangehensweise an den Menschen sei von einem falschen Menschenbild geprägt. Von der Evolution herkommend sehe man den Menschen nicht mehr als ein Geschöpf Gottes, sondern als ein rein immanentes Wesen. Man sei weiter davon überzeugt, dass mit dem Tod des Menschen alles aus sei. Das ewige Sein der Seele des Menschen werde abgelehnt.[15]

---

13 zit. nach Traxel, W., Über Gegenstand und Methode der Psychologie, Stuttgart 1968, S. 87

14 Trautner, H. M., Lehrbuch der Entwicklungspsychologie, Bd. 1, Göttingen; Toronto; Zürich 1978, S. 224

15 Seiß, R., Identität und Beziehung, S. 62

Auch M. Foucault stellt die Ergebnisse der heutigen Psychologie grundsätzlich in Frage. Der Mensch, der sich zum Subjekt gemacht hat, versuche sich in der Psychologie als Objekt zu ergründen. Der Mensch werde so zum Fundament der Erkenntnis seiner selbst. Er beachtet viel zu wenig, dass seine Erkenntnis von Vorgegebenheiten, Begrenzungen und kulturellen Einflüssen geprägt ist.

Foucault ist der Überzeugung, dass es dem Menschen einerseits gar nicht möglich ist, sich als Subjekt zum Objekt zu machen. Andererseits vermag er keine letztgültigen Aussagen über sich selber zu machen, da seine Erkenntnis nicht wertneutral und umfassend ist.[16]

Paul Vitz zeigt, dass ein Misstrauen gegenüber dem Selbst als Subjekt und gegenüber jeglichem Objektivierungsprozess eingesetzt hat, weil der Mensch sich in der Psychologie übernommen hat. Dieses Misstrauen breitet sich derzeit in der gesamten westlichen Welt aus. Es zeigt sich in wachsendem Misstrauen gegenüber den Wissenschaften, der Technik, der Wirtschaft und den Regierungen. Es ist ein Misstrauen gegenüber der rationalen Denkweise und öffnet die Menschen für religiöse, esoterische und okkulte Erfahrungen.[17]

6.1.2 Welches sind denn die Ansichten über die Psyche des Menschen in den vier psychologischen Grundrichtungen?[18]

- Da der **analytischen Psychologie** ein materialistisches Menschenbild zugrunde liegt, wird auch die Psyche des Menschen rein materialistisch gesehen. Ihre Funktion ist grundsätzlich physikalisch-chemisch erklärbar. Übrigens knüpft hier die neue Gehirnforschung an. Der Mensch wird als ein Wesen betrachtet, das

16 Forneck, H. J., Bildung – Die Archäologie der Selbsterschaffung, in: Studien zur Philosophie und Theorie der Bildung. Kritische Erziehungswissenschaft – Moderne – Postmoderne, hg. v. W. Marotzki; H. Sünker, Bd. 2, Weinheim 1993, S. 162-171

17 Vitz, P., Der Kult ums eigene Ich. Psychologie als Religion, Gießen; Basel 1995, S. 178

18 Antholzer, R., Plädoyer für eine biblische Seelsorge, Berneck 1986, S. 18-24

von einem immens komplexen Computer, dem Gehirn, gesteuert wird. Man meint, dass man mit Hilfe der Hirnforschung menschliches Verhalten und seine Störungen immer besser verstehen werde. Zugleich glaubt man auch, dass es bald einmal möglich sein wird, diese Störungen chemisch oder physikalisch beheben zu können, da die Seele, das Selbst, materialistisch gesehen wird.[19]
Paul Müller, Ordinarius für Physiologie der Universität Bern, widerspricht dieser monistischen Auffassung. Er schreibt:

»Eine direkte Parallelität zwischen Gedanken, bewussten Vorstellungen und neuronalen Hirnaktivitätsmustern lässt sich nicht herstellen. Wie ein Gedanke zur Hirnaktivität führt oder wie Hirnaktivität ein bestimmtes Gefühl erzeugen soll, ist naturwissenschaftlich nicht begründbar.«[20]

Er ist deshalb der Überzeugung, dass dem Gehirn die Seele, das Ich, übergeordnet ist, welche die Aktivitäten des Gehirns koordiniert und zusammenfasst.[21]
Wolfgang Kuhn weist ebenfalls darauf hin, dass die hochkomplizierten Aktivitäten unseres Gehirns niemals Geist hervorzubringen vermögen, sondern dass vielmehr der von Gott vorgegebene Geist diese Aktivitäten hervorbringt und steuert.[22] Ich bin mit W. J. Ouweneel davon überzeugt, dass das Ich, das Herz des Menschen, die Hirnmechanismen programmiert und umgekehrt beurteilt, was im Hirn passiert.[23] Dieses Ich ist naturwissenschaftlich weder erfass- noch erklärbar.[24]

---

19 Pfeifer, S., Die Schwachen tragen. Moderne Psychiatrie und biblische Seelsorge, Basel; Gießen 1988, S. 52

20 zit. nach Müller, P., Das Leib-Seeleproblem in den Naturwissenschaften und in der Medizin, in: Das heutige Menschenbild. Entwürfe und Ansätze, hg. v. M. Silvar, Bern; Frankfurt a. M.; New York; Paris 1989, S. 63

21 ebd., S. 61

22 Kuhn, W., Darwin im Computerzeitalter. Das Ende einer Illusion, Berneck 1989, S. 15

23 Ouweneel, W. J., Psychologie, S. 75

24 Ostermann, E., Der Tanz ums Goldene Kalb. Egoismus, Globalismus, Kapitalismus. Mit einer geistigen Wende in die Zukunft, Neuhausen-Stuttgart 1997, S. 14

- Im **Behaviorismus** geht man von einem biologischen Materialismus aus. Der Begriff »Seele« als etwas vom Leib Verschiedenes wird überhaupt nicht thematisiert. Ja, es interessiert von diesem stark evolutionistischen Ansatz herkommend überhaupt nicht. Alle psychischen Erscheinungen werden auf das Physische und zwar auf konditionierte Reflexe zurückgeführt. Der Mensch wird als ein physiologischer Roboter gesehen.[25] Das »Selbst« des Menschen bleibt unbekannt.
- Die **humanistische Psychologie**, die von einem philosophischen Materialismus ausgeht, interessiert sich für das Seelenleben des Menschen. In typisch humanistischer Weise steht das Selbst des Menschen mit seinen auf sich selbst ausgerichteten Bedürfnissen und mit seinem Recht auf Selbstverwirklichung im Mittelpunkt. Der Mensch ist letztlich nur diesem Selbst gegenüber verpflichtet. Die Seele wird als ein Teil gesehen, der mit dem Menschen stirbt.
- Bei der **transpersonalen Psychologie** wird die »Seele« als ein Teil des Kosmos gesehen, der dem Menschen die Möglichkeit gibt, mit seinen Mitmenschen, der Natur und dem Kosmos zu einer Ganzheit zu verschmelzen. Diese Seele, das Selbst, bleibt undefinierbar.[26] Die Wissensbasis dieser transpersonalen Psychologie ist nicht mehr generell verfügbar. Sie ist nur für den nachvollziehbar, der bereit ist, sich dieser verborgenen Wirklichkeit zu öffnen.[27]

Wenn wir die verschiedenen Lehren über die Seele, das Selbst des Menschen, innerhalb der Psychologie betrachten, sind wir zunächst **bestürzt**. In keiner psychologischen Richtung ist wirklich ein tieferes Verständnis von der Seele, das dem der Bibel nahe käme, zu finden. Wir müssen eigentlich jedes dieser Seelenverständnisse und damit die Vorstellungen über das Selbst des Menschen ablehnen, wenn wir die biblische Offenbarung ernst nehmen. Die Psychologie hat im Grunde das »Selbst« entleert. Man weiß heute in den verschiedenen psychologischen Richtungen nicht mehr, was mit dem »Ich«, dem »Selbst«, gemeint ist.[28]

---

25 Ouweneel, W. J., Psychologie, S. 123
26 Pfeifer, S., Die Schwachen tragen, S. 37-38
27 Hübner, P., Prolegomena zu einer christlichen Psychologie, Lüdenscheid o. J. S. 12
28 Vitz, P., Der Kult ums eigene Ich, S. 74-76

Wenn wir uns im Blick auf die Seelenlehre, auf die Lehre über das Selbst des Menschen, nicht an der uns in der Bibel vorgegebenen Offenbarung Gottes orientieren, verlieren wir uns in den merkwürdigsten Phantasien und Spekulationen.[29]

6.1.3 Wer ist der Mensch eigentlich?

Wenn wir die Daten der Untersuchungen der psychologischen und geistigen Entwicklung oder des psychologischen und geistigen Zustandes eines Menschen sinnvoll ordnen wollen, brauchen wir einen Standort, von dem aus wir Ziel und Sinn des menschlichen Lebens erkennen. Aussagen über Ziel und Sinn sind aber empirisch nicht möglich. Wir brauchen also, um diesen Standort einnehmen zu können, die göttliche Offenbarung. Diese sagt uns, welches das Ziel und der Sinn des menschlichen Lebens ist. Von der Bibel her erlangen wir eine Gesamtschau des Menschseins. Von dieser Gesamtschau her und aufgrund unseres Wissens über den Menschen können wir die verschiedenen Verhaltensweisen und Reaktionen eines Menschen richtig aufschlüsseln, verstehen und einordnen.[30]

Die Verwissenschaftlichung des Welt- und Menschenbildes auf der Grundlage des Rationalismus, des Empirismus und Skeptizismus führt dazu, dass sowohl diese Welt als auch der Mensch zu einem Bild des Menschen gemacht wird. Der Mensch ist nicht mehr in der Lage zu sehen, wie diese Welt und die Menschen wirklich sind, weil keine Öffnung mehr für das Göttliche da ist. Die Wirklichkeit des Menschen kann nur aus seiner Bezogenheit auf Gott, seinen Schöpfer und Erlöser, in rechter Weise erfasst werden.

Der Mensch hat sich aber Gott gegenüber absolut gesetzt.[31] Damit besteht die Gefahr, dass durch das psychologische Wissen der Mensch dem Menschen preisgegeben wird. Der Mensch sucht den

---

[29] Seiß, R., Identität und Beziehung, S. 68

[30] ebd., S. 37

[31] Lück, I., Alarm um die Schule. Kritische Auseinandersetzung mit der gegenwärtigen Erziehungs-Situation – Die neomarxistische Unterwanderung, Neuhausen-Stuttgart 1980^2, S. 15

anderen Menschen seinem Bild entsprechend zu formen. Dies ist sehr gefährlich.

Um zu erkennen, wer der Mensch wirklich ist, brauchen wir eine persönliche Beziehung zu Jesus Christus, die dann vorhanden ist, wenn wir durch den Glauben an das Erlösungswerk Jesu zur Gotteskindschaft gelangt sind. In Jesus *»liegen alle Schätze der Weisheit und der Erkenntnis verborgen«* (Kol 2,3). Wahre Erkenntnis von Gott, vom Menschen, von der gesamten Wirklichkeit gibt es nur in Jesus, der die absolute Wahrheit ist (Joh 14,6). Wer ein Gotteskind ist und durch den Geist der Wahrheit geleitet wird (Joh 14,17) und sich an das Wort der Wahrheit hält (Joh 17,17; Eph 1,13), gelangt zur Erkenntnis der Wahrheit (1. Tim 2,4). Nur mit Hilfe von Jesus ist wahre theoretische Erkenntnis anhand der Bibel und somit wissenschaftliches Arbeiten im humanwissenschaftlichen Bereich möglich. Wir sehen: **Der Glaube an Jesus ist der Erkenntnis vorgeordnet.** Nur aus der Gemeinschaft mit Jesus und im Hören auf sein Wort ist eine der Wirklichkeit entsprechende wissenschaftliche Psychologie denkbar.[32] Diese bibelorientierte wissenschaftliche Psychologie passt durchaus in das heutige Wissenschaftsverständnis, da jede Wissenschaft eine Reihe von weltanschaulichen Vorfragen impliziert.[33]

6.2 Einleitende Gedanken zur Entwicklungspsychologie

Die Entwicklungspsychologie befasst sich mit den Veränderungen des Verhaltens (zum Beispiel Bewegungs- und Handlungsabläufe, sprachliche Äußerungen usw.) und des Erlebens (Wahrnehmungen, Gefühle, Denkprozesse) während der Ontogenese (Individualentwicklung) eines Menschen, vor allem in seiner Kindheit und in seinem Jugendalter.[34]

---

[32] Ouweneel, W. J., Psychologie, S. 88
[33] Hübner, P., Prolegomena zu einer christlichen Psychologie, S. 128
[34] Trautner, H. M., Lehrbuch der Entwicklungspsychologie, Bd. 1, S. 17-19

Seit den siebziger Jahren wurde die Perspektive der Entwicklungspsychologie auf die **gesamte Lebensspanne** ausgeweitet. Die Ontogenese wird als ein lebenslanger Prozess verstanden. Die Entwicklungspsychologie der Lebensspanne führte über die Kinder- und Jugenderziehung zur Erwachsenen- und Altenbildung.[35] Ich beschränke meine entwicklungspsychologischen Überlegungen auf die Kindheit und das Jugendalter, weil meiner Ansicht nach zwischen einem heranwachsenden Kind und einem erwachsenen Menschen im Blick auf ihre Entwicklung wesentliche Unterschiede bestehen. Kinder sind auf dem Weg zu ihrer persönlichen Identität, während Erwachsene sie erlangt haben. Kinder sind von den Eltern, Lehrpersonen usw. abhängig. Erwachsene hingegen sind selbständige Persönlichkeiten. Die Entwicklung des heranwachsenden Kindes ist stark vom Verhalten der Eltern, der Lehrpersonen und der Gleichaltrigen ihnen gegenüber abhängig. Der Erwachsene aber ist für seine Weiterentwicklung weitgehend selbst verantwortlich.

Den eigentlichen Anstoß zur Entwicklungspsychologie gab Charles Darwin mit seinem Buch »On the Origin of Species« (1859). Seine Suche in diesem Buch nach »Anzeichen des Menschen im Tierleben« führten unweigerlich zu Spekulationen über die Entwicklung von Mensch und Gesellschaft.[36]

Mit einem systematischen Studium der Entwicklung der Kinder wurde aber erst im zwanzigsten Jahrhundert begonnen.

- Zunächst befasste sich die Forschung vorwiegend mit dem detaillierten Nachspüren der Schritt- und Stufenfolge, in denen Kinder verschiedene Verhaltensformen wie Sitzen, Gehen, Sprechen usw. erwerben.[37] Wichtige Forscher im Bereich dieser deskriptiv-normativen Entwicklungspsychologie sind Arnold Gesell, Oswald Kroh[38] und Charlotte Bühler.[39] Viele Forschungsergebnisse haben

---

[35] Weber, E., Pädagogik. Eine Einführung. Grundfragen und Grundbegriffe. Ontogenetische Voraussetzungen der Erziehung – Notwendigkeit und Möglichkeit der Erziehung, Bd. 1/Teil 2, Donauwörth 1996[8], S. 193-194

[36] Mussen, P. H.; Conger, J. J.; Kagan, J., Lehrbuch der Kinderpsychologie, Stuttgart 1981[3], S. 18

[37] ebd., S. 19-20

[38] Montada, L., Themen, Traditionen, Trends, in: Entwicklungspsychologie, hg. v. R. Oerter; L. Montada, München-Weinheim 1987[2], S. 17-18

[39] Fend, H., Entwicklungspsychologie des Jugendalters, Opladen 2000, S. 46.56

gezeigt, dass alle Kinder dieselbe Stufenfolge durchlaufen. Die Entwicklung folgt einem bestimmten Plan und verläuft ohne Unterbrechung. Damit ist aber nicht gemeint, dass sie gleichmäßig verläuft. Perioden eines überstürzten körperlichen Wachstums, wie auch Perioden außerordentlicher Zunahme an intellektueller, emotionaler Differenzierung lassen sich unterscheiden.[40]

- Seit etwa 1945 hat sich die entwicklungspsychologische Forschung in zunehmendem Maße **mit den Prozessen befasst, die dem Wachstum und der Entwicklung des Menschen zugrunde liegen**. Es wurde das Wie und das Warum von Verhalten und Verhaltensänderungen gründlich erforscht.[41]
- Später interessierte man sich vor allem für die Faktoren, welche auf das Kind einwirken, wenn es Leistungen zu erbringen hat. Beeinflusst zum Beispiel die soziale Klassenzugehörigkeit die intellektuelle Leistung und wenn ja, wie tut sie es? In welchem Maß kann spezielles Training oder Umweltanregung die intellektuelle Leistung beeinflussen?[42]
- Etwa seit 1990 sucht man die Hintergründe von positiven, sozial erstrebenswerten Verhaltensweisen zu untersuchen. Man sucht die Vorgänge zu erforschen, die zu persönlicher Zufriedenheit, Selbstlosigkeit, Altruismus und zu einem motivierten Verhalten führen.[43] Man hat unter anderem herausgefunden, dass vor allem das vorbildliche Verhalten warmherziger und doch strenger Eltern diese Verhaltensweisen hervorrufen.[44]

Mit Hilfe der Entwicklungspsychologie sucht man also zunächst die intraindividuellen altersentsprechenden Veränderungen (Entwicklungen) im körperlich-motorischen, geistigen, intellektuellen und sozialen Bereich zu beschreiben. Dazu hat man verschiedenste Untersuchungsmethoden entwickelt.[45]

---

40 Mussen, P., Einführung in die Entwicklungspsychologie, Weinheim; München 1991[9], S. 29-30

41 Mussen, P. H.; Conger, J. J.; Kagan, J., Lehrbuch der Kinderpsychologie, S. 20

42 ebd., S. 20

43 Mussen, P., Einführung in die Entwicklungspsychologie, S. 183

44 ebd., S. 184-186

45 Trautner, H. M., Lehrbuch der Entwicklungspsychologie, Bd. 1, S. 31-38

6.2.1 Untersuchungsmethoden der Entwicklungspsychologie

Heute sollen vor allem quantitative Untersuchungsmethoden helfen, bestimmte Theorien, Hypothesen und Vermutungen im Blick auf Veränderungen im Leben heranwachsender Menschen auf ihre Richtigkeit hin zu überprüfen. Sie sind soweit möglich rational-empirisch angelegt. Es gilt aber zu bedenken, dass die Datenerhebungen und ihre Auswertung von Vorverständnissen und Kernannahmen geprägt sind. Es gibt somit letztlich keine reine rational-empirische Methode. Die Kernannahme eines an Christus glaubenden Psychologen ist, dass der Mensch von seinem Angelegtsein auf Gott hin, also von seinem Herzen her verstanden werden muss. Dies prägt natürlich die empirischen Datenerhebungen und ihre Auswertung.

6.2.1.1 Die wichtigsten Methoden

- **Querschnittmethode**
  In einer Querschnittuntersuchung werden Individuen aus verschiedenen Altersgruppen mit demselben Messinstrument (zum Beispiel Fragebogen) zu einem bestimmten Zeitpunkt untersucht. Dabei werden das Lebensalter als unabhängige Variable, die mit dem Messinstrument (Fragebogen) erfassten Werte als abhängige Variablen betrachtet. Unterschiede zwischen den Messwerten werden auf Unterschiede des Alters zurückgeführt. Der Nachteil dieser Methode besteht darin, dass sie keine direkte Information über Veränderungen liefert.[46] So können z.B. die Einflüsse des Kohorteneffekts,[47] die recht erheblich sein können, nicht berücksichtigt werden.[48]

---

46 ebd., S. 390-392

47 Kohorte = Generation

48 Petermann, F., Daten, Dimensionen, Verfahrensweisen, in: Entwicklungspsychologie, S. 1020

- **Längsschnittmethode**
  In einer Längsschnittuntersuchung werden dieselben Individuen über einen längeren Zeitraum mit demselben Messinstrument (zum Beispiel Interview) in einem bestimmten Bereich mehrmals untersucht. Dabei werden wie bei der Querschnittuntersuchung das Lebensalter als unabhängige Variable, die mit dem Messinstrument (Interview) erfassten Werte als abhängige Variablen betrachtet. Unterschiede zwischen den Messwerten werden ebenfalls auf Unterschiede des Alters zurückgeführt. Ein besonderer Vorteil dieser Methode ist, dass sie direkte Informationen über Veränderungen im Leben eines Menschen gibt. Ein besonderer Nachteil ist, dass die Ergebnisse nicht auf andere Generationen (Kohorten) generalisiert werden können.[49]
  Mit Hilfe dieser Methode wurde in neuerer Zeit belegt, dass verwahrlosende Erziehungsbedingungen wie Mangel an Aufsicht und inkonsequente Erziehungspraxis einen maßgeblichen Einfluss auf die Entwicklung antisozialer Tendenzen haben.[50]
- **Experimentelle Methoden**
  Die traditionelle entwicklungspsychologische Forschung untersucht ganz bestimmte Verhaltensänderungen im kognitiven, motorischen oder sozialen Bereich. Um diese Veränderungen zu erforschen, werden Theorien, Hypothesen und Vermutungen aufgestellt. Bei der Überprüfung ihrer Richtigkeit geht man von einem bestimmten Alter und Verhalten der Kinder beim Beginn der Untersuchung aus. Es werden dann die Untersuchungsdauer und die empirisch beobachteten Veränderungen festgehalten. Meistens werden die Kinder in eine Versuchs- und Kontrollgruppe aufgeteilt. Die herausgearbeiteten Ergebnisse werden ausgewertet und mit den aufgestellten Theorien und Hypothesen verglichen.
  Es gibt auch das **Zeitreihenexperiment**. Es werden nur an wenigen Versuchskindern, oft nur an einem einzelnen viele Messun-

---

49 Trautner, H. M., Lehrbuch der Entwicklungspsychologie, Bd. 1, S. 395-400
50 Wellenreuther, M., Quantitative Forschungsmethoden in der Erziehungswissenschaft. Eine Einführung, Weinheim; München 2000, S. 41

gen durchgeführt. Diesen Messungen liegt ein Dreischritt zu Grunde: Ausgangssituation, Behandlung und Aussetzen der Behandlung. Mit Hilfe des Zeitreihenexperiments untersucht man den Prozess der Verhaltensänderung.[51]

U. Bronfenbrenner begegnet der herkömmlichen eher künstlichen experimentellen Entwicklungspsychologie (Laborsituation) mit der Forderung, den Einfluss der natürlichen Umweltvariablen besser zu berücksichtigen. Es sollte auch untersucht werden, wie die wechselseitige Anpassung zwischen dem sich entwickelnden Menschen und der sich verändernden unmittelbaren Umwelt vor sich geht.

Diese Anregungen sucht man heute in so genannten Feldforschungen zu berücksichtigen. Bei Feldforschungen werden vor allem Querschnittuntersuchungen ergänzt durch Längsschnittuntersuchungen eingesetzt.

- **Kausalanalysen**

  Bei den Kausalanalysen geht es darum, herauszufinden, welche Einflüsse auf ein Kind einwirken, dass es in seinem Leben zu positiven oder negativen Verhaltensänderungen kommt. Meistens wird für die Untersuchungen die Längsschnittmethode eingesetzt. So wurde z.B. mit Hilfe der Kausalanalyse in neuerer Zeit aufgezeigt, dass ein starker Zusammenhang zwischen Suchtneigung (z. B. Alkohol-, Medikamenten-, Rauschgift- und Zigarettenkonsum) einerseits und Schwierigkeiten mit schulischen Anforderungen und Problemen zwischen Jugendlichen und Eltern andererseits besteht.[52] Es wurde auch aufgezeigt, dass die Kinder, die von den Eltern wenig beaufsichtigt bzw. vernachlässigt werden und in der Erziehung wenig Geduld und Beharrlichkeit erlebt haben, zu Gewalttätigkeit neigen.[53]

---

51 ebd., S. 164.393
52 ebd., S. 178
53 ebd., S. 197

6.2.1.2 Hilfsmittel

- **Beobachtungsmethoden**
  Grundsätzlich haben Beobachtungsverfahren gegenüber Fragebögen den Vorteil, dass Merkmale aus einer gewissen Distanz erfasst werden. Für systematische Beobachtungen braucht es Regeln, die dem Beobachter genau vorschreiben, wen und was er wie lange und auf welche Weise beobachten soll. Zugleich wird ihm gezeigt, wie er das auf einem Beobachtungsbogen festhalten kann.[54]
- **Befragungsmethoden (Interview, Fragebogen)**
  Befragungsmethoden eignen sich, um die Selbsteinschätzung einer Person, deren Einstellungen, Wertvorstellungen und Interessen in Vergangenheit und Gegenwart zu erfassen.[55] Die häufigsten Formen der Befragung sind das Interview (mündliche Befragung) und die schriftliche Befragung (Fragebogen). Ein Fragebogen sollte übersichtlich gegliedert sein. Man geht in der Befragung vom Bekannten zum Unbekannten, Neuen.[56] Es werden in den Interviews und Fragebogen meist standardisierte Fragen gebraucht, damit die Antworten verglichen werden können.[57] Bei der Entwicklung eines Fragebogens sollte man darauf achten, dass die Fragen verständlich (konkret) und eindeutig formuliert werden. Sie brauchen auch eine gewisse Trennschärfe, damit Unterschiede aufgedeckt werden können.[58] Offene Fragen helfen Informationen über die Schüler zu sammeln, während sie in geschlossenen Fragen mit verschiedenen relevanten Antwortalternativen konfrontiert werden, die ihnen ein abwägendes Urteil abverlangen.[59] Bevor ein Fragebogen eingesetzt wird, muss er in mehreren Stichproben überprüft und anschließend angepasst werden.[60]

---

54 ebd., S. 296-298
55 Trautner, H. M., Lehrbuch der Entwicklungspsychologie, Bd. 1, S. 502-503
56 Wellenreuther, M., Quantitative Forschungsmethoden in der Erziehungswissenschaft, S. 312
57 ebd., S. 319
58 ebd., S. 328-329
59 ebd., S. 340-342
60 ebd., S. 347-348

Es gilt zu beachten, da es sich beim Interview und beim Fragebogen um ein reaktives Messverfahren handelt (das Messverfahren löst bei der Person eine Reaktion aus) und die Angaben der Person verfälscht werden können. Die Gefragten neigen nämlich dazu, sich den vermuteten Ansichten und Erwartungen des Fragestellers anzupassen.[61]

- **Testverfahren**

  Tests geben weitgehend zuverlässige und gültige Messungen von Stärken und Schwächen bei verschiedenen Individuen. Man kann mit Hilfe dieser Tests Entwicklungsrückstände, eine beschleunigte Entwicklung und Entwicklungsstörungen feststellen. Für die Zwecke der Entwicklungspsychologie stehen allgemeine Entwicklungstests, Intelligenztests,[62] Schuleignungstests und Tests zur Prüfung spezieller Funktionen, Fertigkeiten (Motorik und Feinmotorik) und Eignungen (Sprachentwicklung) zur Verfügung.[63]

  Bei der Ausarbeitung solcher Tests muss zuerst das Ziel gründlich geklärt werden. Diesem Ziel entsprechend werden dann Aufgaben entwickelt. Die Trennschärfe dieser Aufgaben muss möglichst groß sein, denn nur so kommen die Stärken und Schwächen der Kinder zum Vorschein.[64]

- **Versuch- und Kontrollgruppen**

  Um zu bestimmten Ergebnissen zu gelangen, ist es ab und zu nötig, die Teilnehmer zumindest in zwei experimentelle Gruppen, in eine so genannte Versuchs- und Kontrollgruppe einzuteilen. Die Personen werden zufällig den experimentellen Gruppen zugewiesen (Randomisierung) oder es werden Parallelgruppen gebildet. Die Versuchsgruppe wird dann bestimmten Maßnahmen unterzogen. Anschließend wird ihr Verhalten mit dem der Kontrollgruppe

---

61 ebd., S. 265-266

62 Darstellung eines Intelligenztests in Rebell, W., Psychologisches Grundwissen für Theologen. Ein Handbuch, München 1988, S. 78-80

63 Trautner, H. M., Lehrbuch der Entwicklungspsychologie, Bd. 1, S. 503

64 Wellenreuther, M., Quantitative Forschungsmethoden in der Erziehungswissenschaft, S. 283-294

verglichen. Wichtig ist, dass die Störfaktoren so weit wie möglich ausgeschaltet oder berücksichtigt werden.[65]

6.2.1.3 Die Messung der Ergebnisse und ihre Beurteilung

Das, was man mit den eben erwähnten Methoden und Hilfsmitteln erfasst hat, sucht man mit Hilfe von **Skalen zu messen**. Bei den meisten Versuchen werden mehrere Dimensionen gleichzeitig gemessen, da man erkannt hat, dass man nur so der Komplexität der Einflüsse, die im Leben des heranwachsenden Kindes zu Veränderungen führen, gerecht werden kann. Deshalb müssen auch die zur Verfügung stehenden Skalen eine mehrdimensionale Messung ermöglichen. Dies ist vor allem bei den Ordinal-, Intervall- und Verhältnisskalen der Fall.[66] Zudem ist die Validität (Gültigkeit und Zielgüte) einer Messung und ihre Reliabilität (Genauigkeit, Zuverlässigkeit) wichtig. Die Reliabilität wird meist durch Experimentwiederholung geprüft. Schließlich muss ihre Objektivität gewährleistet sein. Dies ist dann der Fall, wenn die Messwerte nicht durch den Untersucher oder Auswerter beeinflusst werden.[67]

Es wird dann überprüft, ob die Ergebnisse der Messungen die Theorien, Hypothesen oder Vermutungen bestätigen oder widerlegen.[68]

Mit Hilfe der meisten Skalen werden Einflüsse der Umwelt auf die heranwachsenden Kinder gemessen. Dies macht deutlich, dass man den Menschen als ein weitgehend durch die Umwelt **determiniertes Wesen** betrachtet.[69]

Wie wir sehen, sucht man heute den Menschen mit Hilfe naturwissenschaftlicher Methoden zu erfassen. Die Frage, die sich aufdrängt ist, ob man auf diese Weise dem Menschen gerecht wird. Besteht

---

65 ebd., S. 129-136
66 ebd., S. 261-264
67 ebd., S. 272-278
68 ebd., S. 369
69 Nähere Ausführungen dazu bei Petermann, F., Daten, Dimensionen, Verfahrensweisen, in: Entwicklungspsychologie, S. 1047-1060

nicht die Gefahr, dass man mit Hilfe dieser Methoden nicht die Wirklichkeit des Menschen zu Gesicht bekommt, sondern eine Scheinwirklichkeit aufbaut, die dem Menschen gar nicht entspricht?[70]

Ich bin davon überzeugt, dass die naturwissenschaftlichen Methoden dem Menschen nur teilweise gerecht werden können, weil sie ihm nicht adäquat sind. Vor allem kann man mit Hilfe dieser Methoden den seelisch-geistigen Bereich nicht erfassen. Die Beweggründe und Einstellungen des Herzens, die das Verhalten entscheidend beeinflussen, vor allem wenn dieser Mensch an Jesus als persönlichen Retter glaubt, bleiben unberücksichtigt.

6.2.1.4 Interpretation

Die durch die eben erwähnten Methoden, Hilfsmittel und Skalen erarbeiteten Ergebnisse müssen **noch interpretiert werden.**

Die Erziehungswissenschaftler, welche den Menschen als selbständige Persönlichkeit ernst nehmen, darunter auch die, welche vom biblischen Menschenbild ausgehen, interpretieren die Ergebnisse als Produkt eines aktiven Lernvorgangs. Aktives Lernen wird einerseits als Informationsverarbeitung verstanden und andererseits als Versuch, Probleme zu lösen.[71] Es gilt zu beachten, dass die Kinder sowohl positives wie negatives Verhalten lernen. Dieser Lernprozess geschieht durch eine aktive Auseinandersetzung mit den Umwelteinflüssen. In dieser Auseinandersetzung spielt das Herz und seine Beziehung zu Gott eine entscheidende Rolle. Die Forschungsergebnisse können auch als durch Reflexion entstandene Einsichten verstanden werden.

Die Erziehungswissenschaftler, welche den Menschen für ein von der Umwelt geformtes Wesen halten, wie dies bei der empirischen Erziehungswissenschaft und beim Behaviorismus der Fall ist, betrachten die Entwicklung als eine Reihe von Konditionierungen.[72]

---

[70] Roth, L., Forschungsmethoden der Erziehungswissenschaft, in: Pädagogik, Handbuch für Studium und Praxis, hg. v. L. Roth, München 1991, S. 62-63

[71] Edelmann, W., Lernpsychologie, Weinheim 1986^2, S. 279-280

[72] Trautner, H. M., Lehrbuch der Entwicklungspsychologie, Bd. 1, S. 55-159

Man spricht zunächst von der klassischen (I. P. Pawlow) und dann von der instrumentellen Konditionierung (B. F. Skinner).[73] Diese werden später durch die operante Konditionierung ergänzt.

Es gilt abschließend zu beachten, dass statistische Aussagen über die Entwicklung der Kinder nur indirekt helfen, das einzelne Kind zu verstehen und kennen zu lernen. Das Wissen um die alterstypischen Entwicklungsabläufe macht es möglich, Einstellungs- und Verhaltensweisen des Kindes im Kontext der Entwicklungsnorm zu erkennen und zu verstehen. **Die Einmaligkeit des Kindes kann aber auf diese Weise nicht erfasst werden**. Weiter besteht die Gefahr, dass man die durch die Entwicklungspsychologie gewonnenen Erkenntnisse über das Kind dazu missbraucht, es bewertend einzuordnen.[74]

6.2.2 Wie kommen im Leben eines heranwachsenden Menschen Veränderungen zustande?

In der Entwicklungspsychologie sucht man aber noch einen Schritt weiter zu gehen. Man versucht auch die Frage zu klären, wodurch diese Veränderungen (Entwicklungen) im heranwachsenden Menschen zustande kommen. Es wird bei der Klärung dieser Frage vor allem auf zwei wesentliche Faktoren hingewiesen, welche die Entwicklung eines Menschen beeinflussen. Dies sind zunächst seine **inneren Anlagen**, die sich in der Kindheit entfalten. Weiter wird auf **die Umwelt** hingewiesen, die das Kind in seiner Entwicklung beeinflusst.

W. Stern, einer der Väter der wissenschaftlichen Kinderpsychologie, betonte 1914 als erster das Zusammenwirken von Anlage und Umwelt bei der Entwicklung eines heranwachsenden Menschen.[75]

Das Verhältnis von Anlage und Umwelteinwirkungen im Prozess der Entwicklung eines Menschen ist bis heute einer der umstrittensten Punkte in der Entwicklungspsychologie. Die Art und Weise, wie

73 Rebell, W., Psychologisches Grundwissen für Theologen, S. 43-44
74 Seiß, R., Die seelische Entwicklung im Schulalter, S. 50-51
75 Seiß, R., Identität und Beziehung, S. 96

diese Frage beantwortet wird, hat bildungspolitische Auswirkungen. Sollte der Umwelt der größere Einfluss bei der Entwicklung zukommen, ist damit eine Bildungspolitik bestätigt, die gleiche Chancen für alle und deshalb einen umfassenden Ausbau des Bildungswesens (Umwelteinflüsse) fordert. Sollte umgekehrt den Anlagen der größere Einfluss zukommen, scheint eine bildungspolitische Einstellung bestätigt zu sein, die von Begabungsunterschieden ausgeht und das Bildungsangebot auf die verschiedenen Begabungen ausrichtet.[76]

Um diese strittige Frage zu klären, geht die Entwicklungspsychologie enge Verbindungen mit der Biologie, der Genetik, der Kulturanthropologie und der Soziologie ein.[77]

In der heutigen Entwicklungspsychologie werden vor allem **folgende Schwerpunkte** vertreten:

- Das endogenetische Modell geht von der Annahme aus, dass Veränderung im Sinne von Entwicklung vorrangig auf genetische Reifungsprozesse zurückzuführen ist. Die endogenetischen Ansätze sprechen von einem inneren Bauplan, der sich in Reifungs- und Wachstumsprozessen entfaltet.[78] Vor allem Oswald Kroh hat diesen Ansatz vertreten. H. Remplein, der diese Ansicht teilt, spricht davon, dass sich die Entwicklung nach immanenten Gesetzen vollziehe.[79]
  Die Montessori-Pädagogik ist stark von dieser Entwicklungsauffassung beeinflusst. Sie verzichtet bewusst auf eine dirigistische Beeinflussung des Kindes. Sie will die innere Entwicklung des Kindes non-direktiv herausfordern und fördern.[80]
- Nach Sigmund Freud und E. H. Erikson, beides Vertreter der analytischen Psychologie, sind Säuglinge und Kleinkinder mächtigen **biologischen Kräften** ausgeliefert, die sie nicht kontrollieren können. Die biologisch bedingten inneren Veranlagungen

---

76 Rebell, W., Psychologisches Grundwissen für Theologen, S. 53
77 Trautner, H. M., Lehrbuch der Entwicklungspsychologie, Bd. 1, S. 46-48
78 Weber, E., Pädagogik. Eine Einführung. Grundfragen und Grundbegriffe, Bd. 1/ Teil 2, S. 32
79 Remplein, H., Die seelische Entwicklung des Menschen im Kindes- und Jugendalter, München 1958[7], S. 28
80 Weber, E., Pädagogik. Eine Einführung. Grundfragen und Grundbegriffe, Bd. 1/ Teil 2, S. 38

prägen das Leben. Dazu kommen aber die Erfahrungen aus der Umwelt, welche das Kind in seiner Entwicklung fördern oder hemmen. Auf alle Fälle kommt es im Leben eines Kindes mit der Umwelt zu Konflikten. **Der Mensch ist sowohl endogen wie exogen determiniert.**[81] Diese Auffassung führt konsequenterweise zur Überzeugung, dass Kindheitserlebnisse das Verhalten des erwachsenen Menschen mit beeinflussen. So postuliert Freud zwischen Problemen der Sauberkeitserziehung im zweiten Lebensjahr und zwanghaften Zügen bzw. Zwangsneurosen im Jugend- und Erwachsenenalter einen Zusammenhang.[82] Somit kann es im Leben eines Menschen keine echte moralische Schuld geben, da ja der Mensch als determiniertes Wesen für sein Verhalten nicht zur Verantwortung gezogen werden kann.[83]

- Robert S. Sears, S. W. Bijou und D. M. Baer, Vertreter des Behaviorismus, sind der Überzeugung, dass die Umwelt das Kind formt. Die Veränderungen im Leben des Kindes werden nach ihnen durch soziokulturelle Faktoren, u.a. durch die Befriedigung von Bedürfnissen und durch die wechselnden Belohnungs- und Strafmuster bewirkt. Diese wirkten auf das Kind ein, während es heranwächst. Der Mensch ist also **exogen determiniert.**[84] Der Entwicklungspsychologe Hanns Martin Trautner unterstützt diese Annahme. Er ist davon überzeugt, dass die Anlagebedingungen im Blick auf die Entwicklung eines Menschen vernachlässigt werden könnten, da es bis heute noch keine empirische Untersuchungsmethoden gebe, mit deren Hilfe die Anlagebedingungen herausgefunden werden könnten. Er fordert deshalb, dass sich die Entwicklungspsychologie zunächst mit den Einflussmöglichkeiten der Umweltbedingungen befassen sollte.[85]
- Jean Piaget (1896-1980) betrachtet in seinem **konstruktivistischen Ansatz** den heranwachsenden Menschen als aktiv und die

81 Mussen, P. H.; Conger, J. J.; Kagan, J., Lehrbuch der Kinderpsychologie, S. 51
82 Montada, L., Themen, Traditionen, Trends, in: Entwicklungspsychologie, S. 54
83 Ouweneel, W. J., Herz und Seele, S. 66
84 Maier, H. W., Drei Theorien der Kindheitsentwicklung, New York 1983, S. 185-223
85 Trautner, H. M., Lehrbuch der Entwicklungspsychologie, Bd. 1, S. 214

Umwelt als passiv. Der Mensch geht von sich aus, seinem jeweiligen Entwicklungsstand entsprechend, aktiv auf die Umwelt ein. Er wird von einer sachimmanenten Entfaltungslogik gesteuert. Die Entwicklung wird als Selbstkonstruktion verstanden.[86]

- Die **interaktionistischen Modelle** gehen davon aus, dass bei der Entwicklung einer Person sowohl aktive »innere« Faktoren, als auch aktive »äußere« Faktoren der Umwelt bedeutsam sind. Zugleich wird der Mensch als reflexives und aktives Subjekt betrachtet, das mit seinem Denken und Handeln seine innere und äußere Realität produktiv verarbeiten kann.[87]
  - Zunächst ist hier das dialektische Modell von K.F. Riegel zu erwähnen. Er betrachtet das Individuum als handelndes Subjekt, das einerseits durch seine kognitive Struktur die Umwelteinflüsse interpretiert und gestaltet und andererseits ständig auf seine Umwelt einwirkt und sich dadurch selbst verändert.[88]
  - Ferner ist der handlungstheoretische Ansatz zu erwähnen. Durch das reflexive Handeln des Menschen in Auseinandersetzung mit der sich wandelnden äußeren Umwelt und den damit interagierenden Prozessen und Strukturen seiner inneren Welt, kann der Mensch seine Umwelt, aber auch sich selbst verändern und so an seiner Entwicklung mitwirken. Diesen Ansatz vertreten u. a. R. K. Silbereisen, J. Brandtstädter, R. M. Lerner und K. Hurrelmann. Aus interaktionistischer Sicht ist der Mensch als handelndes Subjekt selbst Mitgestalter seiner eigenen Entwicklung. Man geht so weit, dass man die Menschen als Produzenten ihrer Entwicklung betrachtet.[89] Man spricht sogar von der »Selbsterschaffung« des Menschen.[90]

Hier werden meines Erachtens die Selbstgestaltungsmöglichkeiten des handelnden Individuums in Bezug auf seine Entwicklung überschätzt.

86 Weber, E., Pädagogik. Eine Einführung. Grundfragen und Grundbegriffe, Bd. 1/Teil 2, S. 76-77
87 ebd., S. 108
88 ebd., S. 109-116
89 ebd., S. 116-119
90 Fend, H., Entwicklungspsychologie des Jugendalters, S. 468

Der Mensch wird von all diesen Psychologen als rein immanentes Wesen gesehen, dessen Leben entweder von inneren oder äußeren Faktoren, oder durch das Zusammenwirken beider (Kovariation, Interaktion) bestimmt wird. Entweder ist der Mensch den inneren oder äußeren Faktoren ausgeliefert oder wird als Subjekt gesehen, das seine Entwicklung konstruktivistisch oder interaktiv selbst gestaltet.

Keine dieser Varianten vermag mich zu befriedigen.

Im Grunde genommen kann nur eine auf der Offenbarung der Bibel beruhende Psychologie einerseits den Reduktionismus und Determinismus und andererseits die Selbstüberschätzung des Menschen im Blick auf seine Entwicklung überwinden.

Der Mensch wird, wenn wir die Bibel ernst nehmen, zuallererst **als Geschöpf Gottes** ernst genommen. Als solches ist er **eine eigenständige Persönlichkeit**. Sein Leben wird vom Herz her, vom Ich bestimmt. **Wohl hat ein Mensch innere Anlagen und lebt in einer bestimmten Umwelt, doch vermögen ihn diese nicht festzulegen**. Er hat als Geschöpf Gottes diesen Gegebenheiten gegenüber eine bestimmte Freiheit. Er kann sich ihnen gegenüber verhalten und ist zudem in der Lage, sie zu verarbeiten.

Das Verhalten des Menschen ist also vom Verhältnis seines Herzens zu Anlage und Umwelt bestimmt.

Unter Verhalten verstehen wir alle Aktivitäten (Reaktionen, Taten, Worte, Bewegungen usw.), die wir entweder direkt wahrnehmen oder deren Folgen wahrnehmbar sind.

Verhalten = Herz → (Anlage + Umwelt)

Anlage und Umwelt lassen sich heute durch empirische Methoden teilweise erforschen. **Das Verhältnis aber des Herzens zu Anlage und Umwelt ist die große, nicht erfahrbare Unbekannte**. Es ist vor allem vom Denken, Fühlen und Wollen abhängig.

Wie das Herz eines Menschen auf Anlage und Umwelt reagiert, ist weiter von metaphysischen Gegebenheiten abhängig.

- Ist das Herz eines Menschen auf sich selbst, auf philosophische Gedankengebäude oder auf Götzen und dadurch auf den Satan ausgerichtet, prägt dies sein Verhältnis zu Anlage und Umwelt.
- Wenn der Heilige Geist und durch ihn Jesus in seinem Herzen lebt, prägt dies ebenfalls das Verhältnis zu Anlage und Umwelt.

Das Verhältnis unseres Herzens zu Anlage und Umwelt wird von der Beziehung zu Gott bestimmt.

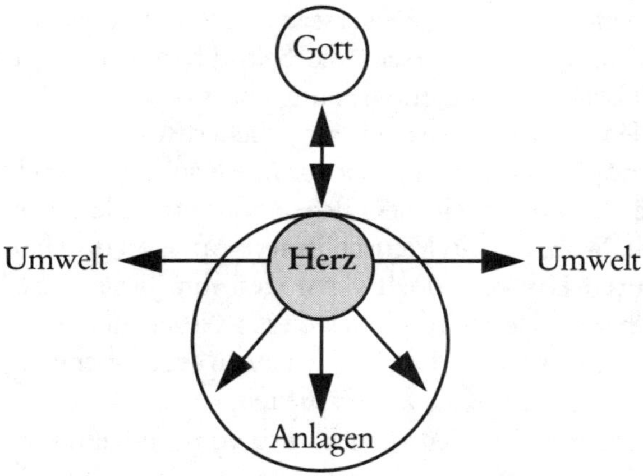

Gemeinsam wollen wir nun betrachten, welche Gegebenheiten man heute zu Anlage und Umwelt rechnet. Wenn wir diese beiden Bereiche getrennt voneinander betrachten, ist es wichtig darauf hinzuweisen, dass sie eigentlich zusammengehören.

6.3 Die inneren Anlagen

Hanns Martin Trautner spricht im Bereich der Anlagen von genetischen Determinanten. Es geht also in diesem Bereich um die biologischen Grundlagen und die Erbanlagen.[91]

---

91 Trautner, H. M., Lehrbuch der Entwicklungspsychologie, S. 174-176

Zunächst wollen wir sehen, was die Psychologen als anlagebedingt, als biologisch vorgegeben betrachten. Die Ausführungen dazu finden wir vor allem in der Persönlichkeitspsychologie.

- An der Erblichkeit des **Körperbaus** gibt es heute kaum Zweifel. Interessant ist aber nun, dass, wie der Psychiater E. Kretschmer nachwies, zwischen körperlicher und seelischer Konstitution ein Zusammenhang besteht (psychosomatische Einheit).[92]
  Kretschmer fiel auf, dass die Schizophrenie und Zyklothymie jeweils einem bestimmten Körperbautyp zuzuordnen war. Er nahm dann an, dass es zwischen den Körperbautypen unterscheidbare Charaktermerkmale geben müsse und stellte entsprechende Untersuchungen an.
  Zusammenfassend kam er zu folgenden charakterologischen Zuordnungen zu den Körperbautypen:
  - **Der leptosom-schizothyme (schlanke) Mensch** zeigt folgende Merkmale:
    Er ist ungesellig, still, zurückhaltend, ernsthaft, schüchtern, feinfühlig, empfindlich, nervös, aufgeregt, verschlossen, introvertiert.[93] Er hat eine abstrakt-systematische Denkweise.
  - **Der pyknisch-zyklothyme (breiter gebaute) Mensch** ist gekennzeichnet durch: Geselligkeit, Gutmütigkeit, Freundlichkeit; er ist heiter, lebhaft, witzig, weich, ruhig, gefühlsbestimmt, stimmungslabil, extravertiert.[94] Er denkt synthetisch-ganzheitlich. Das exakte Ordnen der Gedanken fällt ihm schwer.

  Keiner der Typen ist besser als der andere.[95]
- Ebenfalls ist die **Geschlechtlichkeit** anlagebedingt. Seit etwa zwanzig Jahren sucht aber die behavioristische Psychologie zu behaupten, dass die Geschlechtsunterschiede durch erworbene Rollenstrukturen hervorgebracht werden. Von diesem Denken herkommend sucht man eine Angleichung der beiden Geschlechter herbeizuführen. Gleichheit von Mann und Frau in allen Lebensbereichen wird groß geschrieben. Diese Auffassung

---

92 Seiss, R. Identität und Beziehung, S. 99
93 ebd., S. 100
94 ebd., S. 100
95 Pfeifer, S., Die Schwachen tragen, S. 60

sieht an homosexuellem und lesbischem Verhalten überhaupt nichts Anstößiges. Diese Gedanken wurden zum Teil in der kritischen Erziehungswissenschaft und vor allem im Feminismus aufgenommen.
Diese behavioristische Behauptung muss ich deshalb zurückweisen, weil der Mensch von Anfang an ein geschlechtsspezifisches Wesen ist. Die Menschen werden nicht als Neutren, sondern als Mann und Frau geboren. Die Geschlechtlichkeit prägt das Verhalten der Menschen.[96] H. M. Trautner hat nachgewiesen, dass schon Kleinkinder im freien Spiel ein geschlechtstypisches Verhalten zeigen. Mädchen bevorzugen häufig Spielfiguren, zeigen sich also eher personorientiert, während Jungen häufiger Gegenstände (Spielsachen) wählen.[97] Interessant ist weiter zu beachten, dass es ganz klar geschlechtsbezogene Interessen gibt.[98]

- Auch **der Spracherwerb** ist anlagebedingt. Noam Chomsky hat darauf hingewiesen, dass jeder Mensch eine Sprachanlage besitzt, mit Hilfe derer er eine Sprache zu ergründen vermag, und die ihn befähigt, die Muttersprache zu erfassen und zu erlernen. Er hat nachgewiesen, dass sowohl der intelligente als auch der wenig begabte Mensch dieses Vermögen hat.[99] Interessant ist, dass Kinder aller Länder und Kulturen im Blick auf das Erlernen der Sprache dieselben Grundlaute in derselben Reihenfolge äußern. Mit 18 Monaten beginnen die Kinder Wörter zu einfachen Sätzen aneinander zu reihen. Diese Sätze besitzen, so einfach sie auch sein mögen, grammatische Struktur. Im dritten Lebensjahr vermehrt sich der Wortschatz der Kinder mit großer Schnelligkeit. Die Sprache der Vierjährigen verrät, dass sie sich die meisten wichtigen grammatischen Regeln angeeignet haben, soweit es sich um Wortstellung, Pluralbildung, Gebrauch der Vergangenheit und Zukunft von Verben handelt.[100] Der Mensch ist dann für den

---

[96] Seiss, R., Identität und Beziehung, S. 102
[97] Oerter, R., Kindheit, in: Entwicklungspsychologie, S. 237
[98] Oerter, R., Entwicklung der Motivation und Handlungssteuerung, in: Entwicklungspsychologie, S. 673-675
[99] Ouweneel, W. J., Psychologie, S. 210-211
[100] Mussen, P., Einführung in die Entwicklungspsychologie, S. 53-55

Rest des Lebens in der Lage, die unendlichen Möglichkeiten der Sprache in endlosen Variationen anzuwenden.[101]

- Ebenfalls wird die **Sozialfähigkeit** als anlagebedingt betrachtet. Es ist die Fähigkeit, zwischenmenschliche Kontakte und Beziehungen herzustellen. Es handelt sich zunächst um die Fähigkeit, mit anderen Menschen in Kontakt zu treten. Weiter wird darunter die Fähigkeit verstanden, mit Menschen auf gleicher Ebene (gleichaltrige Mitschüler) und auf einer anderen Ebene (Eltern, Lehrer, jüngere Geschwister) zu kooperieren. Dazu gehört auch die Fähigkeit der Empathie.[102] Carol Gilligan ist auf Grund vieler Untersuchungen zur Ansicht gelangt, dass diese sich bei heranwachsenden Mädchen breiter und umfassender entfaltet als bei Knaben.[103] Diese Grundveranlagung wird durch das soziale Lernen in der Familie und der Schule gefördert.[104]
- Heute betrachtet man auch den **Intelligenzgrad und die Begabung** vorwiegend als anlagebedingt.[105] Ich wage Intelligenz und Begabung gleichzeitig zu nennen, weil ich mit Erwin Roth und Mercedes Zsifkovics davon überzeugt bin, dass diese so eng miteinander verflochten sind, dass eine Abgrenzung gar nicht möglich ist.[106] Man spricht dann von Begabung, wenn ein Kind auf einem oder mehreren Gebieten gute bis sehr gute Leistungen erbringt.[107] Mit Intelligenz und Begabung ist die Fähigkeit gemeint, Bedeutungen, Beziehungen und Sinnzusammenhänge zu erfassen und herzustellen.[108] Howard Gardner unterscheidet folgende

101 Ouweneel, W. J., Psychologie, S. 211

102 Garz, D., Moral, Erziehung und Gesellschaft. Wider die Erziehungskatastrophe, Bad Heilbrunn 1998, S. 45

103 ebd., S. 82-83

104 Reinhardt, E., Grundlagen des Lehrens und Lernens. Anwendungsbezogene pädagogische Wissenschaft, Darmstadt 1994, S. 164

105 Dass der Intelligenzgrad vererbt wird, wird eindrucksvoll in den Forschungsarbeiten mit eineiigen Zwillingen dargestellt. Vgl. Mussen, P., Einführung in die Entwicklungspsychologie, S. 74-75

106 Roth, E.; Zsifkovics, M., Intelligenz, Begabung und Umwelt, in: Pädagogik. Handbuch für Studium und Praxis, hg. v. L. Roth, München 1991, S. 132-135

107 Dietrich, T., Zeit- und Grundfragen der Pädagogik, Bad Heilbrunn 1992[7], S. 130-131

108 Schenk-Danzinger, L., Entwicklung, Sozialisation, Erziehung, Bd. 1, S. 144

Intelligenzbereiche: den linguistischen, den logisch-mathematischen, den räumlichen, den musikalischen, den körperlich-kinästhetischen und den interpersonalen. Im westlichen Schulsystem sind vor allem die linguistische, logisch-mathematische und räumliche Intelligenz von großer Bedeutung.[109]

Man weiß, dass Intelligenz und Begabung unter den Menschen keine konstanten Größen sind. Es gibt einerseits die schwach begabten und andererseits die hoch begabten Kinder. Genau dies leugnet der Behaviorismus. Man glaubt, dass durch geeignete Beeinflussung von Intelligenz und Begabung alle auf den gleichen Stand gebracht werden könnten. Nur weiß man nicht, wie diese Beeinflussung praktisch auszusehen hat, denn selbst in den Gesamtschulen Deutschlands, die stark von der behavioristischen Lerntheorie ausgehen, musste ein Leistungs-Kurs-System eingeführt werden.[110]

Allerdings ist auch klar, dass Umweltfaktoren wie die Motivation durch die Eltern und Lehrer die Entfaltung der Intelligenz stark beeinflussen.[111] Deshalb bleibt es die Aufgabe von Eltern und Lehrern/Lehrerinnen, die individuelle Intelligenzentwicklung der Kinder optimal zu fördern.[112] Zugleich kann das heranwachsende Kind z.B. durch Fleiß, durch stetiges Üben an der Entfaltung seiner Intelligenz mitwirken.

- Nicht zu vergessen sind **Veranlagungen** (Prädispositionen) **zu körperlicher und psychischer Schwachheit.** Diese werden zumeist vererbt. Immer wieder beobachten Ärzte, dass bereits Vorfahren eines Patienten ähnliche Schwierigkeiten hatten wie er selbst.[113] Dazu gehören u.a. Schizophrenie, Depressivität, Manie und neurotische Störungen.[114]

---

109 Ulrich Tobias, C., Lernen ist (k)ein Kinderspiel. Entdecken und fördern Sie die Begabungen Ihres Kindes, Asslar 1996, S. 127-134

110 Dietrich, T., Zeit- und Grundfragen der Pädagogik, S. 180

111 Mussen, P., Einführung in die Entwicklungspsychologie, S. 75-82

112 Weber, E., Pädagogik. Eine Einführung. Grundfragen und Grundbegriffe, Bd. 1/Teil 2, S. 270-271

113 Pfeifer, S., Die Schwachen tragen, S. 58

114 Reinhardt, E., Grundlagen des Lehrens und Lernens, S. 161-162

- Es gilt an dieser Stelle aber auch darauf hinzuweisen, dass **Geburtsschäden** ebenfalls zu körperlichen und geistigen Behinderungen führen können. Besonders schlimm wirkt sich ein Sauerstoffmangel bei der Geburt aus. Die Folgen: Lernschwierigkeiten und Verhaltensauffälligkeiten.[115]
- Aufgrund der Auswertung einer Langzeitstudie gelangen Stella Chess und Alexander Thomas zur Überzeugung, dass es **unter Kindern verschiedene Typen gibt**. Sie unterscheiden das »einfache Kind«, das »schwierig zu handhabende Kind« und das »langsam zu erwärmende Kind«.[116]
- **Die Archetypenlehre** von C. G. Jung lehne ich ab. Er behauptet nämlich, dass uralte Menschheitserfahrungen in angeborenen Verhaltensformen und Urbildern der Seele (Archetypen) ihren Niederschlag gefunden haben, die unser individuelles Leben bestimmen.[117] Der Mensch ist nach biblischer Lehre direktes Geschöpf Gottes. Die Jahrtausende der Menschheitsgeschichte können in ihm keinen Niederschlag finden. Doch gilt es zu beachten, dass der Mensch von Natur aus ein Sünder ist und im Machtbereich Satans lebt (Röm 3,23).

Weil der Mensch Geschöpf Gottes ist, sind letztlich alle seine inneren Anlagen von Gott so gewollt, ausgenommen die Versklavung unter die Herrschaft der Sünde (Röm 7,18-19). Jesus kann uns aber durch sein Erlösungswerk von dieser Sündenherrschaft frei machen (Kol 1,13). Wir können mit David beten: *»Ich preise dich darüber, dass ich auf eine erstaunliche, ausgezeichnete Weise gemacht bin. Wunderbar sind deine Werke, und meine Seele erkennt es sehr wohl«* (Ps 139,14). Die meisten Anlagen sind aber nur als Dispositionen vorgegeben, die erst im Kontakt mit der Umwelt entfaltet und gestaltet werden können. Sie fordern demzufolge ein verantwortliches, dem Kind angepasstes erzieherisches Handeln, sodass es in der Lage ist, mit bestimmten Anlagen richtig umzugehen und andere bewusst fördert.

---

115 Pfeifer, S., Die Schwachen tragen, S. 59

116 Chess, St.; Thomas, A., Know your Child, New York 1989, S. 32. Mussen, P., Einführung in die Entwicklungspsychologie, S. 86-87

117 Seiss, R., Identität und Beziehung, S. 107

6.4 Beeinflussung durch die Umwelt

Heute spricht man im Bereich der Umwelt vor allem von soziokulturellen Einflüssen. Man meint damit »die Gesamtheit der von der mitmenschlichen Umwelt ausgehenden Einwirkungen«.[118] Da man glaubt, dass die soziokulturellen Faktoren direkt auf das Verhalten eines Menschen einwirken, wird ihnen in der heutigen Entwicklungspsychologie eine besondere Bedeutung zuerkannt. Dazu kommt noch, dass diese exogenen Faktoren leichter beobachtet, kontrolliert und variiert werden können, als die inneren Veranlagungen.[119] Einzelheiten zu den sozialen Einflüssen auf den Menschen werden in der Sozialpsychologie ausgeführt.

- **Der Einfluss der Eltern**

  Es ist selbstverständlich, dass **die Art und Weise, wie die Eltern mit ihren Kindern umgehen**, ihr Verhalten wesentlich beeinflusst. Das Verhalten der Eltern ist seinerseits vom kulturellen Umfeld geprägt. Mit ihrem Verhalten vermitteln die Eltern ein kulturelles Gepräge.[120]

  Vieles hängt im Leben eines Kindes von der Erfahrung ab, die es in den ersten drei bis sechs Jahren macht. Wenn es Geborgenheit, liebende Zuwendung, Fürsorge und Wärme erfährt und die Sicherheit klarer Grenzen erlebt, entwickelt sich in seinem Leben ein **tragendes Vertrauen** zu den Eltern. Dieses Vertrauen prägt später das Leben des heranwachsenden Kindes.[121]

  Ganz anders ist es, wenn die Kinder Ablehnung, Vernachlässigung, Streit oder sogar Gewalt erleben. Es kann auch sein, dass sie nie so recht wissen, welche Regeln im Zusammenleben gelten.[122] Aus diesem Erleben heraus ergeben sich zunächst Nachteile für die seelische Entwicklung eines Kindes.[123] Solche Kinder

118 zit. nach Trautner, H. M., Lehrbuch der Entwicklungspsychologie, Bd. 1, S. 177
119 ebd., S. 178.184-186
120 Mussen, P., Einführung in die Entwicklungspsychologie, S. 93-97
121 ebd., S. 106-107
122 Pfeifer, S., Die Schwachen tragen, S. 62
123 Mussen, P., Einführung in die Entwicklungspsychologie, S. 108

sind oft unzufrieden, in sich gekehrt, ängstlich, misstrauisch und zurückgezogen.[124]
Christa Meves ist sogar der Überzeugung, dass die entscheidenden, das Leben beeinflussenden Dinge in der Erziehung der Kleinkinder geschehen. Die meisten Fehlverhalten bei Kindern in der Schulzeit und bei Jugendlichen sind nach Christa Meves auf Fehler in der Kleinkindererziehung zurückzuführen.[125] Sie ist der Ansicht, dass Unterlassungen und Unangemessenheiten im Kleinkindalter die Entfaltung eines Menschen behindern können. Sie spricht davon, dass es im Leben eines solchen Menschen zu Einseitigkeiten und Behinderungen kommen kann.[126] Die Umwelteinflüsse – vor allem das Verhalten der Mütter – in den ersten Lebensjahren **determinieren nach Christa Meves den Menschen**. Diese Meinung vertritt auch der Psychoanalytiker Rattner.[127] Diese Auffassung kann schließlich dazu führen, dass man den Müttern an allem – am Bettnässen, an den Lernproblemen, an der Magersucht, der Kriminalität ihrer Kinder – Schuld gibt.[128]
Wenn diese Auffassung stimmen würde, wären alle Kinder aus problematischen Familienverhältnissen **zum Versagen verurteilt**. Zum Glück ist dies nicht so. Der Stuttgarter Psychologe Hansjörg Hemminger weist in seinem Buch »Kindheit als Schicksal« anhand verschiedener Beispiele nach, dass Kindheitserlebnisse allein das Leben nicht vorprogrammieren.[129]
Er schreibt wörtlich:

»Ein Kind aus einer problematischen Familie beginnt seine Selbständigkeit mit einem geringeren Kapital an guten Gewohnheiten,

---

124 ebd., S. 118
125 Meves, Ch., Es geht um unsere Kinder. Erfahrungen und Einsichten aus der Beratungspraxis, Gießen 1988, S. 66-71
126 ebd., S. 79-80
127 Mühlan, E., Kinder in der Zerreißprobe. Der anti-christliche Angriff auf die Familie, Asslar 1986^2, S. 212
128 Pfeifer, A., Mütter sind nicht immer schuld. Von Selbstvorwürfen zur Gelassenheit, Wuppertal; Zürich 1995, S. 70-73
129 Pfeifer, S., Die Schwachen tragen, S. 62

hilfreichen Denkweisen und angemessenen Gefühlsreaktionen als ein anderes ... Die Langzeituntersuchungen zeigten uns Kinder, die mit einem harten Schicksal fertig wurden und daran reiften; sie zeigten uns andere, die nach einer behüteten Kindheit an ihrer Weigerung zerbrachen, selbständig zu werden.«[130]

Es wird somit deutlich, **dass die in der Familie vorgegebenen Einwirkungen nur einen begrenzten Einfluss** auf das heranwachsende Kind haben. Diese Auffassung wird auch vom Zürcher Forschungsteam Cecile Ernst und Niklaus von Luckner aufgrund von Ergebnissen vieler empirischer Studien unterstützt.[131]
Es wurde in der Entwicklungspsychologie nachgewiesen, dass die Kinder **in ganz besonderer Weise durch das Vorbild warmherziger Eltern geprägt werden**. Kinder identifizieren sich gerne mit ihnen und ahmen sie bewusst und unbewusst nach.[132] Deshalb haben wir alles daran zu setzen, intakte Familien in unserer Gesellschaft zu stärken und zu fördern.[133]

- **Belastende Erlebnisse**
  Hinzu kommt, dass jeder Mensch in der Umwelt, wo er aufwächst, **belastende Erlebnisse**, seien es Verletzungen, Enttäuschungen, Kränkungen usw., macht. Dazu kommen schwere Schicksalsschläge, Probleme in der Familie, schwere Kindheitserlebnisse (Tod eines Elternteils, Scheidung), welche das Seelenleben des Kindes stark beeinflussen.[134] Diese Erlebnisse schlagen sich irgendwie im persönlichen Unbewussten nieder.

---

130 zit. nach Hemminger, H.-J., Kindheit als Schicksal? Die Frage nach den Langzeitfolgen frühkindlicher seelischer Verletzungen, Reinbek 1982, S. 212

131 Ernst, C.; von Luckner, N., Stellt die Frühkindheit die Weichen? Eine Kritik an der Lehre von der schicksalhaften Bedeutung erster Erlebnisse, Stuttgart 1987, S. 147-156

132 Mussen, P., Einführung in die Entwicklungspsychologie, S. 121.126-127

133 Faix, W., Entwicklungspsychologische Erkenntnisse der frühen Kindheit und ihre Bedeutung für Familie und Gemeinde, in: Jahrbuch für evangelikale Theologie (JETh), 12. Jahrgang, Wuppertal 1998, S. 165

134 Pfeifer, S., Die Schwachen tragen, S. 61

Einstellungen und bestimmte Verhaltensweisen ergeben sich teilweise aus diesen Erlebnissen und Erfahrungen in der Kindheit. So kann ein lieblos erzogenes Kind sich z.B. ängstlich verhalten. Es hat den Eindruck, niemand habe es lieb, und es mache ohnehin alles verkehrt.[135]

Wie stark sich eine Ehescheidung auf die Entwicklung der Kinder auswirkt, wurde gründlich untersucht. Eine Längsschnittstudie zeigt, dass Kinder aus geschiedenen Ehen mehr emotionale und soziale Probleme hatten als Kinder aus intakten Familien. Sie zeigten auch Leistungsschwächen und es fiel ihnen später schwer, dauerhafte Bindungen einzugehen. Es wurde zudem festgestellt, dass Jungen an den Folgen einer Scheidung stärker leiden als Mädchen.[136] Es kann aufgrund einer Scheidung im Leben der Kinder zu Erziehungsschwierigkeiten kommen.[137]

Dazu können bei einem Kind die Auseinandersetzungen mit Problemen in der Gegenwart kommen, sei es, dass die Beziehung zu einem Freund oder einer Freundin zerbrochen ist, oder dass die Familie in eine Gegend umgezogen ist, in welcher sich das Kind nicht wohl fühlt. Auch Armut in der Familie kann bei heranwachsenden Kindern zu besonderen Problemen führen (Kleidung, Sportausrüstung usw.), die sich negativ auf ihre Entwicklung auswirken.[138]

All diese belastenden Erlebnisse können im Leben eines Kindes zu einer Krise, zu einer depressiven Verstimmung führen. Es fühlt sich überfordert und hilflos. Es weiß nicht mehr, wie es in seinem Leben weitergehen soll. Es kann sogar dazu kommen, dass es nur noch den Selbstmord als Ausweg sieht.[139] In solchen Situationen braucht das Kind dringend medizinische und seelsorgerliche Hilfe.

---

135 Schenk-Danzinger, L., Entwicklung, Sozialisation, Erziehung. Schul- und Jugendalter, Bd. 2, Stuttgart; Wien 1994, S. 24-25

136 Oerter, R., Der ökologische Ansatz, in: Entwicklungspsychologie, S. 99-101

137 Röhrs, H., Allgemeine Erziehungswissenschaft. Eine Einführung in die erziehungswissenschaftlichen Aufgaben und Methoden, in: H. Röhrs, Gesammelte Schriften, Bd. 1, Weinheim 1993, S. 376-377

138 Kasten, H., Pubertät und Adoleszenz. Wie Kinder heute erwachsen werden, München; Basel 1999, S. 150-153

139 ebd., S. 179-181

- **Der Einfluss der Schule**
  Ganz besonders ist das Erleben eines Kindes in der Schule zu erwähnen. Die Schule beeinflusst die Entwicklung der heranwachsenden Kinder über mehrere Jahre. Dieser Einfluss kann je nachdem, wie ein Kind die Schule erlebt – den Umgang mit den Lehrern, den Schulkameraden, die Bewältigung der Leistungsanforderungen – ganz verschieden ausfallen. Anne Hildeschmidt zeigt in ihrem Aufsatz »Schulversagen als Entwicklungsproblem«, wie sich Schulversagen – Sitzenbleiben, Versetzung in einen niedrigeren Schultypus, Nichterreichen eines Bildungsabschlusses – auf die Entwicklung von Kindern und Jugendlichen auswirken kann.
  - Bei einigen Schülern löst das Schulversagen Unzufriedenheit, Hilflosigkeit und Angst aus. Es kann sogar zu depressiven Verstimmungen und psychosomatischen Reaktionen (Appetitlosigkeit, Schlaflosigkeit) kommen. Vor allem die Schüler, deren Eltern ein hohes Bildungsniveau haben, leiden unter Schulschwierigkeiten.[140] Dies kommt wohl daher, dass die Eltern permanent mit den Leistungen ihrer Kinder unzufrieden sind.
  - Andere versuchen diese Probleme aktiv zu bewältigen. Sie betrachten z.B. das Nicht-Versetztwerden als eine Herausforderung. Sie sind bereit, sich in der Schule mehr anzustrengen.[141]

  Die gleichaltrigen Klassenkameraden haben vor allem in der Zeit der Pubertät einen recht großen Einfluss auf die Kinder. Bei Kindern, deren Eltern ihnen wenig Liebe, Interesse und Verständnis schenken, ist der Einfluss der Gleichaltrigen besonders groß. Bei denen, welche liebe, fürsorgliche und hilfsbereite Eltern haben, ist der Einfluss der Gleichaltrigen eher gering.[142]
- **Die elektronischen Medien**
  Dazu kommt noch der Einfluss der **elektronischen Medien**. Durch den Medienkonsum tritt die Erfahrung mit der Wirklich-

---

140 Fend, H., Entwicklungspsychologie des Jugendalters, S. 365

141 Hildeschmidt, A., Schulversagen als Entwicklungsproblem, in: Entwicklungspsychologie, S. 874-877

142 Mussen, P., Einführung in die Entwicklungspsychologie, S. 135

keit in den Hintergrund. Vorfabrizierte Deutungen und Botschaften erzeugen eine Vorstellung davon, wie die Welt sei,[143] denn elektronische Medien sind Selektionsinstanzen, die in ständigem Wandel sinndeutend Realität konstruieren.[144]
In jugendbezogenen Fernsehsendungen wird deutlich gemacht, dass alles, was man macht, Spaß machen muss. Zudem wird den heranwachsenden Jugendlichen gezeigt, wie sie sich selbst darstellen müssen (Frisur, Kleidung, Motorrad, Auto usw.), um soziale Aufmerksamkeit zu gewinnen. Zu dieser sozialen Selbstdarstellung gehören auch Fitness und Körpertraining.[145]
Es gibt Kinder, vor allem solche, die sich mit den Eltern schlecht verstehen, welche sich von den aggressiven und pornographischen Inhalten von Fernsehfilmen stimulieren lassen. Im Leben dieser Kinder kann es zu starken antisozialen Verhaltensweisen kommen.[146]

- **Kinder wirken verändernd auf die Umwelt ein**

  Es gilt aber noch zu beachten, dass das heranwachsende Kind nicht nur durch die Gegebenheiten in seiner sozialen Umwelt beeinflusst wird, sondern **dass es fortwährend in mehr oder minder großem Ausmaß seine soziale Umwelt verändert.**
  Dieser verändernden Beeinflussung der sozialen Umwelt durch die heranwachsenden Kinder wird in der heutigen Entwicklungspsychologie ein besonderes Augenmerk geschenkt.[147] So wurde z.B. festgestellt, dass Mütter ihren Erziehungsstil oft dem Verhalten der Kinder anpassen.[148]

---

143 Gudjons, H., Pädagogisches Grundwissen, Bad Heilbrunn 1993, S. 105
144 Groth, G., Erziehung und Orientierung in der modernen Medienwelt. Kulturanthropologische und bildungsphilosophische Anmerkungen, in: Pädagogische Rundschau, Frankfurt a. M. Nr. 4/1996, S. 490
145 Fend, H., Entwicklungspsychologie des Jugendalters, S. 383
146 Schenk-Danzinger, L., Entwicklung, Sozialisation, Erziehung, Bd. 2, S. 330
147 Montada, L., Themen, Traditionen, Trends, in: Entwicklungspsychologie, S. 78-80
148 Schenk-Danzinger, L., Entwicklung, Sozialisation, Erziehung, Bd. 1, S. 41

6.5 Verarbeitung der Einflüsse von Anlage und Umwelt

Als Geschöpf Gottes ist das heranwachsende Kind im Bereich der Umwelteinflüsse nicht einem blinden Schicksal preisgegeben. Diese Einflüsse sind von Gott zugelassen und haben letztlich das Ziel, seine Persönlichkeit dem göttlichen Plan entsprechend zu formen. Die Bibel zeigt uns dies besonders deutlich im Leben von Josef, Hiob und Daniel. David formuliert diesen Gedanken so: *»Er leitet mich in Pfaden der Gerechtigkeit um seines Namens willen.«* (Ps 23,3b).

Wichtig scheint mir, darauf hinzuweisen, dass Anlage und Umwelt den Menschen nicht zum hilflosen Opfer der Lebensumstände machen, wie dies verschiedene psychologische Richtungen behaupten. Die Einstellung des Menschen trägt maßgeblich dazu bei, welche Auswirkungen eine Gegebenheit oder ein belastendes Ereignis auf ihn hat. Die innere Bewertung einer Gegebenheit oder eines belastenden Erlebnisses ist von entscheidender Bedeutung. Diese Bewertungsmöglichkeit, die im Herzen des Menschen begründet ist, macht deutlich, dass der Mensch eine selbständige Persönlichkeit ist, die Anlage und Umwelt bewertend gegenübersteht.

Das Verhalten eines Menschen ist also von der inneren Bewertung von Anlage und Umwelt durch sein Herz abhängig. Diese Bewertung wiederum ist vom **Denken, Fühlen und Wollen** bestimmt.[149] Denken, Fühlen und Wollen entziehen sich jedoch der direkten Wahrnehmung, deshalb kann in der Psychologie nur wenig darüber in Erfahrung gebracht werden. W. J. Ouweneel und andere haben versucht, das Wesentliche zusammenzutragen.

Denken: Durch Reflexion gelangt man zu Zusammenhängen, kann Schlüsse ziehen und Entscheidungen treffen. Der Mensch ist auch in der Lage, kreativ über Vorgegebenes hinaus zu denken.[150]

Wollen: Ist abhängig vom selbstgesetzten Ziel, das man erreichen will. Der Drang nach Erfolg und die Angst vor

[149] Pfeifer, A., Mütter sind nicht immer schuld, S. 88

[150] Ouweneel, W. J., Psychologie, S. 189-201

dem Versagen spielen eine Rolle. Das tragende Element ist die Motivation.[151] Diese Leistungsmotivation ist einerseits von der Selbsteinschätzung (Begabungen, Fähigkeiten) und andererseits von Interessen geprägt.[152] Interessen gehen meistens auf bestimmte Anlagen zurück.[153]

Emotionen: Unser ganzes Leben ist begleitet von angenehmen oder unangenehmen Emotionen. Im persönlichen Bereich (Freude, Angst) und im zwischenmenschlichen Bereich (Sympathie, Enttäuschungen usw.) spielen die Emotionen eine wichtige Rolle. Denkvorgänge und Willensentscheidungen werden von Emotionen begleitet und beeinflusst.[154]

Denken, Wollen und Fühlen greifen ständig ineinander. Wichtig ist für uns zu beachten, dass Denken, Fühlen und Wollen **Tätigkeiten des Herzens, des Ichs sind**. Sie helfen dem Ich zu urteilen, Entscheidungen zu treffen und Ziele zu setzen. Das Ergebnis von Denken, Fühlen und Wollen zeigt sich einerseits in bestimmten Handlungen und andererseits in sprachlichen Äußerungen. Zusammenfassend nennen wir dies Verhalten.

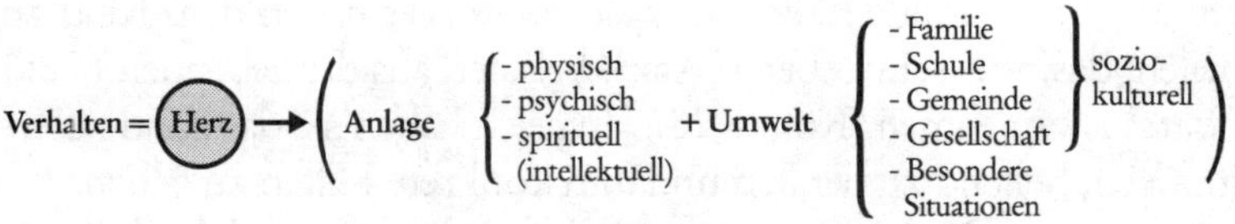

Der Mensch, der durch den Glauben an Jesus zu einer persönlichen Gottesbeziehung gelangt ist, hat in seinem Herzen die Möglichkeit, seine Anlagen und alles, was aus der Umwelt auf ihn einstürmt, auch belastende Ereignisse, aus der Hand Gottes anzunehmen (Hiob 1,21). Deshalb kommen seine inneren Anlagen zu der von Gott ge-

---

151 ebd., S. 201-207

152 Oerter, R., Entwicklung der Motivation und Handlungssteuerung, in: Entwicklungspsychologie, S. 658.668-669

153 ebd., S. 672

154 Ouweneel, W. J., Psychologie, S. 185-188

wollten Entfaltung und die Umwelteinflüsse, ob schön oder schwer, fördern ihn in seiner Persönlichkeitsentfaltung.

Die Ausrichtung des Herzens eines Kindes auf Götzen und dadurch auf Satan oder auf Gott durch Jesus Christus, spielen beim Bewerten von Anlage und Umwelt eine entscheidende Rolle. **Das Kind, in dessen Herzen Jesus wohnt, hat ein neues Denken, ein von Gott gewirktes Wollen und ein aus der Verbindung mit Jesus geprägtes Gefühl**. Den Umgang mit dem allem, was ihm durch den innewohnenden Christus geschenkt ist, muss es aber lernen.

Es ist unter anderem durch Jesus Christus befähigt, den Eltern, Lehrern/Lehrerinnen und Schulkameraden, die durch ihr Benehmen erschwerend auf die Entfaltung seines Lebens einwirken, zu vergeben. Seine Aufgabe ist es nun, von der Möglichkeit, vergeben zu können, in seinem Alltag Gebrauch zu machen (Willensakt). Diese Vergebungsbereitschaft vermag innere Verletzungen und Retardierungen zu heilen. Es sollte ferner lernen, die belastenden Ereignisse seines Lebens aus der Hand Gottes anzunehmen. Auf diese Weise kann es Resignation, Depression und eine damit verbundene Fehlentwicklung überwinden. Ist aber ein Kind durch schwierige Lebensumstände in eine Krise geraten, in der es sich hilflos und überfordert fühlt, braucht es seelsorgerliche Hilfe. Eltern oder ein Seelsorger haben dem Kind zu helfen, das, was sein Leben so stark belastet, aus der liebenden Hand Gottes anzunehmen (Röm 8,28). Zugleich haben sie das Kind zu ermutigen, helfend zu beraten und ihm konkrete Hilfen zu geben.

Wir sehen: Das Herz wird durch Anlage und Umwelt beeinflusst, doch entscheidet es sich letztlich aus seinen metaphysischen Gegebenheiten, wie es sich Anlage und Umwelt gegenüber verhalten will. Zugleich ist das Herz in der Lage, bestimmte Umwelteinflüsse – bestimmte Musik, Fernsehsendungen – zu meiden und besondere Anlagen gezielt zu fördern. Der Mensch kann also sein Leben als eigenständige Persönlichkeit teilweise mitgestalten. Er kann es aber nicht selbst bestimmen oder selber verwirklichen, wie dies Erich Weber meint,[155] da er als Geschöpf Gottes nicht autonom ist. Der Mensch

155 Weber, E., Pädagogik. Eine Einführung. Grundfragen und Grundbegriffe, Bd. 1/ Teil 2, S. 304-306

bleibt in seinem Leben abhängig von Gott und muss alles, was er denkt und tut, vor ihm verantworten.

Das Ich vermag aber auch die Umwelt und die Wirkungsweisen der Anlagen teilweise zu verändern. So gibt z.B. das fleißige, anpassungsfähige Kind der erziehenden Mutter das Gefühl von Sicherheit und sogar von einem gewissen Stolz im Blick auf die Erziehung, während ein aggressives, aufbrausendes, sich schlecht einordnendes Kind in der Mutter ein Gefühl der Überforderung, der Hilflosigkeit und der Angst auslöst.[156]

Interessant ist ferner zu beachten, dass heranwachsende Jugendliche Einflüsse ihrer Umwelt und ihre Anlagen durch das Erstreben (Selbstüberwindung) bestimmter Ziele verändern können.[157]

Das heranwachsende Kind, das sein Leben mit Hilfe von Jesus gestaltet, ist befähigt, den egoistischen Lebensstil zu überwinden und seinen Eltern, Geschwistern, Lehrern/Lehrerinnen mit Liebe zu begegnen.[158] Diese Liebe ruft bei den Geliebten ein verändertes Verhalten hervor. Dieses verändernde Einwirken eines heranwachsenden Menschen auf seine Umwelt führt zu Veränderungen bei ihm selber. Gott hat den Menschen so gemacht, dass er trotz der Beeinflussung und Einschränkung durch Anlage und Umwelt für sein Verhalten verantwortlich bleibt. Es ist deshalb falsch, wenn Jugendliche und erwachsene Menschen ihr böses und verletzendes Verhalten auf die falsche Beeinflussung durch die Eltern zurückführen.[159] Sie haben vielmehr ernst zu nehmen, dass sie Sünder sind und das rettende und helfende Eingreifen Jesu in ihrem Leben nötig haben.

---

156 Montada, L., Themen, Traditionen, Trends, in: Entwicklungspsychologie, S. 81-83
157 Oerter, R., Der ökologische Ansatz, in: Entwicklungspsychologie, S. 121
158 Vitz, P., Der Kult ums eigene Ich, S. 155
159 ebd., S. 88-91

6.6 Was sucht man mit Hilfe der Entwicklungspsychologie zu erreichen?

Entwicklungspsychologische Überzeugungen und Theorien finden heute ihre Anwendung in den Schulen, psychiatrischen Kliniken und in der Erziehungsberatung.[160] Mit Hilfe entwicklungspsychologischer Einsichten versucht man präventiv, korrigierend, optimierend und rehabilitierend auf das Leben heranwachsender Kinder einzuwirken.[161]

- Zuerst werden bei einem Kind die Bereiche herausgearbeitet, in welchen eine Intervention nötig scheint.
- Es folgt anschließend die Evaluation der Interventionsmöglichkeiten.[162]

Solche Interventionen können bei schlechten Schulleistungen, antisozialen Verhaltensauffälligkeiten, bei beginnendem Drogenkonsum, bei beginnender Magersucht usw. vorgenommen werden.[163]

Gerade im Blick auf Interventionen bei heranwachsenden Kindern wird deutlich, dass der heutigen Entwicklungspsychologie weitgehend der Praxisbezug fehlt.[164] Dies zeigt sich vor allem darin, dass fast alle entwicklungspsychologischen Grundansätze den Menschen deterministisch sehen und dadurch seine Entscheidungsfreiheit weitgehend ausklammern.

Trotzdem hofft man, wie dies P. H. Mussen, J. J. Conger und J. Kagan in ihrem »Lehrbuch Kinderpsychologie« zum Ausdruck bringen, dass man mit Hilfe der entwicklungspsychologischen Erkenntnisse schließlich zur Lösung **aller wichtigen sozialen Probleme** bei den Heranwachsenden beitragen könne. Im Blick auf dieses Ziel sucht man vor allem **den kognitiven Bereich zu fördern,** da man von J. Piaget und L. Kohlberg herkommend davon überzeugt

---

160 Montada, L., Systematik der Angewandten Entwicklungspsychologie: Probleme der Praxis, Beiträge der Forschung, in: Entwicklungspsychologie, S. 770
161 ebd., S. 778
162 ebd., S. 778-780
163 ebd., S. 783
164 ebd., S. 784-788

ist, dass dieser Bereich einen entscheidenden Einfluss auf das soziale und moralische Verhalten ausübt.[165]

Man hofft dadurch z.B. die Jugendkriminalität senken zu können. Man geht davon aus, dass bestimmte Verhaltensweisen eines Menschen – so auch straffälliges Verhalten – erworben sind und deshalb umgestaltet werden können.[166] Deshalb will man, mit Hilfe der Entwicklungspsychologie **die heranwachsende Jugend positiv verändern.**[167] **Man weiß aber auch, dass der Weg zu diesem Ziel noch sehr weit ist.**

Die Entwicklungspsychologie soll dem Menschen weiter helfen, die heranwachsenden Menschen so zu formen, dass eine Idealgesellschaft entsteht. Der Mensch sucht den Menschen nach seinem Bild (nach seinen Idealvorstellungen) zu formen.

Vom interaktionistisch-handlungsorientierten Ansatz herkommend, will man bei den Heranwachsenden Selbsterkenntnis, Selbststeuerung, Selbstkontrolle und Selbstgestaltung der eigenen Entwicklung fördern. Man glaubt, dem Menschen so zu einem den jeweiligen Lebenssituationen angepassten Handeln verhelfen zu können.[168]

Die Entwicklungspsychologen nehmen das biblische Zeugnis nicht ernst, dass der Mensch ein Geschöpf Gottes ist, das aber seit dem Sündenfall von Gott getrennt in dieser Welt lebt und allein durch Christus, den Sohn Gottes, gerettet werden kann und dadurch zu seiner Seinsbestimmung gelangen kann. Sicherlich braucht es, damit ein Kind zu seiner Seinsbestimmung gelangen kann, die helfende Unterstützung der Eltern, der Lehrer und anderer Bezugspersonen. Wichtig ist aber, dass diese in seinem Leben den Umgestaltungsprozess ins Bild Gottes, der mit der glaubenden Annahme der Rettung durch Christus einsetzt, unterstützen. Dazu können entwicklungspsychologische Erkenntnisse eine Hilfe sein, doch haben sie immer nur instrumentelle Bedeutung.

---

165 Silbereisen, R. K., Soziale Kognition. Entwicklung von sozialem Wissen und Verstehen, in: Entwicklungspsychologie, S. 716-718

166 Mussen, P., Einführung in die Entwicklungspsychologie, S. 179

167 Mussen, P. H.; Conger, J. J.; Kagan, J., Lehrbuch der Kinderpsychologie, S. 37

168 Weber, E., Pädagogik. Eine Einführung. Grundfragen und Grundbegriffe, Bd. 1/ Teil 2, S. 122-124

6.7 Vorstellungen von Entwicklung in der Entwicklungspsychologie

Man hat sich in der Entwicklungspsychologie mehrheitlich dem von Oswald Kroh 1926 enwickelten Phasenmodell angeschlossen. Kroh unterscheidet drei Hauptstufen der biologischen Entwicklung.

1. Die frühe Kindheit (von der Geburt bis zum 3./4. Lebensjahr)
2. Die eigentliche Kindheit (3./4. bis zum 11./12. Lebensjahr)
3. Die eigentliche Reifezeit (etwa vom 12./13. Lebensjahr bis zum Erwachsenenalter).[169]

In langer und gründlicher Forschungsarbeit hat man nachgewiesen, dass es nicht möglich ist, durch gesteigerte Leistung oder durch Training eine dieser Phasen zu überspringen. Zugleich bezweifelt man aber die Abgrenzbarkeit der verschiedenen Stufen, da sich immer mehr die Auffassung durchsetzt, dass die menschliche Entwicklung nicht nach einem generellen Fahrplan abläuft.[170] Das einzelne Kind sollte seiner individuellen Entwicklung entsprechend ernst genommen werden.

Man nimmt heute an, dass die Entwicklungsphasen im Leben eines Kindes dadurch ausgelöst werden, dass **konservative (beharrende) und propulsive (vorwärtsdrängende) Kräfte zusammenwirken.** Man stellt sich die Entwicklung eines Kindes also so vor, dass es von einem Zustand der Begrenztheit, der zugleich auch ein Zustand der Stabilität ist, zu einem Zustand neuer Möglichkeiten gelangt. Der neue Zustand mit seinen Möglichkeiten ist der weitergehende, aber zugleich auch der unsicherere gegenüber dem altbewährten, begrenzten. Der neue Zustand ist zunächst einer der Labilität. Die Einübung in den neuen Zustand ist in der Gesamtentwicklung eine Zeit der Krise. Damit dieses Loslassen des Alten und das Zupacken des Neuen im Leben des Kindes immer wieder gelingt, braucht es einerseits eine Atmosphäre der Geborgenheit. Die ist dann gegeben, wenn es sich von den Eltern geliebt weiß. Andererseits braucht es fördernde Impulse. So lässt sich die Entwicklung eines Kindes als ein

---

169 ebd., S. 44-45
170 ebd., S. 46-47

Wechsel von Stabilität → Labilität → neue Stabilität → Labilität usw. beschreiben.[171] Entwicklung ist nach J. H. Flavell geprägt von Kontinuität und Wandel.

Sie ist zunächst geprägt von **Addition**. Zu bestehenden Elementen kommen in einem bestimmten Bereich neue hinzu, ohne dass die alten aufgegeben werden. Der Wortschatz wächst, ebenso das Repertoire an Wissen.

Zugleich gehört die **Substitution** zum Entwicklungsgeschehen. Bestimmte Verhaltensweisen verschwinden und werden durch neue ersetzt. Die krabbelnde Fortbewegungsweise wird durch Gehen ersetzt.

Weiter ist die Entwicklung geprägt von **wachsender Differenzierung**. Ein System wird unter Einbeziehung zusätzlicher Inhalte und Relationen spezifiziert. Ein Kind kann z.B. ein Dreieck immer besser erfassen.[172]

R. Oerter vertritt die Ansicht, dass es in der biologischen Entwicklung eine feste Stufenabfolge gebe und dass jede Stufe auf der vorausgegangenen beruhe und von ihr ermöglicht werde.[173] Man konnte aber in jüngerer Zeit nachweisen, dass Phasen nicht zwingend aufeinander folgen müssen, und dass die Zuordnung zu bestimmten Lebensaltern auch fragwürdig sein kann.[174]

In diesem biologischen Phasenmodell wird aber auch auf die Wichtigkeit des Einflusses soziokultureller Faktoren auf den Menschen hingewiesen, um die nächst höhere Phase erreichen zu können. Obwohl man dem sozialen Einfluss große Bedeutung beimisst, muss man in der heutigen Entwicklungspsychologie nach wie vor zugestehen, dass dem biologischen Reifungsprozess eine grundlegende Bedeutung in der Entwicklung eines Menschen zukommt. Deshalb unterscheidet man allgemein in allen Entwicklungspsychologien zwischen den Phasen der Frühen Kindheit, Kindheit, Jugend-

171 Seiß, Identität und Beziehung, S. 39-42

172 Montada, L., Themen, Traditionen, Trends, in: Entwicklungspsychologie, S. 56-58

173 Trautner, H. M., Lehrbuch der Entwicklungspsychologie, S. 237

174 Schritte zu den Kindern. Arbeitsbuch Gnadauerkongress 1987, hg. v. D. Velten, Dillenburg 1987, S. 39

alter, Erwachsenenalter usw., die man je nach psychologischem Standpunkt noch in Unterabschnitte einteilt.[175]

Nachdem wir uns Gedanken über die Art und Weise, wie die Entwicklung verläuft, gemacht haben, haben wir die Entwicklung noch unter dem **finalen Aspekt, dem »Wozu«**, zu betrachten.

A. Portmann als Zoologe und E. Blechschmidt als Embryologe sind der Ansicht, dass die Mannigfaltigkeit des Entwicklungsgeschehens für den Betrachter erst dann Struktur gewinnt und durchschaubar wird, wenn **von der Reifeform**, d.h. vom Endergebnis her, der Prozess der Entwicklung **gedeutet wird**. Diese **finale Betrachtungsweise** macht Entwicklung erst verständlich.[176] Vom Ende, vom Ziel her, lässt sich die Entwicklung sinnvoll deuten und partiell auch erklären.[177]

Demzufolge kann der Mensch nur von seinem Ziel her in seiner Entwicklung richtig verstanden werden.

In der Entwicklungspsychologie vertritt man im Blick auf dieses Endziel der menschlichen Entwicklung verschiedene Meinungen.

6.7.1 Die Zielvorstellungen der kognitiven Entwicklungstheorien

Hauptsächlicher Untersuchungsgegenstand sind bei **Jean Piaget**, dem Begründer dieser Entwicklungstheorie, **die qualitativen Veränderungen intellektueller Strukturen**, die als dem beobachtbaren Verhalten zugrunde liegend angenommen werden.

Intelligentes Verhalten heißt nach Piaget auf allen Altersstufen die Aktivität eines Subjekts in der Auseinandersetzung mit der Realität. In dieser Auseinandersetzung spielt die **Adaption** oder Anpassung an die Umwelt in ihren zwei Komponenten **Assimilation** (gleich Transformation der Umwelt im Sinne einer Angleichung an die eigene Struktur) und **Akkommodation** (gleich Veränderung der

---

[175] Mussen, P. H.; Conger, J. J.; Kagan, J., Lehrbuch der Kinderpsychologie, S. 81-659

[176] Seiß, R., Identität und Beziehung, S. 45

[177] ebd., S. 46

eigenen Struktur in Richtung einer Angleichung an die Anforderungen der Umwelt) eine große Rolle. Das tragende Element der Entwicklung ist bei Piaget **die Äquilibration**, die Tendenz zur Gleichgewichtsherstellung und zur Ausbildung immer höherer ausbalancierter Gleichgewichtszustände. Äquilibration, und damit die Entwicklung neuer kognitiver Strukturen, resultiert aus der Aktivität des Kindes in seiner Auseinandersetzung mit der Umwelt.[178] Er vertritt einen konstruktivistischen Ansatz. Der Mensch ist aktiv an seiner Entwicklung beteiligt, während der Umwelt kaum eine Bedeutung beigemessen wird.[179]

H. M. Trautner beschreibt den von Piaget entfalteten Entwicklungsverlauf so:

> »Diese (kognitiven, Anm. A. M.) Veränderungen kommen zustande durch das Zusammenwirken von Assimilation und Akkommodation in der aktiven Auseinandersetzung des Organismus mit seiner Umwelt. Piaget spricht hier von einem progressiven Äquilibrationsprozess, der über einen ständigen Wechsel von Zuständen des Gleichgewichts und des Ungleichgewichts zu immer höheren Gleichgewichtsformen, zur immer besseren Ausbalancierung von Assimilation und Akkommodation bis hin zur logischen Kohärenz und Widerspruchsfreiheit führt.«[180]

Jean Piaget hat die Entwicklung der Intelligenz mit einfallsreichen psychologischen Forschungsmethoden und durch Experimente erforscht. Er hat die Entwicklung einzelner kognitiver Funktionen, z.B. die Entwicklung des Zahlenbegriffs, des physikalischen Mengenbegriffs, des Objektbegriffs, des Zeitbewusstseins, des räumlichen, mathematischen und biologischen Denkens und des moralischen Urteils untersucht. Durch die Studien und Einzeluntersuchungen wurden analoge strukturelle Stadien und Sequenzen der kognitiven Entwicklung erkennbar, sodass sich die einzelnen Entwicklungsverläufe in

178 Trautner, H. M., Lehrbuch der Entwicklungspsychologie, Bd. 1, S. 319-334
179 Weber, E., Pädagogik. Eine Einführung. Grundfragen und Grundbegriffe, Bd. 1/ Teil 2, S. 31.76
180 zit. nach Trautner, H. M., Lehrbuch für Entwicklungspsychologie, Bd. 1, S. 335

einem von J. Piaget konstruierten Stufenmodell der kognitiven Entwicklung zusammenfassen ließen.[181]

Er unterscheidet **folgende Hauptstadien der Entwicklung der Intelligenz**: 1. Die Phase der **sensomotorischen Intelligenz** (0 bis 2 Jahre). Die Motorik steht in dieser Phase im Mittelpunkt. Das Kind erreicht in dieser Phase die »Objektpermanenz« (das Wissen darum, dass die Gegenstände oder Personen noch weiter existieren, wenn sie nicht mehr sichtbar sind) und das zeitlich verzögerte »Nachahmungsverhalten«.[182]

2. Die Phase **der Vorbereitung und Organisation konkreter Operationen** (2 bis 11 Jahre). Grundlage dieser Phase ist der Spracherwerb und die Entfaltung der Sprachfertigkeit. Das Kind ist noch stark auf sich selber ausgerichtet (Egozentrik). Diese sehr lange Phase unterteilt Piaget in eine **vorbegriffliche** (präoperationale) Stufe (2 bis 7 Jahre) und eine zweite Stufe (7 bis 11 Jahre), in welcher **konkrete operationale Denkkonstruktionen** vorgenommen werden können, die allerdings noch an konkrete Abläufe gebunden sind, die auch in der Vorstellung ausgeführt werden können. In dieser Phase erfasst das Kind die Reversibilität (Umkehrbarkeit) eines Handlungsvorgangs. Zudem erfasst es das Kausalitätsprinzip. Es kann auch Gegenstände aufgrund von Merkmalen wie Größe, Form und Farbe sortieren. Es kann also zwischen Klassen und Unterklassen unterscheiden. Es ist auch imstande, einfache logische Vorgänge (Operationen) mit Hilfe von deduktiven Überlegungen vorzunehmen. Diese Überlegungen bleiben aber noch auf konkrete Ereignisse, Wahrnehmungen und Vorstellungen beschränkt.

3. Die Phase des **formal-operationalen Stadiums** (11 bis 15 Jahre). Auf dieser höchsten Entwicklungsstufe kann der Mensch abstrakt und schlussfolgernd denken. Die Denkoperationen erfolgen nach logischen Prinzipien. Außerdem wird das Denken in Systemen (Theorien) möglich.[183]

---

181 Weber, E., Pädagogik. Eine Einführung. Grundfragen und Grundbegriffe, Bd. 1/Teil 2, S. 82

182 ebd., S. 83

183 Trautner, H. M., Lehrbuch für Entwicklungspsychologie, Bd. 1, S. 337-340

Jean Piaget war überzeugt, dass durch die Entfaltung des Denkens die **Egozentrik des Menschen abnimmt und moralische Normen für ihn allgemeine Gültigkeit erlangen.**[184] Er unterscheidet die Stufen der heteronomen Moral (3./4. bis 7./8. Lebensjahr), der Kooperationsmoral (7./8. bis 11./12 Lebensjahr) und der autonomen Moral (ab 11./12. Lebensjahr).[185] Er schreibt zu dieser höchsten Stufe:

> »Die Heteronomie weicht einem Bewusstsein des Guten, dessen Autonomie sich aus der Annahme der Normen der Gegenseitigkeit ergibt. Der Gehorsam macht dem Gerechtigkeitsbegriff und der gegenseitigen Hilfe Platz, welche zum Ursprung aller bis dahin als unverständliche Befehle auferlegten Pflichten werden.«[186]

Es bleibt aber die Frage, ob die Überwindung des Egozentrismus auch zur Überwindung des Egoismus führt. Von einem positiven Menschenbild herkommend würde man dies bejahen.

Diese kognitive Entwicklungsauffassung von J. Piaget hat einige wichtige pädagogisch-didaktische Ergebnisse hervorgebracht. Vor allem wurde ernst genommen, dass man **im Unterricht von vorgegebenen Denkstrukturen eines Kindes auszugehen hat.** Zugleich wurde verstanden, dass neben dem verbalen Unterrichten der **Anschauung** (optische Verstärkungen, Manipulation mit Gegenständen) mehr Gewicht gegeben werden muss.[187] Weiter wurde der **Eigeninitiative des Kindes** im Unterricht mehr Wert beigemessen.[188] Man suchte deshalb nach aktivierenden Unterrichtsmethoden, die der Eigentätigkeit der Kinder mehr Raum geben (Stillarbeit, Gruppenarbeit, Projektunterricht, Werkstattunterricht usw.).

---

184 Maier, H. W., Drei Theorien der Kindheitsentwicklung, S. 94

185 Weber, E., Pädagogik. Eine Einführung. Grundfragen und Grundbegriffe, Bd. 1/Teil 2, S. 92-93

186 zit. nach Piaget, J., Das moralische Urteil beim Kinde, Frankfurt a. M. 1973, S. 460

187 Trautner, H. M., Lehrbuch der Entwicklungspsychologie, Bd. 1, S. 360

188 Grunder, H.-U., Jean Piaget als Reformpädagoge, in: Pädagogische Rundschau, Frankfurt a.M.; Berlin; Bern; New York; Paris; Wien Nr. 5/1992, S. 560

Zu bemängeln ist beim kognitiven Phasenmodell, dass die letzten Ziele, sowohl im kognitiven als auch im moralischen Bereich, nicht begründet werden können. Sie werden einfach festgestellt.

Lawrence Kohlberg (1927- 1987) knüpfte beim eben entfalteten kognitiven Entwicklungskonzept von Jean Piaget an und suchte nachzuweisen, dass fortgeschrittenes moralisches Denken von fortgeschrittenem logischen Denken abhängig ist. **Entwicklung des Denkens führt nach Kohlberg zur Entwicklung des moralischen Verhaltens**. Er entfaltet von den drei Entwicklungsniveaus aus **sechs Stufen der Moral**: 1. Orientierung an Strafe und Gehorsam, 2. Naive, egoistische Orientierung, 3. Moral des »guten« Jungen, 4. Orientierung an Autoritäten und an der Aufrechterhaltung der sozialen Ordnung, 5. Orientierung an einer Vertragsmoral, 6. Orientierung an universellen Gewissensgrundsätzen. Zur Einschätzung des Entwicklungsstandes benutzt er wie Piaget die klinische Befragung. Die Grundlage zu dieser Befragung bildeten Dilemma-Geschichten.[189] Die Stufen treten nach Kohlberg bei allen Menschen in der gleichen Reihenfolge auf. Meistens komme aber die Entfaltung der Urteilsfähigkeit schon auf einer frühen Stufe zum Stillstand. Die höchste Stufe werde nur von ganz wenigen Menschen erreicht.[190] Einige Moralpädagogen vermuten, dass die von L. Kohlberg angewandten Dilemma-Geschichten in der moralpädagogischen Erziehungspraxis die Kinder nicht zu einer höheren Stufe führen, sondern bereits bestehende moralische Normen im Leben der Kinder relativieren oder sogar zerstören.[191] Als Frage bleibt auch, **ob der kognitive und moralische Bereich so stark miteinander verbunden sind**, wie J. Piaget und L. Kohlberg dies meinen. Die biblische Offenbarung zeigt, dass beim Menschen kognitive Erkenntnis (Urteilsfähigkeit) und moralisches Handeln einander entgegengesetzt sein können (Röm 7,13-25). Dieses Phänomen, dass kognitive Erkenntnis (Urteilsfähigkeit) und moralische Tat weit auseinander klaffen können, wurde übrigens in der Psychologie gründlich untersucht. So wurde z.B. he-

---

189 Trautner, H. M., Lehrbuch der Entwicklungspsychologie, Bd. 1, S. 348-353

190 Uhl, S., Die Mittel der Moralerziehung und ihre Wirksamkeit, Bad Heilbrunn 1996, S. 84

191 ebd., S. 93

rausgefunden, dass das Verhalten eines Menschen seinem Nächsten gegenüber nicht von hoher moralischer Einsicht, sondern von dessen Äußeren, von der Sympathie ihm gegenüber oder von der Vertrautheit mit ihm, bestimmt wird.[192] Auch die Stellung, die er ihm gegenüber hat (Eltern, Lehrer, ältere oder jüngere Geschwister, dominante oder zurückgezogene Mitschüler), ist entscheidend.[193] Weiter wurde entdeckt, dass trotz hoher moralischer Einsichten das Verhalten zum Nächsten oft von unreflektierten Aggressionen bestimmt wird.[194] **Stanley Milgram** hat mit einem berühmt gewordenen Versuch nachgewiesen, dass Menschen bereit sind, ihrem Nächsten Fürchterliches anzutun, wenn die Autorität dessen, der es ihnen befielt, groß ist, und bei ihnen die Vorstellung da ist, dass dies trotz allem nützlich sei.[195] Es ist also empirisch nachweisbar, dass der Mensch **trotz aller kognitiver Einsicht, was richtig wäre, zu antisozialem, antimoralischem Verhalten neigt.**

Diese Problematik konnten Piaget und Kohlberg in ihren Ausführungen deshalb übergehen, weil sie das Böse im Leben des Menschen gar nicht thematisierten.[196]

6.7.2 Die psychoanalytischen Zielvorstellungen der Entwicklung

Sigmund Freud betrachtete den Entwicklungsverlauf eines Menschen als eine Abfolge von **psychosexuellen Entwicklungsstufen**. Jede Entwicklungsphase konfrontiere das Kind mit neuen Problemen, die neue Muster der sozialen Interaktion verlangten. Der fortschreitende Prozess der Beherrschung der Triebbedürfnisse führe nach Freud zur Ich-Reifung. Aus dem anfänglich allein existierenden

192 Ouweneel, W. J., Psychologie, S. 243-245

193 Silbereisen, R. K., Soziale Kognition. Entwicklung von sozialem Wissen und Verstehen, in: Entwicklungspsychologie, S. 726

194 Ouweneel, W. J., Psychologie, S. 247-250

195 ebd., S. 253-256

196 Braun, W., Gewissen als Fetisch? Gedanken zur Bildung und Erziehung des Gewissens, in: Pädagogische Rundschau, Frankfurt a. M.; Berlin; Bern; New York; Paris; Wien Nr. 4/1992, S. 458

»Es« bilde sich am Widerstand der Realität ein »Ich« und später noch ein »Über-Ich«.[197] Freud unterscheidet **fünf Entwicklungsphasen,** die teilweise noch weiter untergliedert werden: 1. Orale Phase, 2. Anale Phase, 3. Phallische Phase, 4. Latenzphase, 5. Genitale Phase.[198] **Erik Erikson** hat die Gedanken von Sigmund Freud aufgenommen, aber andere Schwerpunkte gesetzt. Weil der Phasenverlauf eines Menschen biologisch vorprogrammiert sei, vollziehe sich die Ich-Reifung und die soziale Interaktion in bestimmten Grenzen. Erikson betont in seinem Aufbau der Entwicklungsphasen eines Menschen vor allem die beiden Begriffe **Identität und Gegenseitigkeit.** Er betrachtet **die Identitätsfindung als den zentralen Punkt** der menschlichen Entwicklung. Zu dieser komme es in umfassender Weise in der Adoleszenz. Dem eigenen Handeln entspricht das Handeln (die Bestätigung) des Anderen, das für die Identitätsfindung außerordentlich wichtig sei (Gegenseitigkeit). In der Identitätsfindung geht es um die Bildung eines kohärenten[199] Bildes von sich selbst als Subjekt. Der Mensch durchläuft nach Erik Erikson **acht Phasen:** 1. Orale Phase (Urvertrauen – Urmisstrauen), 2. Anale Phase (Autonomie – Selbstzweifel), 3. Infantilgenitalphase (Initiative – Schuldgefühl), 4. Latenzphase (Wertesinn – Minderwertigkeitsgefühl), 5. Adoleszenz (Identitätsfindung – Rollendiffusion), 6. Genitalität (Intimität – Isolation), 7. Generativität (Zeugungsfähigkeit – Selbst-Abkapselung), 8. Integrität/Greisenalter (Ich-Integrität – Verzweiflung).[200]

Nach Erikson verläuft der Lebenszyklus mit phasenspezifischen Krisen, die als konfliktträchtige Wendepunkte verstanden werden. An diesen Wendepunkten werde entschieden, ob die Weiterentwicklung gelinge oder scheitere.

---

197 Schnell, F., Tiefenpsychologie – die Entdeckung des Unbewußten, in: Kindlers Handbuch Psychologie, hg. v. R. Stalmann, München 1982, S. 60-62

198 ebd., S. 58-59. Anna Freud ist der Ansicht, dass in der genitalen Phase die emotionale Bindung zu den Eltern zurückgeht, um für genital bestimmte Beziehungen frei zu werden. Dies ist nach ihr mit einem inneren Kampf verbunden. Vgl. Fend, H., Entwicklungspsychologie des Jugendalters, S. 89-90

199 kohärent = zusammenhängend

200 Trautner, H. M., Lehrbuch der Entwicklungspsychologie, Bd. 1, S. 255-274

Das besondere Verdienst des psychoanalytischen Phasenmodells ist der Hinweis darauf, **dass den ersten Lebensjahren eines Kindes im Blick auf seine spätere Entwicklung** (Entwicklungsziel) **eine besondere Bedeutung zukommt.**[201] Weiter wurde **die Identitätsfindung als ein wichtiges Erziehungsziel erkannt.**

Zu bemängeln ist, dass es sich beim psychoanalytischen Phasenmodell um eine Konstruktion der Kindheitsentwicklung handelt, die letztlich nicht begründet werden kann.

6.7.3 Die behavioristische Vorstellung von Entwicklung

Die Behavioristen gehen davon aus, dass **exogene, soziokulturelle Einflüsse die menschliche Entwicklung grundlegend beeinflussen**. Um die Entwicklung eines Menschen erfassen zu können, nimmt man an, dass durch einen Reiz von außen (Stimulus) in ihm eine bestimmte Reaktion (Response) ausgelöst wird. Diese Reiz-Reaktion-Theorie oder S(Stimulus)-R(Response)-Theorie bildet die Grundlage der behavioristischen Überlegungen zur Entwicklung des Menschen. Diese Theorie macht deutlich, dass man den Menschen als eigenständige Persönlichkeit, die sich zu den gegebenen Einflüssen verhalten kann, vernachlässigt. Der Mensch wird hier nur **als höher entwickeltes Tier gesehen.**

In der gegenwärtigen S-R-Theorie hält man praktisch jedes von einem Beobachter wahrnehmbare oder irgend messbare externe oder interne Ereignis für einen Reiz, unabhängig von seiner Komplexität oder Direktheit seiner Aufnahme durch die Sinnesorgane. Weiter umschließt die Reaktion in der heutigen Forschung auch komplexe Verhaltensweisen wie ganze Bewegungsabläufe, Gefühlsreaktionen, sowie interne Abläufe des Wahrnehmens, Denkens, Urteilens und Erinnerns.

Die S-R-Theoretiker betrachten Lernprozesse primär als von soziokulturellen Einflüssen abhängig. Endogene Faktoren haben für den

---

201 ebd., S. 277

Entwicklungsprozess kaum eine Bedeutung, da sie mit der S-R-Theorie nicht erfasst werden können.

Die durch Umwelteinflüsse hervorgebrachten Reaktionen werden nicht bestimmten Altersbereichen zugeordnet. Aussagen über gesetzmäßige Entwicklungsabläufe im Sinne von festen Entwicklungssequenzen, etwa gar in Form von Entwicklungsstufen und -phasen, gibt es auf dem Boden der S-R-Theorien nicht.[202] Ja, sie werden sogar als unnötig abgelehnt.[203] **Es gibt also in der behavioristischen Entwicklungsvorstellung kein Endziel**. Die Entwicklung hat immer im Jetzt, in der Anpassung an die vorgegebene Situation, ihr eigentliches Ziel.

Die durch Umwelteinflüsse hervorgebrachten Verhalten können nach Auffassung der Behavioristen verstärkt oder gelöscht werden.

Innerhalb der behavioristischen Auffassung über Entwicklung haben sich vier Richtungen herausgebildet, von welchen wir zwei näher betrachten wollen:

1. **Die Neo-Hullianer (Robert R. Sears)**
   Sears geht vom beobachtbaren Verhalten aus. Er ist überzeugt, dass Verhalten immer zielgerichtet ist. Das Verhalten zielt auf die Befriedigung von Bedürfnissen oder Erwartungen. Schwerpunktmäßig beschäftigt er sich mit den Verhaltensweisen Abhängigkeit, Aggressivität und Identifikation. Er betrachtet Entwicklung als Sozialisierung kindlicher Bedürfnisse.
2. **Die an Skinner orientierten Forscher (S. W. Bijou, D. M. Baer)**
   Diese Forscher sind primär an empirisch erfassbaren funktionalen S-R-Beziehungen im Bereich der operanten Konditionierung (Lernen durch Versuch und Irrtum) interessiert. Verhalten ist ihrer Überzeugung nach von Verstärkungsreizen abhängig. Sie betrachten es als Aufgabe der Entwicklungspsychologie herauszuarbeiten, welche Reize im Lauf der Entwicklung Auslösefunktion, diskriminative Funktion und Verstärkerfunktion besitzen.[204]

---

202 ebd., S. 279-290
203 Mussen, P. H.; Conger, J. J.; Kagan, J., Lehrbuch der Kinderpsychologie, S. 55
204 Trautner, H. M., Lehrbuch der Entwicklungspsychologie, Bd. 1, S. 291-309

Diese eben entfaltete behavioristische Vorstellung von Entwicklung führte dazu, dass man menschliche **Entwicklung heute weitgehend als Sozialisationsprozess** versteht. Zudem ist man davon überzeugt, dass durch geeignete Maßnahmen Entwicklung beeinflusst und optimiert werden kann.[205] Bedenklich erscheint mir in diesem Zusammenhang, dass der Mensch Einfluss auf die Entwicklung eines Menschen nimmt ohne vorgegebenes Endziel. Der Mensch wird so zum formbaren Objekt des Menschen.[206] Hier besteht die akute Gefahr, dass Menschen die Entwicklung anderer Menschen auf ein von ihnen gewähltes ideologisches Ziel hin lenken können. Der Mensch wird als eigenständige Persönlichkeit überhaupt nicht ernst genommen.

H. M. Trautner bemerkt ganz richtig, dass es die rein objektiven empirischen Untersuchungen der vorgegebenen Faktoren (Reize und Reaktionen) bis heute noch gar nicht gibt.[207] Dem möchte ich beifügen, dass es sie nie geben wird. Der Mensch lässt sich nicht restlos mit Hilfe naturwissenschaftlich-technologischer Mittel erfassen, da er eben nicht, wie angenommen, nur ein immanentes Wesen, sondern ewiges Geschöpf Gottes ist.

Wir haben gesehen, dass sowohl in der kognitiven als auch in der psychoanalytischen Entwicklungstheorie letzte Entwicklungsziele formuliert werden, die aber nicht begründet werden können. Was positiv auffällt ist, dass der Mensch **als aktiv handelnde Person mehr oder weniger ernst genommen** wird. Doch spielt in all diesen Überlegungen seine Beziehung zu Gott keine Rolle. Der Mensch wird als autonomes Wesen, als Subjekt seiner Entwicklung verstanden.

Die behavioristischen Entwicklungsvorstellungen vermögen uns deshalb in keiner Weise zu befriedigen, weil der Mensch nur als höher entwickeltes Tier verstanden wird, das keine eigene Personalität hat, sondern zu Personalität gelangt. Es werden auch keine letzten

---

205 ebd., S. 314
206 Maier, H. W., Drei Theorien der Kindheitsentwicklung, S. 218-223
207 Trautner, H. M., Lehrbuch der Entwicklungspsychologie, Bd. 1, S. 313-314

Ziele ins Auge gefasst, da ja das Ziel im immer wieder angepassten Verhalten gesehen wird.

Von diesem Ansatz herkommend fordert man, dass das Ziel menschlicher Entwicklung prinzipiell offen gelassen werden müsse, da es ja den Wunsch nach Anpassung schon wieder einengt. Man hofft, dass auf diese Weise die individuelle Entwicklung über vorgegebene Umweltstrukturen hinaus vorstößt, und die Umwelt systematisch umstrukturiert wird. Man ist vom evolutionistischen Denken her davon überzeugt, dass die neuen Strukturen besser sein werden als die alten, was ich bezweifeln möchte.[208]

6.7.4 Biblische Vorstellung von Entwicklung

Zunächst nehmen wir ernst, dass der Mensch ein Geschöpf Gottes ist und deshalb von seiner Zeugung an **eine Persönlichkeit ist, welche weder endogen noch exogen determiniert ist**. Zugleich kennt der Mensch biologisch von Gott vorgegebene Entwicklungsphasen, in welchen sich die inneren Anlagen eines Menschen entfalten. Die Bibel sieht als unterste Stufe das Säuglingsalter (0 – 2 Jahre), die Kindheit (2 – 15 Jahre), das Jugendalter und das Erwachsenenalter (Mt 21,16; 1. Joh 2,12-14). Soziokulturelle Einflüsse können sich unterstützend oder retardierend auf den Reifungsprozess der biologischen Entwicklung auswirken.

Nur Gott, welcher den Menschen geschaffen hat, kann ihm sagen, **wer er ist und welches Ziel er mit ihm hat**. Deshalb gab er ihm seine Offenbarung, die Bibel. In der Bibel wird dem Menschen gesagt, dass das Ziel Gottes mit ihm darin besteht, dass er während seines Lebens mit ihm Gemeinschaft haben will, und dass er aus dieser Gemeinschaft heraus, die auch über den Tod hinaus bestehen bleibt, sein Leben gestalten soll.

Um dieses Ziel zu erreichen, gilt es zwei Unterziele anzustreben:

---

208 Oerter, R., Entwicklung und Förderung: Angewandte Entwicklungspsychologie, in: Pädagogik. Handbuch für Studium und Praxis, S. 168-169

1. **Das Herz des Menschen soll in eine persönliche Beziehung zu Gott geführt werden**
   Der Mensch lebt seit dem Sündenfall in der Entfremdung von Gott. Sein Herz, sein Ich, ist wohl noch auf Gott hin angelegt, aber es ist getrennt von ihm. Nur durch den Glauben an das Erlösungswerk Jesu kann ein Mensch zur Gotteskindschaft und damit in die liebende Gemeinschaft mit Gott gelangen. Jesus nimmt sogar Wohnung in seinem Herzen (Eph 3,17).
   Folgende Auswirkungen ergeben sich im Leben eines Kindes, das in Gemeinschaft mit Gott lebt:
   - Diese im Herzen verankerte Gemeinschaft mit Gott führt zu einem **erneuerten Denken** (Röm 12,2).
   - **Das Wollen** wird in seinem Leben immer mehr von Jesus und seinem Wort bestimmt (Phil 2,13). Dies ist ein wachstümlicher Vorgang.
   - Auch **die Emotionen** werden durch die Gemeinschaft mit Jesus beeinflusst (Phil 4,4).
2. **Der Mensch soll durch die Gemeinschaft mit Gott zu einer selbständigen Persönlichkeit heranreifen**
   Mit Hilfe des erneuerten Denkens, des immer mehr von Gott geprägten Willens und des von Gott beeinflussten Gefühls soll der heranwachsende Mensch lernen, seine Anlagen im physischen, psychischen und geistigen Bereich anzunehmen und richtig mit ihnen umzugehen. Zugleich hat er zu lernen, die Einwirkungen aus dem sozialen Bereich, auf die er ebenfalls einen ständigen Einfluss ausübt, in rechter Weise selbständig zu verarbeiten.
   Dieser richtige Umgang mit den Anlagen und die echte Verarbeitung der Umwelteinflüsse fördert die Umgestaltung ins Bild Gottes. Diese Umgestaltung zeigt sich ihrerseits in einer positiven **Entwicklung im sozialen, moralischen, intellektuellen, kreativen und körperlichen Bereich.**
   Jeder heranwachsende Jugendliche wirkt mit Hilfe des innewohnenden Christus aktiv an seiner Entwicklung mit.
   Damit aber diese Entwicklung in rechter Weise gelingen kann, braucht der heranwachsende Mensch Hilfe:

- Zunächst müssen **die Eltern** den Kindern helfen, ihre Anlagen zu bejahen und in rechter Weise zu gebrauchen. Zugleich haben sie ihnen zu helfen, die soziokulturellen Einflüsse, auch die, welche sich belastend auf ihr Leben auswirken, richtig zu verarbeiten. Damit dies möglich ist, haben die Eltern ihnen mit verständnisvoller und einfühlsamer Liebe zu begegnen und sie zum Gehorsam anzuleiten, der sich an den biblischen Werten und Normen orientiert. Dieses harmonische Eingebettetsein in die Familie ist für die gesunde Entwicklung eines heranwachsenden Kindes von größter Wichtigkeit.[209]
- Später, wenn sich der heranwachsende Jugendliche immer stärker vom Einfluss der Eltern löst, ist ihm **die christliche Gemeinde** eine Hilfe (erst die Jugendgruppe, dann die Gemeinschaft mit den anderen Gläubigen). In der Gemeinde, die sich an den in der Bibel vorgegebenen Maßstäben orientiert und in welcher jeder dem anderen mit Liebe begegnet (Röm 13,8.9), lernt der Jugendliche seine Möglichkeiten und Grenzen, die durch die Anlagen gegeben sind, zu bejahen. Er lernt auch, unterstützt von den anderen Gläubigen, die Umwelteinflüsse in rechter Weise zu verarbeiten (Gal 6,1.2). Dies geschieht aufgrund des vorbildhaften Verhaltens der ihn umgebenden Gläubigen, durch die biblische Belehrung und die helfende Ermutigung. Die Gemeinde ist in unserer Welt, in welcher die Familienbande geschwächt sind, ein Ort verbindlicher Gemeinschaft (koinonia: Apg 2,42). Wer zur Gemeinde gehört, ist in eine tragende Lebensgemeinschaft eingebettet.[210] Hier können Spannungen, Krankheiten, belastende Ereignisse und Ängste des Lebens[211] aufgefangen werden, denn hier erfährt man durch die anderen Gemeindeglieder vom Wort Gottes her Ermutigung, Beratung und

---

209 Wie wichtig das Eingebettetsein eines Kindes in eine Familie im Blick auf seine Entwicklung ist, erläutert Erich Weber. Vgl. Weber, E., Pädagogik. Eine Einführung. Grundfragen und Grundbegriffe, Bd. 1/Teil 2, S. 165

210 Printz, M., Grundlinien einer bibelorientierten Gemeindepädagogik. Pädagogische und praktisch-theologische Überlegungen, Wuppertal; Zürich 1996, S. 250

211 Ouweneel, W. J., Psychologie, S. 324-325

> konkrete Lebenshilfe. Auf diese Weise wird im Leben der heranwachsenden Jugendlichen eine mögliche Problementwicklung verhindert.[212]
> Siegfried Uhl ist davon überzeugt, dass die Hauptvoraussetzungen für die gesunde Entfaltung einer Persönlichkeit dann gegeben sind, wenn in einer Gesinnungsgemeinschaft – und das ist die Gemeinde Jesu – zu welcher der Jugendliche gehört, klare Ordnungen gelten, welche die Lebensführung sowohl der Kinder als auch der Erwachsenen leiten.[213]

Diese bewusste Bejahung der Anlagen und die gesunde Verarbeitung der Umwelteinflüsse fördern die **psychische Tragkraft** und ermöglichen einen gesunden **geistlichen Wachstumsprozess**. Der heranwachsende Jugendliche wird zu einer selbständigen, belastbaren Persönlichkeit, die sich aber von Gott abhängig weiß und sich vor allem im sozialen und moralischen Bereich **den biblischen Werten und Normen entsprechend verhält**. Er begegnet z.B. seinen Nächsten mit Liebe. Weil er sich selber annehmen kann, ist er durch Christus befähigt, sich dem Anderen liebend zuzuwenden. Er wirkt demzufolge positiv verändernd auf seine Umwelt ein.

Es geht in allen biologischen Entwicklungsphasen eines Menschen darum, dass Gott über das Herz direkten Einfluss auf seine Persönlichkeitsentfaltung nehmen kann. Dies ist ihm nur dann möglich, wenn er im Herzen dieses Menschen wohnen kann.

Unsere Aufgabe ist es jetzt zu fragen, wie die Einflussnahme Gottes den vorgegebenen biologischen Entwicklungsphasen (Säugling, Kind, Jugendalter) entsprechend unterstützt werden kann. Dies führt zu pädagogisch-didaktischen Überlegungen (siehe 6.9).

Diese Art, Entwicklung unter der direkten Einflussnahme Gottes zu betrachten, wirkt sich natürlich auf die pädagogisch-didaktischen Überlegungen aus. Jeder Pädagoge muss zunächst wissen, auf welche Ziele hin er erziehen soll, bevor er die Frage nach dem Wie und Womit klären kann. Pädagogik kann nicht nur von entwicklungspsychologischen Prozessen ausgehen, sonst endet sie in der Sinnlo-

---

212 Fend, H., Entwicklungspsychologie des Jugendalters, S. 451
213 Uhl, S., Die Mittel der Moralerziehung und ihre Wirksamkeit, S. 287

sigkeit. Sie braucht das Wissen um diese letzten, in der Bibel vorgegebenen Ziele. Wenn sie nicht die in der Offenbarung Gottes vorgegebenen Ziele anstrebt, endet sie nach Rudolf Seiß im »im Götzendienst einer Ideologie«.[214]

6.8 Gibt es Phasen in der religiösen Entwicklung?

Zunächst suchte man zu klären, ob es bei Kindern und Jugendlichen überhaupt so etwas wie Religion beziehungsweise Religiosität gibt. Jean-Jacques Rousseau, aber auch Sören Kierkegaard lehnten dies ab. Rousseau aus philosophischen, Kierkegaard aus theologischen Gründen.[215] Die auf die Emotionen ausgerichtete Religionspsychologie begann dann vom religiösen Erleben des Kindes zu sprechen. Was versteht man in diesem Zusammenhang unter Religion? Man hält sich an den weiten Religionsbegriff, den ich unter 1.4 ausgeführt habe.[216] Religiosität ist nach F. Oser und P. Gmünder eine besondere subjektive Form der Lebensbewältigung. Sie ist die Beziehung des Menschen zu einem Letztgültigen und Ultimaten, die in bestimmten Lebenssituationen zum Tragen kommt.[217]

Man betrachtet einen Religionsbegriff, der durch bestimmte Inhalte – wie den Bezug auf Gott – definiert wird, nicht für ausreichend, um die gesamte Bandbreite religiöser Phänomene zu erfassen. Wenn ein Kind zum Beispiel aufwächst, ohne dass ihm der Begriff »Gott« in seiner religiösen Bedeutung begegnet ist, kann dieses Kind nach Auffassung der Religionspsychologie dennoch religiös sein.[218] Auch dann

---

214 zit. nach Seiß, R., Die seelische Entwicklung im Schulalter, S. 92

215 Schweitzer, F., Lebensgeschichte und Religion. Religiöse Entwicklung und Erziehung im Kindes- und Jugendalter, München 1987, S. 42-43

216 ebd., S. 43-44

217 Bucher, A. A.; Reich, H., Stufen religiöser Entwicklung. Fakten oder Fiktionen? in: Entwicklung von Religiosität, Grundlagen – Theorieprobleme – Praktische Anwendung, hg. v. A. A. Bucher; K. H. Reich, Freiburg Schweiz 1989, S. 4

218 Schweitzer, F., Lebensgeschichte und Religion, S. 45

versucht man das Wort religiös beizubehalten, wenn heranwachsende Jugendliche sich bewusst von einem Gottesglauben abgewandt haben.

Aber man ist sich bewusst, dass Kinder und Jugendliche nicht von sich selbst, gleichsam aufgrund ihrer natürlichen Entwicklung, zu einer bestimmten Religion gelangen, sondern dass dies unter dem Einfluss der Überlieferung und der Erwachsenen geschieht. Es handelt sich bei der religiösen Entwicklung um eine, wie M. Langeveld sagt, bedingte Entwicklung.[219] Deshalb betont Wolf-Dietrich Bukow im Blick auf die religiöse Entwicklung den Einfluss von Eltern und Kirche auf die heranwachsenden Kinder.[220]

Von der Bibel her ist Religiosität eine durch den Glauben an Jesus ermöglichte Gemeinschaft mit Gott, die im Leben der Gläubigen Hingabe an Gott und die Bereitschaft zum Dienst für ihn bewirkt. Dieser Dienst für Gott zeigt sich im zwischenmenschlichen Bereich in der Nächstenliebe.

6.8.1 Wie sucht man die religiösen Entwicklungsphasen festzustellen?

1. **Durch Befragung**
   Mit standardisierten Fragebogen kann eine große Zahl von Personen in unterschiedlichen Lebenslagen erfasst werden. Es können dann Vergleiche zwischen unterschiedlichen Lebenslagen, Konfessionen, Altersgruppen usw. angestellt werden.[221]
2. **Psychoanalytische Fallgeschichten**
   Man geht davon aus, dass eine psychoanalytische Behandlung den Schleier des Vergessens und Verdrängens lüften und deshalb zu einer verlässlichen Darstellung der lebensgeschichtlichen Entwicklung führen kann.[222]

---

219 ebd., S. 38
220 Bukow, W.-D., Religiöse Sozialisation und Entwicklung des religiösen Urteils: Einige kritische Bemerkungen zur Theorie der religiösen Urteilsentwicklung aus der Perspektive der religiösen Sozialisation, in: Entwicklung von Religiosität, S. 70.75
221 Schweitzer, F., Lebensgeschichte und Religion, S. 50
222 ebd., S. 51-52

3. **Klinische Interviews**
   Von Jean Piaget beeinflusst, sucht man im »klinischen Interview« den spontanen Fragen des Kindes nachzugehen. Es geht im Interview darum, dass der Psychologe das Kind

   »sich selbst lenken lässt, indem er lenkt«.[223]

Diese Formen der Untersuchung sind natürlich durch das Vorverständnis geprägt, was Religion ist und wie man sich die Entwicklung des Menschen vorstellt. W. J. Ouweneel macht darauf aufmerksam, dass Religionspsychologen mit empirischen Untersuchungen nur das über Religion in Erfahrung bringen können, was ihrer Überzeugung nach Religion ist, da das Eigentliche der Religion die empirische Wahrnehmung übersteigt.[224]

Es bleibt für mich deshalb die Frage, ob diese Untersuchungsmethoden uns wirklich Aufschluss über die Religiosität des Kindes und des Jugendlichen geben können.

Es ist weiter sehr fragwürdig, ob man von den kognitiven Strukturen zu Inhalten und hier sogar zu religiösen Inhalten vorzudringen vermag.[225]

6.8.2 Hinweise auf religiöse Komponenten in bekannten Phasenmodellentwürfen

- **Im Phasenmodell von Erik H. Erikson**
  Erikson sagt, dass die erste Stufe eines Menschenleben vom Erwerb eines Gefühls von Urvertrauen und der Überwindung eines Gefühls des Urmisstrauens[226] geprägt sei. Pannenberg sagt im Blick auf das von Erikson beschriebene kindliche Urvertrauen, dass der unbedingte Charakter dieses Vertrauens von Anfang an

---

223 zit. nach ebd., S. 53
224 Ouweneel, W. J., Psychologie, S. 275
225 Burgard, P., Zum Problem des Messens religiöser Urteilsstrukturen, in: Entwicklung von Religiosität, S. 117
226 Maier, H. W., Drei Theorien der Kindheitsentwicklung, S. 130

über die Mutter als konkrete, endliche Person hinausgeht und insofern implizit schon auf Gott verweise.[227]
Erikson selber sagt, dass es gute existentielle und evolutionäre Gründe gebe, dass diese ehrerbietige Haltung später im gemeinsamen Glauben an Gottesvorstellungen und halb-göttliche Führer aufgehen könne, wenn die ontogenetischen Eltern mit Ehrfurcht bedacht werden.[228]

- **Im Phasenmodell von Heinz Kohut**
  Er hat in seiner gründlichen Erforschung des Narzissmus darauf hingewiesen, dass das Ziel der Entwicklung darin besteht, die Begrenztheit des eigenen Lebens ins Auge zu fassen. Eine dieser Endlichkeit angemessene Entwicklung stellt für Kohut der »kosmische Narzissmus« dar. Diese Öffnung und Erweiterung des Selbst ins Kosmische hinein wird so als Fortsetzung der narzisstischen Entwicklung verstanden. Insofern strebt diese Entwicklung also einer religiösen Lösung zu.[229]

6.8.3 Die religiöse Entwicklung im Einzelnen

Lawrence Kohlberg hat in Anlehnung an Jean Piagets »Entwicklung des Erkennens« »die Entwicklung des moralischen Urteils« dargelegt. Er entfaltete sechs Stufen der moralischen Entwicklung.[230] Kohlberg trennte streng zwischen Moral und Religion. Diese Trennung vermochte theologisch nicht zu befriedigen, da Religion immer auch moralische Konsequenzen hat. Hier setzten nun Fritz Oser und Paul Gmünder mit ihrer Theorie der **Entwicklung des religiösen Urteils ein.**[231]

Von Jean Piaget übernahmen sie den Weg der klinischen Befragung und von Kohlberg das Vorgehen mit Hilfe von Dilemma-

227 Schweitzer, F., Lebensgeschichte und Religion, S. 97
228 ebd., S. 90
229 ebd., S. 94-95
230 Breitere Ausführungen dazu siehe ebd., S. 115-117
231 Oser, F.; Gmünder, P., Der Mensch. Stufen seiner religiösen Entwicklung. Ein struktur-genetischer Ansatz, Zürich; Köln 1984

Geschichten.[232] Oser und Gmünder kamen beim religiösen Urteil zu sechs Stufen, die nacheinander in aufsteigender Reihenfolge durchlaufen werden.

Hier die Stufen im Einzelnen:[233]

»**Stufe 1:**
Es gibt ein Ultimates (Gott), das dich beschützt oder dir etwas Schlechtes schickt, dir Gesundheit und Krankheit sendet, Freude oder Verzweiflung. Das Ultimate beeinflusst dich (und alle anderen Lebewesen) direkt. Der Wille des Ultimaten muss immer getan werden, sonst zerbricht die Beziehung.
Stufe 2:
Der Wille des letztgültigen Seins (Gott) kann durch Gebete, Opfergaben, das Befolgen religiöser Regeln usw. beeinflusst werden. Wenn man sich um das Letztgültige bemüht und die Prüfungen, die es schickt, besteht, dann handelt es wie ein vertrauender und liebender Vater, und der Mensch wird glücklich, gesund, erfolgreich usw. sein. Der Mensch kann das Ultimate beeinflussen oder nicht, je nach Bedürfnis und freiem Willen.
Stufe 3:
Das menschliche Wesen ist unabhängig von einem letztgültigen Sein (Gott). Es hat die volle Verantwortung für sein Leben und für die Dinge dieser Welt. Freiheit, Sinn, Hoffnung sind an die eigenen Entscheidungen gebunden. Das Ultimate (Gott) ist davon getrennt. Es hat (vielleicht) seinen eigenen Tätigkeitsbereich. Freiheit, Hoffnung und Sinn, die in der Ganzheit des Ultimaten ruhen, sind verschieden von den entsprechenden menschlichen Begriffen. Transzendentes ist außerhalb der Freiheit des Individuums, stellt aber dort eine fundamentale Ordnung von Welt und Leben dar.
Stufe 4:
Eine indirekt vermittelte Beziehung mit dem Letztgültigen (Gott) ist entstanden. Das Individuum ist weiterhin selbst verantwortlich, aber es fragt sich, welches die Bedingungen der Möglichkeit für die Übernahme von Verantwortung und Handlungsmöglichkeiten sind. Es sieht sein Engagement als einen Weg an, Mangel an Sinn und Hoffnung sowie Absurdität zu überwinden. Die Transzendenz ist jetzt teilweise ins Innere des Menschen verlegt (Immanenz). Das Letztgültige wird zur Bedingung der Möglichkeit menschlicher Freiheit, Unabhängigkeit usw. dank des göttlichen Plans. Die Grenzen aller menschlichen Autonomie werden neu bedacht und an das Letztgültige zurückgebunden.
Stufe 5:
Das Letztgültige (Gott) scheint in jedem menschlichen Engagement auf, geht aber gleichzeitig über es hinaus. Das Leben mit allen Grenzen und Möglichkeiten wird

---

[232] Beispiel einer Dilemma-Geschichte in: Schweitzer, F., Lebensgeschichte und Religion, S. 122

[233] zit. nach Oser, F., Genese und Logik der Entwicklung des religiösen Bewusstseins: Eine Entgegnung auf Kritiken, in: Glaubensentwicklung und Erziehung, hg. v. K. E. Nipkow; F. Schweitzer; J. W. Fowler, Gütersloh 1988, S. 52-53

zum Symbol für die Gegenwart des Ultimaten. Das Ultimate ist in Geschichte und Offenbarung. Transzendenz und Immanenz sind in vollkommener Wechselwirkung. Diese totale Durchdringung ermöglicht die vollständige Solidarität mit allen Menschen, dies auch in den schwersten Stunden des Lebens. Das Gottesreich wird eine Chiffre für ein um Frieden ringendes und engagiertes menschliches Potential, das Sinn nicht in weltfernen Optionen, sondern in einer wahrhaft sozialen Perspektive schafft.«

Eine 6. Stufe ließen Oser und Gmünder immer mehr fallen.

Zunächst weist Thomas Bernhard Seiler nach, dass die von Oser und Gmünder vorgelegten Beobachtungen keine eindeutige Aussage darüber zulassen, ob die religiöse Entwicklung tatsächlich stufenförmig verläuft.[234]

Was uns bei der Entfaltung dieser Stufen auffällt, ist die **wachsende Autonomie** des Menschen gegenüber Gott. Gott droht im menschlichen Engagement aufzugehen. Es ist deshalb meine Frage, ob hier überhaupt eine religiöse Entwicklung beschrieben wird.

Weitere Anfragen:

- Wie Friedrich Schweitzer und Anton A. Bucher ganz richtig bemerken, lässt Stufe 3 einen religiösen und areligiösen Weg offen. Für viele wird Stufe 3 somit das Ende der religiösen Entwicklung. Religion wird dann durch Atheismus, Agnostizismus und Solipsismus abgelöst. Dieser Umstand wird von Oser und Gmünder nicht berücksichtigt.[235]
- Bei Oser und Gmünder stehen die Kinder auf den tiefsten religiösen Stufen. Ganz anders aber bei Jesus! Er sagt: »*Wahrlich, ich sage euch, wenn ihr nicht umkehrt und werdet wie die Kinder, so werdet ihr nicht in das Reich der Himmel eingehen. Darum, wenn jemand sich selbst erniedrigen wird, wie dieses Kind, der ist der Größte im Reich der Himmel.*« (Mt 18,3.4)
- Oser und Gmünder legen dar, dass entwickelte Rationalität entwickelte Religiosität nach sich zieht. Dies bezweifle ich grund-

234 Seiler, Th. B.; Hoppe-Graff, S., Stufentheorien, Strukturgenese und die Emergenz einer intuitiven religiösen Theorie, in: Entwicklung von Religiosität, S. 83

235 Schweitzer, F.; Bucher, A. A., Schwierigkeiten mit Religion. Zur subjektiven Wahrnehmung religiöser Entwicklung, in: Entwicklung von Religiosität, S. 141.144

sätzlich. Jesus sagt nämlich: *»Ich preise dich, Vater, Herr des Himmels und der Erde, dass du dies vor Weisen und Verständigen verborgen hast, und hast es Unmündigen geoffenbart.«* (Mt 11,25) Paulus sagt dazu: *»Das Törichte der Welt hat Gott auserwählt, damit er die Weisen zuschanden mache.«* (1. Kor 1,27)

- Die Rechtfertigung allein durch den Glauben, ohne Leistung, wird überhaupt nicht gesehen. Was bei Oser und Gmünder zählt, ist die intellektuelle Leistung.

James W. Fowler, ebenfalls beeinflusst von L. Kohlberg, suchte von der einseitig kognitiven Ausrichtung im Bereich der Religiosität den Brückenschlag zur Psychoanalyse. Er nimmt in seinem Konzept stark Bezug auf E. H. Erikson. Daneben lehnt er sich vor allem an die Theologen H. R. Niebuhr und P. Tillich an. Er entfaltet in seinem Konzept die Stufen des Glaubens.[236] Für ihn ist Glaube eine allgemeine und universelle religiöse (und menschliche) Kategorie. Deshalb sind nach ihm auch nicht-religiöse Formen von Vertrauen und Loyalität, als Manifestation menschlichen Glaubens zu verstehen.[237]

Wie Kohlberg und Oser/Gmünder unterscheidet Fowler sechs Stufen des Glaubens, die die Entwicklung von der Kindheit bis ins Alter erfassen. Er kennt weiter eine Anfangsstufe 0, die in der frühen Kindheit zu finden ist.[238]

Hier die Stufen im Einzelnen:

»Stufe 0: Erster Glaube
Der Glaube in dieser frühen Zeit ist vorsprachlich. Das Bewusstsein befindet sich noch im Entstehen. Dennoch muss in dieser Zeit, wie Fowler mit Erikson hervorhebt, schon das *Vertrauen* beginnen, mit dem das Kind anderen Menschen und seiner Umwelt begegnet. Insofern bilden sich auf dieser Stufe die Grundlagen der späteren religiösen Entwicklung.[239]
Stufe 1: Intuitiv-projektiver Glaube
In dieser Benennung vereint Fowler einen kognitionspsychologischen mit einem psychoanalytischen Begriff. Gemeint ist das – mit Piaget gesprochen – präoperationale Denken, das mehr der eigenen Phantasie als einer möglichst unverzerrten

236 Fowler, J. W., Stages of faith. The Psychology of Human Development and the Quest for Meaning, San Francisco 1981
237 Fowler, J. W., Die Berufung der Theorie der Glaubensentwicklung: Richtungen und Modifikationen seit 1981, in: Glaubensentwicklung und Erziehung, S. 31
238 Schweitzer, F., Lebensgeschichte und Religion, S. 144
239 zit. nach ebd., S. 144

Wahrnehmung der äußeren Wirklichkeit folgt. In der Vorstellungskraft, die von den Gesetzen der Logik noch nicht im Zaum gehalten wird, sieht Fowler die Stärke dieser Stufe. In der Gewalt, die solche Vorstellungen und die von ihnen ausgelösten Ängste über das Kind gewinnen können, liege ihre Schwäche.[240]

Stufe 2: Mythisch-wörtlicher Glaube

›Mythisch‹ ist diese Stufe insofern, als nun die Mythen, Geschichten und Symbole, die dem Kind oder Jugendlichen von seiner Umwelt angeboten werden, eine zentrale Bedeutung für seine Orientierung in der Welt gewinnen. Entsprechend dem konkret-operationalen Denken, das auf dieser Stufe vorherrscht, werden diese Mythen wörtlich genommen: Sie werden dem Wortsinn nach verstanden und nicht als symbolische Sprache erkannt. Das macht verständlich, warum gerade auf dieser Stufe der Anthropomorphismus zu finden ist: Das wörtliche Verstehen symbolischer Texte führt dazu, dass Gott ganz wie ein menschliches Wesen aufgefasst wird.[241]

Stufe 3: Synthetisch-konventioneller Glaube

Hier ist zunächst der zweite Begriff wichtig: konventionell, denn der Glaube ist auf dieser Stufe noch kein persönlich angeeigneter Glaube; er ist vielmehr von anderen übernommen und von anderen abhängig. Daraus erklärt sich sein *synthetischer* Charakter: Die einzelnen Inhalte und Überzeugungen werden nicht innerlich zusammengehalten – sie sind nicht daraufhin geprüft, ob sie sich zueinander fügen und ein stimmiges Ganzes ergeben. Ein eigenes, kritisches Urteil wird nicht gefällt. Es kommt für diesen Glauben immer darauf an, was die anderen – die Freunde, die anderen Kirchenmitglieder, die Kollegen – glauben.[242]

Stufe 4: Individuierend-reflektierender Glaube

Im Unterschied zur vorhergehenden Stufe bringt Stufe 4 nun ein klares, fast überzogenes Bewusstsein der eigenen Individualität und Autonomie. Diese Stufe ist nach Fowlers Ergebnissen kaum vor dem späten Jugendalter zu finden. Sie setzt ein hohes Maß an Selbstreflexion und an traditionskritischem Bewusstsein voraus.[243]

Stufe 5: Verbindender Glaube

Obwohl die Bezeichnung, die Fowler für diese fünfte Stufe wählt, einfacher ist als die der anderen Stufen, ist er sich bei der Beschreibung gerade dieser Stufe am wenigsten sicher. Entscheidend ist das *dialogische* Verständnis, das nun die Schwarz-Weiß-Malerei und das Entweder-Oder der Stufe 4 ablöst. Sowohl der Welt wie auch anderen Menschen gegenüber findet Fowler nun eine dialogische Haltung und Offenheit. Dabei bleibt die eigene Individualität erhalten, sie muss jetzt aber nicht mehr ständig gegen andere und gegen Traditionen verteidigt werden. Alle (religiösen) Traditionen werden jedoch nur als relativ gültig und wahr angesehen: Sie werden als abhängig von der jeweils besonderen Erfahrung eines Menschen oder eines Volkes aufgefasst. Diese Auffassung von der relativen Wahrheit unterschiedlicher Traditionen liegt der *verbindenden* Fähigkeit dieser Stufe zugrunde.[244]

---

240 zit. nach ebd., S. 145
241 zit. nach ebd., S. 145
242 zit. nach ebd., S. 146-147
243 zit. nach ebd., S. 148
244 zit. nach ebd., S. 150

> **Stufe 6: Universalisierender Glaube**
> Obwohl Fowler gelegentlich auch Interviewbeispiele für diese höchste Stufe in seiner Entwicklungslogik anführt, gewinnt er diese Stufe doch mehr an den – wie man vielleicht sagen könnte – ›großen Figuren‹ der Religionsgeschichte als aus seiner empirischen Forschung. Genannt werden u. a. Gandhi, Martin Luther King, Mutter Teresa, Dietrich Bonhoeffer und Abraham Heschel. Kennzeichnend für Stufe 6 ist, dass die Paradoxien von Stufe 5 überwunden sind – im Sinne ›absoluter Liebe und Gerechtigkeit‹. Die eigene Selbsterhaltung tritt ganz in den Hintergrund zugunsten des ›Geschmacks und Gefühls für die transzendente moralische und religiöse Wirklichkeit‹. ›Gewaltloses Leiden‹ und ›höchste Achtung vor dem Sein‹ sind dann die Wege zu einer ›Gemeinschaft‹ mit allen Menschen und allem Sein.«[245]

Stufe 6 soll nicht für eine bestimmte Religion oder einen bestimmten religiösen Glauben stehen, sondern soll als allgemeingültige Struktur alle inhaltlich bestimmten Traditionen und Religionen übergreifen, da letztlich alle religiösen Traditionen nur relativ seien.

Einige Anfragen an Fowler:

- Ist die oberste Glaubensstufe von der Bibel her überhaupt erstrebenswert? Durchaus nicht, da, wie Petrus in Apostelgeschichte 4,12 sagt, *»in keinem andern das Heil ist«*, außer in Jesus Christus. Er allein ist der *»Weg, die Wahrheit und das Leben, niemand kommt zum Vater, außer durch ihn.«* (Joh 14,6)
- Ist es richtig, das evolutionistische Fortschrittsdenken, das ja der hierarchischen Stufenfolge zugrunde liegt, auf die religiöse Entwicklung zu übertragen? Keinesfalls! Jesus selbst sagt: *»Wer sich aber selbst erhöhen wird, wird erniedrigt werden; und wer sich selbst erniedrigen wird, wird erhöht werden.«* (Mt 23,12)
  Johannes der Täufer formulierte diesen Gedanken so: *»Er muss wachsen, ich aber abnehmen.«* (Joh 3,30)
- Das Streben nach der höchsten, perfekten Glaubensstufe führt niemals zu dem sich in der Bibel offenbarenden Gott. Vielmehr **emanzipiert sich der Mensch im Streben nach der höhern Glaubensstufe von Gott**. Der Mensch gelangt aus eigenen Kräften, wenn er die höchste Glaubensstufe erreicht hat, zu »absoluter Liebe und Gerechtigkeit«. Rechtfertigung entspringt bei Fowler nicht mehr dem Gnadenhandeln Gottes, sondern der kognitiven

---

[245] zit. nach ebd., S. 152

und moralischen Leistung des Menschen. **Letztlich rechtfertigt der Mensch sich selber.** Dies widerspricht dem ganzen Zeugnis der Heiligen Schrift.

6.8.4 Besonderheiten im Zusammenhang mit der Auffassung einer religiösen Entwicklung

Es ist interessant zu beobachten, dass je höher der Bildungsstand eines Jugendlichen ist – sodass er sich eigentlich in einer höheren Stufe der religiösen Entwicklung befindet – desto größer seine **Distanz zur Kirche** ist. Hieraus folgert Friedrich Schweitzer, dass die Kirche nicht genügend pluralistisch sei. Ferner meint er, dass die Distanz der Gebildeten zur Kirche nur so und dann überwunden werden könne, wenn die Kirche bewusst und ausdrücklich Raum für eine kritisch fragende Haltung ihr selbst gegenüber und auch gegenüber der Tradition, die sie vermitteln möchte, geben würde. Die Kirche müsste nach Schweitzers Auffassung noch pluralistischer werden, um die Religiosität unterstützen zu können.[246]

Genau dies stelle ich in Frage:

Die Kirche ist beauftragt, den Anspruch Gottes, des Schöpfers des Universums, auf das Leben eines jeden Menschen zu verkündigen. Sie hat die Menschen zum Retter Jesus Christus hinzuführen. Die Kirche hat gerade deshalb, weil sie sich zu sehr dem Pluralismus geöffnet hat, die Gebildeten verloren. Eine pluralistische Verkündigung vermag niemandem mehr etwas zu geben.

Weiter ist zu beachten, dass den Konzepten einer religiösen Entwicklung ein philosophisches Gottesverständnis zugrunde liegt. Oser/Gmünder reden vom Ultimaten, dessen Gegenwart zum Symbol für das Leben mit allen Grenzen und Möglichkeiten wird. Bei Fowler ist Gott eine transzendente, moralische und religiöse Wirklichkeit.

Einer christlichen Erziehung müsste aber das biblische Gottesverständnis zugrunde liegen. Gott will dem Menschen in Christus ein persönliches Gegenüber werden.

---

[246] ebd., S. 177-180

6.8.5 Infragestellung der Phasenmodelle einer religiösen Entwicklung

Grundsätzlich kann uns nur die Bibel, die Offenbarung Gottes, das wahre Wesen von Religion aufzeigen. Empirische Forschung kann in diesem Bereich nicht weiterhelfen, da sie die Dimension der Transzendenz nicht zu erfassen vermag.[247]

Weder Oser und Gmünder noch Fowler nehmen ernst, dass der Mensch von Natur aus ein Sünder ist. Keine noch so hoch stehende Religiosität kann einen Menschen aus diesem Zustand befreien. Dies wird in der Auseinandersetzung zwischen Jesus und den Pharisäern deutlich.

Im Mittelpunkt des biblischen Denkens steht das Rettungshandeln Gottes in Jesus Christus. Jeder Mensch ist aufgefordert, Jesus im Glauben als Retter anzunehmen (2. Kor 5,18-20). Die Menschen haben keine kognitiven oder moralischen Vorleistungen zu erbringen. Gott gibt uns seine Rettung in Christus **aus Gnaden** (Röm 3,23.24). Diese Tatsache widerspricht den kognitiv-strukturellen Theorien von Oser und Fowler.

Wenn ein Mensch an Jesus Christus als seinen persönlichen Retter glaubt, ist er ein Gotteskind. **Jetzt beginnt in seinem Leben ein innerer Wachstumsprozess**. Das Ziel dieses Wachstumsprozesses ist, dass er *»zur vollen Mannesreife, zum Vollmaß des Wuchses der Fülle Christi«* (Eph 4,13) gelangt. Die Voraussetzungen zu diesem Wachstum sind **Hingabe** (Röm 12,1.2) und **Gehorsam** (Jak 1,22) Jesus gegenüber. Das Wachstum, in welchem es ja darum geht, dass Jesus immer uneingeschränkter unser Leben leben darf (Gal 2,20), wirkt sich in allen Bereichen des Lebens aus. Das innere Wachstum prägt unser soziales Verhalten, wirkt sich im moralischen Bereich aus und hat entscheidende Auswirkungen im kognitiven, kreativen, emotionalen und körperlichen Bereich. **Stufen lassen sich in diesem Wachstumsprozess aus verschiedenen Gründen keine ausmachen.**

---

247 Ouweneel, W. J., Psychologie, S. 284

- Wir Menschen sind nie in der Lage, bei unseren Mitmenschen **zwischen Schein und Sein zu unterscheiden**. Nur Gott allein kennt das Herz, das innerste Sein des Menschen (1. Sam 16,7).
- Wachstum ist immer gefährdet. Es kann Wachstumsstillstände, -rückschritte geben. Paulus sagt in 1. Kor 10,12: *»Deshalb, wer zu stehen meint, sehe zu, daß er nicht falle.«*

  Ja, es kann sogar der Tod eintreten, der jegliches Wachstum verunmöglicht. Dies war beim Gemeindevorsteher in Sardes der Fall. Jesus musste sagen: *»Du hast den Namen, dass du lebst, und bist tot.«* (Offb 3,1)
- Beim biblischen Wachstum geht es ja nicht darum, dass der Gläubige bestimmte Stufen erklimmt. Es geht vielmehr darum, dass Jesus unser Leben in all seinen Bereichen noch tiefer prägen und durchdringen kann. Dies ist dann in umfassender Weise möglich, wenn wir uns mit Christus *»für gestorben halten«* (Röm 6,11; 8,10), das heißt, dass wir uns auch allem Selbstruhm gegenüber, der ja in Stufen zum Ausdruck käme, für gestorben halten.

Ich bin davon überzeugt, dass das innere Wachstum eines Gläubigen nicht in Stufen aufgeteilt werden kann.

Die Bibel zeigt mit aller Deutlichkeit, dass jede Lebenszeit – auch die Kindheit – im Blick auf die Gottesbeziehung ihren besonderen Wert hat. Jesus sagte sogar zu seinen Jüngern: *»Wahrlich, wenn ihr nicht umkehrt und werdet wie die Kinder, so werdet ihr nicht in das Reich der Himmel eingehen.«* (Mt 18,3)

Wir haben gesehen, dass die kognitiv-strukturellen Theorien eine hierarchische Sicht der Entwicklung vertreten. Die nächste Stufe ist immer wertvoller als die vorangehende. In diesem Denken hat die Kindheit den niedrigsten Wert. Ganz anders bei Jesus!

Wenn wir von der **Gleichwertigkeit einer jeden Lebenszeit** ausgehen, haben wir uns zu fragen, wie wir die Kinder altersentsprechend zu Jesus, ihrem Retter, hinführen und wie wir das sich daraus ergebende innere Wachstum fördern und unterstützen können.

Was uns im Weiteren bei den kognitiv-strukturellen Theorien auffällt, ist, dass sie **nur den Einzelnen ins Auge fassen**. Sein Eingebundensein in eine religiöse Gruppe wird kaum berücksichtigt. Die Bibel zeigt uns aber, dass ein Mensch, der zur Gotteskindschaft gelangt ist, das Eingebundensein in die Gemeinde Jesu braucht, wenn er innerlich wachsen will. Paulus macht dies anhand des Bildes des Leibes deutlich. Das einzelne Glied braucht zunächst das Haupt Christus, dann aber auch die anderen Glieder, um zu wachsen. Das innere Wachstum ist demzufolge nicht nur eine ganz persönliche Angelegenheit, sondern ist auch abhängig von der Intensität der Gemeinschaft mit anderen Gläubigen. Gerade durch den gegenseitigen Dienst, welchen die Gläubigen in der Gemeinde aneinander tun, gelangen sie *»zum Vollmaß des Wuchses der Fülle Christi.«* (Eph 4,11-13)

6.8.6 Gefahren für den Religionsunterricht

Die größte Gefahr des religiösen Phasenmodells sehe ich darin, dass man den Religionsunterricht den religiösen Entwicklungsstufen der Kinder anzupassen sucht. Schweitzer sagt dazu:

> »Die Stufen der religiösen Entwicklung lassen sich dabei (im Religionsunterricht, Anm. A. M.) als Hinweise auf das Vorverständnis der Schüler auffassen. Je nach Entwicklungsstufe begegnen die Schüler einem Text oder einem Thema mit andern Voraussetzungen, und erst, wenn sich Text oder Thema für diese Voraussetzungen erschließen, wird ein Verstehen und Lernen möglich.«[248]

So geht man meines Erachtens, da die Entwicklungsstufen mehr als fragwürdig sind, falsch an die biblischen Texte heran. Das eigentliche Unterrichtsziel ist nicht mehr, dass das Kind Gott begegnet und von ihm her leben lernt, sondern dass es zu einer höheren religiösen Stufe gelangt, die ihm aber, weil es ein Sünder ist, doch nichts bringt.

Ich kann nicht anders, als die von Oser/Gmünder und Fowler entfalteten Theorien über die religiöse Entwicklung ablehnen. Eine solche religiöse Entwicklung ist aus biblischer Sicht wertlos, da ja der Mensch ein Sünder ist. Zudem beeinflussen diese Theorien die Zielsetzungen des Religionsunterrichts in falscher Weise. Die Kinder

[248] zit. nach Schweitzer, F., Lebensgeschichte und Religion, S. 242

werden nicht mehr als Adressaten der göttlichen Offenbarung gesehen, sondern als Subjekte ihrer religiösen Entwicklung, die ihrer religiösen Sichtweise entsprechend unterrichtet werden müssen.[249] Ich halte aber nach wie vor daran fest, dass es im Leben der Menschen, die durch den Glauben an Jesus zur Gotteskindschaft gelangt sind, **ein inneres Wachstum gibt**, das sich in alle Lebensbereiche auswirkt. Doch halte ich es für unmöglich, dieses Wachstum in Phasen einzuteilen.

Mit der Ablehnung der kognitiv-strukturellen Theorien einer religiösen Entwicklung stelle ich nicht generell die Entwicklung des Menschen infrage. Gerade im nächsten Kapitel gehe ich auf die verschiedenen Entwicklungsphasen im Leben eines Kindes gründlich ein.

6.9 Die Entwicklungsphasen des Kindes im Einzelnen

Gott hat in seiner Schöpfung die biologischen Entwicklungsphasen eines Menschen mitgesetzt. Sie helfen ihm, sich unter dem Einfluss von Eltern, Lehrern und anderen Bezugspersonen – u. a. aus der Gemeinde – zu einer reifen, selbständigen Persönlichkeit zu entfalten.

Wir wollen im Folgenden die Entwicklung des Kindes in den Bereichen betrachten, die wir vom biblischen Menschenbild ausgehend entfaltet haben (siehe 2.3.1):

Gemeinschaftsfähigkeit	**Geistliche und soziale Entwicklung**
Verantwortlichkeit	**Moralische Entwicklung**
Denkfähigkeit	**Intellektuelle, geistige Entwicklung**
Kreativität	**Schöpferische Entwicklung**
Personhaftigkeit, Empfindsamkeit	**Körperliche und emotionale Entwicklung**
Ganzheitlichkeit	**Harmonische Entwicklung**

[249] Bucher, A. A.; Reich, K. H., Stufen religiöser Entwicklung. Fakten oder Fiktionen? in: Entwicklung von Religiosität, S. 23

Wenn wir die Entwicklung des Kindes in diesen Bereichen betrachten, so haben wir darauf zu achten, dass wir nicht das Kind in seiner Ganzheit aus den Augen verlieren. Von der finalen Betrachtungsweise herkommend, werde ich in den Ausführungen immer wieder die Brücke in den pädagogisch-didaktischen Bereich schlagen, weil ich davon überzeugt bin, dass die Erzieher die Entwicklung eines Kindes ein Stück weit mit beeinflussen. Sie können die Entwicklung in einem bestimmten Maß fördern oder hindern. Die Erzieher, Eltern und Lehrer/Lehrerinnen haben in der Erziehung und im Blick auf die Unterrichtsmaßnahmen nicht nur nach der Entwicklungsgemäßheit zu fragen, sondern haben die Förderung der Entwicklung im Auge zu behalten. Es sollte so erzogen und unterrichtet werden, dass für das Kind ein Anreiz, eine Motivation zur Weiterentwicklung geschaffen wird.[250] **Die Ausrichtung auf das hinter allem stehende Ziel, nämlich dass das Kind einmal freiwillig, als selbständige Persönlichkeit, Gott gehorcht, drängt uns die Frage auf, wie wir ihm die Botschaft der Bibel seinem Entwicklungsstand entsprechend nahe bringen können.**

Es geht hier nicht um eine undefinierbare religiöse Beeinflussung, wie dies heute u.a. von Hans-Jürgen Fraas vorgeschlagen wird. Er meint, dass es im Blick auf die religiöse Entwicklung eines Kindes nötig sei, es in den Umgang mit religiösen Ritualen und Symbolen einzuführen.[251] Meiner Überzeugung nach bringt dies einem Kind für seine Lebensbewältigung nichts. Vielmehr ist es unsere Aufgabe, die Kinder bewusst zu Jesus, ihrem Retter und Helfer, hinzuführen. Aus der persönlichen Beziehung zu Jesus empfängt es in seinem Alltag ganz konkrete Hilfe. Ich bin, wie ich in den vorangehenden Ausführungen gezeigt habe, der Überzeugung, dass wir bei der Weitergabe der biblischen Botschaft keine besondere religiöse Entwicklungsstufe zu berücksichtigen haben. Es genügt, wenn wir die allgemeinen Gegebenheiten der jeweiligen Entwicklungsstufe beachten.

---

250 Weber, E., Pädagogik. Eine Einführung. Grundfragen und Grundbegriffe, Bd. 1/Teil 2, S. 190-192

251 Fraas, H.-J., Lebenslauf und religiöse Entwicklung, in: Gemeindepädagogisches Kompendium, hg. v. G. Adam; R. Lachmann, Göttingen 1987, S. 154

6.9.1 3 bis 6 Jahre (Vorschulalter)

Steht beim Kleinkind die körperliche Entwicklung im Vordergrund, so gewinnt im Vorschulalter die innere Entfaltung an Bedeutung. Lernt es in seiner ersten Lebensphase stolz auf eigenen Füßen zu stehen, so übt es jetzt den Gebrauch der Sprache, die wachsende Intelligenz, sein reiferes Denkvermögen und als heranreifende Persönlichkeit sucht es ab und zu seinen Kopf durchzusetzen.[252]

Geistliche und soziale Entwicklung

In diesem Alter glaubt ein Kind alles, was man ihm erzählt; ganz einfach deshalb, weil es noch wenig Erfahrungen gesammelt hat.

Biblische Geschichten bringen ihm die Wahrheit des göttlichen Wortes nahe, die letztlich Maßstab aller Wahrheit ist. Das Kind darf ruhig darauf hingewiesen werden, dass die Bibel die Wahrheit sagt. Ferner sollte das Kind angeleitet werden, der Bibel mit Ehrfurcht und Respekt zu begegnen.

Obwohl das Kind die Wahrheit wissen will, neigt es selbst in diesem Alter oft zur Unwahrheit. Es baut sich eine Phantasiewelt auf. Dies kommt, wie R. Seiß zeigt, daher, dass das Kind den Konflikt zwischen Lust- und Realitätsprinzip rational nicht lösen kann. Es setzt sich affektiv gegen diese Begrenzung zur Wehr und weicht in die Phantasiewelt aus, in welcher die rationalen Grenzen nicht bestehen.[253]

Dazu kommt noch, dass das Vorschulkind immer wieder an Wissenslücken stößt. Diese füllt es automatisch mit eigenen Vorstellungen.[254]

Ich finde es aber falsch, wenn man meint, dass das Märchen in dieser Zeit eine besondere Hilfe sein könne, da es dem Kind eine Ersatzwirklichkeit anbiete. Gerade die biblischen Geschichten können in realer Weise die Welt der Wirklichkeit und der Wünsche

---

252 Pfeifer, A., Wir erziehen unsere Kinder anders, Neuhausen-Stuttgart 1989, S. 69
253 Seiß, R., Identität und Beziehung, S. 234
254 Pfeifer, A., Wir erziehen unsere Kinder anders, S. 72

miteinander in Verbindung bringen. Dem Märchen fehlt der Wirklichkeitsbezug.

In diesem Alter erzählen Kinder sonderbarste Phantasiegeschichten. Diese können wir gelassen hinnehmen, da uns das Kind ja nicht absichtlich hinters Licht führen will, sondern die Dinge einfach so erzählt, wie es sie durch seine Brille sieht. Entdeckt man aber, dass ein Kind absichtlich lügt, um damit zu manipulieren oder zu täuschen, sollte man es zur Rede stellen.[255]

Schon kleine Kinder müssen zur Ehrlichkeit erzogen werden. Es gilt in der Erziehung so zu handeln, dass dem Kind in jedem Fall die Ehrlichkeit mehr bringt als die Lüge. Gerade bei der Bestrafung der Kinder sollte dies berücksichtigt werden.

Es ist weiter für das Kind selbstverständlich, **dass Gott existiert**, und dass er eine Person und doch kein Mensch ist.[256] Er ist da, um die Bedürfnisse der Menschen zu befriedigen, wie das die Eltern ja auch machen. Die Beziehung zu Gott ist eine Liebes- und Vertrauensbeziehung, sofern die Eltern ihren Kindern ebenfalls mit Liebe begegnen.

Weil Gott für das Kind selbstverständlich existiert, sollte ihm von der Bibel her vor allem gezeigt werden, dass Gott der Schöpfer aller Dinge ist.

- Er hat die Tiere, die Pflanzen, die Menschen erschaffen.
- Er hat die Berge, die Sonne gemacht.

Im Betrachten dessen, was Gott gemacht hat, sollte im Leben des Kindes Ehrfurcht vor ihm geweckt werden. Zugleich sollte im Kind Vertrauen zu diesem Gott geweckt werden. Dazu ist es nötig aufzuzeigen, dass dieser gewaltige Gott für uns Menschen wie ein liebender Vater sorgt.[257] Alles, was uns erfreut und bewegt, dürfen wir ihm im Gebet sagen. Hierhin gehören auch erste Hilfen für das Gebet.

- Zunächst soll ein Kind lernen, für all dies, was Gott ihm gibt, zu danken.

---

255 ebd., S. 72

256 Hull, J. M., Glaube und Bildung, Ausgewählte Schriften, Bd. 1, Berg am Irchel 2000, S. 129-130

257 Bridger, F., Wie Kinder glauben, Wuppertal; Kassel 1990, S. 43

- Weiter darf es all seine Bedürfnisse Gott sagen. Oft sind aber diese Gebete überaus egozentrisch. Das Gebet wird von ihm als Möglichkeit verstanden, alle seine Wünsche erfüllt zu bekommen. Hier braucht es eine sorgfältige Korrektur.

In diesem Alter ist das Kind in ganz besonderer Weise **ein Spielkind**. Im Spiel wird das Kind mit seiner Umwelt zu einem Ganzen verbunden. Kind und Umwelt werden auf diese Weise miteinander verknüpft und aufeinander abgestimmt.[258] Eine Form dieses Spiels ist **die Nachahmung**. In ganz besonderer Weise ahmt es Vater und Mutter nach, wenn diese ihm mit Liebe und Zuwendung begegnen. Man nennt diese Form des Spiels heute Rollenspiel. Einige imitierte Verhaltensweisen werden nach und nach vom Kind verinnerlicht und dadurch Teil seiner Persönlichkeit.

Gerade weil Erzieher Kinder in diesem Alter überaus stark prägen, ist ihr Vorbild von größter Wichtigkeit.

Oft übernimmt das Kind im Spiel die Rolle dessen, vor dem es sich fürchtet. Es spielt z.B. den bösen Hund, den Arzt. Auf diese Weise sucht es innere Spannungen abzubauen. Das Spiel dient also auch zur Stabilisierung des seelischen Gleichgewichts.[259]

Durch den Nachahmungstrieb lernt das Kind mit geschlechtsspezifischen Spielsachen und Gegenständen zu spielen. Die Mädchen eifern ihren Müttern, die Knaben ihren Vätern nach.

Damit dies in selbstverständlicher Weise geschieht, hat der gleichgeschlechtliche Elternteil sich dem Kind gegenüber fürsorgend, wohlwollend und engagiert zu verhalten. Zugleich sollte er die typischen Merkmale der Geschlechtsrolle besitzen, zu welchen auch die Bewältigung bestimmter Aufgaben gehört.

Wichtig ist, dass sich ein Mädchen als Mädchen und ein Knabe als Knabe entfalten darf. Ich bin, wie ich unter 6.3 dargelegt habe, davon überzeugt, dass die angeborene Geschlechtlichkeit anlagebedingt das Verhalten des Kindes im Bereich der Nachahmung prägt.

Kinder lassen weiter **andere Kinder am Spiel teilnehmen**. Doch gerade beim Spiel mit anderen Kindern benehmen sie sich oft aggressiv.

---

258 Oerter, R., Kindheit, in: Entwicklungspsychologie, S. 214-216
259 Schenk-Danzinger, L., Entwicklung, Sozialisation, Erziehung, Bd. 1, S. 203

Sie schlagen die anderen Kinder, streiten sich mit ihnen, nehmen ihnen etwas weg, werfen Gegenstände nach ihnen. Sie ahmen in solchen Situationen auch aggressive Vorbilder nach, besonders die Eltern oder Vorbilder aus Fernsehfilmen. Knaben benehmen sich im Allgemeinen aggressiver als Mädchen.[260] Aus dem Umgang mit einem gemeinsamen Gegenstand wachsen später die verschiedenen Formen des Regelspiels.

Hat ein Kind Mühe, mit anderen friedlich zu spielen, braucht es einerseits Zurechtweisung. Andererseits haben wir ihm Hilfen zu geben, wie es anderen in Liebe begegnen kann. Das Kind muss lernen, seine Egozentrik zu überwinden und Rücksicht zu nehmen. Hier kann das vorbildliche Verhalten von Vater und Mutter zueinander eine große Hilfe sein.

Der Bereitschaft der Kinder mit anderen etwas zu tun, kann z.B. im Kindergarten, in der Sonntagsschule oder in der Kinderstunde so Rechnung getragen werden, dass man die Kinder spontan in immer wechselnde Gruppen aufteilt.

Beispielsweise beim Singen:
- Die zweite Strophe singen alle die, welche braune Augen haben.
- Die dritte Strophe singen alle die, welche etwas Rotes tragen.

Moralische Entwicklung

Das Wissen darum, was »richtig« oder »falsch« ist, lernt ein Kind zum Teil aus den Verhaltensweisen der Eltern. Wir gehen aber grundsätzlich davon aus, dass das Wissen um »gut« und »böse« bei den Menschen von Geburt an ins Herz geschrieben ist (Röm 2,15). Das Gewissen wird durch das Verhalten der Eltern nur teilweise geformt. Es ist eben gerade nicht mit einem leeren Tagebuch zu vergleichen, in dem im Lauf des Lebens unaufhörlich Erfahrungen eingetragen werden, die geordnet und bewertet werden, wie L. Kohlberg dies meint.[261]

Das elterliche Beispiel, ihre Handlungsweisen helfen das Gewissen mitformen.[262] Auch durch die Zurechtweisung bei falschem Verhal-

[260] Mussen, P. H.; Conger, J. J.; Kagan, J., Lehrbuch der Kinderpsychologie, S. 384-386
[261] Pfeifer, A., Wir erziehen unsere Kinder anders, S. 73
[262] Collins, G., Vom Kind zum Erwachsenen. Psychologie der persönlichen Entwicklung, Witten 1980, S. 54

ten und Belohnung bei richtigem Verhalten wird das Gewissen geprägt. Ein Kind ist im moralischen Bereich deshalb sehr stark prägbar, weil es sich von den Eltern abhängig weiß. Es sucht bei ihnen Aufmerksamkeit, Anerkennung und Geborgenheit.[263]

Weil die Erzieher das von Gott gegebene Gewissen mitprägen, ist es außerordentlich wichtig, dass sie den Maßstab dafür, was »gut« und »böse« ist, vom Wort Gottes her nehmen, denn nur die Bibel kann uns mit letzter Klarheit sagen, was »gut« und was »böse« ist. Dieser Maßstab ist uns vor allem in den Zehn Geboten gegeben.

Der biblische Maßstab wird dem Kind im Alltag in erklärenden Orientierungshilfen vermittelt. Dazu werden ihm im Blick auf bestimmte Verhaltensweisen Erklärungen und Begründungen gegeben.

Intellektuelle, geistige Entwicklung

Das Kind entdeckt in diesem Alter seine Individualität. Es kann sich als Geschöpf Gottes zu sich selbst verhalten. Dieser Aspekt wird im Behaviorismus überhaupt nicht gesehen. Zugleich ist es als reflexionsfähiges Wesen primär innen- und nicht außengeleitet. Diese Entdeckung der Individualität zeigt sich in der Entdeckung seines eigenen Willens. Diesen Willen sucht es nun mit aller Kraft durchzusetzen. Dies zeigt sich besonders darin, dass das Kind trotzt → Trotzalter.

Es sucht sich von seinen Eltern abzugrenzen, indem es ganz bewusst den Gehorsam verweigert, um sich als Individuum zu erleben. Sein werdendes Ich erstarkt in der Auseinandersetzung mit den Eltern. Das Kind erträgt es schlecht, wenn sie seine Pläne, die manchmal recht absurd sind, durchkreuzen.[264]

Gerade in dieser Zeit muss das Kind nach und nach lernen, seinen Willen dem Willen der Eltern zu unterordnen. Es muss behutsam lernen zu gehorchen. Es muss lernen, auf die Anweisungen der Eltern, die eine von Gott eingesetzte Autorität sind, zu hören. Diese Aufforderung zum Gehorsam fordert immer wieder den Trotz des Kindes heraus, da es sich ja als Individuum erleben will.

---

263 Mussen, P. H.; Conger, J. J.; Kagan, J., Lehrbuch der Kinderpsychologie, S. 397
264 Schenk-Danzinger, L., Entwicklung, Sozialisation, Erziehung, Bd. 1, S. 102-103

Der Trotz ist eben gerade nicht die hilflose Reaktion des Kindes auf einen einengenden oder überfordernden Erziehungsstil, wie Edgar Schmitz meint.[265] Gerade in dieser oft recht schwierigen Phase haben Eltern dem Kind immer wieder zu zeigen, dass sie es lieben.

Diese erste Ichfindungsphase gibt dem Kind ein ganz neues Verhältnis zu seiner Umwelt. Zunächst sucht es die Umwelt geistig zu erobern. Es sucht **mit Hilfe der Sprache allem den richtigen Namen zuzuordnen**. Es kommt in seinem Leben zu Begriffsbildungen. Doch bleibt das Verständnis des Inhalts hinter der sprachlichen Entwicklung zurück. Aus diesem Grund sollten die Eltern auf das, was das Kind sagt, eingehen. Das Kind sagt z.B. »Hund bellen«. Die Eltern sollten diesen Gedanken aufnehmen und sagen: »Ja, der Hund bellt, weil er auf die Katzen böse ist.«[266] Mit dem Erlernen der Sprache entsteht im Kind die Bereitwilligkeit, etwas auswendig zu lernen.

Gerade weil das Kind darum ringt, seine Umwelt sprachlich zu erfassen, haben Eltern und Erzieher darauf zu achten, dass sie ihnen biblische Geschichten anschaulich erzählen. Bestimmte Kernworte haben sie kindgemäß zu erklären.

Die Bereitwilligkeit etwas auswendig zu lernen, können sie dazu benutzen, mit den Kindern eingängige Kinderverse, aber auch Bibelverse zu lernen.

Dieses neue Verhältnis zur Umwelt weckt in einem Kind **unendlich viele Fragen**. Es ist noch nicht in der Lage, sich selbst etwas klarzumachen, weil es noch nicht fähig ist, abstrakt zu denken. Das Kind ist darauf angewiesen, dass ihm Eltern und Erzieher seine Fragen beantworten.

Sie haben die vielen Fragen der Kinder ernst zu nehmen. Durch deren Beantwortung kommt es im Leben des Kindes zu einer Wortschatzerweiterung, neuen Begriffsbildungen und zu Informationen über den Zweck von Dingen und Handlungen.[267] Niemals

---

[265] Schmitz, E.; Stiksrud, A., Erziehung, Entfaltung und Entwicklung. Ein Lern- und Lehrbuch für den Unterricht in Psychologie und Erziehungslehre an weiterführenden Schulen, Heidelberg 1990, S. 73

[266] Schenk-Danzinger, L., Entwicklung, Sozialisation, Erziehung, Bd. 1, S. 219

[267] ebd., S. 221

darf das Fragen der Kinder abgeblockt werden, weil man es als lästige Störung empfindet, denn durch die Beantwortung der Fragen kann das Zusammenleben, die Welt ringsum und der Glaube an Gott erschlossen werden.[268]

Wichtig ist, dass wir nicht versuchen, die Fragen des Kindes erschöpfend zu beantworten, denn wir hören in einer Frage eines Kindes in der Regel mehr, als es wirklich fragt.

> »Eltern brauchen in dieser Zeit die Geduld Hiobs und die Weisheit Salomos.«[269]

Mangelnde Bereitschaft, mit dem Kind über seine Fragen ins Gespräch zu kommen, kann zu Beschränkungen der Ausdrucksfähigkeit führen und dem Kind die Artikulierung von Bedürfnissen und Meinungen erschweren. Durch die freundliche Beantwortung der Fragen und durch gemeinsame Beobachtungen kommt es beim Kind nach und nach zur Übereinstimmung von Erfahrungswissen und Denkprinzip.[270]

Das Kind besitzt in diesem Alter noch kein rechtes Verhältnis zu Raum und Zeit. Es denkt noch stark in Einzelbildern. Jean Piaget zeigt, dass Kinder in diesem Alter unter anderem Größe und Alter einer Person gleich setzen.[271]

Aus diesem Grund sollten die Bilder, die man zu einer Geschichte zeigt – seien es nun Bilder an der Flanelltafel, Bilder aus einem Ringheft, Dias usw. – nur langsam wechseln. Oft ist es gut, zu einer Geschichte nur ein einziges Bild zu zeigen.

Wir dürfen in diesem Alter die Kinder im Kindergarten, in der Sonntagsschule oder Kinderstunde anhalten, ruhig zu sitzen, während wir ihnen eine biblische Geschichte erzählen. Das ruhige Sitzen führt zu Selbstbeherrschung, welche wiederum die Anwen-

---

268 Thielscher-Noll, H.; Noll, H. G., Das Elternseminar – erziehen und begleiten, Neuhausen-Stuttgart 1992, S. 121

269 zit. nach Theobald, D. u. V., Handbuch für Kinderarbeit. Gott liebt nicht nur große Leute, Gießen 1978, S. 55

270 Schenk-Danzinger, L., Entwicklung, Sozialisation, Erziehung, Bd. 1, S. 167

271 ebd., S. 165

dung des Verstandes fördert. Es gilt als erwiesen, dass Intelligenz und Begabung durch eine frühe Lernerfahrung stark gefördert werden. Das konzentrierte und zielstrebige Lernen und Arbeiten wird dem Kind, das Selbstbeherrschung lernte, später weniger schwer fallen.

Eltern und Erzieher dürfen gerade im Blick auf die Entfaltung der Lernfähigkeit vom Kind Aufmerksamkeit und damit äußere Ruhe verlangen. Übrigens wird auf diese Weise auch das soziale Verhalten, das Sich-Einordnen-Können gefördert.

Schöpferische Entwicklung

Das Kind sucht im Spiel seine Vorstellungen Wirklichkeit werden zu lassen. Dazu braucht es Holzbauklötze, Lego, Ton, Sand. Es zeichnet und malt gern. Mit Hilfe der Zeichnungen verarbeitet es seine Erlebnisse. Es drückt damit auch Ängste, Probleme und Wünsche aus. Ein Kind trägt in diesem Alter den Drang in sich, etwas zu formen und zu gestalten. Dadurch entwickeln sich Konzentration und Ausdauer.[272]

Es ist deshalb wichtig, dass man im Kindergarten, in der Sonntagsschule und in den Kinderstunden Raum gibt zum Zeichnen, Basteln und Malen.

Körperliche und emotionale Entwicklung

Aus dem Stadium der Unbeholfenheit und Tollpatschigkeit wächst das Kind in eine gewisse Selbständigkeit hinein. Es kann sich nun selbst anziehen. Es staunt, wozu man die Glieder, die es inzwischen entdeckt hat, einsetzen kann. Gerade der Fortschritt in der Entwicklung der Beweglichkeit hängt entscheidend vom Verhalten der Erzieher ab. Das Kind braucht Lob, Ermutigung und Zuspruch und nicht ängstliche Überbehütung.[273] Das Spiel mit den Gliedern birgt großen Wert für die Ertüchtigung des ganzen Körpers in sich. Durch das Spiel gelangt das Kind nach und nach zur Selbstbeherrschung.

---

[272] ebd., S. 200-201

[273] Schmitz, E.; Stiksrud, A., Erziehung, Entfaltung und Entwicklung, S. 70-71

Um dem Kind in Sonntagsschule und Kindergarten gerecht zu werden, muss man spielerische Teile einbauen.

Beispiele:

- Bewegungslieder tragen der Spielfreudigkeit des Kindes Rechnung.
- Bei geeigneten Liedern kann man klatschen, stampfen usw.
- Biblische Geschichten können anschließend von Kindern gespielt werden.

Vorschulkinder interessieren sich stark für ihren eigenen Körper und damit auch für **ihre Genitalteile**. Vor allem bei Knaben kommt es vor, dass sie bemerken, dass bei Stimulation der Genitalien angenehme Gefühle entstehen. Es kommt sogar dazu, dass Kinder in diesen Jahren eine modifizierte Form der Masturbation praktizieren.[274] Dies ist meist bei solchen Kindern der Fall, die oft sich selbst überlassen bleiben.[275]

Zugleich **interessiert sich das Kind auch stark für das andere Geschlecht**. Ohne große Hemmungen betrachten sie den Körper der Eltern und Geschwister aufs Genauste. Es kommt unter den Kindern in diesem Alter oft zu so genannten »Doktorspielen«.[276] Nachdem sie ihren eigenen Körper entdeckt haben, wollen sie nun noch andere untersuchen. Nicht sexuelle Begierde, sondern kindliche Neugierde treibt das Kind zu diesen Handlungen. Wenn wir Kinder bei solchen »Spielen« entdecken, sind Schelte und Moralpredigt fehl am Platz. Vielmehr haben wir den Kindern zu zeigen, dass unser Körper ein Geschenk von Gott und deshalb gut ist.

Wir haben ihnen aber Hilfen zu geben, wie sie mit dem Körper richtig umgehen können. Wir haben mit einer dem Alter angepassten Geschlechtserziehung einzusetzen. Zur Geschlechtserziehung gehört – wie Dietmar Rost in seinem Buch »Unserem Kind zuliebe« zeigt – die Schamerziehung.

Er schreibt:

---

[274] Mussen, P. H.; Conger, J. J.; Kagan, J., Lehrbuch der Kinderpsychologie, S. 379

[275] Schmitz, E.; Stiksrud, A., Erziehen, Entfalten und Entwickeln, S. 109

[276] Pfeifer, A., Wir erziehen unsere Kinder anders, S. 70

»Schamerziehung ist keine Abwertung des Geschlechtsbereiches, sondern eine Aufwertung als wertvolles Gut, das es vor Fremden zu schützen gilt.«[277]

In diesem Alter **spielen aber auch Gefühle eine große Rolle**. Im Vordergrund steht vor allem **die Angst**. Die Realangst ist eine Reaktion auf bestimmte Objekte (z.B. ein böser Hund, Gewitter usw.). Die Realangst vor ernsten Gefahren wie heiße Herdplatte, Straßenverkehr, offenes Fenster ist für das Kind ein zweckmäßiges, lebenserhaltendes Warnsignal. Furcht vor der Trennung von den Eltern kann ein Kind, das plötzlich ins Spital musste, längere Zeit begleiten.[278] Es handelt sich hier um eine existentielle Angst. Die Ängstlichkeit ist aber ein diffuser, undeutlicher Gefühlszustand, der keine Zielgerichtetheit, keinen realistischen Brennpunkt hat.[279] Meist bindet das Kind seine Angst an einen bestimmten Gegenstand. Diese Angst ist frei flottierend.[280] Vor allem Spannungen unter den Ehepartnern und unverarbeitete Fernsehfilme können die Ängstlichkeit verstärken.

Ein Kind braucht seine Ängste nicht zu verdrängen, weil es mitten in seinen Ängsten wissen darf, dass der liebende Gott bei ihm ist. Es muss aber noch angeleitet werden, wie es mitten in seinen Ängsten mit Gott reden kann. Dieses Reden mit Gott führt immer wieder zu einer inneren Geborgenheit.

Harmonische Entwicklung

Damit ein Kind sich in allen eben angesprochenen Bereichen in ausgewogener Weise entfalten kann, braucht es warmherzige, liebevolle, Sicherheit gebende Eltern und Erzieher. Diese haben das Kind, seinem Wesen entsprechend, straff zu führen. Das Kind muss lernen zu gehorchen. Die Ermutigung spielt, damit sich das Kind gut entfalten kann, eine wichtige Rolle.

Das Kind soll von der Bibel her erste Eindrücke erhalten, wer Gott ist, sodass es ein von Respekt begleitetes Liebes- und Vertrauensver-

---

277 zit. nach Rost, D., Unserem Kind zuliebe, Vellmar-Kassel 1984, S. 100
278 Schenk-Danzinger, L., Entwicklung, Sozialisation, Erziehung, Bd. 1, S. 96-98
279 Mussen, P. H.; Conger, J. J.; Kagan, J., Lehrbuch der Kinderpsychologie, S. 398
280 Schenk-Danzinger, L., Entwicklung, Sozialisation, Erziehung, Bd. 1, S. 100

hältnis zu Gott aufbauen kann, das im spontanen Gebet in jeder Situation des Lebens seinen Ausdruck findet.

6.9.2 6 bis 12 Jahre (Die mittlere Kindheit)

In diese Jahre fällt der Übergang von der Familie zur Schule, vom Spiel zur Arbeit, von der Vorstellung zur Überlegung. Die Tatsache, dass das Kind jetzt in die Schule geht,[281] bringt ihm mehr Erfahrung ein und gibt ihm in der Gesellschaftsordnung eine bestimmte Stellung. Obwohl Lehrer und Gleichaltrige das Leben der Kinder mit beeinflussen, bleiben liebende und feste Eltern in diesem Alter das prägende Element im Leben der Kinder.

Geistliche und soziale Entwicklung
Das Kind will in diesem Alter die Wahrheit wissen. Es merkt nämlich, dass es in früheren Jahren Dinge für wahr gehalten hat, die gar nicht wahr sind (zum Beispiel die Nikolausgeschichte, Märchen usw.). Es fragt deshalb hartnäckig bei jeder Geschichte: »Ist das wahr?« Der Unterschied zwischen Märchen und wahren Geschichten wird in diesem Alter für das Kind wichtig.

Dem Kind kann gerade in dieser Phase klar gemacht werden, dass alle biblischen Geschichten wahr sind, da uns die Bibel immer die Wahrheit sagt. Doch haben wir die Kinder auch darauf hinzuweisen, dass dies leider nicht alle Menschen glauben.

Das Kind will nicht nur wissen, ob das, was wir ihm sagen, wahr ist oder nicht, sondern es versucht, das Gesagte gedanklich zu durchdringen. Es will das Dargelegte verstehen. Hieraus erwach-

---

[281] Lotte Schenk-Danzinger gibt wertvolle Hinweise, was ein Kind können sollte, wenn es in die Schule kommt. Es sollte u.a. eine mehrstündige Trennung von der Mutter verkraften. Es sollte auf der Toilette selber zurechtkommen, seinen Schulranzen ein- und ausräumen können und wissen, wie man mit erwachsenen Menschen umgeht. Das Kind muss bestimmte Verkehrsregeln kennen und den Schulweg selber zurücklegen können. Vgl. Schenk-Danzinger, L., Entwicklung, Sozialisation, Erziehung, Bd. 1, S. 261-262

sen kritische Fragen zu dem, was wir eben gesagt haben. Diese dürfen nicht als persönliche Angriffe verstanden werden.

Eltern und Lehrer haben die kritischen Fragen der Kinder ernst zu nehmen. Sie müssen versuchen, sich in die Überlegungen des Kindes hineinzudenken, um ihnen helfende Antworten geben zu können.

Gerade in diesem Ringen um die Wahrheit beobachtet das Kind seine Eltern und Lehrer, die ja in diesem Alter seine Vorbilder sind. Es will sehen, ob sie wirklich das tun, was sie sagen und an dem, was sie von ihm verlangen, festhalten. Es will ganz einfach sehen, ob sie wahr sind. Wenn also Eltern und Lehrer von den Kindern Ordnung verlangen, haben sie selber Ordnung zu haben. Wenn sie Pünktlichkeit verlangen, haben sie selber auch pünktlich zu sein.

Welche Konsequenzen ergeben sich hieraus für Eltern und Lehrer?

Reden und Benehmen haben im Leben der Erzieher eine Einheit zu bilden. Nur so können sie glaubwürdige Vorbilder sein. Das Leben des Kindes erfährt eine tiefe Erschütterung, wenn es im Leben der Erzieher ständig Inkonsequenzen findet. In einer solchen Situation bekommt der Satz »Was du tust, spricht so laut, dass die Kinder nicht hören können, was du sagst« ein ganz besonderes Gewicht. Ständige Inkonsequenzen im Leben der Eltern belasten das Kind, und deshalb beginnt es, sie zu kritisieren.

Aus dem in die Familie eingebundenen Einzelgänger wird mehr und mehr ein Gruppenwesen.[282] Gerade im Zusammenleben mit gleichaltrigen Kameraden lernt das Kind die Treue, Gerechtigkeit, aber auch die Untreue, den Verrat hautnah kennen. Es erlebt, wie es manchmal in der Gruppe plötzlich zum Sündenbock wird. Es wird verspottet, kritisiert, ausgelacht usw. Kinder können grausam miteinander umgehen. Zum Glück währt dies meist nicht lange. Sie nehmen sich ebenso plötzlich wieder an.[283] In den ersten Schuljahren bestimmt das Urteil des Lehrers oder der Lehrerin über ein Kind entscheidend darüber, welche Stellung es in der Klasse hat.[284]

---

282 Seiß, R., Die seelische Entwicklung im Schulalter, S. 123

283 Pfeifer, A., Wir erziehen unsere Kinder anders, S. 80

284 Schenk-Danzinger, L., Entwicklung, Sozialisation, Erziehung, Bd. 2, S. 107

Dieser Tatsache sollten sich die Lehrer oder Lehrerinnen im Umgang mit den Kindern bewusst sein. Sie sollten deshalb äußerst zurückhaltend sein mit negativen Bemerkungen vor der ganzen Klasse gegenüber bestimmten Schülern. Vielmehr sollten sie Anerkennung, Lob und Ermutigung weitergeben.

Im Unterricht muss dem Hang, in Gruppen zu arbeiten, Rechnung getragen werden.

In diesem Alter besteht **die Tendenz zur Geschlechtertrennung**. Bei den Elf- und Zwölfjährigen lässt sich zumeist eine völlige Trennung der Geschlechter beobachten.[285] Mädchen pflegen ständig wechselnde Einzelfreundschaften, wobei sie stark mit den Eltern verbunden bleiben. Sie suchen noch stark die Zuwendung der Eltern. Die Buben finden sich in immer neuen Gruppierungen zusammen. Bald ist dieser, bald jener der Leiter. Wer Leiter sein darf, wird in offenen Positionskämpfen errungen. Sie haben eine gewisse Distanz zu den Eltern. In diesem Alter legen die Knaben viel Wert auf ihre Kraft. Die Mädchen beginnen auf ihre Erscheinung zu achten.

Die Ausrichtung auf die anderen, vor allem auf die, welche eine angesehene Stellung haben, weckt im Kind das Bedürfnis so zu sein wie diese (Kleidung). **Anpassung** heißt die Devise.[286] Lehrer/Lehrerinnen oder Jungscharleiter sind seine neuen Vorbilder. Ihnen eifert es nach, ihnen möchte es gefallen. Genau wie sie möchte es werden. Die Meinungen dieser Vorbilder wiegen oft viel mehr als die wohlmeinenden Anordnungen der Eltern.

Weil diese Ausrichtung auf Gleichaltrige das Kind in diesem Alter prägt, ist es sehr wichtig, dass es Anschluss an eine christliche Gruppe findet. Zum Beispiel ist die Jungschar für dieses Alter sehr geeignet (siehe 5.3.2). Hier kann es gleichaltrige Freunde und vorbildliche Gruppenleiter finden, die ihm – wie die Eltern – echte biblische Werte vermitteln. Gut vorbereitete Freizeiten kommen dem Gruppendenken der Kinder stark entgegen. Gerade in solchen Freizeiten können Kinder von der Bibel her geprägt werden.

---

285 Schmitz, E.; Stiksrud, A., Erziehung, Entfaltung und Entwicklung, S. 165. Vgl. Mussen, P., Einführung in die Entwicklungspsychologie, S. 162-163

286 Pfeifer, A., Wir erziehen unsere Kinder anders, S. 81

Durch das Herauslösen aus dem Elternhaus und das Leben in einer Gruppe muss das Kind Hilfsbereitschaft, Zusammenarbeit, Rücksichtnahme und Treue lernen. Es entbrennt in ihm ein Kampf zwischen Autonomie und Abhängigkeit.[287]

Wir haben als Vorbilder, aber auch als Helfer dem Kind zu zeigen, wie Hilfsbereitschaft, Rücksichtnahme und Treue aussehen.

Moralische Entwicklung
In diesem Alter hat ein Kind ein ausgesprochenes Gefühl für Gerechtigkeit. Logische Argumente und gerechte Strafen entsprechen dem Denken des Kindes. Es bevorzugt vor allem die Sühne und Vergeltung als Strafe.[288] Es liebt auch klare Regeln, doch will es wissen, warum es diese einhalten soll.[289]

Weil das Kind feste Normen für sein Verhalten sucht, ist es wichtig, dass ihm die göttlichen Grundnormen, die Zehn Gebote, seinem Alter entsprechend nahe gebracht werden. In der Erziehung gilt es, diese Grundordnungen mit Liebe und Festigkeit anzuwenden und durchzuziehen.[290]

Gerade aufgrund seines Gerechtigkeitsempfindens merkt ein Kind auf einmal, dass es Gutes und Böses tut. Eine Lüge kann ein achtjähriges Kind sehr belasten, weil sich sein Gewissen regt, das durch die Erziehung mit geformt wurde. Ein unverdorbenes und an der Bibel orientiertes Gewissen ist im Leben eines Kindes ein mächtiger Verbündeter des Guten. Gerade weil ein Kind ein ausgeprägtes Sündenbewusstsein kennt, kann es das durch Christus vollbrachte Erlösungswerk durchaus begreifen, weil dieses für sein Leben eine persönliche Bedeutung bekommt.[291] Es versteht auch, wie es zur Vergebung seiner Sünden gelangen kann, wenn es ihm gründlich erklärt wird.

---

287 Seiss, R., Identität und Beziehung, S. 248
288 Schenk-Danzinger, L., Entwicklung, Sozialisation, Erziehung, Bd. 2, S. 124
289 Pfeifer, A., Wir erziehen unsere Kinder anders, S. 83
290 ebd., S. 83
291 Graystone, P., Platz für Kinder. Auch in der Kirche?, Wuppertal; Kassel 1990, S. 23

Da das Kind das Erlösungswerk Jesu durchaus verstehen kann, sollte ihm dies immer wieder gründlich erklärt werden. Auch der Weg, wie es zur Vergebung seiner Sünden gelangen kann, muss ihm verständlich dargelegt werden.

In diesem Alter braucht ein Kind immer noch eine klare Führung, weil es durch Gehorsam verbindlich handeln lernen soll. Verbindlichkeiten sind die Voraussetzungen zur personalen Verbundenheit und führen zur Erfahrung von Identität.

R. Seiß sagt dazu:

> »Wer solche Verbindlichkeiten einseitig disqualifiziert und als konservativ abstempelt, nimmt den Heranwachsenden die Möglichkeit, eine personale Identität und damit eine positive Unabhängigkeit aufzubauen. Das aber bedeutet eine Erziehung zur Außenleitung, zur Manipulierbarkeit, zur größeren Abhängigkeit von anderen Menschen und ist letztlich innere Unfreiheit.«[292]

Im Blick auf die spätere Selbständigkeit hilft man dem Kind durch eine klare Führung eigene Überzeugungen aufzubauen, die von den letztgültigen Normen der Bibel geprägt sind.

Intellektuelle, geistige Entwicklung

Die Auffassungsgabe ist schneller, klarer und bestimmter als in den vorangegangenen Perioden. Das Kind beobachtet jetzt genauer. Es möchte alles wissensmäßig erfahren. Es wird von einem »Wirklichkeitsfanatismus« erfasst. Zeit, Raum und alle nur denkbaren Größen werden erfasst, gemessen und verglichen. Das Kind sucht auch alles, was es hört, räumlich und zeitlich einzuordnen.[293]

Wenn wir biblische Geschichten erzählen, haben wir darauf zu achten, dass wir vor allem erwähnen, wo und wann sich diese Geschichte zugetragen hat. Deshalb sind in diesem Alter Bilder und Karten im Unterricht nötig.

---

[292] zit. nach Seiß, R., Identität und Beziehung, S. 270

[293] Pfeifer, A., Wir erziehen unsere Kinder anders, S. 82

Das Kind interessiert sich in diesem Alter ganz besonders für Missionsgeschichten. Sein Wissen über andere Menschen, Kulturen usw. wird so sehr vergrößert.

Das Kind interessiert sich auch für alle **außergewöhnlichen Erscheinungen** und Daten in dieser Welt: die längsten Brücken, die längsten Flüsse, die höchsten Berge, die Weltrekorde, die schnellsten Autos usw. Dazu liest es gerne entsprechende Sachbücher. Mit diesem Interesse begibt es sich gleichsam an die Grenze seines Weltbildes.[294]

Zugleich erkennt ein Kind, dass »eine Menge gleich bleibt, unabhängig von Form, Umfang, Farbe oder Standort«. Wird zum Beispiel eine Flüssigkeit aus einem hohen schmalen Glas in eine flache weite Schüssel geschüttet, wird es im Gegensatz zum Vorschulkind ohne weiteres erkennen, dass die Menge gleich geblieben ist. Es beginnt **abstrakt zu denken**. Jean Piaget weist von den Versuchen der kinematischen Kurven und den Perlen herkommend darauf hin, dass neben die anschauliche die vorstellende Aktivität tritt. Das Kind kann etwas denken, das im Augenblick anschaulich nicht gegeben ist.[295] In dieser Übergangsphase vom naiven zum kritischen Realismus wird vom Kind, wie wir eben sahen, die Einsicht von der Konstanz der Menge sowie das Verständnis für die Reversibilität der Operationen erworben.[296] Dadurch ist das Kind in der Lage, bestimmte Dinge Oberbegriffen wie Gefäße, Obst, Besteck usw. zuzuordnen.[297]

Lotte Schenk-Danzinger weist noch darauf hin, dass die Sprachentwicklung wesentlich mit der Denkentwicklung zusammengehört.[298]

Gerade weil das Kind in diesem Alter abstrakt denken lernt, ist es außerordentlich wichtig, dass es die zu formenden Begriffe richtig

---

294 Seiß, R., Identität und Beziehung, S. 276

295 ebd., S. 258-260

296 Schenk-Danzinger, L., Entwicklung, Sozialisation, Erziehung, Bd. 2, S. 86

297 ebd., S. 84

298 ebd., S. 95. Lotte Schenk-Danzinger beschreibt, wie sich der Wortschatz, der Satzbau, der Gebrauch der Zeiten und der Stil entwickelt. Sie weist auch auf die Faktoren hin, welche die Sprachentwicklung beeinflussen, wie z.B. die Sprachbegabung, das Milieu usw. Vgl. ebd., S. 95-104

füllt, weil die Kenntnis von klaren Begriffen das Denken und Sprechen wesentlich erleichtert.

Wir haben gerade im biblischen Unterricht, in welchem wir ja viele Begriffe für Dinge brauchen, die man nicht sehen kann, im Kind saubere Vorstellungen zu wecken. Gründliche Begriffsklärungen sind wichtig. Je treffender unanschauliche biblische Begriffe erklärt werden, umso besser versteht das Kind später die biblische Botschaft.

In dieser Zeit erwacht im Kind das Interesse an Zusammenhängen. Das Grundprinzip von **Ursache und Wirkung** wird von den Kindern erahnt und ausprobiert. Wenn ein Ballon zu sehr aufgeblasen wird, platzt er. Wenn man zu spät zur Schule kommt, wird man gerügt.[299]

Dieses Prinzip überträgt das Kind natürlich auf alle Bereiche des Lebens und somit auch auf den Bereich des Glaubens.

- Wenn ich gehorche, werde ich belohnt. Wenn ich ungehorsam bin, werde ich bestraft.
- Wenn ich an Jesus glaube, komme ich in den Himmel. Wenn ich nicht glaube, gehe ich verloren.

Gerade weil ein Kind dieses Prinzip verstanden hat, ist es auch intellektuell gesehen reif genug, eine persönliche Entscheidung für Jesus zu treffen. Im Blick auf diese Glaubensentscheidung ist aber darauf zu achten, dass sie vom Kind selbst gewollt ist.[300]

Ein Kind in diesem Alter hat ein gutes Gedächtnis und möchte deshalb möglichst viel aufnehmen. Es lernt deshalb auch gerne auswendig.

Gerade weil das Kind gut und gern auswendig lernt, können kürzere zusammenhängende Texte aus der Bibel auswendig gelernt werden (zum Beispiel Psalm 23).

Die **Intelligenzentwicklung** wird in der mittleren Kindheit stark von der Person des Lehrers, seinen Methoden und den Lehrbüchern beeinflusst. Vor allem die Lehrer fördern die Intelligenz-

---

299 Pfeifer, A., Wir erziehen unsere Kinder anders, S. 82

300 Faix, W., Die christliche Familie heute. Ergebnisse einer Umfrage unter evangelikalen Familien über ihr Glaubens- und Familienleben und ihre Erziehungspraxis, Bonn 2000, S. 113

entwicklung, welche mit den Kindern freundlich, gerecht, fair umgehen und in ihnen für das, was sie unterrichten, Interesse wecken können. Dazu gehört auch, dass sie von der Klasse Disziplin fordern. Zugleich muss dem Kind aber geholfen werden, sich im Blick auf die Aneignung dessen, was gelehrt wird, anzustrengen. Gerade weil die Schule vom Kind Anstrengung und Fleiß fordert, ist die Unterstützung der Kinder durch ihre Eltern sehr wichtig. Wenn die Eltern an der Schule Interesse zeigen und das Kind zu guten Leistungen anspornen, verhelfen sie dem Kind zu einer guten intellektuellen Entfaltung.[301]

Die Lehrer müssen die Menge des zu verarbeitenden Stoffes dem Alter der Kinder anpassen. Kinder sollten in diesem Alter nicht unnötig überfordert werden.[302]

Da die Lehrer gerade im Bereich der intellektuellen Entfaltung einen besonderen Einfluss auf die Kinder ausüben, tragen sie eine große Verantwortung. Diese Verantwortung sollten sie einerseits mit der Hilfe Gottes wahrnehmen und andererseits den Kindern den Weg zu diesem helfenden Gott zeigen.

Die Intelligenz wird oft mit bestimmten Tests erfasst, um den so genannten Intelligenzquotienten (IQ) zu errechnen. Es werden die Bereiche verbale Fähigkeit, logisches Denken, Raum-Form-Erfassung und mathematisches Denken getestet. Mit diesen Tests sucht man das logische Denkvermögen, die Gedächtnisleistung und das kreative Denken zu erfassen.[303] Ein IQ von 90 bis 110 wird als durchschnittlich angesehen.

Früher nahm man an, dass der IQ sich nicht ändert, doch heute weiß man aufgrund vieler Versuche, dass dieser sich sehr wohl ändern kann. Er ist sogar erheblichen Schwankungen unterworfen. Er kann zum Beispiel erhöht werden, wenn ein Kind in einer für es positiven Umgebung lebt, die ihm viele geistige Anregungen gibt.

Damit die Kinder intellektuell leistungsfähig sind, ist die Atmosphäre im Unterricht von großer Bedeutung.

---

301 Mussen, P. H.; Conger, J. J.; Kagan, J., Lehrbuch der Kinderpsychologie, S. 542
302 Schenk-Danzinger, L., Entwicklung, Sozialisation, Erziehung, Bd. 2, S. 38-39
303 Schmitz, E.; Stiksrud, A., Erziehung, Entfaltung und Entwicklung, S. 190

Das Kind ist auch in der Lage, Versagen zu erkennen und entwickelt deshalb den Willen, durch vermehrte Anstrengungen Misserfolge zu vermeiden. Es sucht sich damit das Lob und die Zuwendung der Eltern und Lehrer zu sichern.[304]

Deshalb ist ab jetzt die Leistungsmotivation durch die Eltern und Lehrer möglich. Sie sollte den Möglichkeiten des Kindes angepasst eingesetzt werden. Eine angepasste Leistungsmotivation führt zu einer positiven Arbeitshaltung. Das Kind ist bereit, mit Konzentration und Ausdauer bestimmte Ziele (Aufgaben) zu erreichen.

Schöpferische Entwicklung

Weil das Kind ständig neue Begriffe und Zusammenhänge entdeckt, sucht es diese mit Hilfe von Zeichnungen und Bastelarbeiten darzustellen. Geschichten, die es besonders ansprechen, stellt es spielerisch dar.

Deshalb hat man im Unterricht dem Zeichnen und Basteln Raum zu geben. Leicht verständliche Geschichten sollten von den Kindern aufgeführt werden können.

Viele Spielzeuge, die Kindern dieses Alter heute angeboten werden, lähmen die Kreativität. Ich denke hier vor allem an Computerspiele oder auch an »Barbie-Puppen«, welche in ihrem Aussehen und im Zubehör die Kinder in ungesunder Weise in die Konsumwelt der Erwachsenen einführen.[305]

Körperliche und emotionale Entwicklung

Das Kind hat in diesen Jahren immer noch Mühe, lange stillsitzen zu müssen. Die Kinder brauchen immer wieder Zeiten, in denen sie sich austoben können. Bewegungsmangel kann sich in Essunlust, gedrückter Stimmung, Kopfweh und allgemeiner Lustlosigkeit zeigen.[306] In diesem Alter lernt ein Kind immer besser seine Muskelbewegungen beherrschen. Die Übungen der Muskeln beim Gehen, Rennen, Klettern und Werfen führen dazu, dass die Bewegungen au-

---

304 Schenk-Danzinger, L., Entwicklung, Sozialisation, Erziehung, Bd. 2, S. 72
305 Mühlan, E., Kinder in der Zerreißprobe, S. 93
306 Schmitz, E.; Stiksrud, A., Erziehung, Entfaltung und Entwicklung, S. 143

tomatisch werden. Wenn solche grundlegende körperliche Fähigkeiten vervollkommnet werden, wird der Geist für anderes frei. Das geistige Wachstum kann also gefördert oder gehindert werden, wenn die muskulare Kontrolle Fortschritte macht oder stehen bleibt. Deshalb muss in diesem Alter in jeder Lektion Raum für körperliche Aktivitäten gegeben werden.

Hier einige Vorschläge, wie Kinder im Unterricht körperlich aktiv sein können.

Beim Singen:
- Bewegungslieder

Bibelverse lernen:
- Wenn die Knaben den Vers sagen, dürfen sie aufstehen. Dann stehen die Mädchen auf und sagen den Vers.

Zugleich wächst bei den Kindern die Freude an der körperlichen Leistung. Sie lieben es, sich mit den Kameraden oder sogar mit Erwachsenen – Eltern, Lehrern – zu messen.[307]

Die Entwicklung der sexuellen Identität entfaltet sich fast unmerklich. Es kommt im Leben der Knaben zu einer besonderen Zuneigung zur Mutter und bei den Mädchen zum Vater. Auf der einen Seite unterscheidet man sich vom Gegengeschlecht und auf der anderen wird man zugleich von ihm angezogen.[308] Die Entwicklung der sexuellen Identität wird durch den Verlust eines Elternteils, sei es durch Tod oder Scheidung, erheblich gestört.[309]

Leider werden in unserer Zeit immer mehr Mädchen gerade in diesem Alter in den Familien und im Bekanntenkreis sexuell missbraucht. Ein solcher sexueller Missbrauch erschwert oder verunmöglicht eine normale sexuelle Entwicklung.[310]

In diesem Alter lässt das Kind **seinen Gefühlen oft noch freien Lauf**. Gerade im Spiel zeigt es Freude und Zorn ganz offen. Obwohl es schon mehr Selbstbeherrschung kennt, lässt es sich viel zu Streit und bösen Worten hinreißen.

Gefühle, deren es sich schämt, sucht es zu verstecken.

---

307 Schenk-Danzinger, L., Entwicklung, Sozialisation, Erziehung, Bd. 2, S. 80
308 Seiß, R., Identität und Beziehung, S. 216
309 Mussen, P. H.; Conger, J. J.; Kagan, J., Lehrbuch der Kinderpsychologie, S. 490
310 Schenk-Danzinger, L., Entwicklung, Sozialisation, Erziehung, Bd. 2, S. 140

In dieser Lebensphase beginnt eine gewisse Distanzierung zu den Gefühlsäußerungen anderer. Es ist dem Kind nicht mehr wohl, wenn es zu sehr verhätschelt oder bemitleidet wird.

Die liebende Zuwendung der Eltern und Erzieher zum Kind, die sich in einer klaren Führung zeigt, hilft ihm, mit Gefühlen in rechter Weise umzugehen. Unangemessenes emotionales Verhalten sollte je nach Situation Zurechtweisung oder Strafe nach sich ziehen. Das Kind muss lernen, mit Gefühlen umzugehen.

Kinder dieses Alters werden oft von Angst geplagt. Sie haben Angst vor Wesen, die sie sich einbilden, vor der Dunkelheit und vor dem Alleinsein. Andere leiden stark unter »Schulangst«. Dies ist einerseits dann der Fall, wenn es Eltern und Kind schwer fällt, sich voneinander zu trennen. Andererseits kann es zu »Schulangst« kommen, wenn die Eltern von den Kindern unangepasste gute Noten erwarten und deshalb Druck auf sie ausüben.[311] Diese Ängste können zu Alpträumen, Appetitlosigkeit, großer innerer Traurigkeit und Ratlosigkeit führen.[312]

Dem Kind muss geholfen werden, damit es in seinem Leben nicht zu einer Verdrängung oder Projektion kommt. Dies ist nur dann möglich, wenn es diese Ängste seinen Eltern und Jesus sagt und sie auf diese Weise ertragen und überwinden lernt. Ein Kind kann nur dann Eltern seine Ängste anvertrauen, wenn sie ihm mit Liebe und Verständnis begegnen. Im Blick auf die Schulnoten haben sie dem Kind zu zeigen, dass diese nicht so wichtig sind. Die Eltern haben dem Kinde auch Hilfen zu geben, wie es all dies, was es bedrückt, mit Jesus im Gebet besprechen kann.

Harmonische Entwicklung

Das Kind braucht nach wie vor die liebende, verständnisvolle Zuwendung der Eltern und Erzieher. Eine klare, durch das vorbildliche Verhalten unterstützte Führung hilft dem Kind, selbständig zu werden. Es gilt zu beachten, dass der Kommunikation zwischen Kind und Erzieher eine immer größere Bedeutung zukommt.

311 ebd., S. 118

312 Mussen, P. H.; Conger, J. J.; Kagan, J., Lehrbuch der Kinderpsychologie, S. 471

Wichtig ist, dass dem Kind in diesem Alter klar wird, dass die Bibel immer die Wahrheit sagt. Es soll ferner die göttlichen Grundnormen für sein Verhalten aus der Bibel kennen lernen, damit es weiß, was »gut« und was »böse« ist. Gerade weil es merkt, dass es »Böses« tut, kann es das Erlösungswerk Jesu durchaus verstehen. Es muss ihm noch gezeigt werden, dass es durch die Annahme der Sündenvergebung und durch die Aufnahme von Jesus in eine persönliche Gemeinschaft mit Gott gelangen kann. Wir haben ihm zudem zu zeigen, wie es mit Hilfe von Jesus Rücksicht nehmen, mit den Emotionen umgehen und Ängste überwinden kann.

6.9.3 12 bis 17 Jahre (Oberstufe)

Dies ist die Zeit der Pubertät und der beginnenden Adoleszenz. Das Wort Pubertät kommt vom lateinischen Wort »pubertas«, welches mit Geschlechtsreife, Mannbarkeit übersetzt werden kann.

Geistliche und soziale Entwicklung

In der Pubertät ringt das Kind mit der Frage: Wer bin ich eigentlich? Es geht auf die Suche nach sich selbst. In diesem Ringen sucht es sich Menschen aus, die ihm **als Vorbilder** dienen. Es ist das Alter, in dem die Kinder Poster von Idolen an die Wände des Zimmers kleben.

- Sie bewundern Spitzensportler.
- Sie sind fasziniert von Rockstars.

Sie übernehmen Meinungen, Verhaltensweisen und Eigenschaften anderer Personen und rechnen sie ihrem Ich zu. Sie schaffen sich ein »Ideal-Ich« und setzen sich mit dem bewunderten und oft verehrten Gegenüber gleich.[313] Es ist, wie wir sehen, überaus wichtig, welche Identifikationspersonen der Jugendliche in diesem Alter wählt. Erwin Ringel ist sogar der Überzeugung, dass ohne Identifikationsobjekte der junge Mensch sich selbst nicht finden kann.[314] Es ist weiter

---

313 Wanner, W., Wer bin ich – wer bist Du? Handbuch Jugendpsychologie, Gießen; Basel 1984^3, S. 89

314 Wanner, W., Mach mehr aus Dir. Schritte zur Erweiterung und Vertiefung der Persönlichkeit. Wege zur Ganzheit, Gießen; Basel 1984^2, S. 67

zu beachten, dass gerade Gleichaltrige auf das pubertierende Kind besonders Eindruck machen, da es sich ja aus der Abhängigkeit von den Eltern herauslösen will. In einer Gruppe von Gleichaltrigen ist ein Umgangsfeld gegeben, wo man unabhängig vom Einfluss der Erwachsenen nach Zustimmung und Anerkennung sucht.[315]

In der Gruppe wird die Identitätsfindung gefördert, da sie Identifikationsmöglichkeiten bietet und selbstständiges Handeln ermöglicht.[316]

Zunächst einmal ist es wichtig, dass Eltern und Lehrer von den Kindern in diesem Alter als Vorbilder akzeptiert werden. Dass gerade die Eltern für viele pubertierende Kinder Vorbilder bleiben und deshalb ihr Leben weiterhin entscheidend beeinflussen, weisen verschiedene entwicklungspsychologische Umfragen nach.[317]

Besonders in diesen Jahren sind die Kinder an Biographien interessiert. Wir sollten deshalb versuchen, ihnen verschiedene Gestalten aus der Bibel und der Kirchengeschichte im Unterricht nahe zu bringen. Eine Identifikation mit biblischen Gestalten wie David, Daniel, Paulus oder Missionaren wie Hudson Taylor usw. kann das Leben eines Kindes nachhaltig prägen.

Weil wir wissen, dass sich der Teenager Gleichaltrige als Vorbilder wählt, haben wir darauf zu achten, dass er den Weg in einen Teenagerclub oder in eine Jugendgruppe findet, wo er mit gläubigen Gleichaltrigen zusammensein kann.

In diesem Alter fühlt sich ein Kind innerlich stark verunsichert. Einerseits stellt es vieles in Frage, was es von den Eltern einfach übernommen hat, andererseits hat es für das in Frage Gestellte keinen Ersatz. Es sucht deshalb nach einem festen Halt in seinem Leben, nach einer letzten Orientierung. In diesem Suchen fühlt es sich oft allein gelassen. Es bricht in ihm grundsätzlich die Frage nach dem Sinn des Lebens auf. Es fragt sich: »Welches sind denn die Ziele meines Lebens? Wohin gehe ich eigentlich? Warum lebe ich überhaupt?«[318]

---

315 Gudjons, H., Pädagogisches Grundwissen, S. 124
316 Oerter, R., Jugendalter, in: Entwicklungspsychologie, S. 318
317 ebd., S. 323-324
318 Collins, G., Vom Kind zum Erwachsenen, S. 94

Diese Grundfragen des Lebens bilden die beste Voraussetzung, den Kindern die Botschaft des Evangeliums nahe zu bringen.

Wir können den Kindern von der Bibel her zeigen, dass nur Jesus der eigentliche Halt unseres Lebens sein kann. Damit aber Jesus der Halt unseres Lebens wird, haben wir uns für ihn zu entscheiden und ihm das Herrschaftsrecht über unser Leben einzuräumen. Christus in uns gibt unserem Leben einen letzten Sinn, denn er ist das Leben (Joh 14,6).

In diesem Alter kommt es zu einem stärkeren Hervortreten individueller Interessen. Das Wir-Bewusstsein tritt etwas zurück. Die großen Gruppen werden allmählich aufgelöst. Es bilden sich kleinere, verbindlichere Gruppen mit Freunden oder Freundinnen. In solchen Gruppen ist die Vertrautheit, Solidarität und Ehrlichkeit wichtig.[319] Es gibt natürlich auch Einzelgänger. Diese überstarke Ichbezogenheit (Narzissmus) ist normalerweise eine Übergangserscheinung. In unserer heutigen Konsumgesellschaft ist sie jedoch eine durchgehende gesellschaftliche Erscheinung. Viele Menschen bleiben über die Pubertät hinaus Narzissten, die nur auf eine umfassende Selbstbefriedigung bedacht sind.[320]

Wir haben im Unterricht zu zeigen, dass der in uns wohnende Christus uns befähigt hat, für andere da zu sein. Jesus selbst, unser Erlöser und Vorbild, hat gesagt, dass er nicht gekommen sei, um sich bedienen zu lassen, sondern um zu dienen (Mt 20,28).

Weil das pubertierende Kind in sich selbst verunsichert ist, will es sich in der Klasse nicht exponieren. Es passt sich gerne der Mehrheit der Klasse an, sei es in der Kleidung, in der Frisur oder dem Verhalten.

Gerade den gläubigen Kindern haben wir zu zeigen, dass es Situationen gibt, in welchen sie gegen den Strom zu schwimmen haben:

Beispiele:

- Es ist nicht recht, wenn sie Unwahrheiten, die im Klassenverband besprochen werden, mittragen helfen.

---

319 Fend, H., Entwicklungspsychologie des Jugendalters, S. 310
320 Wanner, W., Wer bin ich – wer bist Du?, S. 95

- Sie haben in bestimmten Situationen klar zu ihrer Glaubensüberzeugung zu stehen.
- Sie haben Zigaretten, Drogen und Alkohol zurückzuweisen.

In diesem Alter will sich der Teenager nicht mehr allzu sehr als Kind behandeln lassen. Er möchte zu Hause, aber auch in der Schule mitreden dürfen.

Er fordert ein Stück Selbständigkeit; übrigens eine Selbständigkeit, welche die Gesellschaft von ihm nach dem Schulaustritt erwartet. Gerade in diesem Ringen um mehr Selbständigkeit kann es zwischen ihm und den Eltern zu Reibungen, Spannungen und Auseinandersetzungen kommen.[321]

Diesem Wunsch nach mehr Selbständigkeit sollte auch im Unterricht Rechnung getragen werden. Die Lehrer und Lehrerinnen haben auf Anregungen der Kinder einzugehen. Sie haben sie im Unterricht immer wieder selbständig arbeiten zu lassen, sei es in Kleingruppen oder allein.

Das Kind hat in diesem Alter eine große Abenteuerlust und sehnt sich danach, etwas Besonderes zu erleben.

Gut geführte Freizeiten können diesem Bedürfnis durchaus nachkommen.

In diese Zeitspanne fällt auch die Berufswahl und damit die Beschäftigung mit der Lebensplanung überhaupt. Der Jugendliche ist gezwungen, Entscheidungen zu treffen, die die zukünftige Gestaltung seines Lebens maßgebend beeinflussen.[322] Diese wichtigen Entscheidungen sind oft mit inneren Kämpfen verbunden.

Die Eltern haben den heranwachsenden Kindern helfend zur Seite zu stehen, ohne aber das Kind in eine bestimmte Richtung zu drängen. Sie haben auch geschlechtsspezifische Berufswünsche ernst zu nehmen. Eine gelungene Berufswahl ist für die Entwicklung eines gesunden Selbstwertgefühls und die Entfaltung vorhandener Fähigkeiten ganz allgemein entscheidend.[323]

---

321 Kasten, H., Pubertät und Adoleszenz, S. 88.109
322 Schenk-Danzinger, L., Entwicklung, Sozialisation, Erziehung, Bd. 2, S. 221
323 Fend, H., Entwicklungspsychologie des Jugendalters, S. 372-373

Die **aufbrechende Sexualität** führt im Leben eines Kindes zu einer merkwürdigen Labilität. Es ist heftigen Gefühlsschwankungen unterworfen.

Weiter gewinnt das andere Geschlecht eine bestimmte Anziehungskraft. Jungen und Mädchen nehmen sich gerne Zeit zu Gesprächen und schwärmen manchmal füreinander. Es kommt zu ersten Freundschaften. Die freundschaftlichen Beziehungen sind in diesem Alter von Vertrauen, Teilnahme an den Interessen des Partners und von der Besorgnis um sein Wohlergehen geprägt.[324] Vor allem bei den Jungen, die nicht in der Lage sind, mit einem Mädchen ungezwungen in ein Gespräch zu kommen, erwächst der Drang, sich vor den Mädchen wichtig zu machen, sei es durch »Blödeleien« oder »Wichtigtuereien«.

Zunächst haben wir den Teenagern zu zeigen, dass nicht die Gefühle unser Leben bestimmen dürfen. Wenn wir den Gefühlen zuviel Raum geben, werden wir unausstehlich für alle, die mit uns zusammenleben müssen.

Wir haben ihnen auch Hilfen für den Umgang mit dem anderen Geschlecht zu geben. Wir zeigen ihnen, wie z.B. ein freundschaftliches Verhältnis gestaltet werden könnte. Blödeleien und Wichtigtuereien »schieben wir ganz klar den Riegel vor«. Der heranwachsende Jugendliche muss lernen, mit dem anderen Geschlecht ungezwungen ins Gespräch zu kommen.

Intellektuelle, geistige Entwicklung

Die Sprache wird in diesem Alter differenzierter und das Gedächtnis erreicht den Höhepunkt seiner Leistungsfähigkeit. Es kann deshalb viel inhaltliches Wissen erworben werden. Zudem werden die abstrakten Begriffsbildungen immer klarer und die logischen Verknüpfungen werden genauer gesehen.[325] Dazu kommt, dass das pubertierende Kind alles, was es sich bis zum jetzigen Zeitpunkt angeeignet hat, mit seinem Verstand kritisch zu hinterfragen sucht. Dieses kriti-

[324] Mussen, P., Einführung in die Entwicklungspsychologie, S. 173
[325] Fend, H, Entwicklungspsychologie des Jugendalters, S. 118

sche Denken ist die Grundlage des selbständigen individuellen Denkens.
- Die Kindheit birgt die geistige Fähigkeit in sich, sich etwas anzueignen.
- Das pubertierende Kind entwickelt die Fähigkeit, selbständig zu denken. Es entdeckt in diesem Alter die ersten Gesetzmäßigkeiten zwischen Dingen und Personen. Erkenntnisse von Zusammenhängen, die in einem bestimmten Fall gewonnen werden, werden auf ähnliche Fälle und Zusammenhänge übertragen. Es werden formale Operationen vorgenommen. Besondere Erfahrungen werden so behandelt, als wären sie allgemein gültig.[326]

In den zwischenmenschlichen Beziehungen stößt der Teenager an die Grenzen des rational Erklärbaren. Wie soll er zum Beispiel »Liebe« erklären? Genau hier ist der Ansatzpunkt für das Interesse an Fragen, welche die Grenzen des wissenschaftlichen Weltbildes betreffen.[327]

Das pubertierende Kind ist offen für das, was die Bibel lehrt, da es spürt, dass man nicht alles denkerisch zu erfassen vermag. Es ist offen für echte geistliche Erfahrungen. Wenn wir diese Offenheit nicht nutzen, kann es sich auf der anderen Seite dem esoterischen oder dem New-Age-Gedankengut öffnen.

Die Offenheit für die Botschaft der Bibel sollten wir in diesem Alter unbedingt nutzen.
- Einerseits sollte dem Kind gezeigt werden, wie es zur geistlichen Erfahrung der Wiedergeburt, die ja der Ausgangspunkt des neuen Lebens in Christus ist, gelangen kann.
- Andererseits sollten wir auf die Wahrhaftigkeit der biblischen Aussagen hinweisen.
  - Der Schöpfungsbericht kann der Evolutionstheorie gegenübergestellt werden.
  - Man kann auf die Großartigkeit der biblischen Prophetie hinweisen.

---

326 Seiß, R., Identität und Beziehung, S. 286-287
327 ebd., S. 292

- Ebenfalls können ethische Fragestellungen von der Bibel her entfaltet werden.

Der heranwachsende Jugendliche hat **Mühe mit Autorität**, denn er sucht sich von den Erwachsenen abzugrenzen, um er selbst zu werden. Dieser Wunsch er selbst zu sein, macht den pubertierenden Jugendlichen stark egozentrisch.[328] Er benimmt sich oft unerträglich, eingebildet und selbstbewusst. Er wagt sogar, seine Eltern oder die Lehrer in der Schule zu belehren, da er im Verhalten dieser ihm nahe stehenden Erwachsenen, aber auch in ihren Forderungen Inkonsequenzen meint nachweisen zu können.[329] Dem Egozentrismus des Jugendalters liegt eine Denkhaltung zugrunde, welche die subjektive Perspektivität des eigenen Denkens noch gar nicht wahrnehmen kann. Ein Teenager hat deshalb Mühe, andere Denkrichtungen ernst zu nehmen, oder gar zu berücksichtigen.[330] Dies führt zwangsläufig zu Auseinandersetzungen mit Eltern und Lehrern. Diese Auseinandersetzungen sind nötig für die Identitätsfindung. Es ist deshalb falsch, wenn Eltern und Lehrer Jugendliche in diesem Alter zu stark sich selbst überlassen.[331]

Es ist wichtig, dass man gerade in diesem Alter zeigt, dass Gott für unser Leben die letzte Autorität ist. Wir haben uns seinem Wort auch dann, wenn wir nicht alles begreifen, unterzuordnen. Es gibt letzte Normen und Werte, an denen wir uns zu orientieren haben. Wenn wir Menschen diese Normen und Werte nicht beachten, endet alles im Chaos.

Schön ist, dass man in diesem Alter bei den Kindern für verschiedenste Dinge Interesse wecken kann. Ja, sie lassen sich für bestimmte Dinge sogar begeistern. In solchen Interessenbereichen sind Teenager zu überdurchschnittlichen intellektuellen Leistungen fähig.

So kann zum Beispiel in diesem Alter im Leben des Kindes das Interesse für die Mission geweckt werden.

---

328 Mussen, P. H.; Conger, J. J.; Kagan, J., Lehrbuch der Kinderpsychologie, S. 572
329 ebd., S. 570
330 Schmitz, E.; Stiksrud, A., Erziehung, Entfaltung und Entwicklung, S. 199
331 Silbereisen, R. K.; Kastner, P., Jugend und Problemverhalten. Entwicklungspsychologische Perspektiven, in: Entwicklungspsychologie, S. 904

Beispiele:
- Eine Missionarsfamilie könnte aus ihrer Missionsarbeit berichten. Dias könnten die ausgeführten Gedanken unterstreichen.
- Den Kindern könnte ein Missionsfilm gezeigt werden.

Wir haben zu beachten, dass die meisten Missionare den Ruf Gottes zu ihrem Dienst in diesem Alter empfangen haben.

Der pubertierende junge Mensch trifft gerne selbständige Entscheidungen, doch ist er oft überfordert.

Deshalb haben wir den pubertierenden Kindern Hilfen zu geben. Wir haben im Unterricht Lebenssituationen anzusprechen, in welche die Teenager in der Schule oder zu Hause immer wieder hineingestellt sind. Wir haben dann mit ihnen zu erarbeiten, wie die richtige Entscheidung in einer solchen Situation aussieht.

Moralische Entwicklung

Das pubertierende Kind sehnt sich danach, verstanden zu werden. Nach außen zeigt es aber, da es doch selbständig sein möchte, den Eltern und Lehrern gegenüber oft ein schroffes und abstoßendes Verhalten.

Weil der Teenager noch nicht weiß, wer er selbst ist, grenzt er sich vor allem negativ ab. Diese Abgrenzung zeigt sich oft in der Kleidung, der Frisur, der Gestik. Er will zeigen, dass er kein Kind mehr ist. Er will aber auch kein Erwachsener sein. Von diesen grenzt er sich ja ab. Er steht wie zwischen zwei Welten. Er will nicht mehr Kind, aber auch nicht Erwachsener sein.[332] Genau diese Unsicherheit im Verhalten macht ihn manchmal aggressiv.[333] Gerade in dieser Zeit kann es zwischen Eltern und Teenager zu endlosen Debatten kommen, die oft sehr provozierend geführt werden.

Viele Jugendliche verachten ihre Eltern, da sie sie für altmodisch und unwissend halten.[334]

---

332 Wanner, W., Wer bin ich – wer bist Du?, S. 40
333 Schmitz, E.; Stiksrud, A., Erziehung, Entfaltung und Entwicklung, S. 225
334 Schenk-Danzinger, L., Entwicklung, Sozialisation, Erziehung, Bd. 2, S. 204

Wie der Teenager sich auch verhalten mag, er braucht zunächst von Eltern und Lehrern Liebe und Verständnis. Nur so kann er sich öffnen.

Schön wäre natürlich, wenn es zu einem entspannten und entkrampften Gespräch mit dem Teenager kommen könnte, in welchem er spürt, dass wir ihn verstehen. Es ist aber nicht richtig, wenn die Eltern dem Teenager den Ablösungskampf ersparen.

Wir haben als Erzieher zu beachten, dass der Teenager gerade in dieser Phase der Unsicherheit besonders formbar, aber leider auch verführbar ist.

In dieser Zeit der Ablösung von den Eltern ist das Eingebundensein in eine Jugendgruppe einer christlichen Gemeinde sehr wertvoll. Hier ist ein eigenständiges Verhalten möglich, das aber von den Werten und Normen der Bibel getragen ist. Hier wird Zusammenarbeit, Rücksichtnahme und Einordnung eingeübt. Zudem lernt der Jugendliche auch Verantwortung zu übernehmen.

Durch das gegenseitige Vergleichen entwickelt sich das Selbstverständnis.[335] Die Jugendgruppe ist gerade für isolationsgefährdete Jugendliche wichtig.[336]

Jugendliche reden auch gerne mit ihren Eltern über ethische Fragestellungen. Sie wünschen aber nicht fertige Antworten, sondern wollen mit ihnen über die biblische Bewertung diskutieren können.

In diesem inneren Suchen und Ringen wünscht der Jugendliche, irgendwo aktiv mithelfen zu können. Er möchte in dieser Welt etwas positiv mitgestalten helfen. An Jesus glaubende Teenager sollten in diesem Alter irgendwo aktiv im Gemeindeleben mitarbeiten dürfen.

Einigen könnte in der Jungschararbeit eine angepasste Verantwortung übergeben werden. Andere könnten im musikalischen Bereich einen Beitrag leisten. Natürlich muss darüber gewacht werden, dass der Teenager die ihm übergebene Verantwortung ernst nimmt, da ihm oft das Pflichtgefühl noch fehlt.[337]

---

335 Fend, H., Entwicklungspsychologie des Jugendalters, S. 307
336 ebd., S. 323
337 Schenk-Danzinger, L., Entwicklung, Sozialisation, Erziehung, Bd. 2, S. 210

Schöpferische Entwicklung

Da sich pubertierende Kinder oft allein fühlen, können sie sich sehr gut in die Situation anderer Menschen versetzen. Dies kommt der Forderung nach dem Erwerb von Empathie entgegen. Deshalb können sie sehr gut bestimmte Rollen in einem Theater übernehmen. Diesen Umstand könnte man doch so ausnützen, dass man der Aufführung von Theatern, Sketchs oder Rollenspielen in der Schule oder im Teenieclub Zeit einräumt.

Anregungen:

- Eine Unterrichtsstunde könnte mit einem kleinen Anspiel beginnen.
- Die Ausführungen einer Lektion könnten durch ein Rollenspiel vertieft werden.
- In einem Jungschargottesdienst könnte ein kleines Theater, das wichtige biblische Gedanken beinhaltet, aufgeführt werden.

Körperliche und emotionale Entwicklung

Die körperlichen Veränderungen, welche zum Erwachsenwerden hinführen, werden durch eine Reihe von Hormonen hervorgerufen.[338] Interessant ist, dass sich Mädchen etwa zwei Jahre früher entwickeln als Jungen.[339]

Von 12 bis 15 Jahren wächst der Jugendliche schnell, aber ungleichmäßig. Die ersten Körperteile, die den Erwachsenenstand erreichen, sind der Kopf, die Hände und die Füße. Dann folgen die Beine und Arme und schließlich der Rumpf. Dieses ungleiche Körperwachstum zeigt sich in schlacksigen, ungelenken Bewegungen.[340] In dieser Zeit ist die Gefahr der Überanstrengung groß. Es gibt zum Beispiel Kinder, die nicht lange stehen können. Es wird ihnen übel. Das schnelle und ungleichmäßige Wachstum ist auch mitverantwortlich für die Launenhaftigkeit des Teenagers.

---

338 ebd., S. 192

339 Fend, H., Entwicklungspsychologie des Jugendalters, S. 107

340 Oerter, R., Jugendalter, in: Entwicklungspsychologie, S. 268

Kinder bringen in diesem Alter oft keine Motivation mit in den Unterricht. Wichtig ist, dass wir eine gute Atmosphäre schaffen.

- Das Singen kann helfen, eine gute Atmosphäre herbeizuführen.
- Das Erzählen eines interessanten Erlebnisses kann ebenfalls hilfreich sein.

Wenn wir als Lehrer nicht in der Lage sind, eine angenehme Atmosphäre zu schaffen, wird das Unterrichten dieser Altersstufe überaus schwierig.

Bei einem Mädchen setzt in dieser Zeit die Regelblutung ein. Beim Jungen beginnt die Samenproduktion. Es kommt zum ersten Samenerguss. Beim Mädchen bilden sich zudem die Brüste aus. Der Knabe bekommt den Stimmbruch und der Bartwuchs beginnt. Durch Aufklärungsgespräche sollten die Teenager auf diese Veränderungen vorbereitet werden. Diese Umstellungen machen Teenies innerlich gehemmt.

Lehrer und Eltern haben deshalb darauf zu achten, dass sie die Kinder nicht bloßstellen.

- Schlechte Leser sollten nicht vor der ganzen Klasse einen längeren Abschnitt vorlesen müssen.
- Ein schlechter Schreiber sollte nicht vor der ganzen Klasse an die Tafel schreiben müssen.

Bloßgestellte Kinder können sich zu ausgesprochenen Störenfrieden entwickeln.

Es gibt Jugendliche, die deutlich früher oder deutlich später zur Geschlechtsreife gelangen (Akzeleration und Retardation) als die anderen. Die Akzeleration ist vor allem bei Kindern zu beobachten, die in größeren Siedlungsgebieten aufwachsen. Die Akzeleration sucht man u. a. auf die bessere Ernährung zurückzuführen.[341] Die seelisch-geistige Entwicklung hinkt der körperlichen aber hinten nach.

Eltern und Lehrer haben darauf zu achten, dass sie nicht zu hohe Erwartungen an die pubertierenden Kinder herantragen. Beim Nichteintreffen der erwarteten Verhaltensweisen kommt es von Seiten der Erwachsenen häufig zu negativen Reaktionen, die den Jugendlichen in seinem Selbstwertgefühl verletzen.

---

341 Schenk-Danzinger, L., Entwicklung, Sozialisation, Erziehung, Bd. 2, S. 153

Die Teenager müssen lernen, mit ihrer Sexualität richtig umzugehen. Von der Bibel herkommend halten wir daran fest, dass der Geschlechtsverkehr nur in die Ehe gehört und lehnen deshalb den vorehelichen Geschlechtsverkehr ab. Der Umgang mit der Sexualität fällt heute vielen Jugendlichen deshalb so überaus schwer, weil sie brutal in ein aggressives sexuelles Klima gedrängt werden, in welchem der personale Bezug weitgehend ausgeklammert wird. Es ist demzufolge nicht verwunderlich, dass in der ausgelebten Sexualität unter Jugendlichen Ausbeutung, Erniedrigung und Missachtung allgegenwärtig sind. Erste sexuelle Erfahrungen von Mädchen sind meist unfreiwillig und geschehen in Situationen, in denen sie, ohne innerlich bereit zu sein, der Dominanz der Jungen unterliegen.[342]

Unter Jungen kommt es weit häufiger zum Problem der Selbstbefriedigung als unter Mädchen. Besonders problematisch ist die Sucht-Selbstbefriedigung. Diese ruft, wie jede andere Zwangshandlung, seelische Konflikte hervor und kann den Jungen bis zur Verzweiflung treiben. Meist ist dies bei Jungen mit versteckten Minderwertigkeitskomplexen der Fall. Die Selbstbefriedigung ruft bei diesen Jugendlichen Angst und Schuldgefühle hervor, die kurze Zeit später wieder durch neue Lustgefühle abgelöst werden. Dieser Teufelskreis wirkt sich verheerend auf das Seelenleben dieser Jugendlichen aus.

Wir haben den Teenagern Hilfen für den Umgang mit ihrer Sexualität zu geben. Es gibt Situationen, in welchen eine seelsorgerliche Betreuung notwendig wird.[343]

Bei einem Mädchen ist der Sexualtrieb weniger eindeutig. Das Mädchen sucht im sexuellen Bereich nicht Triebentladung, sondern innere Teilnahme, Vertrauen, gemeinsame Lebenserfahrungen. Deshalb ist die Triebkontrolle beim pubertierenden Mädchen selten ein bedrängendes Problem.[344] Bei einer Freundschaft ist dem Mädchen

---

342 Fend, H., Entwicklungspsychologie des Jugendalters, S. 267-268

343 Wanner, W., Wer bin ich – wer bist Du?, S. 182-185

344 Mussen, P. H.; Conger, J. J.; Kagan, J., Lehrbuch der Kinderpsychologie, S. 583

aus diesem Grund die persönliche Beziehung zum Freund wichtiger als die sexuelle Anziehungskraft.[345]

In diesem Alter kommt den Gefühlen eine besondere Bedeutung zu. Viele leiden unter Minderwertigkeitsgefühlen, da sie im Vergleich zu den anderen Jugendlichen nicht so begabt, so sportlich oder gutaussehend sind. Es kann zu einem negativen Selbstwertgefühl kommen. Aus diesen Gefühlen der Einsamkeit, des Alleinseins erwachsen oft Tagträume.[346] Es kann sich sogar eine depressive Verstimmung entwickeln. Die Jugendlichen haben Angstsymptome, selbstabwertende Gedanken, Gefühle der Hoffnungslosigkeit und Hilflosigkeit.[347] Die Forschungen zu Depressionen in der Adoleszenz haben ergeben, dass Mädchen häufiger unter depressiven Verstimmungen leiden als Jungen.[348]

Die Jugendlichen erleben in solchen emotionalen Tiefs, wie bestimmte Dinge – zum Beispiel harte Musik, Alkohol, Drogen usw. – in ihnen ein positives, oft sogar ekstatisches Gefühl hervorrufen. Deshalb ist dies auch das Alter, in welchem sie sich ein bestimmtes Suchtverhalten aneignen. Es wurde nachgewiesen, dass vor allem Jugendliche, welche mit ihren Eltern Probleme (zu wenig liebende Zuwendung, Scheidung) oder in der Schule Schwierigkeiten haben, eher zu einem Suchtverhalten neigen.[349] Jugendliche, die ein starkes Selbstwertgefühl haben, sind im Blick auf ein Suchtverhalten bedeutend weniger gefährdet.[350] Je nach Grad der Suchtabhängigkeit kann die Weiterentwicklung eines Teenagers gehindert oder sogar verunmöglicht werden.

Es ist überaus wichtig, dass wir die Teenager auf die Gefahren des Alkohols, Nikotins und der Drogen hinweisen. Wir haben ihnen auch zu zeigen, wie sie ganz praktisch mit Hilfe von Jesus ihre depressiven Gefühle tragen können. Es hilft einem Teenager nichts,

---

345 Oerter, R., Jugendalter, in: Entwicklungspsychologie, S. 292
346 Schenk-Danzinger, L., Entwicklung, Sozialisation, Erziehung, Bd. 2, S. 174
347 Fend, H., Entwicklungspsychologie des Jugendalters, S. 425
348 ebd., S. 434
349 Schenk-Danzinger, L., Entwicklung, Sozialisation, Erziehung, Bd. 2, S. 243-246
350 Silbereisen, R. K.; Kastner, P., Jugend und Problemverhalten. Entwicklungspsychologische Perspektiven, in: Entwicklungspsychologie, S. 910

wenn wir ihn nur mit dogmatisch richtigen Wahrheiten konfrontieren. Er braucht ganz konkrete biblische Lebenshilfen.

Viele Jugendliche beurteilen sowohl ihre persönliche Zukunft als auch die der Gesellschaft pessimistisch. Viele haben Angst vor der Zukunft, z.B. vor Arbeitslosigkeit.[351]

Den Jugendlichen sollte gezeigt werden, dass Gott diese Schöpfung nicht entglitten ist. Er ist und bleibt der Herr. Wenn wir uns ihm anvertrauen, brauchen wir keine Angst vor der Zukunft zu haben. Er sorgt für uns (1. Petr 5,6.7). Er wird bald wiederkommen und dieser Erde die ersehnte Gerechtigkeit und den Frieden bringen (Jes 2,2-4).

Harmonische Entwicklung

Im Alter der Pubertät und Adoleszenz ist im Leben der Teenager vieles aus dem Gleichgewicht gekommen. Grundsätzlich können wir heranwachsende Jugendliche in dieser schwierigen Lebensphase ganzheitlich fördern, wenn wir ihnen mit Liebe, Verständnis und ab und zu auch mit Festigkeit begegnen. Sie erleben so die familiäre Geborgenheit. In vielen Gesprächen mit ihnen können wir Eltern ihnen zeigen, wie sie mit Hilfe von Jesus zu einer gesunden Identität gelangen können. Von dieser sich immer deutlicher abzeichnenden Identität her, hat der Jugendliche unterstützt von anderen Jugendlichen, an seiner Entwicklung zu arbeiten, sodass er schließlich zur Selbständigkeit gelangt.[352]

6.10 Entwicklungsphasen und ihre Konsequenzen

Die Überzeugung, dass es Entwicklungsphasen gibt, leitet uns in der Organisation des ganzen Bildungswesens. Man teilt zum Beispiel die Schüler in Klassen von Gleichaltrigen auf, weil man von einer ähn-

351 Schenk-Danzinger, L., Entwicklung, Sozialisation, Erziehung, Bd. 2, S. 226
352 Oerter, R., Jugendalter, in: Entwicklungspsychologie, S. 280

lichen Lernfähigkeit der Kinder in einer bestimmten Altersgruppe ausgeht.

Von den Entwicklungsphasen her legt man weiter das Alter des Schuleintritts fest. Auch die Frage nach der Volljährigkeit eines Jugendlichen wird von den Entwicklungsphasen her geklärt. Die Jugendlichen werden mit ihrer Volljährigkeit als mündige, selbständige und selbstverantwortliche Bürger anerkannt.[353]

[353] Weber, E., Pädagogik. Eine Einführung. Grundfragen und Grundbegriffe, Bd. 1/ Teil 2, S. 211

7 Bibelorientierte Didaktik

7.1 Einleitende Gedanken

Die Didaktik wird als eine besondere Disziplin der Pädagogik verstanden, welche die Prozesse der Bildung[1] und Erziehung im Unterricht erforscht.[2]

Die etymologische Wurzel des Wortes Didaktik liegt im griechischen Wort διδάσκω, didaskō, was »lehren, belehren, unterweisen« bedeutet.[3] Im historischen Kontext der klassischen griechischen Erziehung (παιδεία, paideia → »Erziehung, Unterweisung, Zurechtweisung, Bildung«[4]) kam dem Wort διδάσκω, didaskō, eine doppelte Bedeutung zu:

1. Lehren und Unterrichten als Tätigkeit des Erziehers bzw. Lehrers (διδάσκαλος, didaskalos[5]).
2. Die Tätigkeit des Educanden oder Schülers, zu lernen bzw. sich belehren zu lassen.

Diese zweifache Bedeutung steht heute noch hinter dem Wort Didaktik.

Es geht demzufolge in der Didaktik um die Lehr- und Lernprozesse in einem Lehrer – Schüler – Verhältnis auf allen Stufen. Insbesondere geht es darum, wie der Schüler auf die bestmögliche Weise in den Unterrichtsprozess integriert werden kann, damit die angestrebten Lehr-

---

1 Da der heutige Bildungsbegriff widersprüchlich ist, besteht Hans Berner darauf, dass um einen präzisierten Bildungsbegriff gerungen wird. Er selbst versteht unter Bildung die »Führung zu Wirklichkeit und Verwirklichung«. Leider wird dieser Vorschlag nur eine Variante unter vielen anderen bleiben. Vgl. Berner, H., Didaktische Kompetenz. Zugänge zu einer theoriegestützten bildungsorientierten Planung und Reflexion des Unterrichts, Bern; Stuttgart, Wien 1999, S. 68-69

2 Peterßen, W. H., Lehrbuch Allgemeine Didaktik, München 1992[3], S. 44

3 Bauer, W., Wörterbuch zum Neuen Testament, Berlin; New York 1971[5], Sp. 381

4 ebd., Sp. 1196

5 ebd., Sp. 380

oder Erziehungsziele erreicht werden können.[6] Es geht darum, dem Lehrer Klarheit über verschiedene Handlungsmöglichkeiten und deren Konsequenzen zu verschaffen.[7]

Zugleich beschäftigt sich die Didaktik auch mit den Bildungsinhalten und der Auswahl derselben.[8]

Didaktik wird heute als Wissenschaft vom Lehren und Lernen verstanden, die Theorien über den Unterricht und über die Wahl von Bildungsinhalten entfaltet. Sie bemüht sich, auch Theorien über die Steuerung von Lernprozessen herauszuarbeiten und berücksichtigt psychologisch begründete Lehr- und Lerntheorien.[9]

Die heutigen didaktischen Modelle werden stark von den entsprechenden Bezugswissenschaften Philosophie, Psychologie und Soziologie mitbestimmt.[10]

Weil dies so ist, wagen wir in unseren didaktischen Überlegungen von der eigentlichen Wahrheit, dem Wort Gottes auszugehen. Die Bibel, welche wir als die uns von Gott gegebene Offenbarung ernst nehmen, bestimmt unsere didaktischen Überlegungen, da wir davon überzeugt sind, dass die Bibel letztgültige Maßstäbe für den Lehr- und Lernprozess im Alltag, in der christlichen Gemeinde (Kirche) und in der Schule gibt.

Wir brauchen für unser Modell das Wort »bibelorientiert« und nicht »biblisch«, weil in der Bibel keine fertige Didaktik zu finden ist. Vielmehr entfaltet die Bibel die Grundlagen für den Bereich der Didaktik. Diese grundlegenden Aussagen gilt es zu ordnen und im didaktischen Bereich anzuwenden. Bei dieser überaus großen Ar-

---

6 Diese Lehr- und Lernziele werden in unserer pluralistischen Gesellschaft immer vager und unverbindlicher vorgegeben. Sie werden in die didaktische Kompetenz und Entscheidungsfreiheit der Lehrer gestellt. Vgl. Giesecke, H., Zum Verhältnis von Allgemeiner Didaktik und Fachdidaktik – Das Beispiel Politikunterricht, in: Die gegenwärtige Struktur der Erziehungswissenschaft. Zum Selbstverständnis einer undisziplinierten Disziplin, hg. v. D. Hoffmann; K. Neumann, Weinheim 1998, S. 122

7 Peterßen, W. H., Lehrbuch Allgemeine Didaktik, S. 15

8 ebd., S. 20

9 Kron, F. W., Grundwissen Didaktik, München; Basel 1993, S. 42-43

10 Kron, F. W., Grundwissen Pädagogik, München; Basel 1989[2], S. 324

beit können sich an Christus gläubige Theologen und Pädagogen, welche die Bibel als Wort Gottes ernst nehmen, gegenseitig eine Hilfe sein.

Humanwissenschaftliche Erkenntnisse suchen wir in diesem Ansatz kritisch zu berücksichtigen, insbesondere die Ergebnisse der Entwicklungspsychologie.

7.2 Allgemeine Didaktik und Fachdidaktik

Die Allgemeine Didaktik sucht das ganze Gegenstandsfeld von Lehren und Lernen ins Auge zu fassen. Sie versucht mit wissenschaftlichen Mitteln Theorien des Handelns zu entwickeln, mit Hilfe derer die alltäglichen Lehr- und Lernprobleme gelöst werden sollen.

Die Fachdidaktik ist auf ein bestimmtes »Fach« begrenzt. Sie versucht, die Gedanken der Allgemeinen Didaktik unter dem fachlichen Aspekt wahrzunehmen. Zugleich muss sie sich auch an den Inhalten der Fachwissenschaft zu diesem Unterrichtsfach orientieren.

Da die Fachdidaktik auf ein bestimmtes Fach ausgerichtet ist, hat sie vom Schüler her zu fragen, wie gerade in diesem Fach die in der Allgemeinen Didaktik entfalteten Ziele angestrebt werden können. Sie ergänzt die Vorgaben der Allgemeinen Didaktik mit fachdidaktischen Überlegungen.[11]

Die Fachdidaktik ist einerseits auf die Allgemeine Didaktik angewiesen, da in ihr über letzte Zielsetzungen nachgedacht wird. Andererseits bleibt die Allgemeine Didaktik auch von den jeweiligen Fachdidaktiken abhängig, weil sie nicht alle Lehr- und Lernprobleme hinreichend lösen kann. Denn Lehren und Lernen ereignet sich unter verschiedenen fachspezifischen Gesichtspunkten.[12] Es liegt auf der Hand,

---

11 Heymann, H. W., Bildungstheorie und Didaktik. Zur Dynamik des Spannungsfeldes zwischen allgemeiner und fachbezogener Didaktik, in: Die Deutsche Schule. Zeitschrift für Erziehungswissenschaft, Bildungspolitik und pädagogische Praxis, Weinheim, Beiheft Nr. 5/1999, S. 213

12 Peterßen, W. H., Lehrbuch Allgemeine Didaktik, S. 47-50

dass Lehren und Lernen in den Fächern Mathematik, Geschichte, Biblischer Unterricht, Zeichnen usw. immer unterschiedlich aussieht.

7.3 Historische Ansätze der Allgemeinen Didaktik

Der Beginn allgemeindidaktischer Theoriebildungen liegt im 17. Jahrhundert.

- **Didaktik als Lehrkunst**
  Wolfgang Ratke (1571-1635) und Johann Amos Comenius (1592-1670) behaupteten von der von ihnen entwickelten Lehrkunst, dass sie in der Natur der Lernenden begründet sei und dass sie gewährleiste, dass alle alles lernen können.
  Didaktik ist für Comenius die Kunst des Lehrens. Er schreibt:

  »Lehren heißt bewirken, dass das, was einer weiß, auch ein anderer wisse.«[13]

  Comenius hielt den induktiven Lernweg (vom Konkreten, Einzelnen zum Abstrakten, Allgemeinen) für die beste Möglichkeit, jedermann lehren zu können.[14] Er forderte, dass im Unterricht zuerst die Sinne, dann das Gedächtnis, später das Erkenntnisvermögen und zuletzt die Urteilsfähigkeit geübt werden.[15]
- **Didaktik als Unterrichtslehre**
  Johann Friedrich Herbart (1776-1841) hat von den Gedanken von August Hermann Niemeyer herkommend, die Didaktik als Lehre vom Unterricht entfaltet. Er entwickelte seine berühmt ge-

---

13 zit. nach Ballauff, Th.; Schaller, K., Pädagogik, eine Geschichte der Bildung und Erziehung. Vom 16. Jahrhundert bis zum 19. Jahrhundert, Bd. 2, Freiburg; München 1970, S. 165

14 Reinhardt, E., Grundlagen des Lehrens und Lernens. Anwendungsbezogene pädagogische Wissenschaft, Darmstadt 1994, S. 30

15 Knoop, K.; Schwab, M., Einführung in die Geschichte der Pädagogik. Pädagogen-Porträts aus vier Jahrhunderten, Heidelberg; Wiesbaden 1994[3], S. 35

wordene Lehre vom »erziehenden Unterricht«, in welcher es darum ging, die Vernunftfähigkeit anzuregen und auszubilden. In diesem erziehenden Unterricht sind die Unterrichtsgegenstände von besonderer Bedeutung. Fragen über ihre Auswahl, ihre Ordnung und Behandlung, sind von der Didaktik zu klären. In der Auseinandersetzung mit den Unterrichtsgegenständen soll die Moralität des Kindes gefördert werden.
Der Unterrichtsverlauf musste nach Herbart in Lernstufen erfolgen.
Er wollte auch, dass man im Unterricht an den Erfahrungen, Interessen und Gedankenkreisen der Schüler anknüpfte. Es galt dann, die Schüler zu einem neuen Niveau der Erkenntnis zu führen. Diese Tätigkeit bezeichnete Herbart als »pädagogischen Takt«.[16] Im »pädagogischen Takt« werden erziehungswissenschaftliche Theorie und pädagogische Praxis miteinander verbunden.[17]

- **Didaktik als Bildungslehre**
  Otto Willmann (1839-1920) hatte die Gedanken von Herbart weiter entwickelt und betonte, dass die Didaktik die Lehre von der Bildung sei. Die Didaktik war nach ihm die Lehre vom **Bildungserwerb**, wie er auf Grund und als Grund des Bildungswesens von Individuen vollzogen und vermittelt wird. Willmann erstellte für den Bildungsbereich ein System formaler Regeln. Dazu gehörten die Lehrplangestaltung, Formgebung, Lehrgangsgestaltung, Technik und das Lehrverfahren. Dies alles hatte sich an christlichen und patriotischen Vorstellungen zu orientieren.
- **Didaktik als Programm**
  Seit den 20er Jahren dieses Jahrhunderts haben sich die Reformpädagogen intensiv mit der Didaktik befasst. Sie standen unter dem Einfluss großer Veränderungen im politischen, wirtschaftlichen Bereich und der neueren wissenschaftlichen Forschung.[18] Trotz einer großen Vielzahl von didaktischen Plänen, Entwürfen

16 Kron, F. W., Grundwissen Didaktik, S. 77-79
17 Breinbauer, I. M., Einführung in die Allgemeine Pädagogik, Wien 1996, S. 92-94
18 Kron, F. W., Grundwissen Didaktik, S. 88

und Modellen wurde die Didaktik selbst nicht weiter entfaltet. Man blieb bei den Grundgedanken von Otto Willmann stehen.[19] In dieser Zeit wurden aber vor allem drei Grundeinsichten breiter ausgeführt:

- Man legte Wert darauf, dass im Lehr- und Lernprozess die Entwicklung des Kindes mehr beachtet wurde. Eine herausragende Repräsentantin dieser Entwicklungsgedanken war Maria Montessori (1870-1952).
- Weiter forderte vor allem Bertold Otto (1859-1933), dass der Unterricht sich an der Lebenssituation der Kinder zu orientieren habe. Er setzte sich deshalb für ein ganzheitliches Lehren ein, in welchem jeder mitteilte, was er wusste. Erfahrungen und Beobachtungen wurden ausgetauscht.
- Schließlich wurde Lehren und Lernen als ein Arbeitsprozess verstanden. Die Schüler sollten sich selbst in diesen Arbeitsprozess einbringen können. Es sollten immer wieder neue Arbeitstechniken erprobt werden.[20]

---

19 Peterßen, W. H., Lehrbuch Allgemeine Didaktik, S. 63-67
20 Kron, F. W., Grundwissen Didaktik, S. 90-95

7.4 Chronologische Aufzeichnung der Entstehung der didaktischen Gegenwartsmodelle und ihre Beschreibung

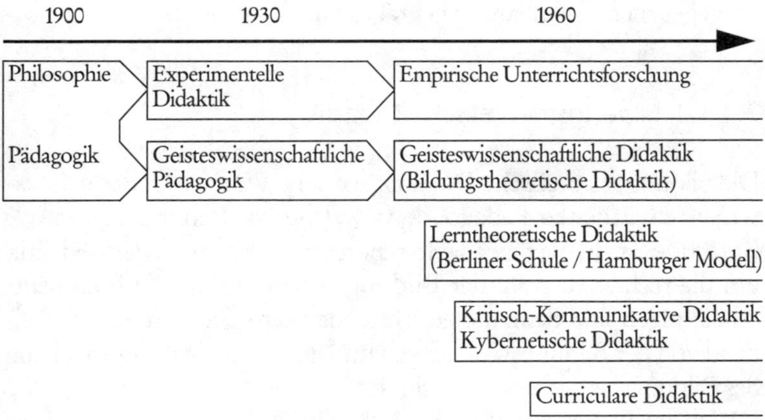

1. Abb. Vgl. Memmert, W., Didaktik in Graphiken und Tabellen, Bad Heilbrunn 1977, S. 10

7.4.1 Beschreibung dieser didaktischen Modelle

Jedes vollständige Didaktikmodell weist drei Ebenen auf: die pragmatische, legitimatorische und die paradigmatische.

- Auf der **pragmatischen Ebene** hat es Anleitungen für die Praxis zu geben. Dazu ist nötig, dass es Handlungsanleitungen entwickelt.
- Auf einer weiteren Ebene hat es diese Handlungsanleitungen zu **legitimieren**. Es hat die Ziele herauszuarbeiten, die erreicht werden sollten wie Kompetenz, Solidarität, Eigenverantwortlichkeit, um nur einige zu nennen.
- Schließlich hat es aufzuzeigen, aus welcher **wissenschaftlichen Sicht- und Denkweise** es diese Ziele ableitet. Es hat also das Grundparadigma deutlich zu entfalten.[21]

21 Peterßen, W. H., Lehrbuch Allgemeine Didaktik, S. 26-40

Zum Paradigma gehören die Auffassungen von wissenschaftlicher Erkenntnis und Theoriebildung und die weltanschaulichen Überzeugungen. Das Paradigma ist also abhängig von philosophischen, ideologischen, psychologischen und soziologischen Auffassungen.[22] Es kann aber auch von der uns in der Bibel vorgegebenen Offenbarung geprägt sein.

7.4.1.1 Bildungstheoretische Didaktik

Die bildungstheoretische Didaktik hat ihre Wurzeln in der **geisteswissenschaftlichen Pädagogik**, in welcher die Bildung die zentrale Kategorie ist. E. Weniger sagte schon 1930, dass es in der Didaktik um die rechte Auswahl der **Bildungsinhalte** gehe. Die Inhaltsentscheidungen sind demzufolge sehr bedeutsam. Sie werden entscheidend von der Bildungswirklichkeit und dem Gesamtzusammenhang des Bildungsgeschehens beeinflusst.[23]

Wilhelm Flitner glaubt, dass das Kind mit den unsere Kultur fundierenden sittlichen, politischen, ökonomischen und religiösen Inhalten vertraut gemacht werden müsse.[24] Diese Inhalte betrachtet Flitner aber nur als Medium. Das Ziel sei, dass sich der Kern der geistigen Welt selbst dem Heranwachsenden öffne. Dieser Kern liege in der unverfügbaren existentiellen geistigen Grunderfahrung.[25] Der heranwachsende Mensch könne deshalb zu dieser Grunderfahrung gelangen, weil er eine freie Person sei, die aktiv an ihrer Persönlichkeitsbildung mitwirke.[26] Unterricht und Erziehung führe von diesen Inhalten her über die eben beschriebenen Grunderfahrungen zur Herausbildung des Gewissens und zu einer universellen Moralität.[27]

---

22 Kron, F. W., Grundwissen Didaktik, S. 112-113

23 Benner, D., Studien zur Didaktik und Schultheorie. Pädagogik als Wissenschaft, Handlungstheorie und Reformpraxis, Bd. 3, Weinheim; München 1995, S. 11

24 Hellekamps, S., Erziehender Unterricht und Didaktik. Neuere Didaktiktheorien im Horizont klassischer Begriffsbestimmungen, Weinheim 1991, S. 125

25 ebd., S. 127

26 ebd., S. 128

27 ebd., S. 244

Auch nach Wolfgang Klafki geht es im Unterricht um die Begegnung mit bestimmten Bildungsinhalten. Diese Inhalte sollen die Heranwachsenden zu einem bestimmten Wissen oder Können und zu bestimmten Haltungen führen. Klafki fordert, dass die Bildungsinhalte zu Bildungsgehalten im Leben der Heranwachsenden werden. Unter Bildungsgehalt versteht er **das Elementare**, das mit einem Inhalt erschlossen werden soll.[28] Aufgabe der didaktischen Analyse ist es deshalb, die Bildungsgehalte der Inhalte für besondere Individuen zu gewinnen.

Klafkis didaktische Fragen zielen darauf ab, die wechselseitige Erschließung von Heranwachsenden und Inhalten zu ermöglichen. Er schreibt:

> »Bildung ist der Inbegriff von Vorgängen, in denen sich die Inhalte einer dinglichen und geistigen Wirklichkeit ›erschließen‹, und dieser Vorgang ist – von der anderen Seite her gesehen – nichts anderes als das Sich-Erschließen bzw. Erschlossenwerden eines Menschen für jene Inhalte und ihren Zusammenhang als Wirklichkeit.«[29]
> »An Hand ausgesuchter Bildungsinhalte sollen ›Kategorien‹, d.h. Grundeinsichten, -erfahrungen und -erlebnisse, gewonnen werden; und diese ›Kategorien‹ bilden die Grundlage für die Erschließung neuer Fragen, Inhalte und Gegenstandsbereiche.«[30]

Im Vorgang der bildenden Begegnung, die eine doppelseitige Erschließung ermöglicht, tritt dem Kind im besonderen Inhalt immer auch ein allgemeiner Sachverhalt gegenüber. Es lernt also nicht nur den konkreten Inhalt kennen, sondern erkennt auch das darin eingeschlossene Allgemeine. Das Einzelne steht als »pars pro toto«, als Teil für das Ganze. Es steht exemplarisch für das Allgemeine.[31]

---

28 ebd., S. 160; Kron, F. W., Grundwissen Didaktik, S. 123

29 zit. nach Klafki, W., Kategoriale Bildung. Zur bildungstheoretischen Deutung der modernen Didaktik, in: Studien zur Bildungstheorie und Didaktik, Weinheim; Berlin; Basel 1971, S. 43

30 zit. nach Dietrich, Th., Zeit- und Grundfragen der Pädagogik, Bad Heilbrunn 1992[7], S. 159

31 Kron, F. W., Grundwissen Didaktik, S. 123

Was als Elementares gewählt werden muss, damit es zu einem Bildungsinhalt wird, ist von der persönlichen Situation des Schülers und von der spezifischen geschichtlichen Situation, in welcher er lebt, abhängig. Die Bildungsinhalte sind also relativ.

Mit Hilfe der »Didaktischen Analyse« kann der Lehrer geeignete Inhalte herausfinden, die im Besonderen ein Allgemeines enthalten.[32] Die »Didaktische Analyse« hat einen allgemeinen Teil, in welchem es um die Fragen nach der Geschichtlichkeit, um das individuelle Selbstverständnis, die allgemeine Sinngebung und die Struktur der Inhalte geht. Im besonderen Teil geht es um die exemplarische Bedeutung der Bildungsinhalte, ihre Gegenwarts- und Zukunftsbedeutung, die Struktur des Inhalts und um die günstigen Lehr- und Lernbedingungen.[33]

Aufgabe des Unterrichts ist es, für die Bildungswerte, die in den Inhalten verborgen sind, hellhörig zu machen. Der Bildungsprozess besteht also darin, den Wertgehalt eines Bildungsgutes herauszuarbeiten, zu verarbeiten und in die Wirklichkeit des Lebens umzusetzen.

Ziel dieser so verstandenen Bildung ist die sittliche Verantwortungsfähigkeit in den grundlegenden Lebensbereichen.[34]

Friedrich W. Kron sucht die bildungstheoretische Didaktik wie folgt zusammenzufassen:

> »Zentraler Begriff dieses Ansatzes ist der Bildungsbegriff, von dem her auch die Bezeichnung bildungstheoretische Didaktik geprägt wurde. In enger Verbindung zur Bildungstheorie suchte diese Didaktik Voraussetzungen bildungswirksamen Unterrichts zu klären. Als wichtigste Voraussetzung wurde die Wahl von Inhalten betrachtet, weil allein in der Begegnung mit ihnen sich Bildung vollziehen könne. Entsprechend konzentrierte sich diese Theorie auf die Frage, wie bildungswirksame Inhalte auszusehen hätten und

32 Peterßen, W. H., Lehrbuch Allgemeine Didaktik, S. 91-98
33 Kron, F. W., Grundwissen Didaktik, S. 126-128
34 Hellekamps, S., Erziehender Unterricht und Didaktik, S. 165

wie man sie auswählen könne. Sie grenzte sich somit ausdrücklich als eine Didaktik »im engeren Sinne« ein.«[35]

W. Klafki versuchte in einer Neukonzeption seiner Didaktik ab 1980 die geisteswissenschaftlichen Grundlagen mit Erkenntnissen der »empirischen Erziehungswissenschaft« zu ergänzen. Er war weiter der Überzeugung, dass die gesellschaftskritischen Komponenten der »kritischen Erziehungswissenschaft« in einer ausgewogenen Didaktik berücksichtigt werden müssten. Er suchte die drei Ansätze – Geisteswissenschaft, Empirie, Ideologiekritik – miteinander zu verbinden.

In dieser neuen Didaktik bezieht er den allgemeinen Bildungsbegriff inhaltlich auf »epochaltypische Schlüsselprobleme« wie Friedensfrage, Umweltfrage, Informationsgesellschaft, Entwicklungsländer, politische und gesellschaftliche Ungleichheiten u.a.m. Im Kontext dieser **Schlüsselprobleme** sollten die Schüler die Kritikbereitschaft, Argumentationsfähigkeit, vernetzendes Denken und moralische Verantwortung entwickeln. Dies soll die Heranwachsenden schließlich zu Selbstbestimmung, Mitbestimmung und Solidarität befähigen.[36]

Diese neue bildungstheoretische Didaktik Klafkis versteht sich als »kritisch-konstruktiv«. Mit »kritisch« ist das Hinterfragen der gesellschaftlich-geschichtlichen Wirklichkeit gemeint. Um den Bildungsauftrag erfüllen zu können, müsse gefragt werden, ob das Vorfindliche nicht anders und wie anders sein könnte.

Mit »konstruktiv« wird von der Didaktik gefordert, Vorschläge für die Umgestaltung des Vorgegebenen zu entwickeln und sie durchsetzen zu helfen.[37]

Die »kritisch-konstruktiven« Theorieelemente sind emanzipatorisch orientiert.[38]

---

35 zit. nach Kron, F. W., Grundwissen Pädagogik, S. 309

36 Klafki, W., Schlüsselprobleme der modernen Welt und die Aufgaben der Schule – Grundlinien einer neuen Allgemeinbildungskonzeption in internationaler/interkultureller Perspektive, in: Pluralität und Bildung, hg. v. I. Gogolin; M. Krüger-Potratz; M. A. Meyer, Opladen 1998, S. 235-249

37 Peterßen, W. H., Lehrbuch Allgemeine Didaktik, S. 101-107

38 Kron, F. W., Grundwissen Didaktik, S. 134

W. Klafki stellt sich weiter vor, dass man durch kommunikatives Argumentieren und durch den praktischen Diskurs im Sinne der Diskursethik zu den Wertungen und Normierungen gelange, die man im didaktischen Handeln benötigt.[39]

Lehren und Lernen versteht Klafki von diesem neuen Ansatz her als Interaktionsprozess, in dem sich Lernende mit Unterstützung von Lehrenden zunehmend selbständig Erkenntnisse und Fähigkeiten zur Auseinandersetzung mit der sie umgebenden gesellschaftlichen Wirklichkeit aneignen. Unterricht ist für ihn ein sozialer Prozess.[40]

Von diesen grundlegenden Voraussetzungen her entwickelt Klafki eine konkrete Unterrichtsplanung.[41] (Siehe Schema S. 135)

In diesem Planungsmodell bildet die **Emanzipation**, umschrieben als Fähigkeit der Selbst- und Mitbestimmung sowie der Solidarität, ein wichtiges Ziel.[42]

Mir scheint dieses Modell in sich selbst pluralistisch zu sein, da es sowohl den hermeneutischen, erfahrungswissenschaftlichen, gesellschafts- und ideologiekritischen Ansatz mit diskursiv begründeten Wertungen und Normierungen systematisch zu integrieren sucht. Klafki vermag deshalb den radikal pluralistischen Ansatz der Postmoderne nicht zu überwinden, wie dies Erich Weber meint.[43]

7.4.1.2 Lehr- und Lerntheoretische Didaktik

Paul Heimann (1901-1967) ist vom behavioristisch-positivistischen Ansatz herkommend davon überzeugt, dass durch empirisch verfahrende wissenschaftliche Theorien das pädagogische Handeln ent-

---

39 Weber, E., Pädagogik. Eine Einführung. Grundfragen und Grundbegriffe. Pädagogische Anthropologie. Phylogenetische (bio- und kulturevolutionäre) Voraussetzungen der Erziehung, Bd. 1/Teil 1, Donauwörth 1995[8], S. 199

40 Berner, H., Didaktische Kompetenz, S. 116

41 Gudjons, H., Pädagogisches Grundwissen, Bad Heilbrunn 1993, S. 216

42 Peterßen, W. H., Lehrbuch Allgemeine Didaktik, S. 108

43 Weber, E., Pädagogik. Eine Einführung. Grundfragen und Grundbegriffe. Pädagogische Anthropologie, Bd. 1/Teil 1, S. 203

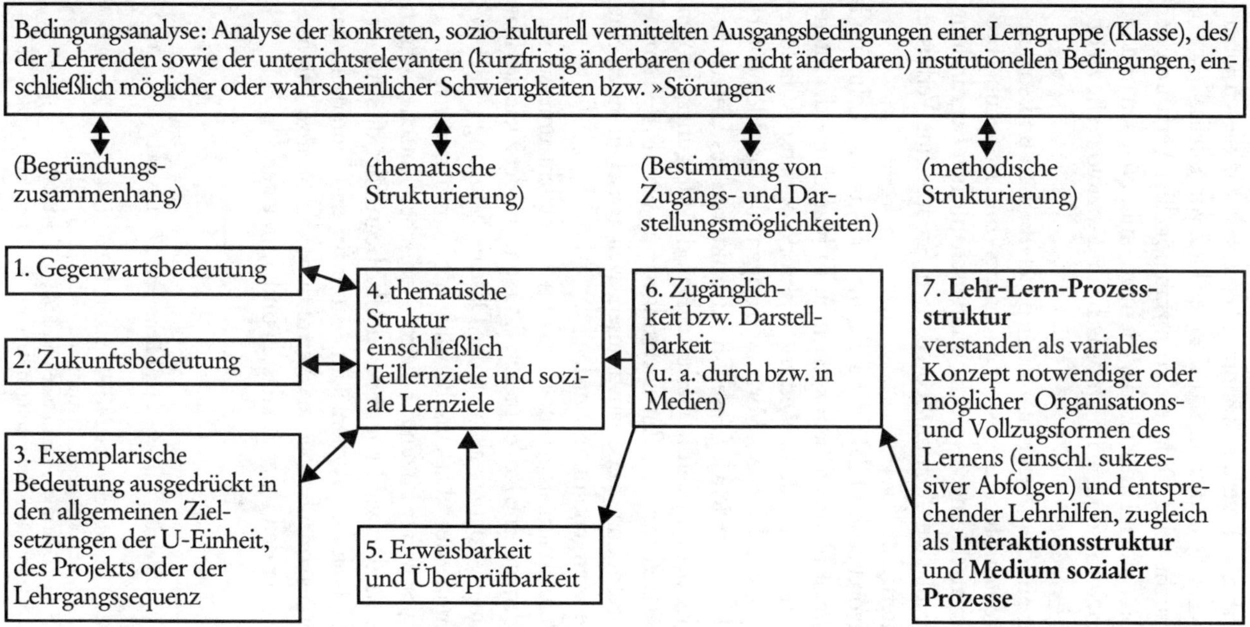

2. Abb. Perspektivenschema zur Unterrichtsplanung nach Klafki aus: Peterßen, Wilhelm H., Lehrbuch Allgemeine Didaktik, S. 109
• München: 2001 Oldenbourg Schulbuchverlag

scheidend verbessert werden könnte. Dieses sich aus diesen Überlegungen ergebende Didaktikmodell hat er 1962 vorgestellt.[44]

Heimann sucht seine Didaktik vom traditionellen Verfahren der bildungstheoretischen Didaktik, der Hermeneutik, zu lösen und für alle Verfahren, insbesondere für empirische und soziologische zu öffnen.[45]

Er vertraut auf die Objektivität einer psychologisch und soziologisch begründeten Steuerung von Unterrichts- und Erziehungsprozessen. Er erwartet ferner von einer wissenschaftlichen Begründung der unterschiedlichen didaktiktheoretischen Ansätze eine Verbesserung des Unterrichts.[46]

Die lerntheoretische Didaktik Heimanns war auf das Lehr- und Lerngeschehen im Unterricht ausgerichtet. Er betrachtete die Intentionen, Inhalte, Methoden, Medien, anthropologisch-psychologischen und soziokulturellen Voraussetzungen als die Elementar-Strukturen des Unterrichts. Diese Grundstrukturen des Unterrichts teilt er in Entscheidungs- (die vier ersten) und Bedingungsfaktoren (die beiden letzten) auf. Die Entscheidungen müssen mit den soziokulturellen Bedingungen übereinstimmen, weil zwischen ihnen eine Interdependenz angenommen wird.

Er ist zudem davon überzeugt, dass im Unterricht unterschiedliche Zielsetzungen eine Rolle spielen. Er unterscheidet Ziele der Daseins-Erhaltung (»kognitiv-aktiv«), der Daseins-Erfüllung (»affektiv-pathisch«) und der Daseins-Bewältigung (»pragmatisch-dynamisch«). Er gibt weiter Hilfen für die methodischen Entscheidungen und hebt die Medienwahl von ihnen ab. Er begründet dies mit der Eigengesetzlichkeit der Medien.[47] Er betont für den Unterricht das Moment der personenbezogenen Vermittlung des Stoffes. Die Medien können aber den Lehrer entlasten und ihm helfen.[48]

---

44 Heimann, P., Didaktik als Theorie und Lehre, in: Die Deutsche Schule 1962, S. 407-427

45 Peterßen,W. H., Lehrbuch Allgemeine Didaktik, S. 121

46 Hellekamps, S., Erziehender Unterricht und Didaktik, S. 221

47 Peterßen, W. H., Lehrbuch Allgemeine Didaktik, S. 124-128

48 Knoop, K.; Schwab, M., Einführung in die Geschichte der Pädagogik, S. 252

Diese von Heimann entwickelte lerntheoretische Didaktik ist unter dem Namen »**Berliner Modell**« bekannt geworden.

Die Gefahr dieses Didaktikmodells besteht darin, dass es einerseits zu einem stark technologischen Unterricht führen kann oder dass es andererseits für irgendwelche Ideologien missbraucht werden kann.[49] Dietrich Benner bemängelt, dass »dieselbe Theorie den Heranwachsenden im Unterricht auf ein durch Lernprozesse zu manipulierendes Wesen, dem bestenfalls die ›spätere Freiheit‹ zuerkannt wird,«[50] reduziert.

Wolfgang Schulz hält zunächst in Anlehnung an Heimann die Didaktik für eine Disziplin, in welcher das Verhältnis zwischen Unterricht, Unterrichtenden und zu Unterrichtenden radikal aufgeklärt werden könne. Das Erkenntnismittel dazu sei die von Heimann entwickelte Strukturanalyse. Der Unterrichtspraktiker könne mit Hilfe der Strukturanalyse feststellen, welche Methoden, Techniken und Medien im Unterricht die gewünschten Ziele hervorbringen.[51] Der Heranwachsende wird im Lernprozess passiv gesehen.[52] Der Lernvorgang wird als Konditionierung, Identifikation und Sozialisation verstanden.

In seiner »**Revision der Didaktik**« hat Schulz 1972 die Begriffe des erzieherischen und unterrichtlichen Handelns neu bestimmt. Dies war die Folge davon, dass er das pädagogische Handeln in der Schule neu auf die Ziele »Kompetenz«, »Autonomie« und »Solidarität« ausrichtete.[53]

Es kam zum so genannten »**Hamburger Modell**«. Schulz stellte sich in der neu konzipierten lerntheoretischen Didaktik die Aufgabe, die Voraussetzungen für emanzipatorisch wirksamen Unterricht zu klären und den Lehrern alle zur Gestaltung eines solchen Unterrichts erforderlichen Kenntnisse, Maßnahmen zu vermitteln.

---

[49] Peterßen, W. H., Lehrbuch Allgemeine Didaktik, S. 130-131
[50] zit. nach Benner, D., Studien zur Didaktik und Schultheorie, S. 26
[51] Hellekamps, S., Erziehender Unterricht und Didaktik, S. 197
[52] ebd., S. 222
[53] ebd., S. 207

Der Lehrer ist nach Schulz beauftragt, die Schüler zu befähigen, die bestehenden Verhältnisse in Frage zu stellen und alternative Antworten zu erarbeiten.[54]

Heute (1989) betrachtet er Erziehung

> »als Dialog zwischen potentiell handlungsfähigen Subjekten ..., nicht als Unterwerfung eines Unterrichts- und Erziehungsobjektes unter die Absichten des Lehrers und Erziehers.«[55]

Es kam bei Schulz, wie wir sehen, zu einer Wende von einem technologischen zu einem emanzipatorisch relevanten Modell.

Konstitutive Grundlage der didaktischen Überlegungen bilden folgende fünf Fragen:

1. Was soll gelernt/gelehrt werden? Es handelt sich hier um die Frage nach den Unterrichtszielen (Intention und Thema).
2. Wer lernt hier etwas von wem? Damit ist die konkrete Ausgangslage der Unterrichtsteilnehmer gemeint.
3. Auf welche Weise wird das, was für Menschen mit dieser Ausgangslage als Ziel ermittelt wurde, am besten erreicht – mit welchen Vermittlungsvariabeln? Es geht hier um die methodischen Großformen, Projekt oder Diskurs, Sozialformen und Medien.
4. Erfolgskontrolle. Woran soll Lernfortschritt erkannt werden? Wer überprüft ihn, mit welchen Evaluationsverfahren?
5. Welche Bedingungen sind zu beachten?

Auf den eben beschriebenen Lernprozess wirken die vorgegebenen institutionellen Bedingungen ein. Sie reichen von den vorgegebenen Lehrplänen, Beschlüssen der Fachkonferenzen bis zur konkreten räumlichen Ausstattung.

Das alles ist von gesellschaftlichen Rahmenbedingungen abhängig. Diese umfassen die Produktions- und Herrschaftsverhältnisse, aber auch das Selbst- und Weltverständnis aller Personen, die schulbezogen handeln.[56]

---

54 Peterßen, W. H., Lehrbuch Allgemeine Didaktik, S. 133-135

55 zit. nach Schulz, W., Die lehrtheoretische Didaktik, in: Didaktische Theorien, hg. v. H. Gudjons; R. Teske; R. Winkel, Hamburg 1989[5], S. 31

56 Gudjons, H., Pädagogisches Grundwissen, S. 220-223

Nach Schulz ist es in diesem didaktischen Modell die Aufgabe der Lehrer zu beraten, zu beurteilen, zu analysieren, zu planen, zu realisieren, zu verwalten und kooperativ zu handeln.[57]

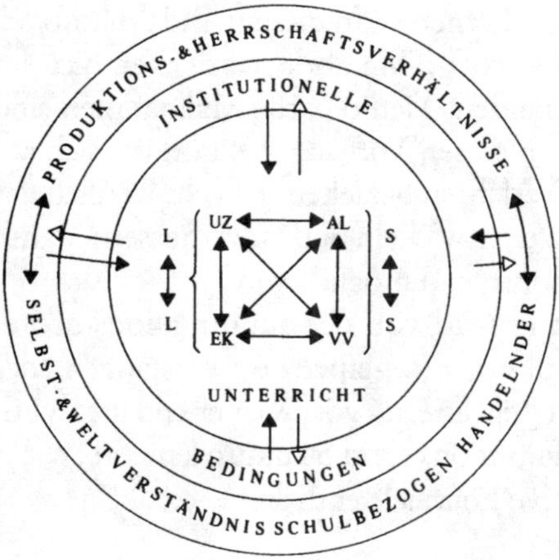

L = Lehrer, S = Schüler: als Partner unterrichtsbezogener Planung

UZ = Unterrichtsziele: Intentionen und Themen

AL = Ausgangslage der Lernenden und Lehrenden

VV = Vermittlungsvariablen wie Methoden, Medien, schulorganisatorische Hilfen

EK = Erfolgskontrolle: Selbstkontrolle der Schüler und Lehrer

3. Abb. Wolfgang Schulz: Die lerntheoretische Didaktik – oder: Didaktisches Handeln im Schulfeld – Modellierskizze einer professionellen Tätigkeit. In: Westermanns Pädagogische Beiträge, 32. Jg., 1980, S. 80-85.

Wer mit diesem Modell arbeiten will, muss die auf Emanzipation gerichtete Intention übernehmen.

7.4.1.3 Informationstheoretisch-kybernetische Didaktik

Felix von Cube hat um etwa 1965, von der »empirischen Erziehungswissenschaft« herkommend, die ja ihre Wurzeln im Positivismus und kritischen Rationalismus hat, die »informationstheoretisch-kybernetische Didaktik« entfaltet.

In diesem Didaktikmodell wird der von Norbert Wiener entwickelte Regelkreis aus der Kybernetik auf Lehr- und Lernvorgänge

57 Kron, F. W., Grundwissen Didaktik, S. 147

angewendet. Zum anderen werden die Lehr- und Lernvorgänge vorwiegend als Informationsprozesse aufgefasst.

Lehren und Lernen werden als der eigentliche Bezugsbereich der didaktischen Theoriebildung betrachtet.

Im Blick auf das Lehren und Lernen ist in diesem Didaktikmodell die **Methode** entscheidend wichtig. Methode wird aber hier im denkbar weitesten Sinn verstanden. Methodische Maßnahmen sind alle nur denkbaren Eingriffe in diesen Vorgang. Sie können sich auf den Inhalt, die Medien und Verfahren beziehen. Es geht letztlich darum, Strategien des Lehrens zu entwickeln und zu verbessern, damit das Lernen so effizient wie nur irgend möglich wird.

Der Lehr- und Lernvorgang wird von der »informationstheoretisch-kybernetischen Didaktik« als **Regelprozess** verstanden, der mit Hilfe des kybernetischen Regelkreises von Wiener entfaltet wird. Der Regelkreis enthält fünf Funktions- und Strukturelemente:

1. Den Sollwert, der kognitive Lehrziele enthält.
2. Den Regler
   Das ist der Verlaufsplan zur Erreichung der gesetzten Ziele, mit dem die »Regelgröße«, der Lernende, beeinflusst wird. Zugleich werden »Störfaktoren« durch den Regler fern gehalten und der Lernprozess optimiert.
3. Die Stellglieder
   Damit sind die Personen und die technischen Medien, die den Unterrichtsprozess steuern, gemeint.
4. Die Messfühler
   Sie dienen der Lernkontrolle.
5. Die Regelgröße oder die Adressaten[58]

Der Regelkreis beschreibt eigentlich Lernen als Konditionierung.

Der Zielbereich wird von diesem Regelkreis nicht abgedeckt. Demzufolge muss in der »informationstheoretisch-kybernetischen Didaktik« die Zielfrage ausgeklammert werden. Von Cube hält Ziele

---

[58] ebd., S. 151

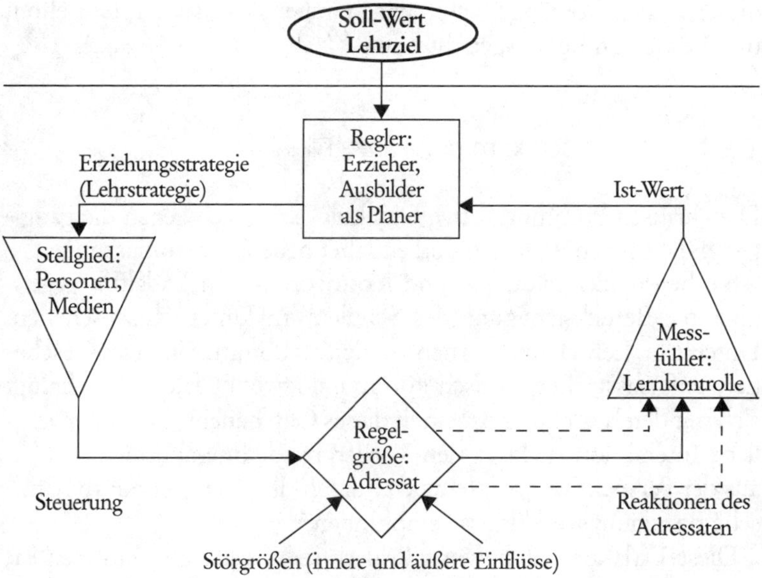

4. Abb. Regelkreis nach von Cube, in: Kron F. W., Grundwissen Didaktik, S. 151

nicht für wissenschaftlich ableitbar, da er vom logisch-empirischen Wissenschaftsbegriff ausgeht. Seiner Meinung nach werden Ziele immer willkürlich gesetzt.

Die »informationstheoretisch-kybernetische Didaktik« versucht, ihrem Selbstverständnis entsprechend Strategien zu optimaler Information zu entwickeln. Dabei geht es ihr unter anderem vor allem um den Redundanzaufbau.[59]

Die »informationstheoretisch-kybernetische Didaktik« findet heute vor allem im programmierten Unterricht, im Einsatz von audiovisuellen Medien, im Erlernen von Lerntechniken usw. ihre Anwendung.

In diesem Modell wird der Mensch in seiner Einzigartigkeit, Spontaneität, Kreativität nicht ernst genommen. Weiter darf eine Wissenschaft, die sich mit Lehren und Lernen beschäftigt, die Zielsetzungen

---

59 Peterßen, W. H., Lehrbuch Allgemeine Didaktik, S. 142-151

dieser beiden Vorgänge nicht einfach außer Acht lassen, da Lehren und Lernen immer zielgerichtet sind.[60]

7.4.1.4 Die kritisch-kommunikative Didaktik

Die »kritisch-kommunikative Didaktik« stellt sich gegen die gängigen didaktischen Theorien und entfaltet neue Grundauffassungen.

Sie betont der bildungs- und lerntheoretischen Didaktik gegenüber die Berücksichtigung des Schülers im Unterrichtsgeschehen. Unterricht, Lehren und Lernen werden als kommunikatives Geschehen aufgefasst. Die kritisch-kommunikative Didaktik beschäftigt sich mit den Beziehungsaspekten dieses Geschehens. Die unterrichtliche Interaktion rückt in den Vordergrund. Interaktionen werden aus der Perspektive der interagierenden Individuen stets als dynamische Beziehungsverhältnisse empfunden.[61]

Diese Didaktik will bewusst kritisch sein, weil sie nicht bereit ist, die Ist-Werte unserer Gesellschaft unkritisch zu akzeptieren. Vielmehr will sie diese Ist-Werte in Soll-Werte überführen.[62]

Bei Klaus Schaller und Karl-Hermann Schäfer treten an die Stelle des herkömmlichen Unterrichts die **rückhaltlose Information** und die permanente **rationale Diskussion.**[63] In diesem Modell steht die kommunikative Auseinandersetzung mit der Information im Mittelpunkt. Dabei werden die störfaktoriellen Gesichtspunkte besonders berücksichtigt. Man unterscheidet die Störarten, Störfestlegungen, Störungsrichtungen und Störungsursachen.[64]

Ziel dieser permanenten Diskussion ist die **Emanzipation aller Teilnehmer.** Damit dieses Ziel erreicht werden kann, sollen Lehrer und Schüler gleichberechtigt miteinander kommunizieren.[65] Dies sei

---

[60] ebd., S. 154
[61] Kron, F. W., Grundwissen Didaktik, S. 171
[62] Peterßen, W. H., Lehrbuch Allgemeine Didaktik, S. 161
[63] Hellekamps, S., Erziehender Unterricht und Didaktik, S. 224
[64] Gudjons, H., Pädagogisches Grundwissen S. 227-228
[65] Hellekamps, S., Erziehender Unterricht und Didaktik, S. 228

in einem schülerorientierten, kooperativen Unterricht möglich, da es in ihm zu einer symmetrischen Interaktion komme.

Durch die Kommunikation komme es nach Schäfer schließlich zur eigentlichen Befreiung, welche die gesamte Gesellschaft erfassen sollte. Deshalb muss pädagogisches Handeln als politisches Handeln verstanden werden.[66]

Was im kommunikativen Prozess erhandelt wird, ist nach Schaller und Schäfer als das Autoritative für jedes Ich verbindlich. Im Mittelpunkt der kommunkativen Didaktik steht die das Autoritative hervorbringende soziale Gruppe. Das Ich wird nur als Teil der Gruppe ins Auge gefasst und nicht als selbständiges Subjekt.[67]

Es gilt zu beachten, dass dieses Didaktikmodell grundsätzlich »destruktiv« ist. Es vermag dem, was es in Frage stellt, keine positiven Vorschläge entgegenzustellen. Weiter führt die links-politische Fixierung dieses Modells zu einer sehr fragwürdigen Manipulierung des Kindes.[68]

7.4.1.5 Die lernzielorientierte Didaktik

Der Ursprung dieses Modells befindet sich im angloamerikanischen Raum. Wissenschaftstheoretische Grundlage dieses von Christine Möller entwickelten Modells ist der **Behaviorismus**. Es geht von der kritischen Curriculumsforschung aus, deshalb wird es auch »Curriculare Didaktik« genannt.

Unterricht wird vom Behaviorismus herkommend als rationaler Planungs- und Realisierungszusammenhang aufgefasst.[69]

Die **Lernziele** spielen in der curricularen Didaktik die entscheidende Rolle. Lernziele schließen die Absicht zur Veränderung von **Verhaltensdispositionen** mit ein. Mit Hilfe der Lernziele sucht man im kognitiven, psycho-motorischen und affektiven Bereich positive Veränderungen zu erreichen.

---

66 ebd., S. 236-237
67 ebd., S. 239
68 Peterßen, W. H., Lehrbuch Allgemeine Didaktik, S. 167-168
69 Kron, F. W., Grundwissen Didaktik, S. 158

Es geht darum aufzuzeigen, wie man zu geeigneten Lernzielen gelangt und wie man diese am bestmöglichen erreicht.[70] Leider ist aber dieses Modell nicht in der Lage zu zeigen, wie man zu den letzten, alles tragenden Zielen kommt. Saul B. Robinsohn erkennt ganz richtig, dass man mit Hilfe exakter empirischer Untersuchungen diese Ziele nicht festlegen kann.[71] Karl Frey schlägt vor, dass Entscheidungen für grundlegende Lehrplanänderungen aufgrund aufweisbarer Differenzen zwischen Leistungserwartungen der Absolventenabnehmer und den tatsächlich erzielten Leistungen erfolgen sollten.[72]

Die Entwicklung einer Unterrichtseinheit erfolgt in drei Teilprozessen: Lernplanung, Lernorganisation und Lernkontrolle.

1. Lernplanung
   Die ausgearbeiteten Lernziele für eine Unterrichtseinheit werden in Richt-, Grob- und Feinziele geordnet. Der nächste Handlungsschritt besteht in einer präzisen Beschreibung der Lernziele,[73] dem Operationalisierungsprozess, mit Angabe des Endverhaltens in den verschiedenen oben erwähnten Bereichen.
2. Lernorganisation
   Methoden und Medien müssen nun so gewählt werden, dass die Lernenden die vorher aufgestellten Lernziele optimal erreichen können. Konkrete, explizite Methodenbeschreibungen stehen im Mittelpunkt.
3. Lernkontrolle
   Es gilt nun, die Ergebnisse nach den Kriterien eines empirischen Lerntests zu überprüfen. Statt der traditionellen Klassenarbeit mit willkürlicher Fragenauswahl werden Inhaltsvalidierung, Zuverlässigkeitsbestimmungen und strenge Aufgabenanalyse verlangt. Es muss festgestellt werden, ob es wirklich zu Veränderungen der Verhaltenspositionen gekommen ist. Die Kontrollergebnisse fließen wieder in die Planungsüberlegungen ein.

---

70 Peterßen, W. H., Lehrbuch Allgemeine Didaktik, S. 173-175
71 Benner, D. Studien zur Didaktik und Schultheorie, S. 43
72 ebd., S. 40
73 Beschreibung der Lernzieltaxonomien, in: Möller, Ch., Technik der Lernplanung. Methoden und Probleme der Lernzielerstellung, Weinheim; Berlin; Basel 1969, S. 158-160

Trotz aller Kritik an diesem Modell erlebte es in den 70er und noch in den 80er Jahren einen richtigen Boom. **Heute hat es weitgehend seine Eigenständigkeit verloren.** Es ist zur Ergänzung der verschiedenen didaktischen Modelle geworden. Die Planung von Lernzielen, die Operationalisierung derselben und die Lernkontrolle haben sich heute in allen didaktischen Modellen durchgesetzt.[74] F. W. Kron zeigt auf, wie das curriculare Modell in der bildungstheoretischen und lerntheoretischen Didaktik Eingang gefunden hat.[75] Ewald Terhart weist aber darauf hin, dass es sich bei der Übernahme nur um eine »semantische« Adaption handelt.[76]

7.4.1.6 Die radikal-konstruktivistische Didaktik

Die Ideen der radikal-konstruktivistischen Didaktik gehen vor allem auf E. von Glasersfeld und H. R. Maturana zurück. Beide haben gelehrt, dass die Wirklichkeit unsere eigene Konstruktion sei.[77]

Mit Hilfe der drei erkenntnistheoretischen Zugänge Konstruktion, Rekonstruktion und Dekonstruktion entwickelte man einen neuen pädagogischen und didaktischen Ansatz.

- In den didaktischen Überlegungen geht man davon aus, dass durch Konstruktion die Welt, in der wir leben, die Erfindung eines jeden Einzelnen ist. Von dieser Grundauffassung herkommend betont man die Selbst-Erfahrung, das Ausprobieren und das Experimentieren.
- Aus der Perspektive der Rekonstruktion wird der Mensch als Entdecker der Wirklichkeit verstanden. Die Schüler werden zu Nachentdeckern der Erfindung anderer.

---

74 Peterßen, W. H., Lehrbuch Allgemeine Didaktik, S. 187

75 Kron, F. W., Grundwissen Didaktik, S. 306-311

76 Terhart, E., Lehr-Lern-Methoden. Eine Einführung in die Probleme der methodischen Organisation von Lehren und Lernen, Weinheim; München 1989, S. 37

77 Diesbergen, C., Radikal-konstruktivistische Pädagogik als problematische Konstruktion. Eine Studie zum Radikalen Konstruktivismus und seiner Anwendung in der Pädagogik, Bern; Berlin; Bruxelles; Frankfurt a. M.; New York; Wien 2000^2, S. 23

- In der Dekonstruktion geht es schließlich um die Enttarnung unserer Wirklichkeit. Es könnte auch ganz anders sein. Von diesem Denkansatz her legt man Wert auf die Fähigkeit des In-Frage-Stellens und des In-Zweifel-Ziehens.[78]

Hans Berner schreibt dazu:

> »Dieser ›konstruktivistische Dreiklang‹ von Erfinden, Entdecken und Enttarnen vermag didaktisch bedeutsame Erkenntnis- und Beobachtungsperspektiven zu eröffnen und Möglichkeiten für neue Sicht-, Denk- und Handlungsweisen zu schaffen.«[79]

Im Sinne des Radikalen Konstruktivismus sind die Lehrer Coaches, die die Lernenden unterstützen, da sie als Subjekte verstanden werden. Der Lehrer hat nur noch die Aufgabe, die Lernwelten des Schülers zu modellieren, indem er immer wieder den geeigneten Lernkontext schafft. Daraus entwickelte sich die Subjektorientierte Didaktik.[80] Der Lehrende wird mit einem Regisseur verglichen, der die Selbstentwürfe, Aneignungsformen und Kompetenzen der Lernenden entziffert und Lehren als Forschungsprozess gestaltet.[81] Diese stark auf den einzelnen Schüler ausgerichtete didaktische Haltung führt zu einer Ausklammerung überindividueller Perspektiven.[82]

Obwohl Hans Berner diese Gefahr sieht, möchte er im Blick auf die Ausbildung von Lehrerinnen und Lehrern am Radikalen Konstruktivismus festhalten, weil ihn der Dreiklang von Entdecken, Erfinden und Enttarnen im Blick auf didaktisches Arbeiten fasziniert.[83]

Diesen radikal-konstruktivistischen didaktischen Überlegungen halte ich die Kritik von Clemens Diesbergen entgegen. Er zeigt, dass der Radikale Konstruktivismus in Schwierigkeiten gerät, wenn er

---

78 Berner, H., Didaktische Kompetenz, S. 256

79 zit. nach ebd., S. 257

80 Holzbrecher, A., Subjektorientierte Didaktik. Lernen als Suchprozess und Arbeit an Widerständen, in: Die Deutsche Schule. Zeitschrift für Erziehungswissenschaft, Bildungspolitik und pädagogische Praxis, Weinheim Beiheft Nr. 5/1999, S. 141-168

81 ebd., S. 165

82 Berner, H., Didaktische Kompetenz, S. 259

83 ebd., S. 264-265

seine Kernaussage, dass wir die Wirklichkeit selbst konstruieren, rechtfertigen soll. So können ihre Vertreter z.B. nicht erklären, wie Erkennen tatsächlich vor sich geht.[84] Diesbergen stellt weiter im System des Konstruktivismus Selbstwiderlegungstendenzen fest.[85] Der Radikale Konstruktivismus scheitert letztlich an der individuellen Erfahrung. Für die Bestätigung der Hypothese von der Konstruiertheit der Sinneswahrnehmung gibt es keinen Hinweis im Erleben des Wahrnehmungsprozesses.[86]

Von diesen grundsätzlichen Einwänden herkommend, stelle ich die konstruktivistische Didaktik in Frage. Ich bin davon überzeugt, dass die stark individualistische Unterrichtsgestaltung, in welcher man davon ausgeht, dass der Schüler das Subjekt des Lernprozesses ist, dem Kind überhaupt nicht gerecht wird. Zudem ist auf die Blindheit des Radikalen Konstruktivismus gegenüber sozialen, gesellschaftlich-politischen und kulturellen Fragen hinzuweisen,[87] die natürlich auch die didaktischen Überlegungen prägt. Die ständige Forderung »Werde, wer du bist!« ist im Blick auf das Zusammenleben in der Gesellschaft unverantwortlich.

Ich bin mit Clemens Diesbergen der Ansicht, dass das, was an der radikal-konstruktivistischen Didaktik wirklich neu ist, im Hinblick auf die Umsetzung in die Praxis nur Probleme bringt.[88]

Zusammenfassende Gedanken zu den eben vorgestellten didaktischen Modellen

Wilhelm H. Peterßen weist 1992 nach, dass sich die eben vorgestellten Didaktik-Modelle in einem **Auflösungsprozess** befinden. Seit 1980 haben die verschiedenen Modelle Grundüberzeugungen anderer Modelle übernommen, sodass sie heute mehr oder weniger von Mischtheorien geprägt sind.[89] Diese gegenseitige Annäherung aller

---

84 Diesbergen, C., Radikal-konstruktivistische Pädagogik als problematische Konstruktion, S. 208

85 ebd., S. 218-226

86 ebd., S. 227-228

87 ebd., S. 248-251

88 ebd., S. 280

89 Peterßen, W. H., Lehrbuch Allgemeine Didaktik, S. 77-79

heutigen Didaktikmodelle – mit Ausnahme des »informationstheoretisch-kybernetischen Modells« – kam nach meiner Überzeugung deshalb zustande, weil sie sich alle für die Ziele der »kritischen Erziehungswissenschaft« öffneten. **Emanzipation in ihrer ganzen Vielfalt** (Ermöglichung von Selbstbestimmung und individuelle und gesellschaftliche Mündigkeit) wird in allen heute prägenden Didaktikmodellen als letztes Ziel angestrebt. Das Leitziel Emanzipation ist heute ein unumgänglicher Bestandteil aller didaktischen Überlegungen und prägt demzufolge die Ausbildung der Lehrerinnen und Lehrer ganz entscheidend.[90] Das Leitziel Emanzipation führt im Lehrerberuf zu vielen unauflöslichen Antinomien. So suchen z.B. die Lehrer die Schüler zur Autonomie zu führen, indem sie durch die Art, wie sie lehren, diese Hinführung gefährden.[91] Aber dies scheint kaum jemanden zu stören.

Dass alle heutigen Didaktikmodelle Emanzipation als letztes Ziel anstreben, erfüllt mich mit großer Sorge. Wir brauchen dringend ein neues Didaktikmodell, das ein anderes letztes Ziel oder andere letzte Ziele anstrebt. Ein solches alternatives Didaktikmodell soll die »**bibelorientierte Didaktik**« sein.

7.4.1.7 Neuere Unterrichtskonzepte

Heute versucht man mit verschiedenen Unterrichtskonzepten die Defizite der heutigen Schule zu überwinden. In diesen Konzepten treten die allgemeindidaktischen Theoriebildungen in den Hintergrund. Meist verstehen sie sich als Ergänzung schon bestehender Modelle. Was bei diesen Konzepten auffällt ist, dass in ihnen durch-

---

90 Boekhoff, I.; Koch, Th.; Oyen, S., Studentische Selbst-, Mitbestimmungs- und Solidaritätsfähigkeit (nicht nur) im Kontext der neuen Prüfungsverordnung, in: Welche Lehrer braucht das Land? Notwendige und mögliche Reformen der Lehrerbildung, hg. v. E. Cloer; D. Klika; H. Kunert, Weinheim; München 2000, S. 229

91 Helsper, W., Antinomien des Lehrerhandelns und die Bedeutung der Fallrekonstruktion – Überlegungen zu einer Professionalisierung im Rahmen universitärer Lehrerausbildung, in: Welche Lehrer braucht das Land?, S. 150.166

wegs die Beziehung zur Praxis stark betont wird. In jüngster Zeit wurden folgende Konzepte entwickelt:

- **Erfahrungsbezogener Unterricht** (J. Scheller 1981): Er versucht, die gemachten Erfahrungen der Schüler und Schülerinnen in den Mittelpunkt des Unterrichts zu stellen. Erfahrungsbezogenes Lehren und Lernen wird aus drei Elementen bestehend betrachtet. Es gehe 1. um Aneignung von Erfahrung, 2. um ihre Verarbeitung und 3. um ihre Veröffentlichung.[92] Ludwig Duncker weist mit Recht darauf hin, dass eine auf Erfahrung ausgerichtete Schule ihren Bildungsauftrag verfehlt, da sie ja nur das aufgreifen könne, was bereits außerhalb der Schule im Erfahrungsbereich der Kinder liege.[93]
- **Praktisches Lernen** (A. Flitner): In diesem Konzept versucht man, zur stärkeren Verknüpfung von Kopf- und Handarbeit zu gelangen.
- **Handlungorientierter Unterricht** (H. Gudjons): Er entfaltet ein Unterrichtskonzept, in welchem den Schülern und Schülerinnen ein handelnder Umgang mit den Lerngegenständen ermöglicht werden soll und in dem materielle oder soziale Tätigkeiten der Schüler und Schülerinnen den Ausgangspunkt des Lernprozesses bilden. Es wird großer Wert auf die Selbststeuerung der Schüler in der Planung, Durchführung und Auswertung von Handlungsprozessen gelegt. Ziel ist es, durch diese aktive Auseinandersetzung die Trennung von Schule und Leben ein Stück weit aufzuheben. Herbert Gudjons geht in seinen Überlegungen, beeinflusst von Hans Aebli, davon aus, dass kognitive Strukturen wesentlich aus dem Tun hervorgehen und als Handlungsregulation auf diese zurückwirken.[94]
- **Bildungsgangdidaktik** (M. A. Meyer; A. Reinartz): Bei diesem Ansatz betrachtet man die Lernenden als Subjekte, als Gestalter

92 Breitere Ausführungen dazu in: Gudjons, H., Handlungsorientiert lehren und lernen. Schüleraktivierung – Selbstätigkeit – Projektarbeit, Bad Heilbrunn 1992³, S. 26-29

93 Duncker, L., Perspektivität und Erfahrung. Kontrapunkte moderner Didaktik, in: Die Deutsche Schule. Beiheft Nr. 5/1999, S. 50

94 ebd., S. 36-126

ihrer eigenen Lern- und Lebensgeschichte. Es wird nur insofern nach Lernen, Erziehung und Bildung gefragt, als die Heranwachsenden dieses Lernen, diese Erziehung und Bildung selbst in Gang setzen.[95] Die Heranwachsenden sind die Gestalter ihrer eigenen Zukunft. Deshalb fällt ihnen schon sehr früh die Verantwortung für die Entscheidungen für ihren eigenen Werdegang zu. Aufgabe des Pädagogen ist es, den Heranwachsenden bei kritischen Entscheidungen helfend zur Seite zu stehen. Zudem hat er den eigenen Bildungsgang an den Bildungsgang der Heranwachsenden zu koppeln.[96] Wie schwierig die Umsetzung dieser Gedanken im schulischen Alltag ist, zeigt Ingrid Kunze.[97] Es geht in der Gestaltung des Unterrichts immer um die Frage, wie ihn der Schüler aus seiner Sicht erlebt. Es gilt also vom Schüler herkommend zu klären, was im Hinblick auf seinen Lernprozess erstrebenswert und was eher überflüssig ist.[98] Es sollte ihm sogar geholfen werden, selbst Lehrmethoden zu entwickeln, die ihm angepasst sind.[99] Im Blick auf die Umsetzung dieser Gedanken bleiben viele Fragen offen.

Ein besonderes Problem in den heutigen didaktischen Überlegungen ist die Frage, welche **Werte und Normen** in einer pluralistischen Gesellschaft im Unterricht noch vermittelt werden sollen.[100]

---

95 Meyer, M. A.; Reinartz, A., Einleitung, in: Bildungsgangdidaktik. Denkanstöße für pädagogische Forschung und schulische Praxis, hg. v. M. A. Meyer; A. Reinartz, Opladen 1998, S. 10

96 Kordes, H., Fallanalyse und Bildungsgang – Plädoyer für eine auf den Bildungsgang bezogene professionelle pädagogische Arbeit, in: Bildungsgangdidaktik, S. 191-192

97 Kunze, I., Bildungsgangdidaktik, eine Didaktik für alle Schulstufen?, in: Bildungsgangdidaktik, S. 251-257

98 Reinartz, A., Über die Handlungsorientierung hinaus – Bildungsgangdidaktik als Impulsgeberin für eine innere Schulreform?, in: Bildungsgangdidaktik, S. 289

99 Meyer, M., Bildungsgangdidaktik. Auf der Suche nach dem Kern der Allgemeinen Didaktik, in: Die Deutsche Schule, Beiheft Nr. 5/1999, S. 132

100 Gudjons, H., Pädagogisches Grundwissen, S. 232-233

7.5 Einführung in die bibelorientierte Didaktik

Von der Bibel herkommend vermag uns keines dieser heutigen Modelle zu befriedigen. Mit dem bildungstheoretischen Ansatz teilen wir die Auffassung, dass der Inhalt, bei uns die Bibel, im Mittelpunkt des Unterrichts stehen muss, weil sie uns in allen Bereichen die Wahrheit offenbart. Vom lerntheoretischen Modell übernehmen wir die Fragestellung, wie das Zueinander von Lehren und Lernen auszusehen hat. Wie die lernzielorientierte Didaktik fordern auch wir klare Ziele. Mit der kritisch-kommunikativen Didaktik suchen wir den Schüler im Unterrichtsgeschehen ernst zu nehmen. Schließlich ist uns wie den neuen Unterrichtskonzepten der Praxisbezug im Unterricht ein besonderes Anliegen.

7.5.1 Die Grundlagen der bibelorientierten Didaktik

7.5.1.1 Gott und sein Wort stehen im Mittelpunkt

Im Mittelpunkt der bibelorientierten Didaktik **stehen Gott und sein Wort**. Die Aussagen dieses Wortes gilt es im Auftrag Gottes im Fächerspektrum der Schule weiterzugeben. Hier drängt sich nun die Frage auf: Welche Fächer sind von der bibelorientierten Didaktik her überhaupt gerechtfertigt?

Es sind zunächst die Fächer, welche den Kindern helfen, **Gott als Schöpfer und Erhalter aller Dinge** besser kennen zu lernen. Dazu eignen sich Geographie (Astronomie, Geologie, Ökonomie usw.), Naturkunde (Biologie, Zoologie, Anthropologie, Ökologie usw.). Gott erwartet von den Menschen einen verantwortungsvollen Umgang mit seiner Schöpfung (Umwelterziehung). Hierhin gehört auch die Erziehung zur Nachhaltigkeit. Jede Generation soll angeleitet werden, so zu leben, dass nicht nur ihre Kinder, sondern auch die Enkelkinder die gleichen Lebenschancen vorfinden, wie sie die jetzige Generation hat.[101] Gott hat in dieser Schöpfung **Ordnungen** mitgesetzt. Um diese erfassen zu können sind die Fächer Mathematik, Physik, Chemie usw. geeignet. Gott ist es auch, der in der **Geschichte handelt.** Im Zentrum seines Handelns steht die Sendung seines Sohnes, Jesus Christus, auf diese Erde und sein vollbrachtes Erlösungswerk. Dies kann in den Fächern Biblischer Unterricht und Geschichte ausgeführt werden. Alle Geschichte hat ihren Ausgangspunkt im Heilshandeln Gottes und ist nur von diesem her verständlich.

Es gehören auch alle die Fächer zu einer bibelorientierten Didaktik, **welche die zwischenmenschlichen Beziehungen** fördern, zum Beispiel die Ausbildung der Muttersprache, das Erlernen von Fremdsprachen[102] und der verantwortungsvolle Umgang mit modernen Kommunikationsmitteln (Computer; Internet usw.). Das Zusammenleben der Menschen muss auf verschiedenen Ebenen geordnet werden. Die Fächer Staats-, Rechts- und Wirtschaftskunde geben einen Einblick in diese Ordnungen. In der **politischen Bildung** wird das in den eben aufgezählten Fächern Gelernte, praktisch angewandt.[103] In diesem Zusammenhang ist die Einführung in das Demokratieverständnis besonders wichtig. Zugleich müssen auch Hilfen für ein internationales bzw. interkulturelles Zusammenleben gegeben werden. Das Kind soll weiter **die Zeit, in welcher es lebt, verstehen lernen.** Natürlich wird in diesem Bereich das Fach Geschichte einen wesentlichen Beitrag leisten, doch kann auch ein Abriss der Philosophiegeschichte eine Hilfe sein. Hierhin gehört ferner, dass die Kinder die besondere Stellung der Medien und ihre Wir-

---

101 Schavan, A., Schule der Zukunft. Bildungsperspektiven für das 21. Jahrhundert, Freiburg; Basel; Wien 1998, S. 103-106

102 Welche Bedeutung das Erlernen von Fremdsprachen im alltäglichen Zusammenleben mit Ausländern hat, zeigt Ludwig Huber. Vgl. Huber, L., Lingua Franca und Gemeinsprache. Gehört zur Allgemeinen Bildung eine gemeinsame Sprache?, in: Pluralität und Bildung, S. 193-209

103 Lott, M., Wertewandel, Unterricht und Erziehung, Hamburg 1996, S. 83-84. Helmut Fend weist empirisch nach, dass die Eltern im Bereich der politischen Bildung einen großen Einfluss haben. Vgl. Fend, H., Entwicklungspsychologie des Jugendalters. Ein Lehrbuch für pädagogische und psychologische Berufe, Opladen 2000, S. 395

kungsweise auf die heutige Gesellschaft kennen lernen. Zugleich sollten sie angeleitet werden, verantwortungsvoll mit ihnen umzugehen (Medienpädagogik).

Auch die Fächer, welche die von Gott geschenkte **Kreativität** fördern, wie Gesang, Musik, Zeichnen, Malen und der Werkunterricht, haben ihre Berechtigung.

Es sollten im Haushaltunterricht ganz praktische Hilfen im Blick auf die Bewältigung des alltäglichen Lebens gegeben werden.

Im **Sport** wird der **körperlichen Ertüchtigung**, die auch von Gott gewollt ist, Rechnung getragen.

Gott und sein Wort sind die sinnstiftende Mitte des ganzen Fächerspektrums.

Genau diese Mitte ging unseren pluralistischen Schulen verloren. Zunächst hat man Mühe, den heutigen Fächerkatalog zu begründen, da letzte Kriterien fehlen, nach denen ausgewählt wird.[104] Dies ist vor allem deshalb so, weil man im pluralistischen Denken die Wahrheitsfrage bewusst offen lässt.[105] Ferner steht das, was heute unterrichtet wird, aufgesplittert in viele Fächer, unverbunden nebeneinander. Karl Helmer sagt im Blick auf die Fächer, die heute unterrichtet werden, dass eine tragende Verbindung, eine Ganzheit unter ihnen, unerreichbar sei.[106] Man klagt heute darüber, dass die Schule den Heranwachsenden keine den Anforderungen des zukünftigen Lebens angemessene Allgemeinbildung vermittelt. Deshalb bemüht man sich heute neu zu bestimmen, was die Kinder in der Schule lernen sollen. Man geht bei diesen Überlegungen von den gesellschaftlichen Schlüsselproblemen aus, auf die Wolfgang Klafki hingewiesen hat.[107]

---

104 Giesecke, H., Einführung in die Pädagogik, Weinheim; München 1990, S. 101-103

105 Duncker, L., Prinzipien einer Didaktik der Vielfalt, in: Allgemeine Didaktik und Fachdidaktik. Fachdidaktiker behandeln Probleme ihres Unterrichts, hg. v. S. Reinhardt; E. Weise, Weinheim 1997, S. 183

106 Helmer, K., Komplementarität, Anschlussfähigkeit und transversale Vernunft. Orientierungen für den schulischen Unterricht, in: Pädagogische Rundschau, Frankfurt a. M.; Bern; New York; Paris Nr. 3/1992, S. 324

107 Baumgart, F.; Lange, U., Theorien der Schule. Erläuterungen – Texte – Arbeitsaufgaben, Bad Heilbrunn 1999, S. 69-70

Natürlich müssen die oben genannten Fächer noch in Lehrplänen entfaltet werden. Dazu sollten, dem jeweiligen Alter und der Schulstufe (Primar-, Sekundarschule, Gymnasium, Berufsschule) angepasst, die Inhalte von den verschiedenen Fachwissenschaften her unter Berücksichtigung dessen, was die Bibel dazu sagt, festgelegt werden. Zugleich muss der Lebens- und Praxisbezug dessen, was gelehrt werden soll, mitberücksichtigt werden.

Damit in den verschiedenen Fachbereichen die inhaltliche Fülle nicht zu groß wird, muss das Wesentliche, **Exemplarische**, das für eine ganze Fülle von Inhalten steht, das die Anforderungen der Gesellschaft berücksichtigt und zugleich in unsere Kultur und Zeit hineinpasst, herausgegriffen werden.[108] Außerdem müssen die Anliegen, Interessen und Problemfelder der heranwachsenden Jugendlichen im Auge behalten werden. Das Wesentliche muss im Gespräch zwischen Sachkennern der verschiedenen Fachbereiche und an Christus glaubenden Pädagogen (Hochschulpädagogen, Fachdidaktikern, Lehrerinnen/Lehrer) herausgearbeitet werden.[109] Zugleich sollte in unserer computerisierten Umwelt auch gefragt werden, was das Kind in bestimmten Fächern zu lernen hat und was ihm der Computer abnimmt. So ist z.B. im Mathematikunterricht zu fragen, was der Schüler noch lernen muss und was der Computer übernimmt.[110]

7.5.1.2 Die Erziehungsziele (Lernziele)

Die Ziele, die im Leben der Schüler mit Hilfe des Unterrichts anzustreben sind, sind von Gott in seinem Wort vorgegeben.

Zunächst sollen die Schüler im ganzen Fächerspektrum mit der in der Bibel vorgegebenen Offenbarung so vertraut gemacht werden, dass sie **Gott als ihren Schöpfer** (Ps 139,13) und **Jesus Christus als ihren Retter und Helfer** (Jes 53,4-6; Röm 3,21-26; 2. Kor 5,18-21;

---

108 Dietrich, Th., Zeit- und Grundfragen der Pädagogik, Bad Heilbrunn 1992^7, S. 234

109 ebd., S. 239

110 Haefner, K., Inwieweit wird das Lehren zu schwierig für die Lehrer?, in: Pädagogische Rundschau, Frankfurt a. M. Nr. 6/1998, S. 657-660

1. Tim 2,4-6) kennen lernen. Es soll ihnen weiter gezeigt werden, wie sie die ihnen in Christus angebotene Rettung annehmen können. Erst wenn ein Schüler die Rettung im Glauben angenommen hat, ist in seinem Leben die Grundvoraussetzung gegeben, dass er sich ganzheitlich entfalten kann.[111]

Die Bibel fordert uns weiter auf, im Leben der Kinder die folgenden, zur **Gottesbildlichkeit** gehörenden Bereiche zu fördern:

- Die **Gemeinschaftsfähigkeit** (Eph 4,3; Phil 4,2; Kol 3,12.13)
  - Rücksichtnahme, Einfühlungsvermögen
  - Respekt vor den anderen
  - Vergebungsbereitschaft
- Die **Verantwortlichkeit** (Kol 3,18-4,1; 1. Petr 4,10)
  - Zuverlässigkeit
  - Selbständiges Erledigen von Aufgaben
  - Tragen von Verantwortung in einer Arbeitsgruppe
  - Verantwortlicher Umgang mit Besitz und mit der Schöpfung
- Das **Denkvermögen** (Röm 12,2)
  - Bildung von klaren Begriffen
  - Selbständiges Denken
  - Konzentrationsfähigkeit
- Die **Kreativität** (1. Mose 2,19.20)
  - Bildhaftes und gestalterisches Formen, Basteln, Malen usw.
  - Rollenspiele
  - Sprachliche Fähigkeit üben
  - Musikalische Ausdrucksformen
- Der **Umgang mit dem Körper** (1. Kor 6,19.20)
  - Selbstannahme
  - Zum Körper Sorge tragen und ihn ertüchtigen (motorische Fähigkeiten fördern, gymnastische Übungen, turnen usw.)
  - Suchtverhalten meiden
- Die **Emotionalität** (Phil 4,4; Jak 1,20)
  - Mit den Gefühlen Freude, Angst, Trauer usw. richtig umgehen

[111] Röthemeier, S., Wurzeln der Pädagogik. Menschenbild und Erziehungsstile – christliche und humanistische Sichtweise im Vergleich, Berneck 1996, S. 79-80

- Gefühle aussprechen können
- Mitgefühl stärken

Durch die Förderung dieser Bereiche wird der Umgestaltungsprozess ins Bild Gottes unterstützt (Kol 3,5-11).

Diese eben genannten Erziehungsziele werden auf der Grundlage von **verbindlichen Werten und Normen**, die Gott in seinem Wort vorgegeben hat (Mt 22,37-40), angestrebt. So kann sich das Kind neben Wissen und Fertigkeiten auch Haltungen, Einstellungen (Ehrlichkeit, Treue, Wahrhaftigkeit, Hilfsbereitschaft) und Verhaltensweisen aneignen. Diese ermöglichen eine Urteilsfähigkeit, die in konkreten Handlungssituationen zum Tragen kommt.

Ein weiteres Ziel besteht darin, in den Schülern das **Verständnis für die Gemeinde Jesu zu wecken** und sie auch in dieselbe einzuführen (1. Kor 12,12-27), da dort in unserer pluralistischen und säkularen Gesellschaft die biblischen Werte und Normen gelebt werden.

Zusammenfassend bestehen die Erziehungsziele darin, dass die heranwachsenden Kinder zu **selbständigen Persönlichkeiten** werden, die bereit sind, aus der Abhängigkeit von Gott in den verschiedensten Lebensbereichen (Ehe, Beruf, Politik usw.) und Situationen verantwortlich und pflichtbewusst zu handeln (Spr 2,6-8).

Diese eben entfalteten Ziele gilt es nun mit Hilfe der im vorangehenden Punkt entfalteten Inhalte zu erreichen. Den heranwachsenden Kindern wird den vorgegebenen Inhalten entsprechend **Wissen** vermittelt. Zugleich muss ihnen gezeigt werden, wie dieses Wissen den Zielen entsprechend zur **Entfaltung von Fähigkeiten und Gaben**, aber auch zu **Wertehaltungen** und **Veränderungen** in ihrem Leben führen kann.

Damit im Leben der Kinder Wissen und Tun zu einer Einheit werden, muss im Leben derer, die unterrichten, Lehren und Leben eine Einheit bilden. Ferner muss den Schülern klar gemacht werden, wie Wissen und Tun zusammengehören. Es ist der Heilige Geist, der sowohl im Leben des an Christus glaubenden Lehrers als auch des gläubigen Schülers, das Gelehrte oder Gelernte zur Tat werden lässt und während der Tat unterstützend zur Seite steht. Das Umsetzen dessen, was die Bibel lehrt, führt im Leben des Schülers zur Erfahrbarkeit Gottes. Er erlebt, dass Gott wirklich lebt und hilft. Diese

Gotteserfahrung fördert in ganz besonderer Weise seine Persönlichkeitsentfaltung. Diese aufgezählten Erziehungsziele müssen in den verschiedenen Fächern dem jeweiligen Inhalt entsprechend in Lernzielen konkretisiert werden, denn ich sehe wie Ulrich Hemel zwischen Erziehungszielen und Lernzielen nur eine Bedeutungsnuance. Die Lernziele sind die Konkretisierung der Erziehungsziele.[112] Diese Lernziele müssen bei der Erarbeitung der einzelnen Lektionen gründlich herausgearbeitet werden. Sie müssen immer auf diese eben entfalteten Erziehungsziele ausgerichtet sein.[113]

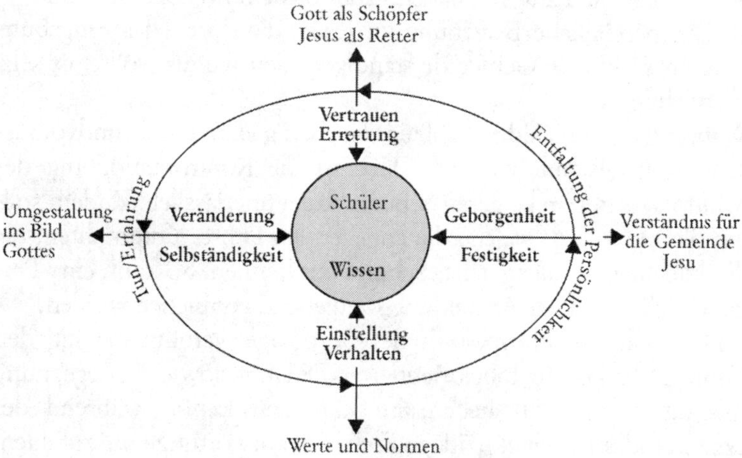

5. Abb. Die Umsetzung der biblischen Ziele (Tun/Erfahrung) führt zur Entfaltung der Persönlichkeit.

7.5.1.3 Der Lehrer, die Lehrerin

Bevor wir uns mit der Art und Weise beschäftigen, wie sich ein Lehrer (wenn ich vom Lehrer rede, ist die Lehrerin mitgemeint) zu verhalten hat, gilt es die Frage zu klären, wer überhaupt Lehrer sein

---

112 Hemel, U., Ziele religiöser Erziehung. Beiträge zu einer integrativen Theorie, Frankfurt a. M.; Bern; New York; Paris 1988, S. 208

113 Vorbereitung des Unterrichts, hg. v. H. Glöckel; R. Rabenstein; R. Drescher; H. Kreiselmeyer, Bad Heilbrunn 1992[2], S. 26-31

kann? Wer den Lehrerberuf ergreift, sollte folgende Voraussetzungen mitbringen:

- Es muss ihm Freude machen zu lehren.
- Er braucht eine stark ausgeprägte Einfühlungsgabe.
- Daneben benötigt er eine hohe soziale Begabung. Er sollte in der Lage sein, mit den Schülern eine tragfähige Beziehung aufzubauen.[114]
- Um interessant zu unterrichten, sollte er konkret-anschaulich denken können.
- Er sollte die Fähigkeit haben, eine Klasse führen zu können.[115]
- Die persönliche Beziehung zu Jesus, die durch das Eingebundensein in eine Gemeinde ständig vertieft werden sollte, ist sehr wichtig.

Während der Ausbildung sollten die eben genannten Grundvoraussetzungen geschult werden. Dazu ist die Konfrontation mit der Schulpraxis u.a. in längeren Schulpraktika unerlässlich. Zudem sollten die Dozenten, welche die angehenden Lehrer unterrichten, die Wirklichkeit der alltäglichen Schulpraxis kennen. So kann ein »Praxisschock« nach der Ausbildung weitgehend vermieden werden.

Die biblisch-anthropologische Grundlage verbunden mit den Grundgedanken der bibelorientierten Didaktik sowie die Begegnung mit der Schulpraxis helfen, im künftigen Lehrer während des Lehrerstudiums, eine »pädagogische Verantwortung« auszubilden. Er wird nicht nur als Lernhelfer verstanden, wie H. Giesecke dies vorschlägt.[116] Vielmehr ist ihm klar, dass es kein Lehren ohne **erzieherische Beeinflussung gibt. Hermann Röhrs schreibt sogar:**

> »Die erzieherische Grundeinstellung des Lehrers ist der Lebensnerv seiner Wirksamkeit.«[117]

---

114 Reinhardt, E., Grundlagen des Lehrens und Lernens, S. 172

115 Dietrich, Th., Zeit- und Grundfragen der Pädagogik, S. 251

116 Giesecke, H., Pädagogik als Beruf. Grundformen pädagogischen Handelns, Weinheim; München 1993[4], S. 118-122

117 zit. nach Röhrs, H., Allgemeine Erziehungswissenschaft. Eine Einführung in die erziehungswissenschaftlichen Aufgaben und Methoden, in: Gesammelte Schriften, hg. v. H. Röhrs, Bd. 1, Weinheim 1993, S. 181

Da der Lehrer ernst nimmt, dass die Erziehung der Kinder, welche die Schule besuchen, primär Aufgabe der Eltern ist, sucht er den Kontakt mit ihnen. Gerade bei intellektuell schwächeren Schülern ist der Kontakt mit den Eltern besonders wichtig, da diese oft den Eindruck haben, ihr Kind werde nicht genügend gefördert und deshalb entspreche die Benotung nicht dem Können ihres Kindes. Manchmal haben die Eltern sogar den Verdacht, dass die Lehrer bewusst das Weiterkommen ihres Kindes erschweren.[118] Schön ist, wenn der Lehrer mit den Eltern selbst in schwierigen Situationen eine konstruktive Zusammenarbeit aufbauen kann.

Der Lehrer weiß sich von Gott beauftragt, die Inhalte seines Wortes im ganzen Fächerspektrum weiterzugeben, ohne die fachspezifischen Inhalte zu vernachlässigen. Er bemüht sich um eine gründliche Kenntnis des zu vermittelnden Lehrstoffs, indem er sich ein breites fachliches Wissen aneignet. Die Grundlagen dazu hat er in der Lehrerausbildung im Studium der verschiedenen Fächer und den dazu gehörenden Fachdidaktiken gelegt.[119] Doch führt er in erzieherischer Absicht über das bloße Wissen hinaus. Er sucht mit Hilfe des Gelehrten die Einstellung und das Verhalten der Kinder zu prägen.[120] Er strebt im Lehren bestimmter Inhalte die im Wort Gottes vorgegebenen Ziele an.

Damit sich die Schüler dem, was der Lehrer weitergibt (Vermittlung von Wissen und Können) und mit ihnen erreichen möchte (Anstreben der Erziehungsziele), öffnen können, hat er ihnen grundsätzlich **mit Liebe zu begegnen**. Diese Liebe zeigt sich darin, dass er die einzelnen Schüler mit ihren Fähigkeiten, Begabungen und Grenzen ernst nimmt. Er ermutigt sie immer wieder wohlwollend und steht ihnen helfend zur Seite, besonders denen, die Mühe haben, die geforderten Leistungen zu erbringen oder die schüchtern und ängstlich sind. Er begegnet ihnen auch mit klaren Erwartungen. Gerade weil er die Schüler liebt, vermeidet er ironische oder zynische Bemerkungen und achtet darauf, dass er keinen Schüler vor der ganzen

---

118 Brezinka, W., Glaube, Moral und Erziehung, München; Basel 1992, S. 209

119 Terhart, E., Reform der Lehrerbildung, in: Welche Lehrer braucht das Land?, S. 84

120 Benner, D., Studien zur Didaktik und Schultheorie, S. 197

Klasse bloßstellt oder beschämt.[121] Er geht auch auf die Probleme der Schüler ein und nimmt auf ihre Bedürfnisse Rücksicht.[122] Wenn sich Schüler in besonderen Notsituationen befinden, investiert er sich für sie und sucht sie beratend zu begleiten.

Als Lehrer nimmt er den Schülern gegenüber **bewusst Leitung wahr** und erwartet von ihnen Gehorsam. Dies setzt aber in seinem Leben voraus, dass er Jesus, dem ja sein Leben gehört, gehorcht. Sein Gehorsam Gott und seinem Wort gegenüber geben ihm die Autorität, Gehorsam zu verlangen. Er erwartet von ihnen, dass sie dem jeweiligen Lehrstoff entsprechende Aufgaben erfüllen, die er anschließend kontrolliert. Er setzt auch dem Alter entsprechende Grenzen und sorgt dafür, dass diese eingehalten werden. Dies führt ab und zu dazu, dass er störende Schüler tadelt, zurechtweist oder sogar bestraft. Am besten ist es, wenn die Klasse selbst Strafen festlegt, die bei Verstößen gegen die abgemachten Regeln eingesetzt werden sollen. Mit Kindern, die ihm besonders Mühe machen, sucht er das klärende Gespräch. Wenn nötig, bezieht er auch die Eltern in dasselbe mit ein. Störungen und Disziplinarprobleme sind vielfach Folge eines schlechten Führungsverhaltens des Lehrers.[123] Vielen Lehrern fehlt im Umgang mit schwierigen Kindern die nötige Selbstbeherrschung. Sie neigen oft dazu, die Kinder anzuschreien. Wenn sie das gemacht haben, sollten sie ihnen ihre falsche Reaktion erklären und sich bei ihnen entschuldigen.[124]

Zu einer von Liebe getragenen Leitung gehört auch, dass der Lehrer auf die Bedürfnisse, Interessen und Wünsche der Schüler angemessen eingeht und nicht stur den Lehrstoff durchpaukt.

---

121 Kratochwil, L., Unterrichten können. Brennpunkte der Didaktik. Grundlagen der Schulpädagogik, Bd. 4, Hohengehren 1994^2, S. 21

122 Schenk-Danzinger, L., Entwicklung, Sozialisation, Erziehung. Schul- und Jugendalter, Bd. 2, Stuttgart; Wien 1994, S. 165

123 Siegfried Uhl schreibt: »Die meisten Fachleute stimmen darin überein, dass die Verbindung von Liebe und Festigkeit die günstigste Voraussetzung für den Erziehungserfolg ist.« Zit. nach Uhl, S., Die Mittel der Moralerziehung und ihre Wirksamkeit, Bad Heilbrunn 1996, S. 272

124 Miller, R., Lehrer lernen. Ein pädagogisches Arbeitsbuch, Weinheim; Basel 1999, S. 87-88

Damit ein Lehrer glaubwürdig unterrichten und erziehen kann, hat er das, was er von den Kindern verlangt (z.B. Pünktlichkeit, Hilfsbereitschaft, Ordnungsliebe), **vorbildhaft vorzuleben.**[125] Dazu haben **Lehre und Leben bei ihm eine Einheit zu bilden.**

Zudem hilft der Lehrer den Kindern, sich gut in die Klasse zu integrieren. Ganz besonders bemüht er sich um die Außenseiter.

Natürlich kommt im Unterricht auch die Art eines Lehrers zum Tragen. Es gibt Lehrer, die eher auf die zu vermittelnden Inhalte ausgerichtet sind (die logotropen Lehrer), während sich andere mehr dem zu unterrichtenden Kind zuwenden (die pädotropen Lehrer). Die einen sind eher sach-, die anderen eher menschbezogen. Die logotropen Lehrer vermögen die Kinder oft zu wenig für ihr Fach zu motivieren, deshalb kann es bei ihnen zu disziplinarischen Schwierigkeiten kommen. Chr. Caselmann veröffentlichte dazu eine umfassende Studie.[126]

Der Lehrer sollte seinen Beruf mit Hingabe erfüllen. Er muss ab und zu sogar bereit sein, für die Schüler Opfer zu bringen. Emmerich Menyhay schreibt:

> »Diesem opferbereiten Verhalten kommt nämlich in den zwischenmenschlichen Beziehungen überhaupt eine primäre Bedeutung zu.«[127]

Weil der Lehrer weiß, wie schwer es ist, jedem Kind gerecht zu werden, nimmt er sich immer wieder Zeit, für die Schüler, die er im Unterricht erziehend begleitet, zu **beten.** Besonders betet er für die, die das Unterrichten durch aggressives und antisoziales Verhalten stark erschweren.

Im Umgang mit den Kindern bleibt der Lehrer ein Lernender. Er kann den Unterricht methodisch immer noch besser gestalten. Als

---

125 Pöggeler, F., Der Lehrer zwischen Leistungsmessung, Notengebung und pädagogischem Bezug, in: Der gute Lehrer. Empfehlungen für den Umgang mit Schülern, Eltern und Kollegen, hg. v. S. Bäuerle, Stuttgart 1989, S. 23

126 Caselmann, Chr., Wesensformen des Lehrers. Versuch einer Typenlehre, Stuttgart 1964[3]

127 zit. nach Menyhay, E., Kreativ-innovatives Denken und pädagogische Einsichten, Frankfurt a. M.; Bern; New York; Paris 1990, S. 169

Lernender ist er in der Lage, den Schülern immer noch gerechter zu werden. Zudem kann ihm der Besuch von Lehrerfortbildungskursen eine Hilfe sein. Dies ist besonders dann der Fall, wenn an solchen Kursen Fallbesprechungen aus dem Schulalltag durchgeführt werden.[128] Diese Fallbeispiele sollten von den theoretischen Grundlagen der bibelorientierten Didaktik her durchdacht werden. So können hilfreiche Erkenntnisse gesammelt werden. Wenn Lehrer ab und zu gegenseitig die Unterrichtsstunden besuchen und sich ein helfendes Feedback geben, kann sich dies ebenfalls positiv auf den Unterricht auswirken. Natürlich muss dies in einem Klima gegenseitiger Wertschätzung stattfinden.[129]

Trotz verschiedener Negativerfahrungen, Schwierigkeiten und des gelegentlichen In-Frage-Gestellt-Seins schenkt Jesus dem an ihn glaubenden Lehrer Kraft und Freude, seinen Lehrauftrag motiviert zu erfüllen.

7.5.1.4 Der Schüler, die Schülerin

Der Schüler (wenn ich vom Schüler rede, ist die Schülerin mitgemeint) wird als **einzigartige, im Bild Gottes geschaffene Persönlichkeit** gesehen, die in ihrer **Individualität**, mit ihren **Fähigkeiten, Begabungen und Grenzen** ernst genommen werden muss. Es wird auch beachtet, dass Schüler **verschiedene Lernstile** haben. Cynthia Ulrich Tobias unterscheidet von A. F. Gregorc herkommend zwischen konkreter und abstrakter Aufnahme des Wahrgenommenen und zwischen systematischer und unsystematischer Anordnung desselben.[130] Eltern und Lehrer sollten dem Kind helfen, seinen ihm entsprechenden Lernstil zu finden. Um den Fähigkeiten der Schüler

---

128 Kliemann, P., Impulse und Methoden. Anregungen für die Praxis des Religionsunterrichts, Stuttgart 1997, S. 110

129 Gangel, K. O., Die Beurteilung des eigenen Unterrichts, in: Wie mach ich's richtig? Tips und Hilfen zum Lehren und Lernen, hg. v. B. Wilkinson, Dillenburg 1998, S. 36-37

130 Ulrich Tobias, C., Lernen ist (k)ein Kinderspiel. Entdecken und fördern Sie die Begabungen Ihres Kindes, Asslar 1996, S. 18-21

noch besser gerecht zu werden, fördert man heute in den Schulklassen das differenzierte Lernen.

Zugleich werden beim Unterrichten die **entwicklungspsychologischen Gegebenheiten** mit berücksichtigt, damit der Stoff entsprechend der Lernfähigkeit des Schülers dargeboten werden kann. Es wird auch beachtet, dass die Lernfähigkeit des Schülers von der familiären Situation, in welcher er lebt, von seiner Beziehung zum Thema, von seiner Arbeitshaltung, seinen Gefühlen und von seinem Lebensstil abhängig ist. Um diesen verschiedenen Einflusskomponenten im Unterricht gerecht zu werden, braucht der Lehrer eine persönliche Beziehung zum Schüler und umgekehrt. Nur so kann er den Schüler seiner einmaligen Art, seiner besonderen soziokulturellen Umgebung entsprechend fördern.

Schüler sind oft kaum in der Lage, dem Unterricht zu folgen. Sie sind nervös, überreizt, innerlich abwesend und aggressiv. Diese problematischen Verhaltensweisen können verschiedene Ursachen haben. Größtenteils gehen sie aber auf Probleme im familiären Zusammenleben zurück: Streit der Eltern, Scheidung, übermäßiger Alkoholgenuss eines Elternteils usw.[131] Zudem kann zuviel Fernsehen dieses störende Verhalten verursachen.

Wichtig ist heute auch, dass wir im Unterricht ausländischen Schülern gerecht werden. Dies ist zumeist deshalb schwierig, weil diese die deutsche Sprache nicht genügend verstehen, um dem Unterricht zu folgen. Dazu kommen noch kulturelle und religiöse Unterschiede. Die ausländischen Schüler fühlen sich innerhalb der Klasse als Außenseiter, weil sie von ihr oft abgelehnt und ausgegrenzt werden.[132] Die ausländischen Schüler brauchen die liebende Zuwendung durch den Lehrer. Zudem setzt er alles daran, sie in die Klasse zu integrieren.

Zusammenfassend wird der Schüler als eine erlösungs- und erziehungsbedürftige Persönlichkeit gesehen, die Liebe, Führung und Anleitung zur Selbständigkeit braucht.

---

131 Büchel, M., Das Kind in seinem Umfeld, in: Praxisbuch: Seelsorge mit Kindern: in Liebe leiten, hg. v. M. Dieterich, Neuhausen-Stuttgart 1994, S. 160-163

132 ebd., S. 173-175

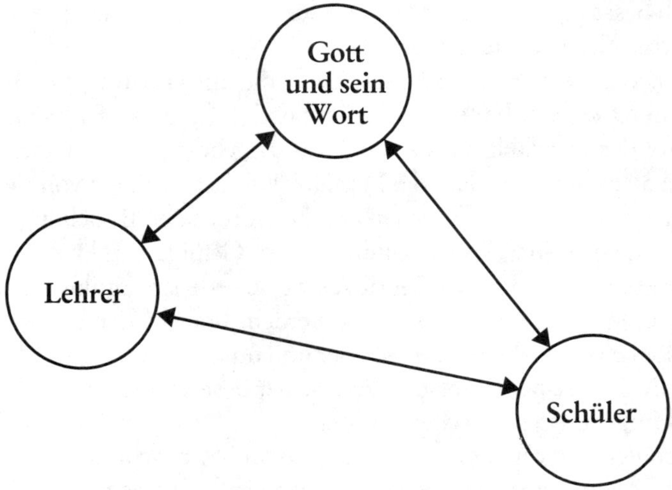

6. Abb.

- Lehrer und Schüler stehen unter Gott und seinem Wort. Sie haben sich den in der Bibel vorgegebenen Zielen gehorsam zu unterordnen.
- Lehrer und Schüler **stehen nicht auf derselben Ebene**. Es ist Aufgabe des Lehrers, dem Schüler zu helfen, die in der Bibel vorgegebenen Inhalte zu erfassen und die Ziele gehorsam anzustreben. Dazu braucht es Geduld.
- Diese göttliche Aufgabe nimmt der Lehrer so wahr, dass er den Schülern mit Liebe begegnet und ihnen gegenüber auch **Führung**, die als Hinführung zur Selbständigkeit verstanden wird, wahrnimmt. Um helfende Führung wahrnehmen zu können, hat ein Lehrer vorbildlich zu leben. Dies ist dann der Fall, wenn Lehre und Leben in seinem Leben eine Einheit bilden.

7.5.1.5 Der Lern- und Lehrvorgang

Bevor wir uns der praktischen Umsetzung des eben Ausgeführten in das Unterrichtsgeschehen zuwenden können, haben wir uns noch mit dem Lern- und Lehrvorgang zu beschäftigen, da dieser im Zentrum allen Unterrichtens steht.

1. Der Lernvorgang

Wir gehen davon aus, dass Kinder im Bild Gottes geschaffene Persönlichkeiten sind. Dieser Ausgangspunkt beeinflusst unsere Vorstellung vom Lernvorgang. Weil das Kind eine Persönlichkeit ist, betrachten wir das Lernen als einen **aktiven, vom Kind ausgehenden Vorgang**. Die experimentellen Arbeiten von Jerome Bruner und seinen Mitarbeitern an der Harvard Universität liefern geeignetes Beweismaterial für diese Überzeugung.[133] Das Kind gelangt mit Hilfe des **Denkens, Wollens und Fühlens zu Wissen und Können. Es kann die sich daraus ergebenden Befähigungen denkend übertragen, weiterentwickeln und verschieden anwenden.**

Schwerpunkte des Lernvorgangs

Beim Lernen geht es zunächst um die Aneignung von **Wissen: von Wissen, wie man etwas macht (Befähigungen), und von Verhaltensänderungen** in allen Bereichen der Gottesbildlichkeit. Dies alles ist von biblischen Werten und Normen getragen.

Das menschliche Lernen ist derart komplex, dass bei der Beschreibung dieses Vorgangs viele verschiedene Aspekte berücksichtigt werden müssen.

- Lernen beginnt mit der **Wahrnehmung**. Die Wahrnehmung ist der Empfang und die Deutung von Sinnreizen. Der Empfang der Reize läuft über die Sinnesorgane. Die Deutung geschieht durch das Gedächtnis. Da jeder Mensch nur eine begrenzte Wahrnehmungskapazität hat, ist die Wahrnehmung selektiv und partiell. Um Neues wahrnehmen zu können, muss das bereits Bekannte (Redundanz) etwa 80 % betragen, sonst ist der Lernende überfordert.

  Um das Wahrgenommene richtig verarbeiten zu können, braucht es die **Aufmerksamkeit oder Konzentration**. Die Konzentra-

[133] Mussen, P., Einführung in die Entwicklungspsychologie, Weinheim; München 1991[9], S. 44-45

tion ist die bewusste Bereitschaft, das Wahrgenommene zu deuten. Da die Konzentration ermüdet, sollten Anspannung und Entspannung im Unterricht abwechseln.[134] Da die heutigen Schüler oft Mühe haben, sich zu konzentrieren, können mit ihnen Übungen gemacht werden, welche die Konzentrationsfähigkeit fördern.[135]

- Durch die Deutung und Verarbeitung des Wahrgenommenen gelangt man zu Wissen, Befähigungen und Verhaltensänderungen. Bei diesem Vorgang spielt das **Gedächtnis** eine entscheidend wichtige Rolle. Es gilt deshalb, dem Kind zu helfen, sein Gedächtnis besser nutzen zu können.

  Das gebräuchliche Gedächtnismodell unterscheidet drei Systeme: 1. den sensorischen Informationsspeicher, 2. den Kurzzeit- oder Arbeitsspeicher und 3. den Langzeitspeicher.[136]

  - Die Gedächtnisleistung kann wesentlich erhöht werden, wenn beim Lehren mehrere Eingangskanäle ins Hirn - der visuelle, auditive, taktile - genutzt werden.[137] Zudem kann durch die Vermittlung von klaren Begriffen die Gedächtnisleistung wesentlich erhöht werden. Klare Begriffe ermöglichen ein klares Denken.[138]
  - Ferner kann sich das Kind das, was klar geordnet gelehrt wird, besser einprägen und behalten als ungeordnet Dargebotenes.[139]
  - Wenn der Lehrer im Unterricht zuviel Stoff vorträgt, ist die Gedächtnisleistung sehr gering, da es zu einer Sättigungshemmung kommt. Auch dann, wenn sich Kinder über- oder unterfordert fühlen, ist die Gedächtnisleistung gering.[140]
  - Um die Denkfähigkeit eines Kindes zu verbessern, muss sowohl das konvergente als auch das divergente Denken gefördert werden. Beim konvergenten Denken geht es darum, dass

134 Reinhardt, E., Grundlagen des Lehrens und Lernens, S. 107-113
135 Übungen dazu finden wir in Miller, R., Lehrer lernen, S. 181-183
136 Oerter, R.; Schuster-Oeltzschner, M., Gedächtnis und Wissen, in: Entwicklungspsychologie, hg. v. R. Oerter; L. Montada, München-Weinheim 1987, S. 540
137 Gudjons, H., Handlungsorientiert lehren und lernen, S. 50
138 Kratochwil, L., Unterrichten können, S. 146
139 Oerter, R.; Schuster-Oeltzschner, M., Gedächtnis und Wissen, S. 548-551
140 Schenk-Danzinger, L., Entwicklung, Sozialisation, Erziehung, Bd. 2, S. 318-319

verschiedene Informationen bzw. Hinweise zu einer Lösung führen, die von einem Kind seinem Alter entsprechend erwartet werden kann (logisches Denken). Beim divergierenden Denken werden durch verschiedene Hinweise Impulse für mehrere auseinanderlaufende Lösungen gegeben (schöpferisches Denken).[141]

Man weiß heute, dass das Gedächtnis umso mehr aufnehmen kann, je mehr schon darin ist. Je mehr ein Mensch gelernt hat, desto mehr kann er lernen.[142]

- Neuere Theorien begreifen Lernen als **Informationsverarbeitung in Analogie mit einem Computer**. In dieser Theorie geht es vor allem um das Beobachten, Kodieren, Speichern, Abrufen, Generalisieren und um das Lösen bestimmter Probleme.[143] Diese Analogie vermag aber nicht zu befriedigen. Die Kinder haben die Informationen nicht nur in geeigneter Weise, wie ein Computer zu erfassen, sondern sie müssen angeleitet werden, diese, den geistig und seelisch bestimmten Normen und Werten entsprechend, richtig zu verarbeiten. Sie müssen lernen kritisch zu selektionieren, damit sie nicht von der heutigen Informationsflut erdrückt werden. Zudem sollten sie das Wichtige vom Unwichtigen unterscheiden lernen.
- Weiter wird das Lernen durch das **Lösen von Problemen** gefördert, da es beim Problemlösen zu einem Transfer von Gedächtnisbeständen – Wissen und Verfahren – kommt. Es kann sein, dass das vorgegebene Wissen nicht ausreicht, um von einem bestimmten Ausgangszustand zum gewünschten Zielzustand zu gelangen. Das Denken muss nun dieses Problem lösen. Folgende Problemlösungsstrategien werden unterschieden: Versuch und Irrtum, Problemlösung durch Umstrukturierung, Anwendung von Strategien, Systemdenken und Kreativität.[144] Man nimmt an, dass diese

141 Kratochwil, L., Unterrichten können, S. 151

142 Knoblauch, J., Lernstress ade! 33 Strategien für geistiges Arbeiten, Neukirchen-Vluyn 1985³, S. 60

143 Skowronek, H., Lernen und Lerntheorien, in: Pädagogik. Handbuch für Studium und Praxis, hg. v. L. Roth, München 1991, S. 188-191

144 Gudjons, H., Pädagogisches Grundwissen, S. 208-210

Problemlösungsformen mit dem Aufbau von diversen längerfristigen Speicherstrukturen des Gedächtnisses zusammenfallen.[145]

- Damit das auf verschiedene Arten Gelernte auch **behalten wird,** muss es wiederholt, vertieft, geübt und angewandt werden.[146] Dann wird das Gelernte gut behalten, wenn es noch innerhalb der Unterrichtsstunde wiederholt, vertieft und geübt wird. Wiederholungen in einer folgenden Unterrichtsstunde greifen schon weithin ins Leere, weil das Ausgeführte bereits vergessen wurde. Diesen Umstand macht die Vergessenskurve von H. Ebbinghaus deutlich.[147] Im Blick auf das Behalten des Gelernten kann das Auswendiglernen bestimmter Schwerpunkte eine große Hilfe sein. Zu Unrecht begegnet man dem Auswendiglernen in unserer Zeit mit Geringschätzung.[148]
- Beim Erlernen bestimmter Befähigungen werden Elemente anderer Befähigungen mitgelernt. Das Gelernte kann demzufolge in andere Bereiche **transferiert** werden. Besonders identische Elemente und allgemeine Grundsätze, Regeln eignen sich dazu. Sie helfen andere Bereiche schneller zu erfassen.
  Beim Transfer geht es nicht um die Gleichsetzung, sondern um die Übertragung von Gelerntem eines bestimmten Bereichs in einen anderen. Die identischen Elemente werden erkannt und die verbleibenden Unterschiede werden bewusst erfasst.[149] Genau das wird heute als Intelligenz bezeichnet. Lotte Schenk-Danzinger schreibt:

  »Intelligenz bezeichnet man als die Fähigkeit zur Bewältigung neuer Situationen. Es geht dabei darum, Beziehungen, Bedeutungen und Sinnzusammenhänge der neuen Situation zu entdecken oder selbst herzustellen.«[150]

---

145 Hussy, W., Zur Entwicklung des Problemlösens, in: Entwicklungspsychologie, S. 536
146 Reinhardt, E., Grundlagen des Lehrens und Lernens, S. 124
147 ebd., S. 124-125
148 Pöggeler, F., Hausaufgaben! Helfen oder nicht?, Freiburg; Basel; Wien 1978, S. 37
149 Reinhardt, E., Grundlagen des Lehrens und Lernens, S. 147-149
150 zit. nach Schenk-Danzinger, L., Entwicklung, Sozialisation, Erziehung, Bd. 2, S. 287-288

- Das angeeignete Wissen soll im Leben des Kindes zur Tat, zur Handlung werden. Bei schwierigen Anweisungen ist bei der Umsetzung in die Tat viel Übung erforderlich. Wie wichtig **die Tat, die Handlung** ist, hat Hans Aebli, von den Überlegungen von Jean Piaget herkommend, entfaltet.[151] Er zeigt auf, dass es immer wieder neu darum geht, zwischen den Dingen und Problemen Beziehungen herzustellen. Ob man aber so weit gehen kann zu behaupten, dass sich die Denkstrukturen aus verinnerlichten Handlungen entwickeln, bezweifle ich.[152] Die Handlung ist nur ein Teilaspekt, wenn auch ein sehr wichtiger, des Lernvorgangs. Zur Handlung tritt aber im Lernvorgang u. a. das Spiel, die Kommunikation und die Aneignung moralischer Normen.[153]

All diese eben vorgestellten Lernvorstellungen verstehen das Lernen als einen aktiven Vorgang des Kindes.

Es gibt aber auch Auffassungen, die Lernen auf Reiz-Reaktion-Verbindungen zurückführen. Diese Lernvorstellungen erwachsen vor allem der behavioristischen Psychologie. Ich denke hier vor allem an die von Iwan I. Pawlow entfaltete **klassische Konditionierung** und an die von Burrhus F. Skinner entwickelte und dann weiter entfaltete **operante Konditionierung.**

Diese Lerntheorien nehmen den Menschen als eigenständige Persönlichkeit zu wenig ernst. Die aktiven Momente im menschlichen Handeln und die Selbstreflexivität des Menschen werden vernachlässigt.[154] Mir scheinen diese Lerntheorien in einer bibelorientierten Didaktik deshalb nicht brauchbar.

Denken, Wollen und Fühlen prägen den Lernvorgang

Wichtig scheint mir noch, darauf hinzuweisen, dass beim Lernprozess im Leben eines Kindes nicht nur das **Denken** eine zentrale Rolle

---

151 Aebli, H, Zwölf Grundformen des Lehrens. Eine Allgemeine Didaktik auf psychologischer Grundlage. Medien und Inhalte didaktischer Kommunikation, der Lernzyklus, Stuttgart 1998[10]

152 Kron, F. W., Grundwissen Didaktik, S. 248-249

153 Raufuß, D., Handeln im Unterricht?, in: Pädagogische Rundschau, Frankfurt a. M. Nr. 6/1997, S. 706-707

154 Gudjons, H., Pädagogisches Grundwissen, S. 202; vgl. Kron, F. W., Grundwissen Didaktik, S. 261

spielt, sondern auch sein **Wille und sein Gefühl**. Das Ausblenden der Gefühle in den heutigen Lerntheorien verkennt die Bedeutung, die sie für den Denk- und Lernprozess haben.[155]

- Weil Wille und Gefühl im Lernprozess eine entscheidende Rolle spielen, ist die **Motivation** von großer Bedeutung.[156] Vor allem Anerkennung, Lob und Ermutigung, aber auch helfende Zurechtweisung, wenn das Kind sich nicht genügend angestrengt hat, können sich motivierend auf die Lernbereitschaft auswirken. Auch Erfolgs- und manchmal sogar Misserfolgserlebnisse vermögen die Motivation zu verstärken,[157] da Kinder aus dem Misserfolg den förderlichen Schluss ziehen können, dass sie ihre Leistung durch mehr Anstrengung steigern könnten.[158]
- Zugleich muss dem Kind **der Sinn** und **die Bedeutsamkeit** dessen, was es lernt, deutlich gemacht werden.[159]
- Das, was für den Schüler selbst wichtig ist, was für ihn persönlich Bedeutung hat, kann er leichter aufnehmen und behalten.[160]
- Das Bedürfnis, den Selbstwert zu steigern, fördert die Lernbereitschaft ebenfalls. Etwas zu können, führt zu einem Erfolgserlebnis und steigert die Bedeutung der eigenen Person.
- Außerdem sind Teenager selbst dann bereit zu lernen, wenn es ihnen keine große Freude macht, ihnen aber hilft, das angestrebte Berufsziel zu erreichen.[161]
- Weil der emotionale Bereich im Lernvorgang eine bedeutende Rolle spielt, ist die **Atmosphäre,** in welcher gelernt wird (Ausstattung des Raums, Klassengeist), wichtig.

Diese eben ausgeführten Dinge fördern die Lernbereitschaft im Leben des Kindes. Es ist bereit, bestimmte Aufgaben mit Ausdauer und

---

155 Hänze, M., Denken und Gefühl. Wechselwirkung zwischen Emotion und Kognition im Unterricht, Neuwied; Kriftel; Berlin 1998, S. 9
156 Gudjons, H., Pädagogisches Grundwissen, S. 210
157 Reinhardt, E., Grundlagen des Lehrens und Lernens, S. 144-145
158 Hänze, M., Denken und Gefühl, S. 93
159 Benner, D., Studien zur Didaktik und Schultheorie, S. 99
160 Hänze, M., Denken und Gefühl, S. 51
161 Fend, H., Entwicklungspsychologie des Jugendalters, S. 338

Konzentration zu erledigen. Ohne größere Überwindung nimmt es eine positive Arbeitshaltung ein.[162]

Einflüsse der Schulklasse auf die Lernbereitschaft

Eine Schulklasse kann sich fördernd oder hemmend auf die Lernbereitschaft eines Schülers auswirken. Jedes Schulkind hat das Bedürfnis, in der Klasse angenommen und anerkannt zu sein. Deshalb entsteht ein gewisser Klassendruck. Dadurch ist in einer leistungsorientierten Klasse jeder Schüler zu guten Leistungen motiviert, weil er weiß, dass die Gruppe dies von ihm erwartet. Problematisch wird es aber, wenn die Klasse leistungsfeindlich eingestellt ist. Jeder Schüler weiß, dass er in der Klasse negative Reaktionen hervorruft, wenn er viel lernt. Diese Situation hält ihn vom Lernen ab.[163]

Ein Kind, das bei seinen Mitschülern beliebt ist, schätzt sich positiv ein und traut sich mehr zu. Es stellt recht hohe Ansprüche an sich selbst, die es auch erfüllt.[164] Besonders ungünstig ist es aber für ein Kind, wenn es in der Klasse zum Außenseiter geworden ist. Meist fällt bei einem solchen Kind jede Lernbereitschaft weg. Der Lehrer hat ihm zu helfen, sich wieder in die Klasse zu integrieren.

Der auf die biblischen Werte wie Nächstenliebe, Hilfsbereitschaft, Vergebungsbereitschaft usw. ausgerichtete Lehrer bemüht sich darum, dass sich die Klasse zu einer motivierten Lerngemeinschaft entfaltet. Das Gebet füreinander kann sich im Blick auf dieses Ziel helfend auswirken. Ängste, die mit dem Schulalltag verbunden sind (soziale Ängste, Prüfungs- und Leistungsängste) können so überwunden werden.

Im Lernprozess gilt es den ganzen Menschen zu beachten

Schließlich haben wir zu berücksichtigen, dass das Kind in seinem **ganzen Menschsein** (körperliche Verfassung, familiäre Situation, Medienkonsum) in den Lernprozess einbezogen ist. Bestimmte alltägliche Erlebnisse, z.B. eine schwere Erkrankung der Mutter oder

162 Schenk-Danzinger, L., Entwicklung, Sozialisation, Erziehung, Bd. 2, S. 309-310
163 ebd., S. 302-304
164 Hänze, M., Denken und Gefühl, S. 31

Streit mit den Eltern, können die Lernfähigkeit des Kindes blockieren.[165] Auch unverarbeitete Eindrücke von Fernsehsendungen oder Videokassetten können das Lernen stark erschweren.

Zugleich müssen wir auch den Entwicklungsstand und die **Lernfähigkeit** des Kindes mit berücksichtigen.

Diese ganzheitliche Sicht des Kindes zeigt uns, dass es unsere wichtigste Aufgabe ist, dem Kind zu helfen, in rechter Weise mit seinen von Gott geschenkten **Veranlagungen** und den **Umwelteinflüssen**, denen es ausgesetzt ist, umzugehen (siehe 6.5).

2. Der Lehrvorgang

Nachdem wir den Lernvorgang etwas näher betrachtet haben, gilt es, die Konsequenzen für den Lehrvorgang zu ziehen, denn Lehren ist als Lernhilfe zu verstehen, da Lernen als aktiver Vorgang verstanden wird.

Beziehung und Belehrung prägen den Lehrvorgang (siehe 4.4.2)
Da das Kind grundsätzlich in seinem ganzen **Menschsein** und in seinem **Entwicklungsstand** in den Lernprozess einbezogen ist, müssen Lehren oder Unterrichten zuerst einmal **Lebenshilfe sein**. Dem Kind muss geholfen werden, mit seinen Veranlagungen richtig umzugehen. Es sollen ihm Hilfen für die Verarbeitung der Umwelteinflüsse gegeben werden. Dann wird Lehren zur Lebenshilfe, wenn es als **Erziehung** verstanden wird. Alle Erziehung besteht unter anderem aus den beiden Komponenten Beziehung und Belehrung, wobei die **Beziehung der Belehrung** vorgeordnet ist. Die Beziehung zum Lehrer ist von entscheidender Bedeutung sowohl für den einzelnen Schüler als auch für die gesamte Klasse.[166]

- Bei der **Beziehung** geht es darum, dass der Lehrer dem Kind zu spüren gibt, dass er es liebt, ernst nimmt und ihm so weit wie möglich helfend zur Seite stehen will. Damit das Kind dies spürt,

---

165 Knoblauch, J., Lernstress ade!, S. 38

166 Groothoff, H.-H., Die Krise der allgemeinbildenden Schule. Über den Widerstreit von Bildung und Ausbildung im deutschen Schulwesen, Frankfurt a. M. 1989, S. 72

hat der Lehrer sich ihm gegenüber freundlich zu verhalten und das Gespräch mit ihm zu suchen. Eine gute, tragfähige Beziehung zum Kind findet ihren Ausdruck oft in einem entspannten, freudigen und manchmal sogar humorvollen Umgang mit ihm. Der Lehrer achtet zudem darauf, dass er das Kind nicht vor der Schulklasse bloßstellt oder demütigt. Dies wirkt sich positiv auf die Unterrichtsatmosphäre aus.[167] Ganz besonders bemüht sich der Lehrer um die vernachlässigten Kinder, die Mühe haben eine Vertrauensbeziehung aufzubauen.[168] Eine gute Beziehung zum Lehrer weckt im Kind Achtung und Wohlwollen ihm gegenüber und die Bereitschaft zur Mitarbeit.

- Bei der **Belehrung** gilt es zu beachten, dass das, was gelehrt wird, mit dem Leben des Lehrers übereinstimmen sollte, damit auf der Belehrungs- und Beziehungsebene das Gleiche vermittelt wird. Lehre und Leben haben im Leben des Unterrichtenden eine Einheit zu bilden. Dies wiederum ist vor allem im Leben eines an Christus gläubigen Lehrers möglich.

Wenn der Lehrer auf der Beziehungs- und Belehrungsebene dasselbe vermittelt, entwickelt sich beim Kind eine positive emotionale Beziehung zu ihm. Er wird für es sogar zur Identifikationsperson. Dadurch ist die Voraussetzung gegeben, dass er das Kind zum Retter Jesus Christus, der Quelle der Liebe, hinführen kann. Hat es Jesus im Glauben als Retter schon angenommen, ist der Lehrer in der Lage, den Umgestaltungsprozess ins Bild Gottes in seinem Leben zu unterstützen und zu fördern.

Beim Lehren muss neben dem Denken das Fühlen und Wollen des Kindes mitberücksichtigt werden

Wir haben gesehen, dass beim Lernen nicht nur das **Denken,** sondern auch **das Gefühl und der Wille** mitbeteiligt sind.

- Weil dies so ist, ist die **Atmosphäre**, in welcher gelehrt wird, von großer Wichtigkeit. Diese Atmosphäre ist zunächst von der Gestaltung des Schulzimmers abhängig. Schöne Bilder, Schüler-

---

167 Kratochwil, L., Unterrichten können, S. 30-31

168 Schenk-Danzinger, L., Entwicklung, Sozialisation, Erziehung, Bd. 2, S. 301-302

zeichnungen, Pflanzen, Blumen usw. geben dem Raum eine persönliche Atmosphäre. Weiter prägen die Art und Weise, wie der Lehrer und die Schüler miteinander umgehen und wie das Verhältnis der Schüler untereinander ist, diese Atmosphäre.

- Der Lehrer hat sich auch darum zu bemühen im Schüler für das, was er unterrichtet, **Interesse zu wecken**. Dies ist dann möglich, wenn er von dem, was er unterrichtet, begeistert ist. Als Begeisterter vermittelt er den Stoff nicht nur auf der kognitiven, sondern auch auf der emotionalen Ebene. Zudem lässt er Erfahrungen und Erlebnisse mit dem, was er unterrichtet, in seinen Unterricht einfließen.[169] Gewecktes Interesse motiviert den Schüler, sich das Gelehrte auch anzueignen. Es handelt sich hier um eine intrinsische Motivation. Die Schüler haben Spaß an der Sache.

  Empirische Befunde machen deutlich, dass das Interesse an dem, was in der Schule vermittelt wird, im Verlauf der Schulzeit beständig abnimmt. Diese Interessenabnahme betrifft alle Fächer, besonders die naturwissenschaftlichen.[170]
- Er bemüht sich auch, die **Bedeutung und den Sinn** dessen, was er lehrt, aufzuzeigen, indem er immer wieder eine Brücke in den Alltag der Kinder schlägt. Er zeigt ferner, wie das Gelernte ganz praktisch im Alltag umgesetzt werden kann.
- Durch **Ermutigung und Lob**, ab und zu auch durch **helfende Zurechtweisung**, weckt er im Kind immer wieder neu die Lernbereitschaft.
- Die **Unterrichtsmethoden und -formen** wählt er einerseits so, dass sie die Bereitschaft für den gefühlsmäßigen, willentlichen und denkmäßigen Aneignungsprozess für das Gelehrte wecken. Andererseits werden sie von ihm so eingesetzt, dass sie das selbständige Lernen und die soziale Interaktion fördern. Zur sozialen Interaktion gehören u.a. die Hilfsbereitschaft und die Fähigkeit zur Kooperation. Ein guter Lehrer hat immer wieder neue Ideen,

[169] Lankes, E.-M.; Prenzel, M., Wie Lehrer Interesse wecken und fördern können, in: Der gute Lehrer, S. 76

[170] ebd., S. 72

wie er es noch besser machen kann. Das Ziel ist, mit Hilfe der verschiedenen Unterrichtsmethoden und -formen jeden einzelnen Schüler seinen Möglichkeiten entsprechend zu fördern.[171]

- Die Schüler sollten in unserer Zeit auch gelehrt werden, wie sie mit dem **Computer sinnvoll umgehen**. Deshalb sollte ihnen nicht nur die technische Handhabung beigebracht werden, sondern es muss ihnen auch gezeigt werden, wie sie in ihrem Alltag damit umgehen können.[172] Sie sollten angeleitet werden, den Computer als Hilfs-, Lehr- und Lerninstrument zu nutzen. In diesem Zusammenhang hat man den Schülern auch zu helfen, mit den Angeboten des Internets verantwortungsvoll umzugehen und sie richtig auszuwerten.[173] Dazu sind klare Wertmaßstäbe, an welchen sich die Schüler orientieren können, nötig.
- Alles Lernen führt auch zu **Ermüdung**. Der Lehrer hat sich bewusst zu sein, dass das Kind während des Unterrichts ermüdet. Die Lernkräfte und die Gedächtnisfähigkeit werden verbraucht. Die Ermüdung verläuft in der Regel progressiv. Diesem Umstand kann er so Rechnung tragen, dass er die Lernanforderungen gegen Ende der Stunde mindert (Wiederholung des Ausgeführten, Hefteintrag usw.). Auch durch den Wechsel der Unterrichtsform kann die Müdigkeit vorübergehend aufgefangen werden. In einer kurzen Pause nach jeder Unterrichtseinheit kann sich der Schüler erholen und gelangt wieder zur nötigen Lernfähigkeit, vor allem wenn er sich körperlich bewegt. Durch diese Bewegungen werden neue Energiereserven freigesetzt.[174]

---

171 Rauschenberger, H., Erzieherisches Denken und Handeln. Gesellschaftliche Entwicklungen in ihrer Wirkung auf Schule und Unterricht, Weinheim; München 1999, S. 140-141

172 Pöggeler, F., Revolution des Lernens: Bildung in der Informationsgesellschaft, in: Pädagogische Rundschau, Frankfurt a. M. Nr. 3/1998, S. 279

173 Engelen, U., Das Konzept des Evangelisch Stiftischen Gymnasiums – eine Schule in der Balance zwischen Pflege kultureller Tradition und Herausforderungen an die Zukunft, in: Pädagogische Rundschau, Nr. 6/1998, S. 783

174 Hänze, M., Denken und Gefühl, S. 111

Wichtige Schwerpunkte des Lehrvorgangs

Es geht vor allem darum, dass sich das Kind **Wissen und Befähigungen** aneignet. Besonders wertvoll ist es, wenn seine Fähigkeiten und Begabungen zur Entfaltung gebracht werden. Damit dies möglich ist, muss der Lehrer bereit sein, die Fähigkeiten und Gaben der Kinder, die er unterrichtet, zu entdecken. Es soll im Leben der Kinder auch in allen zur Gottesbildlichkeit gehörenden Bereichen zu **Veränderungen** kommen. Gerade im Blick auf diese Ziele ist die Wahl der **Inhalte** sehr wichtig (7.5.1.1).

Da der Lehrer davon ausgeht, dass das Lernen ein aktiver Vorgang im Leben des Kindes ist, sucht er ihn zu unterstützen.

- **Klare Zielvorstellungen** unterstützen den aktiven Lernvorgang. Wenn wir mit Zielen arbeiten, gehen wir meistens von vorhandenem Wissen und Können aus. Wir formulieren dann das Wissen und Können, das sich das Kind neu aneignen soll (Lernziel). Zwischen vorhandenem Wissen und Können und dem, was sich das Kind noch aneignen soll, befindet sich eine **Lernlücke.**

Vorhandenes Wissen und Können ⟶ Lernen ⟶ angestrebtes Wissen und Können

Lernlücke

  In angepassten **Lernschritten** gilt es während der Lektion diese Lernlücke zu schließen.[175]
- Eine **lebendige und anschauliche Sprache beim Unterrichten** und das Entfalten klarer Begriffe fördern den Lernvorgang. Wie wichtig eine klare und verständliche Sprache im didaktischen Prozess ist, hat Karl Binneberg in seinem Aufsatz »Das didaktische Prinzip in der Wissenschaft« aufgezeigt.[176] Zudem sollte

[175] Reinhardt, E., Grundlagen des Lehrens und Lernens, S. 129-130

[176] Binneberg, K., Das didaktische Prinzip in der Wissenschaft. Wolfgang Klafki zum 70. Geburtstag am 1. September 1997, in: Pädagogische Rundschau, Frankfurt a. M. Nr. 4/1997, S. 422.425

eine gut eingesetzte **Körpersprache** (Gestik, Mimik) und der **Augenkontakt** das Lehren unterstützen.

- **Unterhaltende Elemente** können den Unterricht auflockern und Spaß machen, doch darf sich der Unterricht nicht in der Unterhaltung erschöpfen.[177]
- Die **Veranschaulichung** dessen, was gelehrt wird, durch Bilder, Skizzen, Modelle, audiovisuelle Medien ist sehr hilfreich. In der Veranschaulichung geht es oft darum, komplexe Zusammenhänge zu vereinfachen, ohne sie aber zu verfälschen, und sie so darzustellen, dass die Schüler sie besser verstehen.[178]
  Heute sucht man im Blick auf einen wirklichkeitsnahen Unterricht die »originale Begegnung«. Zu ihrer Realisierung bieten sich Besichtigungen, Exkursionen, Lehrwanderungen und Befragungen an.[179] Das Lernen an der Wirklichkeit ermöglicht eine konkrete Wahrnehmung und eine intensive multisensorische Begegnung, die mit emotionellen Erlebnissen verbunden sind. Solche »originalen Begegnungen« müssen vorbereitet, durchgeführt und ausgewertet werden.[180]
- Der Lehrer achtet auf eine **logische oder hierarchische Strukturierung des Lehrmaterials**, weil dies nachweislich die Lernleistung fördert. Bei der Anordnung des Lehrmaterials kann er je nach Inhalt **deduktiv** (vom Allgemeinen zum Exemplarischen) oder **induktiv** (vom Besonderen zum Allgemeinen) vorgehen.[181] Oft wählt er auch den Weg vom Einfachen zum Zusammengesetzten.[182]
- Ihm ist auch **der praktische Umgang mit dem, was gelehrt** wird, sehr wichtig (beobachten, messen, vergleichen, analysieren,

---

177 Rauschenberger, H., Erzieherisches Denken und Handeln, S. 175
178 Kratochwil, L., Unterrichten können, S. 53
179 Wellenhofer, W., Unterricht heute. Aufgaben – Möglichkeiten – Probleme. Ein Studien- und Lehrbuch in Schaubildern, Ainring 1997, S. 280
180 ebd., S. 284-285
181 Kratochwil, L., Unterrichten können, S. 77-78
182 Röhrs, H., Allgemeine Erziehungswissenschaft, S. 355

ableiten, experimentieren[183]). Für ihn gehören systematisches Wissen und methodisches Können zusammen.[184]

- Um das Gelehrte zu festigen, **wiederholt** er es **mündlich oder schriftlich**. Bestimmte Dinge übt er immer wieder mit den Schülern und benotet die erbrachten Leistungen. Das Ziel des Lehrens ist es, dass der Schüler das Gelehrte so verinnerlicht, dass er es im Alltag anwenden kann und mit ihm Erfahrungen macht. In der Zeit der Adoleszenz werden die Anwendungen oft mit der Berufsperspektive verbunden.

Diese Art des Lehrens wird heute vor allem von der integrativen Lehrauffassung in Frage gestellt. Man betont, dass es beim Lehren zu Begegnungsmöglichkeiten zwischen Themen und Schülern kommen soll. Der Stoff soll in einem authentischen Begegnungsprozess als attraktives Gegenüber wahrgenommen werden. Damit dies möglich sei, soll die Lehrperson den Schülern geeignete Hilfsmittel geben, damit sie auf eigenen Beinen, selbstverantwortlich ihre Lebenswelt erkunden und verstehen können.[185] Ich befürchte, dass durch diese Art des Lehrens vor allem die begabten Schüler, die ohnehin sehr selbständig denken, gefördert werden.

Lehren ist auch leiten

Lehren ist immer auch ein Leiten. Damit die Schüler das, was der Lehrer lehrt, auch aufnehmen können, muss er Leitung wahrnehmen. Er fordert die Kinder während des Unterrichts zu bestimmten Dingen auf und gibt ihnen dazu klare Lernanweisungen. Manchmal macht er ihnen etwas vor und fordert sie auf, dies nun selbständig ebenso zu machen. Er lässt nicht zu, dass Schüler den Unterricht stören. Gerade dieses Bemühen um äußere Ordnung nimmt einen im-

183 Im naturwissenschaftlichen Unterricht führt das Experimentieren zu wichtigen Erfahrungen. Vgl. Obst, H., Das Experimentieren im naturwissenschaftlichen Unterricht – Quelle für Erfahrungen, in: Allgemeine Didaktik und Fachdidaktik, S. 77

184 Wollenweber, H., Modernisierungsprozesse in Gesellschaft und Wirtschaft als Herausforderung für schulische Bildungs- und Erziehungsarbeit, in: Pädagogische Rundschau, Frankfurt a. M.; Berlin; Bern; New York; Paris; Wien Nr. 1/1994, S. 18-19

185 Berner, H., Didaktische Kompetenz, S. 202-203

mer größeren Teil der Zeit und Kraft der Lehrer in Anspruch.[186] Störendes Verhalten wird angemessen bestraft. Natürlich muss die Strafe dem Kind angepasst werden. Auf keinen Fall darf er das Kind anbrüllen. Jeder Lehrer muss das Maß für die nötige Leitung finden. Er sollte nicht zu straff aber auch nicht zu large (großzügig) leiten. Hans Jürgen Apel schreibt:

> »Das Führen-Können ist als eine pädagogische Kunst anzusehen.«[187]

Während der Erarbeitungsphase einer Lektion ist es sicherlich richtig, **autoritativ** zu leiten. In der Phase der Vertiefung oder Anwendung, wenn es darum geht, das Gelernte in einer Einzel- oder Gruppenarbeit vertiefend anzuwenden, ist die **sozial-integrative Art** zu leiten möglich.[188]

Im Blick auf das Leiten der Schüler versteht sich **der Lehrer als Autorität**. Er leitet die Schüler eigentlich im Auftrag Gottes. Gott ist es, der ihn beauftragt, die heranwachsenden Kindern seinen – in seiner Offenbarung vorgegebenen – Zielen entsprechend zu leiten. Der an Jesus glaubende Lehrer unterstellt sich selbst bewusst der Autorität Gottes und hat insofern Autorität, als er an dieser göttlichen Autorität Anteil hat. Diese von Gott verliehene Autorität zeigt sich vor allem in der **Personautorität**. Der Lehrer hat ein gewisses Durchsetzungsvermögen, das aber nicht als Unterdrückung oder Einengung empfunden wird. Vielmehr ermöglicht dieses ein angenehmes Unterrichtsklima. Er nimmt die individuellen Bedürfnisse der Kinder ernst. Diese göttliche Autorität wird durch die Sachautorität unterstützt. Der Lehrer hat eine überlegene Stellung, da er in den verschiedenen Fachgebieten viel mehr weiß (Fachkompetenz).

---

186 Wellenhofer, W., Unterricht heute, S. 51

187 Apel, H. J., Schulpädagogik und pädagogische Bildung (1994), in: Texte zur Schulpädagogik. Selbstverständnis, Entstehung und Schwerpunkte schulpädagogischen Denkens, hg. v. H.-J., Apel; H.-U., Grunder, Weinheim; München 1995, S. 251

188 Reinhardt, E., Grundlagen des Lehrens und Lernens, S. 180-185

Dazu tritt noch die Amtsautorität. Er ist der Vertreter der Schule und benotet die Leistungen der Kinder. Es besteht die Gefahr, dass er mangelnde personale Autorität oder ungenügende Sachkompetenz durch das Pochen auf seine Amtsautorität auszugleichen versucht. Wenn ein Lehrer dies tut, verlieren die Schüler die Achtung vor ihm.[189]

In Gott begründete Autorität sucht nicht die Distanz zu den Schülern, sondern ist darum bemüht, sie spüren zu lassen, dass man sie liebt. Sie lässt den Schülern auch den nötigen Raum für anderslautende Meinungen.[190] **Klare Leitung ist letztlich Ausdruck von Liebe**. Diese klare Leitung fördert die kognitive, soziale, moralische und emotionale Entwicklung der Kinder und entfaltet auf diese Weise ihre Urteilskraft. Zudem werden die Kinder zu selbständigem Handeln angespornt.

7.5.1.6 Anfragen an neuere Lernförderungsmethoden

Die neueren Lernförderungsmethoden wollen das rationale Lernmodell, welches von Wissen, Zielen, Informationen geprägt ist, durch ein Soft-Modell ersetzen, in welchem emotionale Prozesse, Werte, innere Bilder, Symbole eine wichtige Rolle spielen.[191]

1. Neurolinguistisches Programmieren (NLP)

Mit dem Namen Neurolinguistisches Programmieren (NLP) weist man auf die Zusammenhänge zwischen Sinneswahrnehmungen, Sprache und innerer Verarbeitung hin.

Das Neurolinguistische Programmieren (NLP) wurde zu Anfang der 70er Jahre von Richard Bandler und John Grinder in den USA

---

[189] Wünch, H.-G., Autorität in der christlichen Schule. Eine Untersuchung zur Autoritätdiskussion an evangelikalen Bekenntnisschulen in Deutschland, Bonn 1995, S. 329

[190] ebd., S. 334-335

[191] Decker, F., Die neuen Methoden des Lernens und der Veränderung. Lern- und Organisationsentwicklung mit NLP, Kinesiologie und Mentalpädagogik, München 1996, S. 21

begründet. Es wurde seither von ihnen und ihren Schülern weiterentwickelt.[192]

NLP legt besonderen Wert auf Repräsentationssysteme (Verarbeitung und Wiedergabe des Wahrgenommenen). Man unterscheidet die analogen (sensorischen, nonverbalen) Repräsentationsmöglichkeiten, die sich grob in visuelle, auditive, kinästethische und olfaktorisch/gustatorische Repräsentationssysteme einteilen lassen, von den digitalen (sprachlichen, verbalen) Repräsentationssystemen. Dabei geht man von der Annahme aus, dass zwischen Wahrnehmung und Vorstellung eine Analogie besteht, was aber nicht bewiesen werden kann.[193]

Das zielgerichtete, geordnete Zusammenwirken einzelner Repräsentationssysteme wird im NLP Strategie genannt. Man nimmt an, dass jeder Mensch über unzählige kognitive Strategien verfügt, die in unterschiedlichen Kontexten wiederholt werden, um ein bestimmtes Ziel zu erreichen. Man spricht von Lern-, Erinnerungs-, Entscheidungs-Strategien und vielen anderen mehr.[194]

Es gilt nun, die Strategien durch Fragen aufzudecken. Damit dies möglich ist, sollte zwischen dem NLP-Anwender und seinem Gegenüber ein Vertrauensverhältnis bestehen. Der vom NLP-Anwender Befragte gibt verbale und nonverbale Hinweise auf seine Strategien. Bei den nonverbalen Hinweisen betrachtet man vor allem die Augenbewegungen, denn man meint, daraus ablesen zu können, ob jemand eher visuelle, auditive oder kinästhetische Repräsentationssysteme habe.[195]

Wichtig sind ferner die fünf logischen Ebenen – Umwelt, Verhalten, Fähigkeiten, Glauben/Werte, Identität – die den Menschen maßgeblich bestimmen und sich gegenseitig beeinflussen. Es geht im NLP letztlich um Veränderungen im Blick auf das Erreichen bestimmter Ziele. Je mehr Ebenen bei der Veränderung berücksichtigt werden müssen, um so mehr Zeit braucht dies. Um diese Verände-

---

192 Weerth, R., NLP und Imagination. Grundannahmen, Methoden, Möglichkeiten und Grenzen, Paderborn 1994², S. 7

193 ebd., S. 39-55

194 ebd., S. 57

195 ebd., S. 65-83

rungen zu erreichen, spielen die Zeitebenen und Zeitlinien und die mentalen Wahrnehmungspositionen (Assoziation und Dissoziation) eine bedeutende Rolle.[196]

Im Blick auf die angestrebten Veränderungen braucht es zwischen dem NLP-Anwender und seinem Gegenüber eine Vertrauensbeziehung, die Rapport genannt wird.[197]

- Im Rahmen der NLP-Veränderungsarbeit ist die Zielbestimmung dessen, der sich helfen lassen will, sehr wichtig.
- Nach der Zielbestimmung werden alle Ressourcen dessen, der das Ziel erreichen will, ausgewählt. Um die individuellen Ressourcen zu suchen und zu nutzen, kann der NLP-Anwender Veränderungs- bzw. Interventionsmodelle wählen. Dies geschieht mit Hilfe kontrollierbarer Vorstellungen, die verändert oder durch andere Vorstellungen ersetzt werden.
  - Beim Einsetzen der Ressourcen ist das Ankern von Bedeutung. Wenn der Hilfesuchende einen positiven Ressourcen-Zustand hat, wird dieser geankert, indem er mit einem verbalen oder nonverbalen Stimulus verbunden wird. Jedes Mal, wenn er nun auf sein Ziel zugeht, kann durch den Anker der positive Ressourcen-Zustand hervorgerufen werden.
  - Man versucht auch durch gezielte Fragen die Ressourcen zu aktivieren.
  - Im Blick auf die Aktivierung der Ressourcen kann die Person in einen trance-ähnlichen Zustand versetzt werden. Dazu hat man im NLP hypnotherapeutische Hilfen übernommen.[198]

Mit Hilfe bestimmter NLP-Modelle sucht man bei hilfesuchenden Personen nicht gewünschte interne Zustände wie Ärger, Angst, Trauer, körperliche Unruhe usw. zu vermindern. Es werden auch gewünschte innere Zustände intensiviert. Man strebt ferner gezielte Zustandswechsel an. Ungewollte Verhaltensweisen versucht man aufzulösen oder umzulenken. Der Fachausdruck dafür ist Switch. Es gibt auch Modelle, mit denen man Phobien und traumatische Er-

---

196 ebd., S. 91-114
197 ebd., S. 125-126
198 ebd., S. 136-151

lebnisse aufzulösen versucht.[199] In all diesen Modellen spielt die Vorstellung eine entscheidende Rolle. Man sucht erinnerte oder konstruierte Vorstellungen hervorzurufen und in der einen oder anderen Form in ihren Submodalitäten (Helligkeit, Größe, Farbe, Entfernung, Klangfarbe[200]) zu verändern. In manchen Situationen sucht man die erzeugten Vorstellungen mit anderen Vorstellungen zu verbinden und wenn nötig auch durch diese zu ersetzen.[201] Dies grenzt meiner Ansicht nach an Selbstmanipulation oder Selbsthypnose.

Heute wird das NLP auch eingesetzt, um die Lernfähigkeit von Kindern zu fördern.

Wie das ganz praktisch aussieht, wird im Buch »NLP für Lehrer«[202] ausgeführt. Es wird in diesem Buch u. a. gezeigt, wie man Schülern beim Visualisieren dessen, was unterrichtet wird, helfen kann. Zuerst gilt es, einen guten Rapport zu den Schülern herzustellen, damit ihre Ressourcen aktiviert werden können. Sie sollen lernen, sich von dem, was unterrichtet wird, innere Bilder (Vorstellungen) zu machen. Im Blick auf dieses Ziel werden im Buch Visualisierungsübungen vorgestellt. Da ist z.B. zu lesen:

> »Stellen Sie sich Ihren Lieblingsplatz vor und wie Sie dort einen klugen Freund oder Berater treffen. Stellen Sie sich vor, wie Sie diesen Berater begrüßen und zum Ausdruck bringen, dass er Ihr Freund ist. Dieser Berater kann ein wirklicher oder imaginärer Freund sein. Bitten Sie ihn, dass er Ihnen hilft, Fragen zu beantworten, Probleme zu lösen oder eine von Ihnen gewählte Aufgabe zu bearbeiten. Hören Sie genau hin, was Ihr Berater Ihnen sagt.«[203]

Bei einer solchen Übung besteht die akute Gefahr der Selbstmanipulation und der esoterischen Beeinflussung.

Bei diesen Visualisierungsübungen sagen die Schüler einander offen, welche Strategien sie anwenden, um sich etwas bildlich vorzu-

199 ebd., S. 156-177
200 ebd., S. 48-49
201 ebd., S. 219
202 Grinder, M., NLP für Lehrer. Ein praxisorientiertes Arbeitsbuch, Freiburg 1997[5]
203 zit. nach ebd., S. 113

stellen. Wenn in einer Lektion viel Stoff vermittelt wird, bittet man die Schüler, das erste Bild zu verlassen und in ein zweites zu wechseln. Bevor sie aber das erste Bild verlassen, muss dieses noch gefestigt werden, sodass sie sich anschließend an dieses Bild erinnern können. Man ist davon überzeugt, dass auf diese Weise die Lernfähigkeit der Schüler gefördert wird. Man meint sogar, mit Hilfe dieser Methode alle Schüler zu leistungsstarken Schülern machen zu können.[204]

Anfragen an das Neurolinguistische Programmieren

- Das NLP geht von einem positiven Menschenbild aus. So wird z.B. behauptet, dass die Absichten hinter jedem Verhalten eines Menschen positiv seien.[205] Dies entspricht nicht den biblischen Aussagen.
- Es wird weiter behauptet, dass man mit Hilfe der Wahrnehmung nicht die Wirklichkeit erfassen könne, sondern nur ein selbst gemachtes Bild von ihr. Dies führt dann in den weiteren Überlegungen zur Annahme einer Analogie zwischen Wahrnehmung und Vorstellung. Dies entspricht nicht der biblischen Lehre.
- Der NLP-Anwender kann die Person, die mit seiner Hilfe Ziele zu erreichen sucht, manipulieren.[206] Der Mensch wird so in unverantwortlicher Weise vom Menschen abhängig.
- Die Anwendung der Techniken des NLP führen zu Selbstmanipulation,[207] die meiner Ansicht nach an Selbsthypnose grenzt. Hier kann es zu esoterischen Beeinflussungen kommen.
- Auch dann, wenn der NLP-Anwender eine Person in einen trance-ähnlichen Zustand versetzt, um seine Ressourcen zu aktivieren, ist eine okkulte Beeinflussung möglich.

Weil unbiblische Grundannahmen das NLP prägen und die akute Gefahr der Manipulation, ja, sogar der esoterischen Beeinflussung besteht, lehne ich das NLP als Lernförderungsmethode für Schüler ab.

---

204 ebd., S. 105-135
205 Weerth, R., NLP und Imagination, S. 26
206 ebd., S. 231-232
207 ebd., S. 233

2. Kinesiologie (Lehre von der Bewegung)

In den sechziger Jahren entdeckte der amerikanische Chiropraktiker George Goodheart, dass verkrampfte Muskeln auf einen schwachen Gegenspieler hinweisen. Ferner wies er auf die Zusammenhänge zwischen der Lebensenergie, die nach altchinesischer Auffassung entlang der Rückenmeridiane fließt und der Funktionsweise der Muskeln hin. Er stellte dann eine Verbindung zwischen der Muskulatur und dem Akupunktursystem der altchinesischen Medizin her. Er leitete daraus ab, dass Muskeltests nicht nur etwas über den Zustand der Muskulatur aussagen, sondern auch auf den Energiefluss oder deren Blockierung im Gesamtorganismus hinweisen.[208]

Man nimmt in der Kinesiologie an, dass Stress das körperliche und seelische Gleichgewicht stört und zu Energieblockaden führt, die ihrerseits Denkblockaden auslösen.[209]

Der Pädagoge Paul Dennison leitete aus diesen Grundideen die pädagogische Kinesiologie, die so genannte Edu-Kinesthetik (edu von engl. education) ab.[210] Diese geht auf verschiedene Arten auf Denkblockaden ein. Mit Hilfe von Muskeltests sucht man die Stressoren, welche diese Denkblockaden auslösen, ausfindig zu machen.[211]

Man geht davon aus, dass durch die Denkblockaden die Zusammenarbeit der beiden Hirnhemisphären gestört wird, was zu Wahrnehmungsstörungen führen könne.[212] Als Stressoren, welche solche Denkblockaden verursachen, betrachtet man u. a. die Bedingungen, unter denen in der Schule gelernt wird (langes Sitzen, großer Lerndruck), Verhaltensweisen unsicherer Eltern (Ausübung von zuviel Druck auf das Kind), übermäßiger Medienkonsum, körperliche und seelische Verletzungen und Belastungen durch die Umwelt.[213] Man ist ferner der Ansicht, dass Lernschwierigkeiten, auffällige Verhal-

---

208 Grüber, I., Praxisbuch Kinesiologie. Mehr Energie für Körper und Seele, München 1998, S. 21-25

209 Koneberg, L.; Förder, G., Kinesiologie für Kinder. Damit Lernen mehr Spaß macht, München 1996, S. 11-13

210 ebd., S. 8

211 ebd., S. 15

212 ebd., S. 19

213 ebd., S. 26-31

tensweisen und psychosomatische Beschwerden usw. auf Denkblockaden hinweisen.[214]

In der pädagogischen Kinesiologie unterscheidet man zwischen Rechts-links-Blockaden (hier geht es um das Zusammenwirken der beiden Gehirnhälften), den Oben-unten-Blockaden (mit unten meint man das Herz und mit oben die geistige Beweglichkeit, den Verstand) und den Vorne-hinten-Blockaden (vorne bezeichnet die Konzentrationsfähigkeit und hinten die Möglichkeit zu entspannen).[215] All diese Denkblockaden lassen sich nach kinesiologischem Verständnis auf Energieblockaden zurückführen.

Man vertritt zudem die Meinung, dass man durch bestimmte Bewegungsübungen (Brain-Gym = Gehirngymnastik) stressbedingte Denkblockaden auflösen könne. Durch Energieübungen sollen die Energieblockaden beseitigt werden. Bei diesen Übungen werden Akupunkturpunkte berührt oder massiert.

Unter anderen werden folgende Übungen empfohlen:
- Überkreuz- und Parallelbewegungen
- Pendelübungen mit dem Oberkörper
- Kreise, Schleifen und Achten malen
- Den Kopf auf die Schulter der zeigenden Hand legen und mit der Hand eine liegende Acht malen (Elefant)
- Berühren und massieren der Akupunkturpunkte[216]

Anfragen an die Kinesiologie

- Zunächst macht mir das Menschenbild, das der Kinesiologie zugrunde liegt, Mühe. Der Mensch wird als ein Wesen gesehen, das aus sich heraus die nötigen Kräfte, Lebensenergien hat, um sich selbst zu helfen, sofern diese in rechter Weise aktiviert und ausbalanciert werden. Isa Grüber schreibt:

  »Das Vertrauen in den eigenen Körper und in die eigene Kraft schafft Vertrauen ins Leben.«[217]

---

[214] ebd., S. 34-36
[215] ebd., S. 37-47
[216] ebd., S. 63-76
[217] zit. nach Grüber, I., Praxisbuch Kinesiologie, S. 60

Dies entspricht nicht dem biblischen Menschenbild. Der Mensch, so wie ihn die Bibel sieht, bleibt auf Gott und seine Hilfe von außen angewiesen. Das Vertrauen in Gott schenkt Kraft für das Leben.

- Mit Hilfe bestimmter Bewegungen (Brain-Gym) sollten die Lernblockaden beseitigt werden können. Dies konnte bis jetzt nicht empirisch nachgewiesen werden und doch haben diese Übungen vielen Kindern geholfen. Reinhard Franzke und Maria Meyer weisen nach, dass diese Übungen aus dem Bereich des Schamanismus und der Magie kommen und deshalb als esoterische Praktiken zu betrachten sind.[218]
- Das Berühren oder Massieren der Akupunkturpunkte bei Energieübungen ist ebenfalls eine esoterische Handlung,[219] denn es geht darum, das Energiegleichgewicht zwischen Yin und Yang wieder herzustellen, um so die Energie wieder zum Fließen zu bringen.[220]

Weil die kinesiologische Lernförderungsmethode von einem unbiblischen Menschenbild ausgeht, Bewegungsübungen aus dem Schamanismus und der Magie einsetzt und esoterische Handlungen mit einschließt, lehne ich sie ab.

3. Mentale Lernförderungsmethoden

Es gibt eine Vielzahl mentaler Lernförderungsmethoden, womit man die inneren Fähigkeiten wie Aufmerksamkeit, Flexibilität, Selbstmotivation zu fördern sucht.[221]

Man meint diese Ziele mit Hilfe von Entspannungstechniken, Visualisierungsübungen, Autosuggestion erreichen zu können.[222]

---

218 Anti-Okkultismus-Info, hg. v. R. Franzke; M. Meyer, Hannover Nr. 2/1998, S. 4-5

219 Otto Prokop weist darauf hin, dass Akupunktur zu den parawissenschaftlichen esoterischen Praktiken in der Medizin gehört. Vgl. Prokop, O., Medizinischer Okkultismus, Stuttgart; New York 1977[4], S. 305-306

220 Nüesch, H. P., Kinesiologie erobert unsere Schulen, in: Christliches Zeugnis, hg. v. Campus für Christus, Zürich Nr. 4/1998, S. 34

221 Decker, F., Die neuen Methoden des Lernens und der Veränderung, S. 77

222 ebd., S. 79

- Deshalb ist man der Meinung, dass aller Unterricht mit Entspannungsübungen beginnen sollte. Es werden dazu Brain-Gym-Bewegungsübungen und Musik für kurze Mentalreisen vorgeschlagen.[223]
- Der Lernvorgang selbst sollte durch Energieübungen, wie sie in der Edu-Kinesthetik vorgeschlagen werden, optimiert werden. F. Decker schlägt ferner vor, dass die Kinder aus der Bauchnabelgegend, aus dem »Sonnengeflecht« die nötige Energie schöpfen sollten.[224] Sie könnten aber auch durch eine alte tibetanische Aktivierungsformel, die sie im Vierer-Takt aussprechen, neue Energien tanken.[225]

Anfragen an die mentalen Lernförderungsmethoden

- Man geht wie bei der Edu-Kinesthetik davon aus, dass der Mensch in sich selbst über die nötigen Energien verfüge, um in allen Bereichen zu Höchstleistungen zu gelangen, wenn sie nur richtig aktiviert werden. Dies ist nicht biblisch.
- Bei den verschiedenen Übungen besteht die Gefahr der Manipulation durch den Lehrer und der Selbsthypnose.
- Es werden ganz offensichtliche esoterische Übungen durchgeführt.

Aus den eben genannten Gründen lehne ich auch diese mentalen Lernförderungsmethoden ab.

7.5.1.7 Die Lern- und Verhaltensstörungen

Wenn wir die Lern- und Verhaltensstörungen betrachten, haben wir zu beachten, dass es sich im Einzelfall, dem der Erzieher begegnet, meist um ein komplexes, von vielen Faktoren bestimmtes Zustandsbild handelt. Die Ursachen für die Lern- und Verhaltensstörungen eines Kindes können sich in der genetischen Ausstattung eines Kindes, in frühkindlich erworbenen Schädigungen (Hirn- oder Geburts-

---

[223] ebd., S. 85
[224] ebd., S. 88-89
[225] ebd., S. 93

schäden) oder in Einflüssen durch die Umwelt finden.[226] Oft wirken die eben genannten Bereiche zusammen.

1. Schwierigkeiten, die endogen begründet sind

- **Schwachbegabung**[227]

  Wir unterscheiden die geistig behinderten (IQ etwa 60 abwärts), die debilen (IQ zwischen 80 und 60) und die grenzdebilen Kinder (IQ zwischen 89 und 80).
  - **Die geistig behinderten Kinder** sind nur begrenzt bildungsfähig und werden in Spezialkindergärten und Sonderschulen betreut.
  - **Die Debilen** werden in den allgemeinen Sonderschulen gefördert. Heute ist man bemüht, debile Kinder möglichst früh zu erfassen. Man hofft, sie durch gezielte Förderung so weit zu bringen, dass sie die normale Schule besuchen können.
  - **Die grenzdebilen Kinder** sind die Sorgenkinder unseres Schulsystems. Für die Sonderschule sind sie zu gut und für die Normalschule zu schlecht. Oft müssen diese Kinder mehr als einmal eine Klasse wiederholen.
- **Minimale Hirnschäden als Ursache von Lern- und Verhaltensstörungen**[228]

  Hirnschädigungen können nur von einem Neurologen oder Psychiater diagnostiziert werden.

  Hirnschäden können **vor der Geburt** durch Infektionskrankheiten der Mutter, durch Schwangerschaftsblutungen, durch Rauchen, Alkoholgenuss und durch das Nehmen bestimmter Medikamente oder Drogen entstehen.[229]

  Während der Geburt kann es durch eine Quetschung des Kopfes oder durch eine Verlängerung des Geburtsvorgangs zu Hirnschädigungen kommen.

---

226 Schenk-Danzinger, L., Entwicklung, Sozialisation, Erziehung, Bd. 2, S. 370-371
227 ebd., S. 377-379
228 ebd., S. 379-387
229 Schenk-Danzinger, L., Entwicklung, Sozialisation, Erziehung. Von der Geburt bis zur Schulfähigkeit, Bd. 1, Stuttgart; Wien 1994², S. 27

Nach der Geburt können mangelnde Sauerstoffzufuhr, infektiöse fieberhafte Erkrankungen, Hirnhautentzündung und Krampfanfälle bei hohem Fieber zu Hirnschäden führen.
Ich gehe in meinen Ausführungen nur auf die leichten Hirnschäden ein. Etwa 6 % der Kinder sind leicht hirngeschädigt.
Diese Kinder haben meist eine **wenig entwickelte Feinmotorik** und haben deshalb Mühe mit Schreiben, Basteln und Zeichnen. Auch in der Sprache sind sie oft etwas zurückgeblieben.
Es fällt auch die **geringe Konzentrationsfähigkeit** auf. Die Kinder sind extrem stark ablenkbar. Oft sind sie selbst großen Gefahren gegenüber ganz unbekümmert. Sie sind einfach nicht in der Lage, ihre Begabungen in Leistung umzusetzen. Sie ermüden leicht und haben starke Leistungsschwankungen.
Beim Erledigen der Hausaufgaben brauchen sie in ganz besonderer Weise die ermutigende Unterstützung der Mutter.
Eltern und Lehrer dürfen jedoch die tröstliche Tatsache zur Kenntnis nehmen, dass Kinder diese Störungen »auswachsen«.

- **Legasthenie**[230]
  Normal entwickelte Kinder haben plötzlich nach dem Schuleintritt beim Erlernen des Lesens und Schreibens beträchtliche Schwierigkeiten. Es handelt sich bei diesen Symptomen um eine Legasthenie. Legasthenie ist ein griechisch-lateinisches Mischwort. Legere heißt auf deutsch »lesen« und asthenisch bedeutet »schwach«. Die Übersetzung wäre also: Leseschwäche.
  - **Symptome der Legasthenie**
    Das Kind verwechselt ständig ähnlich klingende Buchstaben wie b-p, g-k, d-t. Es hat eine **akustische Differenzierungsschwäche**.
    Möglich ist auch eine **optische Differenzierungsschwäche**. Es verwechselt alle gestaltgleichen Buchstaben wie d-b, g-p, d-g, p-q, M-W, t-f.
    Es weiß plötzlich nicht mehr, wie die Buchstaben, die es sieht, ausgesprochen werden, vor allem, wenn sie ähnlich klingen wie b-p, g-k, d-t, s-z.

---

230 Schenk-Danzinger, L., Entwicklung, Sozialisation, Erziehung, Bd. 2, S. 387-394

Legastheniker haben auch Mühe, sich **Reihen zu merken**, z.B. das Einmaleins oder die Wochen- und Monatsnamen. Die Schwäche zeigt sich auch beim Einhalten der richtigen Reihenfolge von Buchstaben (sie-sei). Oft werden auch Zahlen umgestellt (36-63). In diesem Zusammenhang redet man von einer **Sequenzstörung.**

Man vermutet, dass diese Probleme in einer besonderen Funktionsschwäche der linken Hirnhälfte begründet sind.

- **Besondere Probleme der Legastheniker**

  Die vielen Misserfolge, die auch bei einem großen Lerneinsatz des Kindes nicht vermieden werden können, führen im Kind zu Frustration und Auflehnung, vor allem gegen die Hausaufgaben. Es verliert vielfach die Arbeitsfreude im Blick auf die Schule. Deshalb brauchen diese Kinder eine spezielle Unterstützung. Es muss ihnen nicht nur geholfen werden, besser zu lesen und zu schreiben, sondern auch ihr Selbstwertgefühl muss gefördert werden. Sie brauchen viel Zuspruch und Ermutigung und müssen lernen ihre Unsicherheit zu überwinden.
- **Wie kommt es zur Legasthenie?**

  Man führt die Legasthenie auf leichte Hirnschäden in der frühen Kindheit, auf Vererbung und auf die Abweichung von der Rechtsdominanz zurück. Letztlich weiß man bis heute nicht, auf was Legasthenie genau zurückgeführt werden kann.

2. Exogen begründete Schwierigkeiten

Es sind zumeist familiäre Situationen, in welchen die seelischen Grundbedürfnisse des Kindes nach Liebe, Angenommensein und Führung nicht befriedigt werden, die Lern- und Verhaltensstörungen auslösen.

Besonders dann kommt es im Leben der Kinder zu Lern- und Verhaltensstörungen, wenn ein Kind in einer Familie mit großen Ehekonflikten aufwächst und wenn es miterleben muss, wie seine Eltern sich scheiden lassen.

Solche Störungen entstehen auch, wenn ein Kind vernachlässigt wird, weil z.B. beide Elternteile berufstätig sind und das Kind

sich selbst überlassen ist. Auch eine emanzipatorisch ausgerichtete Erziehung kann zu solchen Schäden führen.
Wenn Eltern ihre Kinder verwöhnen, indem sie ihnen alle Schwierigkeiten aus dem Weg räumen, kann es ebenfalls zu Störungen im Lern- und Verhaltensbereich kommen.
Solche Schwierigkeiten entstehen auch, wenn Eltern ihren Kindern kaum Liebe schenken und sie bei jeder Kleinigkeit anschreien oder unnötig hart zurechtweisen oder bestrafen.
Wie zeigen sich nun diese exogen bedingten Lern- und Verhaltensstörungen?[231]

- **Aggressives Verhalten**
  Das lern- und verhaltensgeschädigte Kind ist meist laut, ungehorsam und unruhig. Es erfüllt die Aufgaben nicht oder nur unvollständig. Den Unterricht stört es ganz bewusst und tyrannisiert seine Mitschüler. Es benimmt sich frech und schlägt mit ordinären Schimpfwörtern um sich, raucht meist vor der gesetzlichen Erlaubnis, konsumiert Alkohol und Drogen.[232]
  Oft verstecken sich hinter einem solchen Verhalten Unsicherheit und Minderwertigkeitsgefühle.
  Wie groß dieses Problem in Deutschland heute ist, zeigt Walter Wellenhofer. Ca. 25 % der Schüler stören aggressiv den Unterricht und ca. 22 % sind unkonzentriert.[233]
- **Passives Verhalten**
  Es gibt aber auch Schüler, die sich im Unterricht passiv verhalten. Sie können nicht in das Unterrichtsgeschehen integriert werden. Sie verweigern die Mitarbeit.[234] Nach Walter Wellenhofer sind dies ca. 16 % der Schüler.[235]
- **Neurotisches Verhalten**
  Mit Neurosen bezeichnet man das unbewusste Ausweichen in sich wiederholende Verhaltensweisen, die aber nicht geeig-

---

231 ebd., S. 401-404
232 Fend, H., Entwicklungspsychologie des Jugendalters, S. 438
233 Wellenhofer, W., Unterricht heute, S. 54
234 Klein, W.; Krey, B., Umgang mit schwierigen Schülern. Konzeptionelle Überlegungen – Erfahrungen – Ergebnisse, Hohengehren 1999, S. 19
235 Wellenhofer, W., Unterricht heute, S. 54

net sind, die Konfliktsituation, in welcher sich das Kind befindet, zu lösen. Da sich das neurotische Kind meist unbeachtet fühlt, kann es, um Beachtung zu finden, die Nahrung verweigern, stehlen, sich willensschwach verhalten oder Zwanghandlungen ausführen.

3. Wie soll ein Lehrer lern- und verhaltensgestörten Kindern begegnen?[236]

Vielfach fühlt sich ein Lehrer durch diese Kinder stark verunsichert, überfordert und oft auch angegriffen. Es kann dazu kommen, dass er diese Kinder innerlich ablehnt.

- Einerseits weist der Lehrer das störende Verhalten der Schüler immer wieder zurück. Er zieht die abgemachten Regeln und Grenzen konsequent durch.[237] Andererseits versucht er eine vertrauensvolle Beziehung zu ihnen aufzubauen, indem er ihnen, wenn dies möglich ist, mit Sympathie, Verständnis, Unterstützung, Anerkennung und Lob begegnet.[238]
- Dazu sollten Gespräche mit den Eltern kommen. Schön wäre es, wenn Lehrer und Eltern gemeinsame Maßnahmen erarbeiten könnten, um dem Kind zu helfen. Leider gibt es immer mehr Eltern, die sich in solchen Situationen passiv verhalten und so das schwierige Verhalten ihres Kindes unterstützen.
- Gerade gläubige Lehrer werden für die Kinder, die ihnen besondere Schwierigkeiten bereiten, beten, weil sie davon überzeugt sind, dass Gott im Leben dieses Kindes verändernd eingreifen kann.
- Manchmal müssen schwierige Kinder mit Hilfe eines Schulpsychologen einer Sonderschule zugewiesen werden, in welcher man ihnen in den verschiedenen Problembereichen besser gerecht werden kann.

---

236 Schenk-Danzinger, L., Entwicklung, Sozialisation, Erziehung, Bd. 2., S. 411-415
237 Klein, W.; Krey, B., Umgang mit schwierigen Schülern, S. 33-35
238 ebd., S. 35-37

7.6 Praktische Schwerpunkte einer bibelorientierten Didaktik (Methoden)

Methoden sind von den didaktischen Grundüberlegungen abhängig. Mit ihrer Hilfe sucht man die Vermittlungsproblematik, das »Wie« des Lehrens und Lernens, zu lösen.[239]

Methoden einer bibelorientierten Didaktik werden einerseits von den **entwicklungspsychologisch erarbeiteten Stufen** bestimmt, und andererseits – und dies vor allem – von den **didaktischen Grundüberlegungen**, die von der Bibel her entfaltet werden. U. a. helfen sie, die angestrebten Ziel zu erreichen.[240] Zugleich suchen sie den vom Kind ausgehenden **aktiven Lernvorgang zu unterstützen.**

Mit Hilfe der Methoden soll der Lernvorgang erleichtert werden. Das Kind wird, wenn sie richtig gewählt werden, motiviert, die Anstrengungen des Lernens auf sich zu nehmen.

Es ist ganz klar, dass die Art und Weise der Darbietung des Stoffes und die Unterrichtsformen auf die Lernbereitschaft des Schülers einen entscheidenden Einfluss ausüben.

7.6.1 Worum geht es im Unterricht?

Bevor wir uns dem Unterrichtsgeschehen im Einzelnen zuwenden, haben wir noch die Frage zu klären, was denn eigentlich im Unterricht geschieht.

Ich teile mit U. Aselmeier und G. Vogel die Überzeugung, dass es im Unterricht zunächst einmal um die **Hinführung zu Neuem** (Inhalte, Befähigungen, Fertigkeiten, Verhaltensweisen) geht. In einem weiteren Schritt geht es dann um **die Erschließung und Aufnahme von diesem Neuen**. Schließlich gilt es, **dieses Neue zu sichern und zu festigen.**[241]

---

239 Reinhardt, E., Grundlagen des Lehrens und Lernens, S. 43
240 Terhart, E., Lehr-Lern-Methoden, S. 33
241 Kron, F. W., Grundwissen Didaktik, S. 282

Zugleich sollten durch den Unterricht die besonderen Fähigkeiten und Begabungen der Schüler gefördert werden.[242] Gerade im bibelorientierten Unterricht geht es ferner darum, Wertehaltungen und Einstellungen zu wecken.

Der »offene Unterricht« passt nicht in eine »bibelorientierte Didaktik«, da man in dieser Unterrichtsform auf vom Lehrer festgesetzte Ziele, Inhalte, Intentionen verzichtet. Die Schüler sollen in all diesen Dingen mitbestimmen können. Das Ziel dieser Unterrichtsform ist Emanzipation.[243]

7.6.2 Die Phasen des Unterrichts[244]

Der Verlauf einer Unterrichtsstunde kann je nach Inhalt in drei oder vier Phasen eingeteilt werden.

1. Die Einstiegsphase

In dieser Phase soll im Schüler für das, was ausgeführt wird, Interesse geweckt werden.

- Man kann problemorientiert in die Thematik einsteigen.
- Es ist auch möglich, aus einem großen Gesamtzusammenhang zur Thematik hinzuführen, damit das Ausgeführte besser eingeordnet werden kann.
- Es kann im Blick auf die Lektion durch ein Bild, einen Videoausschnitt eine innere Betroffenheit ausgelöst werden.

---

242 Schenk-Danzinger, L., Entwicklung, Sozialisation, Erziehung, Bd. 2., S. 262

243 Siegfried Uhl weist darauf hin, dass 70 Prozent der Schüler meinen, sie hätten im »offenen Unterricht« nichts Neues gelernt. Bei 60 Prozent sind Unlust- und Spannungszustände eingetreten. 30 Prozent waren aggressiv, 40 Prozent arbeiteten offenkundig verdrossen und ohne Freude (Vgl. Uhl, S., Die Mittel der Moralerziehung und ihre Wirksamkeit, S. 240). Eiko Jürgens folgert daraus, dass offene Lernsituationen nicht auf klar strukturierte, inhaltsorientierte Lernarrangements verzichten können (Vgl. Jürgens, E., Offener Unterricht im Spiegel empirischer Forschung, in: Pädagogische Rundschau, Frankfurt a. M. Nr. 6/1997, S. 693). Es bleibt aber die Frage, ob der von Jürgens geforderte Unterricht noch »offener Unterricht« genannt werden kann.

244 Ich halte mich in diesen Ausführungen vor allem an Reinhardt, E., Grundlagen des Lehrens und Lernens, S. 67-73

- Es besteht auch die Möglichkeit, an die vorangehende Stunde anzuknüpfen.

2. Die Erarbeitungsphase

Die Erarbeitung des Lernziels kann auf dem induktiven Verfahrensweg erfolgen. Man geht von etwas konkret Vorgegebenem aus und schreitet sorgfältig zum Allgemeinen fort.

Manchmal kann das angestrebte Lernziel besser auf dem deduktiven Lernweg erreicht werden. Der Lehrer führt die Schüler von einer allgemeinen Aussage bis zu einem konkreten Beispiel. Der Weg von der allgemeinen Aussage bis zum Beispiel führt über Ableitungen und erklärende Interpretationen.

Er kann den vorgegebenen Stoff auch in logisch aufgebauten Lernschritten entfalten, um zum angestrebten Ziel zu gelangen.

3. Die Vertiefungsphase

Das eben Ausgeführte wird mit den Schülern vertiefend wiederholt. In der Vertiefung geht es darum, mit dem akustisch und visuell Dargelegten noch handelnd umzugehen. Die anschaulichen Ausführungen sollen durch »Selbsttätigkeit« vertieft werden. Solche vertiefende Möglichkeiten sind der zusammenfassende Hefteintrag, das Bearbeiten von Arbeitsblättern,[245] die Zeichnung, die Bastelarbeit, die spielerische Darstellung des Gehörten (Rollenspiel) usw. Die Vertiefung festigt und verinnerlicht im Kind das eben Ausgeführte. Sie bildet die Grundlage, um das Ausgeführte auch anwenden zu können.

4. Die Anwendungsphase

In verschiedenen Fächern (Mathematik, Sprache, Fremdsprachen, Physik usw.) folgt jetzt noch die Anwendungsphase. Das Ausgeführte soll nun noch angewandt werden. Erst jetzt kann festgestellt werden, ob die Schüler die Ausführungen wirklich verstanden haben.

In dieser Phase gelangen die Schüler vom Wissen zum Können. Es kommt gerade in der Anwendung zu letzten Klärungen. Der Lehrende geht während der Anwendungsphase von Pult zu Pult und überprüft, ob die Schüler die ihnen gestellten Aufgaben richtig erledigen.

---

[245] Walter Wellenhofer gibt gute Hilfen zur Gestaltung solcher Arbeitsblätter. Vgl. Wellenhofer, W., Unterricht heute, S. 311.313

Im Praxis-Unterricht, in welchem es um das Lehren und Lernen von praktischen Fähigkeiten und Fertigkeiten geht, sieht die 4-Phasen-Abfolge so aus:

1. Vormachen
2. Erklären
3. Nachmachen
4. Überprüfen und auswerten

7.6.3 Das Unterrichtsgeschehen

7.6.3.1 Die Gestaltung des Raums

Zum Unterrichtsgeschehen gehört grundsätzlich auch die Gestaltung des Schulzimmers. Ein schön gestalteter Raum (Ordnung, schöne Bilder, Zeichnungen, Blumen) vermag das Unterrichtsgeschehen positiv zu beeinflussen.

7.6.3.2 Die Lehrer- und Schülertätigkeit

- **Die Lehrertätigkeit überwiegt (Darbietender Unterricht)**
  Die Schülertätigkeit besteht im Zuhören, Zuschauen, Ausführen, Nachahmen, Nachschreiben. Der Schüler ist im ganzen Unterrichtsgeschehen recht passiv. Diese Unterrichtsform wird oft beim Erzählen von Geschichten gewählt.
- **Die Schülertätigkeit überwiegt (Aufgebender Unterricht)**
  Die Schüler sind es, die planen, ausführen, mitbestimmen. Sie üben Selbstkritik und Selbstkontrolle. Der Lehrer gibt nur noch Anregungen, berät und beurteilt. Dies ist die erstrebenswerteste Unterrichtsform der emanzipatorischen Erziehung. Diese Unterrichtsform ist in der »bibelorientierten Didaktik« nur begrenzt anwendbar, so z.B. im Projektunterricht.

- **Es besteht zwischen Lehrer- und Schülertätigkeit ein gewisses Gleichgewicht (Entwickelnder Unterricht)**
  Die Inhalte werden vom Lehrer in kleinen Lernschritten entfaltet. Er bemüht sich ständig, die Schüler durch Fragen, Impulse, Aufforderungen in die Entfaltung der Gedanken einzubeziehen.[246] Der Unterricht mündet immer wieder in dialogische Lehrakte aus. Bei dieser Unterrichtsart besteht zwischen der Lehrer- und Schülertätigkeit ein Gleichgewicht.
  Meiner Meinung nach ist diese Unterrichtsform besonders erstrebenswert.[247] Von dieser Unterrichtsform herkommend versuche ich nun aufzuzeigen, wie Lehr- und Lernakt aufeinander bezogen werden können.[248]

7.6.3.3 Schwerpunkte des entwickelnden Unterrichts

Die Lehr- und Lernaktivität wechseln ständig miteinander ab. Diese Art des Unterrichts ist dialogisch, arbeitsteilig und ermüdungsarm. Zu ihr gehören die Lehrerfrage, die Aufforderung, der Lehrimpuls, die Schülerfrage und das Unterrichtsgespräch.

- **Die Lehrerfrage** [249]
  Der Lehrer sucht die Schüler mit Hilfe gezielter Fragen in den Unterricht einzubeziehen. Die Fragen sollten nicht zu schwer, aber auch nicht zu einfach sein.
  Durch Fragen kann gelerntes Wissen geprüft werden. Sie helfen auch das, was im Unterricht ausgeführt wird, zu erarbeiten. Durch Fragen können die Schüler zum Verstehen und zur Einsicht bestimmter Sachverhalte geführt werden. Sie können zur

---

246 Dietrich, Th., Zeit- und Grundfragen der Pädagogik, S. 219-221

247 Es ist interessant, dass diese Lehrform mit über siebzig Prozent Anteil immer noch die Monopolstellung bei den Unterrichtsmethoden inne hat. Vgl. Wellenhofer, W., Unterricht heute, S. 148

248 Bochinger, E.; Paul, E., Einführung in die Religionspädagogik, in: Studium Theologie, Bd. 5, München; Mainz 1979, S. 142

249 ebd., S. 142-143

Anwendung hinführen und schließlich zur Bewertung des Gelehrten beitragen.[250]

Wichtig ist, dass der Lehrer nicht Rätselfragen oder Definitionsfragen stellt. Auch Doppel- und Dreifachfragen verwirren die Schüler nur. Die Fragen sollten auch nicht so formuliert werden, dass die Schüler nur mit ja oder nein zu antworten brauchen.

Der Lehrer hat darauf zu achten, dass er die Schülerantworten nicht wiederholt, vielmehr sollen die Schüler angehalten werden, so laut zu sprechen, dass die anderen sie verstehen. Es ist aber seine Aufgabe, die Antworten zu bestätigen. Er gibt also den Schülern das nötige Feedback.

- **Die Aufforderung**

  Nachdem der Lehrer der ganzen Klasse eine klare Aufforderung gegeben hat und keine Wortmeldungen kommen, kann er Schüler namentlich aufrufen. Hier einige Aufforderungen:
  - Beobachtet! – Schaut genau hin!
  - Begründet! – Erklärt das!
  - Vergleicht es mit ...!
  - Mach vor!
  - Schreib an die Tafel!
  - Schreibt in eure Hefte!

  Im Unterricht kommt es immer wieder vor, dass der Lehrer Schüler beauftragt, einen bestimmten Text still zu lesen. Anschließend kann er einen von ihnen auffordern: »Erzähle, was du eben gelesen hast!«

  Wenn er von den Schülern verlangt, dass sie einen Text laut vorlesen, hat er darauf zu achten, dass Schüler, die Mühe haben zu lesen, nicht einen langen Abschnitt lesen müssen. Was sich auch nicht bewährt hat, ist Schüler einen längeren Abschnitt der Reihe nach vorlesen zu lassen. Jeder sucht sich dann nur seinen Abschnitt aus und hört nicht, was die anderen lesen. Wenn ein Schüler eine schwierige Textstelle vorlesen muss, sollte er sie da-

[250] Aschersleben, K., Frontalunterricht – klassisch und modern. Eine Einführung, Neuwied; Kriftel 1999, S. 103-105

nach mit eigenen Worten wiedergeben. So wird deutlich, ob er den Text verstanden hat.
Wichtig ist, dass der Lehrer den Kindern dankt, wenn sie seiner Aufforderung nachgekommen sind.[251]

- **Lehrimpuls (Denkanstoß)**[252]
  Der Lehrer sucht teils geplant (Einstiegs- und Hauptimpulse), teils aus der Situation heraus, diese Lehrimpulse zu geben.
  - Er gibt die **nichtsprachlichen (nonverbalen) Impulse**. Er sucht die Schüler durch eine Bewegung, Pausen und durch den Gesichtsausdruck zu Beiträgen aufzufordern.
  - Er gibt daneben die **sprachlichen (verbalen) Impulse**.
    Einige typische sprachliche Impulse:
    - Darüber wisst ihr etwas.
    - Was meint ihr dazu?
    - Da fehlt noch etwas.

  Auch mangelhafte Schülerbeiträge können als Impulse an die Schulklasse weitergeleitet werden (Was denkt ihr dazu?).
  Lehrimpulse lassen ein breites Feld von Antworten offen. Die Antworten, welche den Gedankengang der Lektion bestätigen, werden positiv aufgenommen und weitergeführt. Antworten, die in eine ganz andere Richtung gehen, lässt man ohne Kommentar so stehen. Lehrer mit langjähriger Unterrichtserfahrung beherrschen die Kunst, auch solche Antworten zur Weiterführung zu nutzen.
- **Die Schülerfrage** [253]
  Ernsthafte Schülerfragen müssen unbedingt aufgegriffen und im Unterrichtsverlauf verarbeitet werden. Nur Schein- und Scherzfragen hat der Lehrer zu übergehen und zu unterbinden.
  Schülerfragen können den Unterrichtenden in Verlegenheit bringen, was oft zu einer unbewussten Abwehrhaltung führt, die sich verschieden äußern kann. Man überhört, übergeht die Frage oder

---

[251] Glöckel, H., Vom Unterricht. Lehrbuch der Allgemeinen Didaktik, Bad Heilbrunn 1990, S. 33

[252] Frör, K., Grundriss der Religionspädagogik. Im Umfeld der modernen Erziehungswissenschaft, Konstanz 1983², S. 128

[253] ebd., S. 135-136

weist sie schroff zurück. Wenn der Lehrer sich von einer Schülerfrage überfordert fühlt, kann er dem Schüler sagen, dass er zu Beginn der nächsten Stunde darauf eingehen werde. Wichtig ist, dass der Schüler merkt, dass der Lehrer seine Frage ernst nimmt. Die Schülerfragen können im Unterricht zur Hilfe werden, wenn der Lehrer darauf achtet, **was** die Schüler fragen. Die Fragen zeigen ihm nämlich, wo er in seinem Unterricht vom Kind her gesehen Lücken hat, die es zu schließen gilt. Schülerfragen helfen oft, das eben Entfaltete noch besser verständlich auszuführen. Nur dann wagen die Schüler ihre Fragen offen zu stellen, wenn zum Lehrer ein **Vertrauensverhältnis** besteht.

- **Das Unterrichtsgespräch**

  Das Gespräch zwischen Lehrer und Schüler:[254]

  Bis zum elften Lebensjahr wird das Gespräch zumeist durch Fragen oder Aufforderungen des Lehrers in Gang gesetzt. Die Antworten auf die eben gestellten Fragen können plötzlich in ein Gespräch ausmünden. Oft ersetzt das Gespräch mit einem einzelnen mutigen Schüler viele andere Gespräche, weil genau dieselben Fragen auch andere Kinder bewegen. Man ist also im Gespräch mit einem einzelnen, indirekt mit vielen Kindern im Gespräch. In der Oberstufe suchen die Schüler manchmal das Gespräch über Probleme, für die der Lehrer auch keine letzten Antworten hat, z.B. über die Herkunft des Bösen, die Frage der Theodizeeproblematik usw. Spontane, ungezwungene Gespräche mit einer Schulklasse bilden oft Höhepunkte im Unterricht.

  Das Gespräch der Schüler untereinander:[255]

  Ich denke hier an ein gelenktes Gespräch. Der Lehrer ist der Gesprächsleiter. (Nebenbei bemerkt: Nicht gelenkte Gespräche – zwanglose Unterhaltungen – halte ich für sinnlos.) Es geht in diesem Unterrichtsgespräch um ein bestimmtes Thema, eine Frage oder ein Problem. Der Lehrer koordiniert die Fragen und Antworten der Schüler und gibt sie in der Klasse weiter: »Max sieht die Sache so, Ursula beurteilt sie anders, wie seht ihr das?« Ursula

[254] Kittel, H., Evangelische Religionspädagogik, Berlin 1970, S. 373-377
[255] Frör, K., Grundriss der Religionspädagogik, S. 133-134

darf jetzt sagen, wer zu der Frage Stellung nehmen darf. Wichtig ist, dass die Schüler aufeinander hören lernen und wirklich auf die gestellten Fragen Antwort geben. Es besteht hier ständig die Gefahr des Abgleitens. Der Lehrer hat das Gespräch deshalb immer wieder auf das eben zu besprechende Thema zurückzuführen. Er hat die Beiträge der Schüler freundlich, ermutigend und verständnisvoll aufzunehmen.[256] Wenn sich das Gespräch mühsam dahinschleppt, hat er mit provokativen Bemerkungen für die nötige Gesprächsspannung zu sorgen.

Ein solches Gespräch fördert die Kommunikationsfähigkeit der Kinder.[257] Diese Unterrichtsform eignet sich besonders gut, um das eben Gelehrte zu vertiefen und zu festigen (Vertiefungsphase). Im Unterricht können auch Probleme im Gespräch entfaltet und erörtert werden. Es gilt, die verschiedenen Lösungsversuche gegeneinander abzuwägen.

Die emanzipatorische Erziehung versteht von der »kommunikativen Didaktik« herkommend unter dem Unterrichtsgespräch etwas ganz anderes. Es geht im Unterrichtsgespräch um Wahrheitsfindung. Wahrheit wird nicht als objektiv in der Bibel vorgegeben gesehen. Wahrheit ergibt sich aus der argumentativen Rede und Gegenrede (Diskurs). Von dieser Auffassung herkommend sagt Hans-Günther Heimbrock, dass das Unterrichtsgespräch dort seinen Sinn verliere, wo man von vorgegebener Wahrheit ausgehe.[258] Diese Behauptung weise ich entschieden zurück. Vielmehr ist es notwendig, durch das Unterrichtsgespräch vorgegebene Wahrheit besser, umfassender und tiefer zu verstehen.

- **Das gemeinsame Gebet**

  Ab und zu kann eine Lektion, in der Lehrer und Schüler in ganz besonderer Weise von der Größe, Liebe und Fürsorge Gottes beeindruckt worden sind, mit einem gemeinsamen Gebet beendet werden. Im Gebet bringen Lehrer und Schüler ihr Ergriffensein von der Größe und Liebe Gottes in Lob, Dank oder Fürbitte

---

[256] Haas, D.; Bätz, K., Ratgeber Religionsunterricht. Hilfen zum Aufbau und zur Durchführung, Lahr; Zürich; Köln 1984, S. 63

[257] Bochinger, E.; Paul, E., Einführung in die Religionspädagogik, S. 140-141

[258] Heimbrock, H.-G., Lern-Wege religiöser Erziehung, Göttingen 1984, S. 88

zum Ausdruck. Gerade das gemeinsame Gebet kann zum Höhepunkt des Unterrichtsgeschehens werden. Die Freiwilligkeit zum Gebet muss aber unbedingt gewahrt bleiben.

7.7 Die Sozialformen des Unterrichts

Die Sozialformen des Unterrichts müssen dem darzubietenden Stoff angepasst werden. Bestimmte Sozialformen erfordern bestimmte Lehrverfahren und führen zu verschiedenen Lernerfahrungen.[259]

7.7.1 Der Klassenunterricht

Im Klassenunterricht redet der Lehrer zu der ganzen Klasse. Er ist ständig bemüht, die Schüler in das Unterrichtsgeschehen einzubeziehen. Man nennt diese Unterrichtsform **Frontalunterricht**. Alle Schüler sind auf den Lehrer ausgerichtet, der vor dem Klassenblock steht. Dies ist bis heute die dominierende Form des Unterrichts.[260]

Diese Unterrichtsform wird heute von allen Seiten in Frage gestellt. Ja, man hält jede nichtfrontale Sozialform des Unterrichts – sei es die Einzelarbeit, die Partnerarbeit, den Gruppenunterricht oder den Gesprächskreis – dem frontal geführten Klassenunterricht für überlegen, weil sie die Schüler zu höherer Selbsttätigkeit und Kooperation herausfordere.[261] Man beachtet zu wenig, dass der Lehrer beim Frontalunterricht in ständigem Blick- und Gesprächskontakt mit der ganzen Klasse steht, sodass es zu einer ausgewogenen Interaktion zwischen Lehrer und Schüler kommt.[262]

---

259 Werres, W., ASFU – Ein Beobachtungs- und Aufnahmeverfahren zur Unterrichtsmethoden-Forschung, in: Schüler in Schule und Unterricht. Berichte und Untersuchungsverfahren, hg. v. W. Werres, Frankfurt a. M. 1996, S. 105-107

260 ebd., S. 110

261 Tausch, R.; Tausch, A.-M., Erziehungspsychologie. Begegnung von Person zu Person, Göttingen 1979^{9}, S. 259-261

262 Glöckel, H., Vom Unterricht, S. 60

Ich bin davon überzeugt, dass diese Unterrichtsform nicht überholt ist, wie heute behauptet wird. Hans Glöckel schreibt:

> »Das Darbieten ist im Grunde eine natürliche und nahe liegende Form der Belehrung: Wer etwas kann oder weiß, zeigt oder sagt es demjenigen, der erst hören und schauen muss, bevor er mitreden oder selbst richtig nachmachen kann. Er zeigt und sagt es in kompetenter Weise, sachlich richtig und überzeugend, gut strukturiert, in zusammenhängendem, überschaubarem Gedankengang, lebendig, eindrücklich, interessant, oft auch unterhaltend, anregend.«[263]

Eine besonders geeignete Form der Darbietung ist die Erzählung. Auch die durchschaubare Entfaltung einer Thematik, die mit Hilfe von Beispielen illustriert wird, ist nach wie vor geeignet für den Frontalunterricht.[264] Es gilt zu beachten, dass schwächere Schüler im klar strukturierten Frontalunterricht oft bessere Verständnishilfen erhalten als in der Gruppe oder allein gelassen bei der Einzelarbeit.[265] Durch einen gut gestalteten Frontalunterricht kann der aufmerksame Lehrer den einzelnen Schülern wohl am besten gerecht werden. Der Frontalunterricht – verständnisvoll und einfühlsam angewandt – vermag die einzelnen Schüler ihrem Lerntempo entsprechend ernst zu nehmen. Zudem werden die Schüler durch Fragen, Aufforderungen und Impulse ständig ins Unterrichtsgeschehen einbezogen. Am Schluss der Stunde wird das eben Entfaltete übend wiederholt. Diese Art des Unterrichts führt, wenn er gut vorbereitet erteilt wird, nicht zu Interesselosigkeit, Faulheit, Mangel an Motivation, Konzentrationsstörungen und Anpassungsschwierigkeiten, wie dies Leopold Kratochwil behauptet.[266] Vielmehr können Unterrichtsformen, in welchen die Kinder sich selbst überlassen werden, solche Verhaltensweisen hervorrufen.

Im Frontalunterricht ist auch ein Ordnungsrahmen gegeben, in dem die Schüler leichter und aufmerksamer lernen, weil er eine gute

---

[263] zit. nach ebd., S. 66

[264] Wiechmann, J., Frontalunterricht, in: Zwölf Unterrichtsmethoden. Vielfalt für die Praxis, hg. v. J. Wiechmann, Weinheim; Basel 2000^2, S. 25

[265] Glöckel, H., Vom Unterricht, S. 76

[266] Kratochwil, L., Unterrichten können, S. 112

disziplinarische Führung der Klasse ermöglicht. Die einzelnen Schüler werden nicht durch andere, die stören, abgelenkt.[267]

Interessant ist, dass der Frontalunterricht, obwohl man ihn seit Jahrzehnten bekämpft, heute noch in allen Schulformen das Unterrichtsgeschehen dominiert.[268]

Ein Problem besteht sicherlich darin, dass der Frontalunterricht oft nur deshalb gewählt wird, weil der Lehrer die Stunde schlecht vorbereitet hat, denn der Frontalunterricht ist leider auch bei schlechter Vorbereitung noch möglich.[269]

7.7.2 Die Einzelarbeit (Stillarbeit) und Partnerarbeit

Der Schüler wird in der **Einzelarbeit** beauftragt, sich einer bestimmten Aufgabe zu stellen. Sie eignet sich besonders gut für Sicherungs- und Übungsaufgaben und bei der Herausforderung zu einer persönlichen Stellungnahme.[270] Der Schüler sieht dann, ob er der Aufgabe gewachsen ist oder nicht. Unerlässliche Voraussetzungen für lernwirksame Einzelarbeit sind klare, eindeutige Arbeitsanweisungen, hinreichende Arbeitshilfen, z.B. Texte, Arbeitsblätter, Nachschlagewerke oder geeignete Computerprogramme. Dazu gehört schließlich auch die Kontrolle durch den Lehrer. Diese Kontrolle ist die Grundlage, um die Lernbereitschaft des Schülers zu fördern. Während der Stillarbeit geht der Lehrer von Schüler zu Schüler, um zu sehen, wie die Arbeit vorankommt und um grobe Irrwege aufzufangen.[271] Ein Schüler, der Mühe hat, braucht individuelle Beratung und Hilfe. Immer wieder sollten wir versuchen, Einzelarbeiten in den Unterricht einzubauen.

Heute drängt sich neben die Stillarbeit die **Freiarbeit**. Der Lehrer verzichtet auf jegliche Einflussnahme auf die Lerntätigkeit der Schüler. Sie entscheiden in den Stunden der Freiarbeit selbst, was sie ma-

[267] Ascherlsleben, K., Frontalunterricht – klassisch und modern, S. 66
[268] Terhart, E., Lehr-Lern-Methoden, S. 94
[269] ebd., S. 138
[270] Haas, D.; Bätz, K., Ratgeber Religionsunterricht, S. 48
[271] Reinhardt, E., Grundlagen des Lehrens und Lernens, S. 90-91

chen und welche Hilfsmittel und Lernpartner sie wählen wollen. Man stellt ihnen geeignete Lernmaterialien und verschiedene Funktionsecken für die individuelle Lernarbeit im Klassenraum zur Verfügung. Empirische Studien zeigen, dass ein großer Teil der Schüler nicht weiß, was er machen soll und dass viele einfach vor sich hintrödeln.[272] Diese hier beschriebene Freiarbeit hat in der bibelorientierten Didaktik keinen Platz.

Ein Sonderfall der Einzelarbeit sind die **Hausaufgaben**. Sie dienen sowohl der Vorbereitung des Unterrichts als auch der Nacharbeit und Weiterarbeit am Gehörten durch Wiederholung. Ihre Bedeutung für einen wirksamen Unterricht wird von der Mehrzahl der Eltern und Schüler anerkannt.[273]
Einige Gedanken zu den Hausaufgaben:

- Bitte nicht zu viele Aufgaben geben.
- Das Kind muss wissen, wie es die Aufgaben erledigen soll. Dazu ist es nötig, dass ihm gesagt wird, was es genau tun muss und wie es das genau machen soll.[274]

Meistens müssen die Eltern bei der Erledigung der Hausaufgaben mithelfen. Franz Pöggeler zeigt, worauf die Eltern bei ihrer Mithilfe zu achten haben. Zunächst haben sie im Blick auf das Erledigen der Hausaufgaben darauf zu achten, dass die Kinder einen guten Arbeitsplatz und die nötige Stille haben.[275] Sie haben das Kind auch anzuleiten, zügig und konzentriert zu arbeiten.[276] Sie kontrollieren die ausgeführten Arbeiten (Handschrift, Resultate, Vokabeln abfragen usw.) und geben dem Kind die nötige Anerkennung und Ermutigung.[277] Wenn nötig tadeln sie es auch. Zusammenfassend sagt Franz Pöggeler:

---

[272] Wellenhofer, W., Unterricht heute, S. 148.186
[273] Frör, K., Grundriss der Religionspädagogik, S. 121
[274] Ulrich Tobias, C., Lernen ist (k)ein Kinderspiel. Entdecken und fördern Sie die Begabung Ihres Kindes, S. 113
[275] Pöggeler, F., Hausaufgaben! Helfen oder nicht?, S. 26-28
[276] ebd., S. 31
[277] ebd., S. 47

> »Eltern sollten bei den Hausaufgaben nichts tun, was das Kind selber tun kann oder muss.«[278]

Hilfe bei den Schulaufgaben sollte letztlich dazu beitragen, dass die Kinder ihre Aufgaben selbst erledigen lernen. Es geht also um Hilfe zur Selbsthilfe.[279]

- Aufgaben sollten abwechslungsreich gestaltet werden.
- Aufgaben müssen vom Lehrer überprüft werden, sonst sind sie sinnlos. Hans Glöckel schreibt dazu:

> »Ein Lehrer, der Hausaufgaben nicht nachsieht, nimmt weder seine Arbeit noch die der Schüler ernst, er verstößt gegen seine Dienstpflichten.«[280]

Neben der Einzelarbeit ist im Unterricht auch die **Partnerarbeit** hilfreich. Je zwei Schüler arbeiten in einer begrenzten Zeit eine ihnen gestellte Aufgabe aus. Einer der beiden muss dann kurz zusammenfassen, was sie erarbeitet haben. Diese Zusammenarbeit ermöglicht gegenseitige Hilfeleistung und Kontrolle. Auch hier sind klare Arbeitsanweisungen, gute Arbeitshilfen und anschließende Kontrolle unerlässlich, wenn die Arbeit gelingen soll.

7.7.3 Der Gruppenunterricht

Ich betrachte den Gruppenunterricht als ein sehr geeignetes Bauelement einer Unterrichtsstunde.

Die Klasse wird in Kleingruppen von 3-5 Schülern aufgeteilt. Diese Gruppen können durch freie Wahl der Schüler, durch Anordnung des Lehrers, am besten aber durch die Verbindung beider Arten gebildet werden.

---

[278] zit. nach ebd., S. 51
[279] ebd., S. 62
[280] zit. nach Glöckel, H., Vom Unterricht, S. 84

Im **arbeitsgleichen Verfahren** wird allen Gruppen dieselbe Aufgabe gestellt. Im **arbeitsteiligen Verfahren** erhält jede Gruppe eine andere Aufgabe. Die Aufgaben sind alle einem Thema entnommen. Hier sind natürlich verschiedene Mischformen und Übergänge möglich.[281]

Der Arbeit mit Kleingruppen liegt ein Dreitakt zu Grunde: Vorbereitung im Klassenblock – Gruppenarbeit – Auswertung in der Klasse. Gruppenarbeit gelingt nur, wenn sie sorgfältig geplant und vorbereitet wird. Übrigens kann der Computer auch im Gruppenunterricht gute Dienste leisten. Zur Gruppenarbeit gehören eindeutige Anweisungen. Diese können mündlich, besser aber schriftlich, gegeben werden, z.B. Tafelanschrieb, vorbereitete Arbeitsbögen usw. Der Arbeitsbogen oder das Computerprogramm ermöglichen lernpsychologisch gesehen das Durchdenken schwieriger Probleme, weil sie den einzelnen Kindern Zeit lassen und gleichzeitig das beratende Gespräch zwischen Lehrer und Kinder fördern.[282] Jede Gruppe ist beauftragt, ihre Ergebnisse festzuhalten (Protokoll). Statt das Ergebnis nur mit Worten festzuhalten, könnte man versuchen, das Erarbeitete bildlich darzustellen, z.B. in »mind maps«.[283] Während der Gruppenarbeit hat der Lehrer vor allem zwei Aufgaben zu erfüllen:

1. Er hat als Befragungsinstanz zur Verfügung zu stehen.
2. Er hat den Gruppen, deren Arbeit stagniert, behutsam weiterzuhelfen, ohne Lösungen vorzugeben.

Um den Gruppen helfen zu können, hat er leise von Gruppe zu Gruppe zu gehen. Erläuterungen hat er flüsternd weiterzugeben.[284] Es muss dann einer in der Gruppe bestimmt werden, der das Ergebnis vorträgt und die noch offenen Fragen aufzeigt. Im Klassengespräch erfolgt dann die gemeinsame Auswertung und Zusammenfassung.[285]

Dem Gruppenunterricht kommt heute im Unterrichtsgeschehen deshalb eine besondere Bedeutung zu, weil er das soziale Lernen för-

---

281 Frör, K., Grundriss der Religionspädagogik, S. 121-122

282 Haas, D.; Bätz, K., Ratgeber Religionsunterricht, S. 103

283 Kliemann, P, Impulse und Methoden, S. 46

284 Haas, D.; Bätz, K., Ratgeber Religionsunterricht, S. 56

285 Paul, E., Methoden, in: Handbuch der Religionspädagogik, hg. v. E. Feifel; R. Leuenberger; G. Stachel; K. Wegenast, Bd. 2, Gütersloh; Zürich; Einsiedeln; Köln 1978[2], S. 157

dert wie z.B. die Zusammenarbeit, das Helfen und Sich-Helfen-Lassen. Ferner auch deshalb, weil er den Schüler zu diszipliniertem Verhalten, zur Selbsttätigkeit, Leistungsbereitschaft und Produktivität anreizt. Es werden gemeinsam Probleme gelöst, man kommt zu neuen Einsichten und macht gemeinsame Erfahrungen. Es muss aber realistisch gesehen werden, dass in einer Gruppe meistens nur einige arbeiten und die anderen passiv bleiben.[286] Es gibt auch schwierige Schüler, für die die Arbeit in der Gruppe eine Überforderung bedeutet aufgrund ihrer mangelnden sozialen Kompetenzen.[287] Die angemessene Auswertung und Sicherung der Ergebnisse ist schwierig und zeitraubend. Oft kommt dabei Langeweile auf.[288]

Der Gruppenunterricht ist ein gutes Bauelement des Klassenunterrichts. In der Gruppenarbeit werden folgende nützliche Fähigkeiten gelernt: Das Auffinden bestimmter Ausdrücke im Wörterbuch oder Lexikon, das Lesenkönnen einer Landkarte, die Anfertigung eines Protokolls, eines »mind maps«, eines Berichts nach Stichworten usw.[289]

Von der »kritischen Erziehungswissenschaft« herkommend, sollte nach Meinung vieler Pädagogen der Gruppenunterricht ganz anders aussehen.[290] Er sollte nicht nur Bauelement einer Unterrichtsstunde, sondern das Grundelement des Unterrichts sein. Nur in einer in Kleingruppen aufgeteilten Klasse, so wird behauptet, könne Selbständigkeit und Eigentätigkeit der Schüler in rechter Weise gefördert werden. Nur so könne es zur nötigen Sozialisierung und Individualisierung der Kinder kommen, denn nur auf diese Weise sei ein dynamischer Interaktionsprozess und damit eine gesteigerte Leistungsbereitschaft möglich. Der Lehrer ist nicht mehr der Führer der Klasse, sondern ein Klassenmitglied, das kraft seines größeren Erfahrungshorizontes die Schüler ermutigt und dort hilft, wo er gebraucht wird. Ab und zu müssen gruppendynamische Übungen eingebaut werden, um Spannungen in der Gruppe abzubauen. Dem »Psycho-«

286 Glöckel, H., Vom Unterricht, S. 62
287 Klein, W.; Krey, B., Umgang mit schwierigen Schülern, S. 68
288 Kliemann, P., Impulse und Methoden, S. 39
289 Haas, D.; Bätz, K., Ratgeber Religionsunterricht, S. 53-54
290 Neuberger, T. M., Lebensorientierung und religiöse Deutungssysteme, Frankfurt a. M.; Bern; New York; Paris 1989, S. 152

und »Soziodrama« kommen besondere Bedeutung zu. Im Blick auf eine solche Art von Gruppenunterricht bedenkt man zu wenig, dass in der Gruppe oft nur deshalb Harmonie besteht, weil sich Einzelne unterdrücken lassen oder sich einfach anpassen. Bei diesen kommt es zur Verkümmerung ihrer Individualität. Weiter ist eine solche Gruppe sehr stark mit sich selbst beschäftigt, sodass die Außenbeziehungen zur ganzen Klasse darunter leiden. In dieser Art von Unterricht wird die Tatsache, dass jedes Kind eine ernst zu nehmende Persönlichkeit ist, zu wenig berücksichtigt. In solchen Gruppen kann es wegen inneren Spannungen auch zum Zerfall der Leistungen kommen. Aus den eben genannten Gründen lehnen wir diese Art von Gruppenunterricht in einer bibelorientierten Didaktik ab.

7.7.4 Der Abteilungsunterricht

Der Lehrer führt mit der Klasse den Lehr-Lernprozess in unterschiedlichen Formationen gleichzeitig durch. Ein Teil der Klasse beschäftigt sich z. B. in Einzelarbeiten oder in Partnergruppen mit einer bestimmten Thematik, während der Lehrer mit dem anderen Teil an seinem Pult oder an der Wandtafel Aspekte derselben Thematik erarbeitet.[291]

7.7.5 Die Sitzordnung sollte den Unterrichtsformen angepasst werden

Die Sitzordnung der Schüler sollte der jeweiligen Unterrichtsform angepasst werden.

- Beim darbietenden Frontalunterricht ist die Blockform geeignet. Die Lernenden haben vor allem Kontakt mit dem Lehrenden.
- Die Hufeisen- oder Halbkreisform eignet sich vor allem für den entwickelnden Unterricht.

---

[291] Werres, W., ASFU – Ein Beobachtungs- und Aufnahmeverfahren zur Unterrichtsmethoden-Forschung, in: Schüler in Schule und Unterricht, S. 114

- Beim Gruppenunterricht sollten die Pulte der Lernsituation angepasst werden.[292]

7.8 Neuere Unterrichtsformen

Bei der Vorstellung dieser neueren Unterrichtsformen soll es um die Frage gehen, ob diese in einer bibelorientierten Didaktik berücksichtigt werden können.

7.8.1 Der Projektunterricht

Beim Projektunterricht geht es um ein Lernen durch Tun. Die Selbstentfaltung des Kindes ist ein wichtiges Ziel dieser Unterrichtsform.

Die Väter der Projektidee sind die Amerikaner John Dewey (1859-1952) und William Heard Kilpatrick (1871-1965). Beide haben zunächst die Separierung der einzelnen Unterrichtsgegenstände in verschiedene Fächer infrage gestellt. J. Dewey wies darauf hin, dass es darum gehe, unterschiedlichste Stoffgebiete zur Lösung von bestimmten Fragestellungen heranzuziehen. Beide forderten, dass das Lernen primär lebens- und praxisorientiert und erst sekundär wissensorientiert sein müsse. Das Kind mit all seinen Bedürfnissen solle in den Mittelpunkt dieses Unterrichts gestellt werden.

Dewey und Kilpatrick forderten einen fächerübergreifenden Unterricht, weil nach ihrer Überzeugung ein fachgebundener Unterricht die ganzheitliche Erkenntnis eines Kindes nur behindere. Ein solcher fächerübergreifender Unterricht würde nach ihrer Auffassung beim Schüler die Motivation des Lernens wesentlich verbessern, da dieser das natürliche Wissens- und Frageverlangen des Kindes unterstütze.[293]

---

292 Reinhardt, E., Grundlagen des Lehrens und Lernens, S. 100-101

293 Rauscher, E., Religion im Dialog. Fächerverbindung, Projektstruktur, Religionsunterricht, Frankfurt a. M.; Bern; New York; Paris 1991, S. 75-80

Nach Dewey soll das Denken und Lernen mit dem Handeln verbunden werden. Damit dies möglichst gut gelinge, solle der Unterricht von Lehrern und Schülern gemeinsam geplant werden.[294]

Von diesem fächerübergreifenden Projektunterricht behauptet man heute, dass er besonders lebensnah und realitätsbezogen sei. Zudem ist man der Meinung, dass diese Unterrichtsform die Selbständigkeit des Schülers deshalb wesentlich fördere, weil die Projekte von Schülern und Lehrern gemeinsam ausgewählt und geplant werden. Die Tätigkeit des Lehrers könne sich während des Projektverlaufs auf organisatorische, helfende und unterstützende, mitunter animierende und motivationssteigernde Maßnahmen beschränken. Zugleich glaubt man, dass es in dieser Unterrichtsform zu echter Kommunikation und Kooperation von Schülern, Mitschülern und Lehrern komme.[295] Man nennt diesen Unterricht auch gerne »dialogischen Unterricht«. Man will mit dieser Bezeichnung die Wechselwirkung Lehrer-Schüler, Schüler-Lehrer zum Ausdruck bringen.[296] In dieser Unterrichtsform soll das Gefälle vom Wissenden zum Lernenden aufgehoben werden. Lehrer und Schüler stehen vor der zu lösenden Aufgabe auf derselben Stufe.

Dieser hier eben vorgestellte Projektunterricht wird heute an den Schulen meist in Schulrandwochen, also in den letzten Wochen vor den Ferien praktiziert. Die durchgeführten Projektideen heben sich von den vorgegebenen Lehrplaninhalten ab. Es gibt für das Ausgearbeitete auch keinerlei Form von Benotung.[297] Diese Unterrichtsform steht heute noch außerhalb des »normalen« Unterrichts.

Heute werden durch die Vernetzung der Computersysteme der Schulen auch Projekte unter Schülern verschiedener Schulen möglich. Es entsteht eine digitale Schülergemeinschaft, die am gleichen Projekt arbeitet.[298]

---

294 Knoop, K.; Schwab, M., Einführung in die Geschichte der Pädagogik, S. 180-182

295 Rauscher, E., Religion im Dialog, S. 84-85

296 ebd., S. 185-188

297 ebd., S. 72-73

298 Schnoor, D., Schulentwicklung durch neue Medien, in: Pädagogische Rundschau, Nr. 6/1998, S. 765

Schritte des Projektunterrichts:

- In einem ersten Schritt geht es darum, die Interessen der Schüler zu erfassen und eine gemeinsame Thematik zu finden. Mögliche Themen ergeben sich aus den Lebenssituationen, in welchen sich die Schüler gerade befinden, aus Umweltproblemen, aus gemeinsamen Erlebnissen usw. Bei der Ausformulierung der Thematik darf die Praxisrelevanz nicht außer Acht gelassen werden.
- Im zweiten Schritt legen Schüler und Lehrer gemeinsam das Ziel des Projekts fest und erarbeiten die einzelnen Schritte, um das Ziel zu erreichen. Es werden auch die einzelnen Tätigkeiten besprochen, die Aufgaben in Gruppen verteilt und ein Zeitraster aufgestellt.
- In einem dritten Schritt wird das gemeinsam Geplante umgesetzt. Dazu ist Kommunikation und Kooperation nötig. Der Lehrer arbeitet als gleichberechtigter Partner neben den Schülern mit, der aber mehr weiß und dieses Mehr-Wissen der Projektgruppe in geeigneter Form zur Verfügung stellt. Es wird voneinander und miteinander gelernt. Durch Nachforschungen und Gespräche werden neue Dinge herausgefunden oder gelernt. Es kann zu entdeckendem Lernen kommen.[299]
- In einem vierten Schritt wird das Erarbeitete anderen Lerngruppen, oft auch den Eltern, öffentlich vorgestellt. Das Erarbeitete kann als Thesenpapier, als Collage, als Statistik oder als Wandzeitung präsentiert werden.[300] Es wird dann gemeinsam besprochen und beurteilt.

  Gut ist, wenn der Lehrer das Erarbeitete in einem bestimmten Fach vertieft und weiterführt.[301]
- Damit ein Projekt gelingt, braucht es nach Hans Berner präzise Zwischenevaluationen. So werden Schwierigkeiten erkennbar und es können konkrete Änderungen vorgenommen werden.

---

299 Frey, K., Die Projektmethode, in: Zwölf Unterrichtsmethoden, S. 159

300 Kliemann, P., Impulse und Methoden, S. 121

301 Gudjons, H., Handlungsorientiert lehren und lernen, S. 77

Außerdem können die Projektgruppen durch den gegenseitigen Einblick in die Arbeit voneinander lernen.[302]

Um das, was während des Projekts gelernt wurde, festzuhalten, wird eine Arbeitsbegleitung geschrieben, in welcher festgehalten wird, wie man zu den verschiedenen Erkenntnissen kam.

Erwin Rauscher begrüßt diese Unterrichtsform deshalb, weil dem Kind so ein Thema aus verschiedenen Perspektiven dialogisch nahe gebracht werden kann.[303]

Wenn sich der Lehrer beim Projektunterricht als mitsuchender Helfer versteht,[304] besteht die Gefahr, dass das projektartige Unterrichten in eine endlose Diskussion abgleiten kann, sodass das eigentliche Projekt scheitert.[305] Er hat sich deshalb bewusst zu sein, dass er als Projektleiter die Verantwortung für das Gelingen des Projekts trägt.

Im projektorientierten Unterricht wird vor allem die Zusammenarbeit unter den Schülern gefördert. Sie lernen im Blick auf ein bestimmtes Ziel planen, zusammenarbeiten und entscheiden. Sie lernen Ausdauer und selbständiges Arbeiten.[306] Zugleich kann bei der Ausarbeitung eines Projekts auch der Bezug zu Gott und seinem Handeln in dieser Welt hergestellt werden. Deshalb sehe ich in einer bibelorientierten Didaktik für den Projektunterricht durchaus eine begrenzte Anwendungsmöglichkeit, vor allem in den oberen Schulklassen.

Ich bin aber der Auffassung, dass die heutigen Erwartungen an den Projektunterricht unrealistisch und überzogen sind. Man meint nämlich, dass der Projektunterricht im Gegensatz zu dem von der Lebenspraxis abgeschnittenen, in Fächer aufgespaltenen, verdinglichten und unfreien Lernen zu einem selbstbestimmten, authentischen und damit intrinsisch motivierten Lernen in der Lebenspraxis führe.[307] Dietrich Benner sieht den Projektunterricht als die geeignete Form des erziehenden Unterrichts, weil in ihm von einer alles

302 Berner, H., Didaktische Kompetenz, S. 187
303 Rauscher, E., Religion im Dialog, S. 163
304 ebd., S. 192
305 Kron, F. W., Grundwissen Didaktik, S. 276
306 Reinhardt, E., Grundlagen des Lehrens und Lernens, S. 92
307 Benner, D., Studien zur Didaktik und Schultheorie, S. 150

umfassenden Mitte sämtliche Unterrichtsschritte, die thematischen, methodischen und fachspezifischen entfaltet würden.[308] Dem möchte ich entgegenhalten, dass erziehender Unterricht, der Lehren und Leben miteinander verbindet, auch im entwickelnden Frontalunterricht möglich ist.

7.8.2 Fachübergreifender Unterricht

Man sucht heute das gefächerte Lernen aus seiner Isolierung herauszuführen. Es wird davon ausgegangen, dass der fachliche Unterricht das Wissen unnötig aufsplittert und ihm dadurch die Alltags- und Lebenstauglichkeit raubt. Zudem hat man den Eindruck, dass dem Fachwissen eine tragende Sinnrichtung fehlt. Der Schüler werde mit seinen Fragen nach dem Sinn dessen, was er lernt, allein gelassen. Ferner werde der Fachunterricht der veränderten Kindheit nicht gerecht. Der zunehmenden Komplexität der Alltagswelt der Kinder sei das fachspezifische Lernen nicht mehr angemessen und führe deshalb bei den Schülern zu einem passiven Konsumverhalten.[309]

Der fachübergreifende Unterricht will den Lehrstoff aus der Vereinzelung der Fächer herausführen. Dem Schüler sollen Gesamtzusammenhänge aufgezeigt und vermittelt werden. Man sucht den Kindern mit Hilfe dieser Unterrichtsform zu helfen, sich in einer pluralen und wissenschaftsorientierten Welt zurechtzufinden.[310]

Da wir in der bibelorientierten Didaktik von der sinnstiftenden Mitte des göttlichen Wortes, also von einer letzten Einheit alles Seienden ausgehen, befürworten wir grundsätzlich das Anliegen des fachübergreifenden Unterrichts. Wir sind davon überzeugt, dass mit dieser Unterrichtsform Gesamtzusammenhänge einer bestimmten Thematik besser aufgezeigt werden können, als dies im Fachunter-

---

[308] ebd., S. 153-154

[309] Lammers, A., Zur Möglichkeit und Notwendigkeit fachüberschreitenden Unterrichts, in: Grundfragen des Unterrichts. Bildung und Erziehung in der Schule der Zukunft, hg. v. J. Rekus, Weinheim; München 1998, S. 197

[310] ebd., S. 198

richt möglich wäre, da uns die Wirklichkeit auch nicht gefächert begegnet.

Doch sehen wir nach wie vor eine Berechtigung des Fachunterrichts, da es bestimmte Themenbereiche gibt, die den Kindern besser in einem in Fächer aufgegliederten Unterricht vermittelt werden können.

Sowohl der fachbezogene als auch der fachübergreifende Unterricht haben im Schulalltag, je nach dem, was den Schülern vermittelt werden soll, ihre Berechtigung. Ich finde es falsch, diese beiden Unterrichtsformen gegeneinander auszuspielen. Beide müssen die zu vermittelnden Einsichten mit der Lebenswelt der Schüler, mit ihren Erfahrungen verknüpfen. Aus dieser Verknüpfung können Entscheidungs- und Handlungskompetenzen erarbeitet werden.[311]

7.8.3 Der Werkstattunterricht[312]

1. Historischer Überblick

Der klassische Werkstattunterricht ist aus reformpädagogischen Überlegungen und dem amerikanischen Workshop hervorgegangen.

In der Reformpädagogik suchte man mit Hilfe des Werkstattunterrichts dem rein intellektuellen Lernen entgegenzusteuern. Deshalb ließ man die Schüler Bänke, Tische, einfaches Papier, Leinen und andere Gegenstände herstellen.

Aus diesen Anfangsüberlegungen entstanden umfangreiche Konzeptionen. Es ging aber immer um **Unterricht auf werktätiger Basis**.

Karl-Heinz Flechsig hat diesen klassischen Werkstattunterricht in den 60er Jahren wieder aktiviert. Er hat sich vor allem für die Holz-, Plastik- und Flachsbearbeitung eingesetzt.

---

311 ebd., S. 210

312 vgl. dazu die Ausführungen in: Frey, K., Allgemeine Didaktik. Kp. 23: Werkstattunterricht. ETH Institut für Verhaltenswissenschaft, Zürich 1990[4], S. 1-16. In Deutschland redet man vom »Lernen an Stationen« oder vom »Lernzirkel«. Vgl. Kliemann, P., Impulse und Methoden, S. 57-60

2. Schweizerischer Werkstattunterricht

Unter dem Namen »Werkstattunterricht« hat sich eine hochinteressante Unterrichtsform entwickelt.

Der Lehrer **sammelt zu einem bestimmten Thema Material**. Dies ist in der Regel ein Aufwand von einigen Monaten. Das Thema wird fachübergreifend mit allen dazugehörenden Elementen bearbeitet. Der Lehrer versieht nun das gesammelte Material mit **Fragen, Aufgaben und Anregungen**. Ein Werkstattprogramm kann 10-100 Fragen und Arbeitsanleitungen enthalten.

Das Ganze wird dann der jeweiligen Sicht entsprechend in verschiedene Posten aufgegliedert.

Die **Schüler gehen schließlich von Posten zu Posten**, die im Klassenzimmer aufgestellt sind. Sie suchen entweder allein oder **in kleinen Gruppen**, die höchstens drei Schüler umfassen sollten, die Fragen und Aufgaben an den einzelnen Arbeitsstellen, gründlich zu beantworten. Die Ergebnisse werden im »Werkstattheft« festgehalten.

Der Werkstattunterricht dauert etwa 3-mal 2 Stunden.

Werner Reichen, ein Basler Kindergarten- und Primarschulpädagoge, hat diese Unterrichtsform Ende der 60er Jahre wesentlich vorangetrieben.

3. Schwerpunkte dieser Unterrichtsform

Es gilt zu beachten, dass der Werkstattunterricht im schulischen Alltag eine Ausnahme bildet. Er kommt im Jahr pro Fach nicht mehr als zwei bis drei Mal vor.

Das Schwergewicht des Werkstattunterrichts liegt auf der **Vorbereitung durch den Lehrer**. Er muss das **Material zu einer bestimmten Thematik sammeln, die Arbeitsaufträge formulieren und alles in verschiedene Posten aufteilen**. Er muss weiter **die Arbeitsplätze vorbereiten** und mit den nötigen Kopien, Nachschlagewerken, Spielen, Kassetten, Computerprogrammen usw. versehen.

Dann hat er die Schüler an die Thematik heranzuführen und in ihnen das Interesse dafür zu wecken. Er hat sie mit den Fragestellungen und Arbeitsanweisungen an den einzelnen Posten bekannt zu machen. Dieser Überblick ist deshalb wichtig, damit die Kinder ihren Interessen entsprechend bei einem bestimmten Arbeitsplatz einsteigen können.

Während die Gruppen an den verschiedenen Posten arbeiten, steht der Lehrer als **Auskunftsstelle zur Verfügung.**

In einer **Zwischenbesprechung** werden die Lernerfolge und Lernschwierigkeiten zwischen Schüler und Lehrer ausgetauscht.

Am Schluss stellen sich die Gruppen das, was sie erarbeitet haben, gegenseitig vor. Ergebnisse, die schriftlich festgehalten wurden, werden vorgelesen. Zeichnungen und Modelle werden erläutert. **Das Vorgestellte** wird von den anderen Schülern kommentiert und beurteilt. Die Arbeiten der Schüler können auch benotet werden.

Diese Art von Unterricht fördert einerseits das selbständige Arbeiten der Schüler und andererseits unterstützt sie die Kooperation und Kommunikation unter ihnen. Sie lernen weiter selbst Probleme lösen, kommen zu bestimmten Einsichten und machen neue Entdeckungen.

Diese Unterrichtsform passt durchaus in eine »bibelorientierte Didaktik«, da die Schüler anhand klarer Vorgaben arbeiten und dadurch das selbstkontrollierte, zielstrebige Lernen gefördert wird. Schließlich wird das Ergebnis auch beurteilt.

7.8.4 Der suggestopädische Unterricht

1. Die Entstehung der Suggestopädie

Der bulgarische Arzt, Psychiater und Erziehungswissenschaftler **Georgi Lozanov** ist der Erfinder der Suggestopädie und der ihr zugrunde liegenden Suggestologie. Sein Hauptwerk »Suggestologia« ist 1971 in bulgarischer Sprache erschienen und später (1978) ins Englische übersetzt worden. In Deutschland und der Schweiz blieb die Suggestopädie längere Zeit unbeachtet, bis anfangs der achziger Jahre das Psychotherapeutenehepaar Gunhild und Klaus Hinkelmann in Bremen das Institut »Psychologische Lernsysteme« (PLS) gründeten. Dieses Institut leistet heute mit Hilfe eines Verlages einen wesentlichen Beitrag zur Verbreitung der Suggestopädie.[313] Die Suggestopädie wird vor allem beim Erlernen von Fremdsprachen eingesetzt.

---

313 Kleiner, E., Suggestopädie. Diabolisch einfach lernen?!, Pädagogische Abschlussarbeit am Didaktikum Aarau 1991, S. 3-4

- Lozanov ging davon aus, dass nur ein verschwindend geringer Teil des in jedem Menschen vorhandenen geistigen Potentials genutzt wird.
- Er suchte weiter die Hypermnesie (Supergedächtnis; Steigerung der Gedächtnisleistung), die er bei Yogis in Indien beobachtete, für das alltägliche Lernen von neuem Wissen nutzbar zu machen.

2. Die grundlegenden Vorstellungen des suggestopädischen Ansatzes nach Lozanov[314]

- **Die Suggestion**

  Unter Suggestion versteht Lozanov vom lateinischen Wort »suggero« herkommend, dass man dem Schüler »einen Vorschlag macht«, »eine Wahl ermöglicht«. Lozanov weist weiter darauf hin, dass sich sowohl die positiven als auch die negativen Gedanken und Gefühle des Lehrers, selbst wenn sie nonverbal bleiben, leistungsfördernd bzw. -hemmend in der Suggestionsphase auf den Schüler auswirken.

  Vom Begriff »Suggestion« schlägt er eine Brücke zum Begriff »Desuggestion«. In der Desuggestion geht es darum, dass beim Schüler die anti-suggestiven Barrieren überwunden werden. Es sind vor allem drei Barrieren, die es zu überwinden gilt:

  1. Die kritisch-logische Barriere
  2. Die intuitiv-affektive Barriere
  3. Die ethische Barriere
     (Wenn die neuen Lernprinzipien als unmoralisch und unethisch empfunden werden, bleibt der Lernerfolg aus.)

  Nach suggestopädischer Auffassung entstehen bei den Schülern erst dann hypermnetische Fähigkeiten, wenn die Lernbarrieren überwunden werden können. Zugleich wird ihnen zu verstehen gegeben, dass sie mit dieser Methode viel mehr zu lernen vermögen, als sie aufgrund ihrer bisherigen Lernerfahrungen annehmen.[315]

---

[314] Krag, W., Zur Wirkung der suggestopädischen Lehrmethode, Frankfurt a. M.; Bern; New York; Paris 1989, S. 67-85

[315] Kögler, T., Lernen durch Entspannung? Superlearning, Suggestopädie und »Sanfte Methoden« der Entspannung in Schule, Kirche und Gemeinde. Eine kritische Studie, Lahr 1993, S. 31

- **Lernen mit Freude**
  Es wird angestrebt, dass der Schüler mit Freude, Spontaneität und Begeisterung am Unterrichtsgeschehen teilnimmt.
- **Die mentalen Reservekapazitäten sollen aktiviert werden**
  Es gilt nach Lozanov das große, ungenutzte geistige Potential des Gehirns zu nutzen. Dies geschehe in einer Atmosphäre entspannter Aufmerksamkeit auf Seiten der Schüler.
- **Einheit von »bewussten« und »unbewussten« Prozessen im Unterrichtsgeschehen**
  Die unbewussten Wahrnehmungen, die nicht durch den kortikalen Filter[316] im Gehirn behindert werden, sollen beim Lernen ausgenutzt werden. Dies sei in der Phase des »Passiven Konzerts« möglich. In dieser Phase versucht der Lehrer, den Schüler bewusst in seinem Unterbewusstsein anzusprechen.[317]
- **Die suggestopädische Lehrer-Schüler-Beziehung**
  Der suggestopädische Unterricht gleicht einem gruppendynamischen Prozess. Der Lehrer kann bei dieser Unterrichtsform nicht zwischen seiner Persönlichkeit und dem zu vermittelnden Stoff trennen. Auch die Schüler geben auf der nonverbalen Ebene Informationen über ihre eigene Persönlichkeit weiter. Lehrer und Schüler sind sowohl auf kognitiver als auch auf emotionaler Ebene stark miteinander verbunden.
- **Der zu lernende Stoff sollte multisensorisch vorgetragen werden.**
  Der zu lernende Stoff solle auf eine Art und Weise dargestellt werden, welche die verschiedenen sensorischen Modi der Schüler ansprechen (visuell, akustisch, haptisch).[318]

[316] Bewusster Filter, von dem man annimmt, dass er sich in der Hirnrinde befinde.
[317] Dhority, L., Moderne Suggestopädie (aus dem Amerikanischen übersetzt und bearbeitet von G. Hinkelmann), Bremen 1986, S. 79-81
[318] Krag, W., Zur Wirkung der suggestopädischen Lehrmethode, S. 85

3. Die Grundprinzipien der Suggestopädie[319]

- **Autorität**

  Die Autorität des Lehrenden wird als wichtige Grundvoraussetzung für den Lernerfolg angesehen. Es geht hier zunächst um die fachliche Autorität des Lehrers, die sich weiter in einem großen Verantwortungsgefühl und einem klaren Verständnis für die Denkweise des Lernenden zeigt. Das Wichtigste ist ja, dass ihm die Schüler mit Respekt und ganzer Offenheit begegnen.
- **Infantilisierung**

  Es geht darum, die spielerischen und kreativen Elemente und Handlungsmöglichkeiten zu aktivieren und für den Lernprozess nutzbar zu machen. Dabei wird vom Lernen der Kleinkinder ausgegangen. Kleinkinder sind ja in der Lage, eine ungeheure Menge neuer Informationen mit relativer Mühelosigkeit zu lernen.
- **Mehrdimensionalität der Interaktion**

  Der Lehrer gibt verbale und nonverbale Informationen weiter. Er hat darauf zu achten, dass seine nonverbalen und explizit-verbalen Informationen eine Einheit bilden.
- **Lernen mit beiden Gehirnhälften**

  Man geht davon aus, dass die linke Gehirnhälfte den dargebotenen Stoff eher »logisch-sprachlich-analytisch« erfasst, während die rechte die neuen Informationen eher »emotional-nonverbal-synergistisch« verarbeitet. Von dieser Auffassung herkommend fordert man eine multisensorische Darbietung des Stoffs.
- **Pseudopassivität und Musikeinsatz**

  Im suggestopädischen Unterricht sucht man einen entspannten und angenehmen Zustand, auch »Alpha-Zustand« genannt, herzustellen.[320] Dazu setzt man mit bestimmten Charakteristika

---

319 ebd., S. 87-96

320 Der Alpha-Zustand ist ein entspanntes Wachsein. In diesem Zustand sind wir kreativ und geistig aktiv. Mit Hilfe von Entspannungsübungen und bestimmten Loslass-Praktiken könne man in den Alpha-Zustand gelangen und den Organismus beruhigen. In diesem Zustand könnten die Ressourcen der rechten Gehirnhälfte genutzt werden, da das Unterbewusstsein vom Einfluss des Bewusstseins befreit sei. Vgl., Decker, F., Die neuen Methoden des Lernens und der Veränderung, S. 55-56

versehene Musik ein. Im Hören auf diese Musik kommt es zu einem pseudopassiven Zustand. Während dieser Phase wird der zu lernende Stoff dem Rhythmus der Musik angepasst rezitiert. Auf diese Weise soll die rechte Gehirnhälfte (Musik) und die linke (Sprache) miteinander synchronisiert werden. Die Musik wird als Transportmittel des Lernstoffs benutzt. Die Schüler sollen keine bewusste intellektuelle Anstrengung unternehmen, um sich den Stoff zu merken, da sie in diesem entspannten Zustand hochgradig aufnahmefähig seien und die aufgenommenen Informationen verarbeiten könnten.

- **Sequentierung des suggestopädischen Unterrichts**
  - Pro-Sessions-Phase (15-20 Minuten)
    Der Lehrer präsentiert den neuen Stoff in angenehmer, theatralischer Form. In dieser Phase wird auch der vorangehende Stoff wiederholt.
  - Sessions-Phase (45 Minuten)
    Aktives Konzert:
    - Der Lehrer rezitiert in der ersten Hälfte mit klassischer Musik harmonierend den Stoff. Die Schüler folgen still mitlesend dem Vortrag.

    Passives Konzert:
    - In der zweiten Phase, in der vor allem Barockmusik eingesetzt wird, trägt er in Rhythmus und Intonation der Musik den Stoff erneut vor. Die Schüler legen sich meist hin und hören mit geschlossenen Augen zu.
  - Post-Sessions-Phase (120 Minuten)
    In der Post-Sessions-Phase wird der neue Stoff durch vielerlei Aktivitäten geübt und aktiviert. Es ist die längste Phase.

4. Methodische Schwerpunkte dieses Unterrichts[321]

- **Die Rolle der Musik**

Während des ganzen Unterrichts wird Musik abgespielt. Sie ist eine so genannte »periphere« Information, die nicht Gegenstand der aktiven Aufmerksamkeit des Schülers sein darf, sondern nur

321 Krag, W., Zur Wirkung der suggestopädischen Lehrmethode, S. 167-184

den emotionalen Parameter positiv beeinflussen soll, sodass die Lernbereitschaft und die Aufnahmekapazität erhöht wird.
Die Musik bewirkt, dass ein Zustand entspannter Wachheit geschaffen wird. Sie hilft, die anti-suggestiven Barrieren zu beseitigen. Die Musik ist im suggestopädischen Unterricht integraler und wesentlicher Bestandteil.

- **Die Rolle des Lehrers**
  Er muss zunächst ein suggestopädisch angenehmes Klima schaffen. Er muss den Stoff mit Hilfe von Medien multisensorisch und kreativ darbieten. Seine Hauptaufgabe besteht darin, die anti-suggestiven Barrieren zu beseitigen. Beim Rezitieren des Stoffs hat er sich gut an den Rhythmus der Musik anzupassen. Er muss auch wissen, wie er Phantasie- und Imaginationsübungen zur Entspannung einsetzen kann. Der Lehrer steht ganz eindeutig im Mittelpunkt des suggestopädischen Unterrichts. Er befindet sich in einer ausgesprochenen Machtposition, da er suggestiv auf die Schüler einwirkt. Diese suggestive Einwirkung versetzt den Schüler in eine große Abhängigkeit vom Lehrer, die dieser missbrauchen kann.[322]
- **Der Einsatz von modifiziertem Lehrmaterial**
  Der Text auf den Schülerblättern sollte emotional ansprechend sein. Humorvolle Bilder bzw. Cartoons sind eine wichtige Dimension der Stoffpräsentation und bewirken eine zusätzliche Kodierung des Materials im Gedächtnis. Der Gebrauch von Metaphern, Parabeln, Fabeln usw. scheint deshalb wichtig, weil sie die rechte Gehirnhälfte stimulieren sollen.
- **Die Rolle des physischen Ausagierens**
  Gerade in diesem Bereich haben R. S. Baur und C. Schmid die Gedanken von Lozanov wesentlich ergänzt.[323] Ihr Ziel ist es, die einseitig verbale Aufnahme und vor allem den kognitiv ablaufenden Prozess der Aufnahme des Stoffes durch komplementäre Aktivitäten, dem so genannten körperlichen Ausagieren, zu er-

---

322 Kleiner, E., Suggestopädie, S. 28-30

323 Baur, R. S., Die psychopädische Variante der Suggestopädie, in: Neues Lernen, Journal 2, o. J., S. 5-23; Schmid, C., New dimension in learning, LIND-Institut, San Francisco 1985

gänzen. Dazu gehören Sketch, Stegreifpantomimen, Einsatz von Spielzeugen (Puppen, Masken). Dadurch kommen gruppendynamische Effekte zum Tragen.

- **Sonstige Elemente**

  Fehlerkorrekturen sollen so gemacht werden, dass der Schüler nicht emotional getroffen wird.

  Weiter wird den Schülern ab und zu ein Identitätswechsel empfohlen. Es geht darum, dass der Schüler eine fiktive, dem gewünschten Zustand nahe kommende Identität annimmt.

5. Ablauf einer Lernsitzung[324]

- **Einstimmungsphase (5 min)**

  Begrüßung, einige einfache Sätze und deren spielerische Beantwortung zur »Einstimmung« am Anfang der Stunde schaffen eine emotional positive Atmosphäre; »anregende« klassische Musik.

- Wiederholung und Globalisierungsphase »Big Picture« (20 min)
  1. Kurzwiederholung des vorangegangenen Stoffes, falls angebracht mit spielerischen Elementen.
  2. Ausblick auf den Stoff der aktuellen Lernsitzung mit Verknüpfung des bereits Gelernten. Sinn und Zweck des neuen Lernstoffes (Lernziel) aufzeigen.

- **Präsentationsphase**
  1. Aktive Phase (20 min)

     Dynamische und dramatische Präsentation durch den Lehrer. Einsatz mimischer, haptischer und pantomimischer Elemente. Ansprechen möglichst vieler sensorischer Kanäle der Schüler; anregende Musik, falls angebracht auditorisches, visuelles und taktiles Präsentationsmaterial (Landkarten, Bilder, Tonbandszenen, usw.).
  2. Passive Phase (15 min)

     Lerner werden körperlich und mental entspannt. Zur mentalen Entspannung kommt es durch das Beachten des Atems, durch die Entfaltung und Vorstellung von inneren Bildern.[325]

---

[324] Krag, W., Zur Wirkung der suggestopädischen Lehrmethode, S. 200-201

[325] Kögler, T., Lernen durch Entspannung?, S. 52-53

Langsame Barockmusik oder Entspannungsmusik wird abgespielt.
Die wichtigsten Vokabeln und Satzkonstruktionen werden synchron mit der Musik weitergegeben.

- **Übungsphase (45 min)**
Einüben neuer Vokabeln und ihrer grammatikalischen und syntaktischen Strukturen in spielerischer (Rollenspiele, Sketche) und amüsanter Form. Körperliches Ausagieren der neuen sprachlichen Strukturen. Einsatz aller visuellen, auditorischen und taktilen Hilfsmittel (Spielzeug, Bilder, Malstifte, Puppen usw.). Humor als gezieltes Unterrichtselement.
- **Schlussphase**
Kurze Gesamtwiederholung des neuen Stoffes, Ausblick auf die nächste Stunde. Ausklang mit Entspannungsmusik.

6. Welches Menschenbild steht hinter der suggestopädischen Auffassung?

Verschiedene Vertreter der Suggestopädie gehen in ihrer Auffassung, wer der Mensch sei, von der transpersonalen Psycholgie aus. Die Vertreter der Suggestopädie in Amerika D. H. Schuster und Ch. Gritton betrachten das suggestopädische Lernen als ein parapsychologisches Phänomen. Wer also mit Überzeugung suggestopädisch unterrichtet, bezieht esoterische Kräfte in den Lernprozess mit ein. Diese Auffassungen weisen darauf hin, dass die Suggestopädie der New-Age-Bewegung nahe steht.[326]

7. Stellungnahme

Vorerst ist darauf hinzuweisen, dass die suggestopädische Methode noch so neu ist, dass sie im deutschsprachigen Raum in den Schulen noch wenig Anwendung findet.[327]

Es gilt aber zu beachten, dass verschiedene Elemente der Suggestopädie, so die körperliche und mentale Entspannung, Meditations- und Entspannungsübungen, Visualisierung und Autosuggestion,

---

[326] ebd., S. 70-71
[327] ebd., S. 86-89

Atemübungen und Musikhören in vielen Schulen Eingang gefunden haben.[328] Die Methode wird heute vor allem in betriebsinterner Aus- und Weiterbildung angewandt.

In der Suggestopädie wird nicht mehr der Wille des Kindes angesprochen. Es werden von ihm auch keine Anstrengungen erwartet. Das Kind wird bewusst auf der emotionalen Ebene angesprochen. Es soll in einem freudigen, ruhigen und entspannten Zustand lernen. An die Stelle der Anstrengung tritt einerseits die »Pseudopassivität« und andererseits das spielerische Ausagieren. Sollte eine solche Unterrichtsform, die gute intellektuelle Leistungen aufweist, in einer Zeit, da die Kinder ohnehin Mühe haben, sich anzustrengen, nicht begrüßt werden?[329]

- Sicherlich hat Lozanov ganz richtig gesehen, dass der emotionale Bereich im Unterricht eine bedeutende Rolle spielt, wenn er zu guten Ergebnissen führen soll.
- Er hat auch ganz richtig darauf hingewiesen, dass im Unterrichtsverlauf alle Sinne des Kindes angesprochen werden sollten. Er forderte deshalb einen multisensorischen Unterricht.

Das Ziel des suggestopädischen Unterrichts ist, bessere intellektuelle Leistungen zu erreichen. Ja, man hofft in jedem Schüler hypermnesische Fähigkeiten zu wecken. Mit dieser Zielsetzung wird die Forderung unserer Zeit, möglichst hohe kognitive Leistungen zu erbringen, voll übernommen.

Es wird meines Erachtens zu wenig beachtet, dass es im Leben eines Kindes andere, ebenso erstrebenswerte Unterrichtsziele zu erreichen gilt. Da sind die Hinführung zur Verantwortlichkeit, die Förderung der Gemeinschaftsfähigkeit, die Formung des Willens, die Anleitung zum Gehorsam usw. zu erwähnen. All dies fällt um des einen Zieles, der intellektuellen Leistung willen, gewissermaßen unter den Tisch.

---

[328] ebd., S. 102

[329] Ludger Schiffler hat mit Hilfe einer empirischen Untersuchung die Behauptung der Suggestopädie, dass man mit weniger Anstrengung mehr lerne, in Frage gestellt. Vgl. Schiffler, L., Suggestopädie und Superlearning – empirisch überprüft. Einführung und Weiterentwicklung für Schule und Erwachsenenbildung, Frankfurt a. M. 1989, S. 112.120-125

Um die intellektuellen Hochleistungen ohne Mühe und Anstrengung zu erbringen, wird das Kind in einen Zustand der »Pseudopassivität« versetzt. In diesem Zustand werden alle anti-suggestiven Barrieren – die kritisch-logische, die intuitiv-affektive und die ethische – ausgeschaltet. Das Kind öffnet sich ganz für die Suggestion des Lehrers. Der Lehrer hat in dieser Situation eine ganz besondere Macht über das Kind. Er greift in unverantwortlicher Weise in die Persönlichkeitsstruktur des Kindes ein.

Wenn man bedenkt, dass in dieser Phase der »Pseudopassivität« das Kind auch nonverbal durch den Lehrer beeinflusst wird, besteht gerade in dieser Phase die akute Gefahr der Manipulation.[330] Es werden nicht nur Wissen, sondern über nonverbale Kanäle auch Auffassungen und Verhaltensweisen vermittelt. Dem Lehrer kommt in der Phase der »Pseudopassivität« des Kindes eine Position zu, die unverantwortlich ist, da das Kind seiner vielschichtigen Beeinflussung wehrlos ausgesetzt ist.[331] Der entspannt aufgenommene Stoff wird spielerisch, mit Hilfe gruppendynamischer Übungen, aktiviert. Man nennt dies körperliches Ausagieren. In dieser Phase des Unterrichts besteht die Gefahr des Abbaus der Persönlichkeit in Richtung Gruppe.

Interessant ist, wie bei dieser suggestopädischen Lehrmethode dem kognitiven Bereich des Menschen eine derart dominante Rolle zukommt, dass im Alpha-Zustand eine Art Trennung von einem passiven Körper und einer hochaktiven Kognition angestrebt wird. Der Mensch wird im Blick auf eine bessere kognitive Leistung in die beiden Teile Geist und Körper aufgeteilt. Wo bleibt hier die Ganzheit des Menschen?

Lehrer, welche der New-Age-Bewegung nahe stehen, suchen mit Hilfe esoterischer Kräfte den suggestopädischen Lernprozess zu fördern.[332]

Die bibelorientierte Didaktik nimmt das Kind als Persönlichkeit ernst. In ihr wird der Wille des Kindes angesprochen, wissend, dass

---

330 Kögler, T., Lernen durch Entspannung?, S. 159
331 Kleiner, E., Suggestopädie, S. 33
332 Kögler, T, Lernen durch Entspannung?, S. 173

das Kind sich weigern kann, das Geforderte auszuführen. Gerade weil ein von der Bibel geprägter Unterricht dem Kind letztlich den freien Willen lässt, fördert er seine Identitätsfindung und seine Persönlichkeitsentfaltung. Da ich der Überzeugung bin, dass der suggestopädische Unterricht die Identitätsfindung und Persönlichkeitsentfaltung des Kindes hemmt bzw. verunmöglicht und die Gefahr besteht, dass es esoterisch beeinflusst werden kann, warne ich vor dieser Unterrichtsmethode. Bessere intellektuelle Leistungen sind in unserem Leben nicht das Wichtigste. Die Persönlichkeitsformung eines Kindes, welche es in die Lage versetzt, verantwortungsbewusst zu handeln, erachte ich als wichtiger. Übrigens kann es nur auf diesem Weg zu einer persönlichen Gottesbeziehung gelangen.

Der suggestopädische Unterricht hat deshalb in einer bibelorientierten Didaktik keinen Platz.

7.9 Die Anschauung

Gott, unser Schöpfer, hat sich bemüht, sich den Menschen anschaulich zu offenbaren. Denken wir nur an den Durchzug durch das Rote Meer, die Eroberung der Stadt Jericho usw. Die Stiftshütte und später der Tempel veranschaulichten etwas vom Wesen Gottes. Die Anschauung hat in der Menschwerdung Gottes in Jesus Christus ihren Höhepunkt gefunden. Johannes formuliert dies in seinem ersten Brief in Vers 1 des ersten Kapitels so:

> »Was von Anfang an war, was wir gehört, was wir mit unseren Augen gesehen, was wir angeschaut und unsere Hände betastet haben vom Wort des Lebens ...«

Indem wir von Gott lernen, suchen wir das Kind über alle Sinne anzusprechen, nämlich über **das Ohr, das Auge, den Tast- und den Bewegungssinn**. Das Ziel unserer Bemühungen ist, dass es im Kind zu einer inneren Anschauung des Gelehrten kommt. Gut gelungene Anschaulichkeit führt zu Wirklichkeitsnähe, Erlebnistiefe und Vorstellungsklarheit (saubere Begriffe).[333] Dies sind die Grundvoraussetzungen, um im Unterricht die angestrebten Ziele zu erreichen. Die Veranschaulichung, die ein vertieftes Eindringen in den Lerninhalt ermöglicht, führt ferner zu einer langen Behaltensleistung des Gedächtnisses.[334]

Anschaulicher Unterricht ist nur dann möglich, wenn der Lehrer als ganze Person anschaulich unterrichtet. Er hat für die Kinder verständlich zu reden. Mit Mimik und Gestik hat er dies, was er unterrichtet, zu verdeutlichen. Auch **Medien** können eine Hilfe sein.[335] Das Wort »Medium« kommt vom lateinischen Wort »medius« (dazwischen liegend, Mittelding, vermitteln), dessen Wortsinn die Vermittlung repräsentiert. Medien sind im Lehr- und Lernprozess Hilfsmittel bei der Vermittlung von Inhalten und Zielen.[336] Man unterscheidet zwischen den **vortechnischen** (Wandtafel, Flanelltafel ...), den **audiovisuellen** (Overheadprojektor, Diaprojektion, Film, Video, Fernsehen, CD, Tonband, Computer) und den **Printmedien** (Zeitung, Zeitschriften, Bilderbuch, Comics, Illustration ...).

Die mediale Veranschaulichung kennt vier Schwerpunkte, nämlich das **Modell** (Tiermodell, physikalisches Modell, Maschinen, Apparate), **Bilder** (Foto, Dia, Film), das **Schema** (Tabellen, Diagramme, Schaubilder) und die **Sprache** (Berichte, Hörspiele).[337]

Die Veranschaulichung muss klar strukturiert werden. Einzelinformationen sollten generalisiert werden. Zu jedem Hauptgedanken gehört wenn irgend möglich ein bildhaftes (figuratives) Element, ein so genanntes Abrufsignal.[338]

Diese visuellen oder akustischen Hilfsmittel ersetzen nie den durch anschauliche Wortwahl und Gestik geprägten Unterricht eines Lehrers, sondern helfen, das Ausgeführte noch besser zu verdeutlichen und dadurch zu vertiefen. Die Medien haben also vor allem eine in-

---

333 Glöckel, H., Vom Unterricht, S. 283
334 Wellenhofer, W., Unterricht heute, S. 80
335 Glöckel, H., Vom Unterricht, S. 284
336 Kron, F. W., Grundwissen Didaktik, S. 323-325
337 Wellenhofer, W., Unterricht heute, S. 88
338 ebd., S. 137

strumentelle Funktion, sind Lernhilfen.[339] Sie können den Lernprozess verstärken oder motivierend auf ihn einwirken.[340]

D. Höltershinken weist darauf hin, dass in den heutigen Schulen Medien oft als Ersatz für den Unterricht durch den Lehrer eingesetzt werden.[341] Die Medien bekommen so einen Eigenwert, den ich ablehne, da in einem solchen Unterricht die nötige Rückkoppelung und die sozialen Lernphasen fehlen. Wir müssen deshalb in Zukunft Lehrformen entwickeln, in welchen sich die Lehrertätigkeit und der Einsatz von Medien, u.a. des Computers und mit ihm des Internets, ergänzen. Damit das in bestmöglicher Weise geschehen kann, müssen in der Ausbildung der Lehrer die technische Handhabung der Medien, der didaktische-methodische Umgang mit ihnen und ihre pädagogisch verantwortbare Einbindung in den Unterricht berücksichtigt werden.

7.10 Gesamtplanung des Unterrichts

In den Schulen legt der Staat in den verschiedenen Fachbereichen Lehrpläne vor, die eine Gesamtplanung des Unterrichts enthalten. Bis 1970 waren dies vor allem Stoffpläne. Diese **Stoffpläne** wurden durch die **curriculare Lehrplanreform** verdrängt. In den heute vom Staat vorgelegten Lehrplänen werden neben den Inhalten auch die Ziele formuliert. Daneben enthalten sie Empfehlungen zum Unterrichtsverfahren (Methoden, Medien). Es bleibt aber noch genügend Freiraum, sodass jeder Lehrer seiner Überzeugung entsprechend unterrichten kann.[342] In den Freikirchen müssen solche Gesamtpläne für die Sonntagsschule, die Jungschar und den biblischen Unterricht (Konfirmandenunterricht) selbst erstellt werden

339 Kron, F. W., Grundwissen Didaktik, S. 335
340 ebd., S. 348
341 ebd., S. 348
342 Westphalen, K., Lehrplanarbeit, in: Pädagogische Positionen, S. 68-82; Dubs, R., Bildungspolitik, Schule und Unterricht. Eine persönliche Standortbestimmung, St. Gallen 1993, S. 65-67

(siehe 8.7). Es wäre Aufgabe einzelner Freikirchen/Gemeindeverbände oder mehrerer Freikirchen/Gemeindeverbände, solche Lehrpläne gemeinsam zu erarbeiten.

7.10.1 Die Curriculumtheorie

7.10.1.1 Die Entfaltung der Curriculumtheorie

Curriculum bedeutete ursprünglich soviel wie »Lehrplan«. Heute ist die Curriculumreform das Stichwort für eine umfassende didaktische Theorie, mit deren Hilfe man die Prozesse des Lehrens und Lernens wissenschaftlich zu begründen sucht, indem man sie kritisch begleitet und exakt kontrolliert. Den entscheidenden Anstoß zur Einführung der Curriculumtheorie im deutschsprachigen Raum gab **Saul B. Robinsohn** mit seinem Buch »Bildungsreform als Revision des Curriculum« (1967).

Die Curriculumtheorie fragt nach einem letzten **Ziel**, nach einem Leitziel für alles Unterrichten. Dieses Leitziel ist nach Robinsohn **die Meisterung der Aneignung der Kultur**, da Kultur zur gesellschaftlichen Existenz und Lebensführung zwingend benötigt werde.[343] Von diesem letzten Ziel herkommend gibt es in den einzelnen Fachbereichen **Globalziele**. Aus diesen Globalzielen werden dann die Feinziele für die Unterrichtseinheiten von einer oder mehreren Stunden abgeleitet.[344]

Diese Fein- oder auch **Lernziele** stehen im Gesamtgefüge des Curriculum im Mittelpunkt.

Wie werden diese Lernziele ausgewählt und begründet?

Dazu macht man eine gründliche Situationsanalyse der Bestimmungsgrößen (Determinanten) des Unterrichts.

Man fragt:

---

343 Kron, F. W., Grundwissen Didaktik, S. 294-298

344 Heimbrock, H.-G., Lern-Wege religiöser Erziehung, S. 131

1. Wie ist die gesellschaftliche Situation, ihr soziales und kulturelles Gefüge? Welches sind ihre Erwartungen und Anforderungen an die Bildungsarbeit?
2. Welche Fragestellungen, Methoden, Ergebnisse und Theoriebildungen haben die Fachwissenschaften?
3. Wie sind der Entwicklungsstand, die Prägung durch die Umwelt, die bisherigen Lernerfahrungen, die Fähigkeiten und Interessen der Schüler?

Die Lernziele müssen nun dieser Analyse entsprechend so gewählt werden, dass der Lernende später den realen »Lernsituationen« in der Gesellschaft gewachsen ist. Ihm müssen bestimmte **Qualifikationen** vermittelt werden. Diese Qualifikationen sind Fähigkeiten, Motivationen, Einstellungen und Verhaltensweisen, die es dem Kind ermöglichen, das angestrebte Ziel zu erreichen. Somit sind die zu vermittelnden Qualifikationen die eigentlichen Lernziele. Von diesen Lernzielen her werden die Bildungsinhalte abgeleitet, die so gewählt werden sollten, dass sie mithelfen, die verschiedenen Lebenssituationen zu bewältigen.[345]

Da die Situation, aus welcher das Kind kommt, und das Verhalten, das später von ihm gewünscht wird, einem ständigen Wechsel unterworfen sind, müssen die Lernziele ständig revidiert werden (»rolling reform«).

Diese einem ständigen Wandel unterworfenen Lernziele beschreiben, wie wir gesehen haben, das überprüfbare Endverhalten des Lernenden. Sie sind der operationalisierbare Teil des Curriculum. **Operationalisieren** heißt: eindeutige Anweisungen geben, mit denen man »operieren«, d.h. verfahren kann. Es wird genau beschrieben, auf welchem Weg das gewünschte Endverhalten erreicht werden soll (Ausgangsverhalten, Richtung, Verlauf, Abschluss des Lernprogramms).

Anschließend muss genau geprüft werden können, ob und wie das Ziel erreicht wurde (Evaluation). Gerade diese Leistungskontrolle ist ein wichtiger Teil der Curriculumtheorie. Der Maßstab für die Messung ist das vorher genau festgelegte Lernziel.

[345] Kron, F. W., Grundwissen Didaktik, S. 307

Zur lernpsychologischen Aufgliederung (Klassifikation) der Lernziele wird folgende Einteilung verwendet:

1. **Der kognitive Lernzielbereich**
   Hier geht es um Sachwissen, Begriffsbildung, geordnete Vorstellungen, selbständiges und kritisches Denken, Problemlösungen.
2. **Der emotionale oder affektive Lernbereich**
   Es werden Gesinnungen und Überzeugungen aufgebaut. Es geht zudem um die Fähigkeit zu werten und um Verhaltensänderungen.
3. **Der operative oder pragmatische Lernzielbereich**
   Dazu gehören motorische Fertigkeiten, die Fähigkeit, selbständig und verantwortlich zu handeln.

Von diesen Lernzielen her werden dann die Lerninhalte und die Unterrichtsverfahren festgelegt.

7.10.1.2 *Anfragen an die Curriculumtheorie*

Die gesellschaftliche, wissenschaftliche und anthropogene Situation, welche in dieser Theorie im Blick auf das Festlegen der Globalziele eine entscheidende Rolle spielt, lässt sich gar nicht objektiv erfassen. Die gegenwärtige gesellschaftliche Situation, in der wir in der Schweiz oder in Deutschland leben, wird von einem Liberalen, einem Marxisten, einem Grünen und einem echten Christen ganz unterschiedlich beurteilt.[346]

Auch die Frage nach den »Qualifikationen« ist schwieriger, als es zunächst aussieht. Ist der Mensch wirklich nur ein Wesen, dem bestimmte Fähigkeiten beigebracht werden müssen, damit er in bestimmten Lebenssituationen angemessen reagieren kann? Ist er nicht vielmehr ein Geschöpf Gottes, das aus einer persönlichen Gottesbeziehung heraus lernen muss, sich in den Situationen des Lebens zu bewähren?

Es gilt weiter zu beachten, dass es kaum einen Fachbereich gibt, in welchem eine durchgehende Operationalisierung der Lernziele

---

346 Bochinger, E.; Paul, E., Einführung in die Religionspädagogik, S. 123

möglich wäre. Es braucht eine überlegte Abstufung zwischen operationalisierbaren und nicht operationalisierbaren Lernzielen.[347]

Übrigens wird in der Curriculumtheorie dem durchaus fruchtbaren Lernprozess kaum eine Bedeutung beigemessen. Hierauf hat im Bereich der Religionspädagogik vor allem K. E. Nipkow hingewiesen.[348] Er fordert deshalb ein »offenes Curriculum«. Der Unterricht soll nicht ergebnis-, sondern prozessorientiert sein. Hans Glöckel weist darauf hin, dass dieser prozessorientierte Unterricht vor allem das selbständige, aufgeweckte Kind fördere. Beim schwächeren Kind wirke sich diese Unterrichtsform negativ aus, da sie im Kind keine Lernimpulse zu wecken vermöge.[349]

Es besteht weiter bei der Anwendung der Curriculumtheorie die Gefahr, dass man die Person in ihrer Ganzheit aus den Augen verliert.

Trotz all dieser Einwände gibt uns die Curriculumtheorie auch positive Impulse.

Es ist sicherlich richtig, dass alles Lehren auf letzte Ziele ausgerichtet sein muss. In der bibelorientierten Didaktik gehen wir davon aus, dass die Bibel, das Wort Gottes, diese letzten Ziele festlegt (siehe 7.5.1.2). Die Bibel, welche uns die Globalziele vorgibt, hilft uns auch beim Festlegen der Lernziele der einzelnen Lektionen.

Gerade beim Festlegen der Lernziele haben wir darauf zu achten, dass wir alle Bereiche, die sich aus der Gottesbildlichkeit des Kindes ergeben, berücksichtigen. Es gilt sowohl den geistlich-sozialen, als auch den moralischen, den intellektuellen, den kreativen, den somatischen und den emotionalen Bereich zu fördern.

7.10.2 Vorschlag einer Gesamtplanung eines Unterrichtsfachs

Zunächst haben wir zu beachten, dass es für die verschiedenen Schulfächer offizielle, vom Staat verabschiedete Curricula gibt.

---

347 Frör, K., Grundriss der Religionspädagogik, S. 81

348 Früchtel, U., Leitfaden Religionsunterricht. Arbeitsbuch zur Didaktik des Religionsunterrichts, Göttingen 1987^4, S. 34

349 Glöckel, H., Vom Unterricht, S. 154-155

Innerhalb dieser offiziellen Curricula gibt es aber genügend Freiraum, um eigene Schwerpunkte zu setzen.[350] Das vorgegebene Curriculumkonzept kann der eigenen Auffassung entsprechend modifiziert werden.[351]

Dies sieht im Blick auf die bibelorientierte Didaktik so aus: Natürlich muss zuerst der Fachbereich und die Klassenstufe, in welcher unterrichtet wird, berücksichtigt werden.

- Wir messen den **Lerninhalten** eine große Bedeutung bei. Wir ringen deshalb darum, welche Inhalte in den jeweiligen Fachbereichen in welcher Altersstufe mit den Kindern gelernt werden sollen. Natürlich werden in der Schule die in den Lehrplänen vorgegebenen Inhalte mit berücksichtigt. Zugleich sucht man von diesen Inhalten her die Brücke ins alltägliche Leben der Kinder zu schlagen.
- Von der Curriculumtheorie übernehmen wir die Ausrichtung auf bestimmte **Lernziele**, die wir als **Erziehungsziele** verstehen, denn wir gehen davon aus, dass lehren und erziehen zusammengehören. Natürlich müssen diese Erziehungsziele im Einklang mit den biblischen Globalzielen stehen (siehe 7.5.1.2). Mit Hilfe der Lernziele werden zunächst erfassbare intellektuelle Leistungen angestrebt (Wissen, Überzeugungen). Zudem sollen die Schüler durch diese wissensmäßigen Einsichten zu Fertigkeiten, Gewohnheiten angeleitet werden. Schließlich geht es darum, in ihrem Leben das Vertrauen in Gott, die Selbständigkeit und die Festigkeit im Glauben zu fördern.
  Die Lernziele (Erziehungsziele) werden dem Entwicklungsstand der Kinder angepasst.
- Ferner fragen wir uns, welche **Arbeits- und Sozialformen** sich am besten eignen, diesen Inhalt im Blick auf die gewählten Ziele darzubieten.
- Schließlich überlegen wir noch, welche Materialien und Medien wir einsetzen sollen.

---

350 Kron, F. W., Grundwissen Didaktik, S. 315-316
351 ebd., S. 319

Bei einer Gesamtplanung stellen wir also die Lerninhalte für ein bestimmtes Alter zusammen, legen die Global- und Feinziele fest, schlagen bestimmte Methoden, Materialien und Medien vor und verweisen schließlich auf die vorhandene Literatur zu diesem Thema.

Zeitangabe (Datum)	Lerninhalte (Brücke in die Praxis)	Lernziele/ Erziehungsziele	Methoden/ Sozialformen	Medien	Literatur

7.11 Vorbereitung des Unterrichts

All dies eben Ausgeführte muss in den Unterricht der verschiedenen Fachbereiche ausmünden. Der Unterricht selbst wird von einer Jahres-, Wochen- und Tagesplanung bestimmt, die zu einer guten Lektionsplanung führt.[352]

7.11.1 Ausarbeitung eines Lektionsentwurfs

- Zuerst muss der Inhalt der Lektion vom Lehrer mit Hilfe entsprechender Lehrerhandbücher, guter Fachliteratur, Quellenmaterial und Lexika gründlich aufgearbeitet werden.
  Er erstellt anschließend einen übersichtlichen Stundenablauf. In diesem führt er aus, welche inhaltlichen Schwerpunkte er entfaltet. Er fragt sich ferner, wie der Inhalt den Schülern zugänglich und vorstellbar gemacht werden kann.[353]

---

352 Wellenhofer, W., Unterricht heute, S. 203

353 Vorbereitung des Unterrichts, hg. v. H. Glöckel; R. Rabenstein; R. Drescher; H. Kreiselmeyer, Bad Heilbrunn 1992², S. 32-33

- Er überlegt, wie er die Thematik seinen Schülern angepasst entfalten kann. Damit dies gelingt, hat er die **entwicklungspsychologischen und persönlich situativen Voraussetzungen**, die sie mitbringen, ins Auge zu fassen. Er hat auch die Klassensituation zu berücksichtigen. Wichtig ist, dass er bedenkt, welchen Bezug die Schüler zu diesem Thema haben.
- Jetzt sucht er eine dem Thema entsprechende **Zielsetzung** (Wissen, Vertrauen in Gott, Veränderungen, Einstellungen, Verhaltensweisen) für die Stunde. Dieses Stundenziel sollte noch in Unterziele **(Teilziele)** aufgeteilt werden. Jedes Teilziel sollte einen Teilbereich des Stundenziels abdecken. Von diesen Zielen her versucht er die Brücke in die Alltagswelt der Schüler zu schlagen. Er fragt sich auch, wie das Ausgeführte praktisch angewendet werden könnte.
- Ferner legt er fest, wo und wie er die Schüler in den Unterricht einbeziehen will. Es ist gut, wenn er die **Fragen, Impulse, Arbeitsanweisungen** usw. ausformuliert in den Stundenablauf hineinschreibt. Nur so gelingt ein gründliches, auf das Kind ausgerichtetes Durchdenken der Lektion. Die **Schülerbeiträge** können stichwortartig wiedergegeben werden, da sie immer ein Stück weit offen bleiben.[354]
- Er wägt ab, welche **Lernhilfen und Medien** er einsetzen könnte.
- Er macht sich Gedanken über die **Sozialformen.**
    - Er kann darbietend unterrichten.
    - Sein Unterricht kann auch entwickelnd gestaltet werden, sodass es zu einem Zusammenwirken von Lehrer und Schüler kommt, welches da und dort in ein Gespräch ausmündet.
    - Die Schüler können einzeln, in Zweiergruppen oder in größeren Gruppen etwas erarbeiten. Er muss die Arbeitshilfen für diese Einzel- oder Gruppenarbeiten bereitstellen (Arbeitsblätter, Tafelanschrieb).[355]

Der jeweilige Tätigkeitswechsel muss aus dem Stundenentwurf deutlich ersichtlich sein.

---

[354] ebd., S. 38
[355] ebd., S. 47-49

- Abschließend bemüht sich der Lehrer um eine ansprechende und Interesse weckende Einstiegsphase. Er überlegt sich auch, wie die Vertiefungsphase gestaltet werden könnte, die in bestimmten Fächern noch in eine Anwendungsphase ausmündet.[356]

Die Stunde sollte schließlich in ein vorgegebenes Raster eingetragen werden, mit dessen Hilfe alle zur Lektion gemachten Überlegungen sichtbar gemacht werden können.[357]

Zeit	Phasen und Teilziele	Unterrichtsverlauf	Sozial-formen	Lernhilfen (Medien)

7.11.2 Vorbereitung der Lektion

Jede Stunde muss, nachdem sie geplant vorliegt, noch vorbereitet werden.

- Alle Lernhilfen und Medien, die eingesetzt werden, müssen dem Stundenablauf entsprechend vorbereitet werden. Technische Medien müssen einsatzbereit sein.
- Die Arbeitsblätter müssen in genügender Anzahl kopiert vorbereitet sein.
- Die Folien, die eingesetzt werden, sind beschrieben.
- Ebenfalls muss der Raum für die Unterrichtsstunde hergerichtet werden.

Dazu kommt die innere Vorbereitung.

Das, was auf dem Papier steht, sollte innerlich nochmals durchgegangen werden. Wichtige Abschnitte der Lektion müssen ausprobiert und wenn nötig eingeübt werden (ausprobieren von Versuchsabläufen).[358]

Der Lehrer bereitet sich innerlich auch darauf vor, die Verlaufsplanung der Lektion, wenn nötig, zugunsten der Interessen und Fragen

[356] Wellenhofer, W., Unterricht heute, S. 225
[357] ebd., S. 254-255
[358] Vorbereitung des Unterrichts, S. 51

der Schüler umzustellen.[359] Je besser er mit dem Lektionsentwurf vertraut ist, umso besser wird ihm ein spontanes Eingehen auf die Schüler und eine mögliche Umstellung des Unterrichtsverlaufs gelingen. Natürlich gehört hier auch eine gewisse Lehrerfahrung dazu.

7.11.3 Nachbereitung

Der Lehrer sollte sich für die Nachbereitung Zeit nehmen, denn durch sie werden die bei der Planung und Durchführung gemachten Erfahrungen fassbar und dadurch für die weitere Arbeit fruchtbar. Der Unterrichtende vergleicht Planung und wirklichen Ablauf, sucht nach den Gründen für Gelingen und Misslingen und zieht daraus Folgerungen für weitere Vorbereitungen.
Es stellen sich folgende Fragen:

- Wo zeigten sich Schwierigkeiten, Probleme, Schwächen der Lektion? Woran lag dies?
- Wie war das Lehrerverhalten?
- Wie wurden die Schüler in das Unterrichtsgeschehen einbezogen?
- Wie war das Verhalten der Schüler?
- War die Veranschaulichung gelungen?
- Was haben die Schüler wirklich lernen können?
- Wurde das Ziel der Lektion erreicht?
- Gibt es langfristig gesehen wirklich Auswirkungen des Unterrichts auf das Lernen und Verhalten der Schüler? Findet wirklich Erziehung statt?

Nur eine gründliche und ehrliche Nachbereitung hilft, den Unterricht immer besser zu gestalten.[360] Neben der Selbsteinschätzung braucht es auch die Fremdbeurteilung. Deshalb ist es gut, wenn Lehrer, die sich gut verstehen, ab und zu gegenseitig Stunden besuchen und diese helfend beurteilen. Lehrer brauchen im Blick auf das Wohl

---

359 Lemke, D., Flexibilität als Prinzip der Unterrichtsplanung, in: Pädagogische Positionen, S. 170-171

360 Vorbereitung des Unterrichts, S. 51-52

der Schüler die Kommunikation und Kooperation mit anderen Lehrern.[361]

7.12 Die Lernkontrolle

Beim Unterrichten ergibt sich eine Einheit von Lernen, Lernziel und Lernkontrolle. Die Lernkontrolle prüft, was tatsächlich gelernt wurde. Die Forderung, eine bestimmte Leistung zu erbringen, ist ein wichtiges pädagogisches Mittel zur Förderung der Schüler,[362] sofern ihnen das »Warum«, »Wozu« und »Wofür« einsichtig erklärt wird. Diese Einsicht ermöglicht den Schülern, das Geforderte als Anspruch an sich selbst zu übernehmen.[363]

Lernkontrolle ist unsinnig und unredlich, wenn sie Wissen oder Befähigungen prüft, die gar nicht Gegenstand und Ziel des Lernens waren. So wird nur das Verhältnis Lehrer-Schüler gestört.

Lernkontrollen, die zu Bewertungen und Beurteilungen führen, sollten klar angezeigt werden. Es sollte auch ausgeführt werden, was genau verlangt wird. Klare Angaben können die Nervosität und Angst der Kinder bedeutend verringern.

Die Kontrollaufgaben sollten klar, verständlich und eindeutig formuliert werden.

Ich finde es richtig, wenn man die Beurteilung mit Hilfe von Noten ausdrückt,[364] damit die Schüler wissen, wo sie im Vergleich zu den anderen in der Klasse etwa stehen. Zugleich fördert die Beno-

---

361 Brenn, H., Die Unterrichtsbeurteilung des Lehrers, eine bedeutsame Aufgabe im Hinblick auf seinen Erziehungsauftrag, in: Der gute Lehrer, S. 194-195

362 Wollenweber, H., Gegen illusionäre Konzepte, für eine leistungsorientierte und zukunftsfähige Schule!, in: Pädagogische Rundschau, Frankfurt a. M. Nr. 2/ 1999, S. 235

363 Schilmöller, R., Bildung und Leistung – Leistungsbeurteilung und bildender Unterricht, in: Grundfragen des Unterrichts, S. 69

364 Gottfried Schröter zeigt, dass die notenmäßige Bewertung von Leistungen durchaus biblisch ist. Vgl. Schröter, G., Versetzung gefährdet? Mit Tips für Schüler und Eltern, Neuhausen-Stuttgart 1980, S. 15-20

tung die Leistungsbereitschaft der Schüler, die ihrerseits einen wesentlichen Beitrag für ihr Selbständigwerden leistet.[365]

Der Lehrer hat sich um eine gerechte Benotung zu bemühen, in welcher er auch den Arbeitseinsatz des Kindes mit berücksichtigt. Zudem muss er, um zu einer gerechten Benotung zu gelangen, bereit sein, die Vorstellungen, die er von der Leistungsfähigkeit eines bestimmten Schülers hat (schwacher oder begabter Schüler), infrage zu stellen. Wenn ein Schüler in einem bestimmten Fach nicht in der Lage ist, gute Noten zu erreichen, sagt dies nichts über seine Person aus. Er ist eben gerade nicht »ein schlechter Schüler«,[366] sondern er ist in diesem Fach leistungsschwach. Zeugnisse sollten deshalb meines Erachtens nicht nur Noten, sondern auch eine Wortbeurteilung im Bereich des Arbeits- und Sozialverhaltens enthalten.[367] In dieser Beurteilung sollte ausgeführt werden, wo die Stärken und Schwächen des Schülers liegen, wo Zufriedenheit am Platz ist und wo Verhaltenskorrekturen erforderlich sind. Eine solche Wortbeurteilung kann das Zustandekommen einer Zusammenarbeit zwischen Eltern und Lehrer erleichtern.

Noten sind in den verschiedenen Selektionsverfahren innerhalb der Schulen eine hilfreiche Entscheidungsgrundlage. Gerade im Blick auf die Berufswahl kann ein Kind vom Zeugnis her gut beraten werden, denn aus dem Zeugnis wird ersichtlich, welches seine Stärken und Schwächen sind.[368]

Heute fordern immer mehr Schüler die Lehrer auf, bestimmte Noten zu begründen oder zu ändern, nachdem sie ihre Note mit denen der anderen Mitschüler verglichen haben.[369] Überhaupt führt die Benotung immer dann zu Konflikten, wenn durch sie bestimmte

---

365 Wollenweber, H., Unterricht und Erziehung in einer zukunftsorientierten Schule, in: Pädagogische Rundschau, Frankfurt a. M. Nr. 6/1996, S. 706

366 Schaude, O., Kind und Schule, in: Ratgeber Erziehung, hg. v. O. Schaude; D. Velten, Wuppertal; Zürich 1991, S. 180-189

367 Pöggeler, F., Der Lehrer zwischen Leistungsmessung, Notengebung und pädagogischem Bezug, in: Der gute Lehrer, S. 27

368 Schröter, G., Alptraum: Zensuren, in: idea spektrum, hg.v. Informationsdienst der Evangelischen Allianz, Wetzlar Nr. 25/1994, S. 18

369 Pöggeler, F., Der Lehrer zwischen Leistungsmessung, Notengebung und pädagogischem Bezug, in: Der gute Lehrer, S. 31

Weiterbildungschancen für das heranwachsende Kind verbaut werden. Mit dieser Spannung müssen Lehrer und Eltern leben lernen.

7.13 Forschung in der Didaktik

Es geht in der didaktischen Forschung vor allem darum, das Unterrichtsgeschehen besser zu erfassen.
In der Unterrichtsforschung gibt es vier Schwerpunkte:
1. Die Lehr-Lern-Forschung als Erforschung von der Lehr-Lern-Situation.
2. Die Lernforschung als individueller Lernprozess im Bereich des organisierten Lehrens und Lernens.
3. Die Curriculumforschung als Erforschung der Inhalte und Formen, sowie ihrer Funktion in Lehr- und Lernprozessen.
4. Die Medienforschung als Erforschung von Lehr- und Lerntechnologien.

7.13.1 Die Lehr- und Lernforschung

Der oberste Zweck dieser Forschungsrichtung ist die Verbesserung des Unterrichts. Seit 1980 erforscht man vor allem die Interaktionen während des Unterrichts. Man sucht mit Hilfe der Forschung die Interaktionsstrukturen in den verschiedenen Lehr- und Lernfeldern aufzuklären.

In der Lehr-Lern-Forschung wird nach P. M. Roeder, E. Terhart und W. Werres vor allem das Folgende gründlich untersucht:
- Es werden die kognitiven Prozesse und die Interaktionsstrukturen von Lernprozessen beobachtet. Lernen wird dabei als aktiver Prozess des Problemlösens aufgefasst.
- Es wird weiter auf die Zusammenhänge von Aufgabenstellungen, Aufgabensequenzen, Lernproblemen und -ergebnissen geachtet.
- Es werden längere Unterrichts- und Lernpassagen gründlich untersucht.

- Kognitive, affektive und motivationale Prozesse sucht man zusammen zu erfassen.[370]
- Ferner wird der Einfluss des Kommunikationsgeschehens auf den Unterricht untersucht.
- Die Unterrichtssituation wird als soziale Situation verstanden, die man gründlich zu erforschen sucht.[371]
- Die heutige Lehr-Lern-Forschung sieht sich gezwungen, sich mit den massiven Disziplinproblemen, Unterrichtsstörungen, Unkonzentriertheit und Lernverweigerung zu beschäftigen. Es geht darum, die Ursachen, Wirkungen und Entwicklungstendenzen zu erforschen und mögliche Interventionsstrategien zu erarbeiten.[372]

7.13.2 Die Forschungsmethoden[373]

- Mit Hilfe **hermeneutischer Forschungsmethoden** wertet man gezielte Interviews, Beobachtungen und Protokolle von pädagogisch relevanten Situationen des Unterrichts aus.
- Bei der **phänomenologischen Forschungsmethode** geht es darum, allgemeingültige humane Dimensionen pädagogischer und didaktischer Tätigkeiten im Dienst eines einzelnen Menschen herauszuarbeiten.
- Die **quantitative Methode**, die stark vom kritischen Rationalismus geprägt ist, dient dazu, in verschiedenen Bereichen mit Hilfe von Experimenten Daten zu erarbeiten. Die experimentelle Forschung geht davon aus, dass das Verhalten eines Menschen (V) stets als eine Funktion (f) von Bedingungen in der Person (P) und in der Umwelt (U) aufgefasst werden kann. Die Formel lautet deshalb: $V = f(P,U)$.[374] Um zu Forschungsergebnissen zu gelan-

---

[370] Kron, F. W., Grundwissen Didaktik, S. 197-201

[371] Terhart, E., Lehr-Lern-Methoden, S. 66-67

[372] Werres, W., Schule heute. Schülers Lust und Schülers Frust, in: Schüler in Schule und Unterricht. Berichte und Untersuchungsverfahren, hg. v. W. Werres, Frankfurt a. M. 1996, S. 11-12

[373] Kron, F. W., Grundwissen Didaktik, S. 201-204

[374] Wellenreuther, M., Quantitative Forschungsmethoden in der Erziehungswissenschaft. Eine Einführung, Weinheim; München 2000, S. 37

gen, wird der heutige Erkenntnisstand zu dem Bereich, den man erforscht, ermittelt. Es werden dann ergänzende Theorien und Hypothesen erarbeitet. Nun folgt das Experiment, in dem die Theorien und Hypothesen mit empirischen Hilfsmitteln (Beobachtung, Fragebogen, Interview usw.) auf ihre Richtigkeit hin überprüft werden. Das zu überprüfende Ergebnis wird mit Hilfe von Messungen festgehalten, die abschließend noch ausgewertet werden. Im Blick auf diese Messungen werden Skalen, Fragebögen und Tests erarbeitet.[375]
  - Es werden Skalen zur Messung von Einstellungen, Intelligenz und Leistung erstellt.
  - Skalen zur Messung von Strukturmerkmalen einer Klasse, einer Gruppe werden entwickelt.
  - Es gibt standardisierte Fragebogen für verschiedene Bereiche.[376]
  - Dazu kommen unterschiedliche Tests.[377]
  - Ein komplexes Interaktionsgeschehen, z.B. der Unterricht in einer Schulklasse, sucht man mit Hilfe der Beobachtungsmethode zu erfassen.[378]
- Die **qualitativen Methoden** werden vor allem zur Erfassung komplexer sozialer Prozesse oder Sachverhalte im Unterricht eingesetzt.
  Zur Erfassung dieser Prozesse werden die teilnehmende Beobachtung, das Interview, das dem Befragten einen großen Spielraum lässt, die biographische Methode, die Gruppendiskussion und Fallstudien eingesetzt. Man verzichtet auf Antwortvorgaben, Einstellungsskalen, Tests und standardisierte Instrumente aller Art.[379]

---

375 ebd., S. 353-367

376 Anleitung zur Durchführung und Auswertung eines solchen Fragebogens siehe Haecker, H.; Werres W., Urteile über Schule und Unterricht. Schülerfragebogen für Schüler des 5.-10. Schuljahres (SUSU 5-10), in: Schüler in Schule und Unterricht, S. 42-84

377 Martin Wellenreuther zeigt, wie man solche Tests ausarbeitet. Vgl. Wellenrether, M., Quantitative Forschungsmethoden in der Erziehungswissenschaft, S. 283-294

378 Kuckartz, U., Methoden erziehungswissenschaftlicher Forschung 2: Empirische Methoden, in: Erziehungswissenschaft. Ein Grundkurs, hg. v. D. Lenzen, Reinbek bei Hamburg 1997^3, S. 556

379 ebd., S. 559

Mit Hilfe der qualitativen Forschung sucht man die Bedeutung des menschlichen Handelns zu erfassen.[380]

Der große Zeitaufwand, den qualitative Untersuchungen benötigen, steht oft in keinem Verhältnis zu der doch recht geringen Auswertung.[381]

Sowohl bei der quantitativen als auch bei der qualitativen Methode werden die herausgearbeiteten Daten mit Hilfe bestimmter Computerprogramme ausgewertet.[382]

All diese erfassten Daten müssen nun noch interpretiert werden. Je nachdem, von welchem Menschenbild man ausgeht, wie man sich die Lehr- und Lernprozesse vorstellt, welche letzten Ziele man für erstrebenswert hält, interpretiert man diese Daten anders. Wer vom biblischen Menschenbild ausgeht, den Lehrprozess als Erziehung und den Lernprozess als aktiven, vom Schüler ausgehenden Vorgang versteht und die biblischen Globalziele für erstrebenswert erachtet, interpretiert diese Daten anders als jemand, der vom humanistischen Menschenbild ausgeht, den Lernprozess als Sozialisation oder symbolische Interaktion versteht und Emanzipation für das erstrebenswerte Ziel hält.

7.13.3 Einige Forschungsergebnisse

7.13.3.1 Untersuchungen von Interaktionsformen im Unterricht von R. und A.-M. Tausch[383]

Tausch/Tausch legten ihren Forschungsergebnissen, die sie 1977 veröffentlichten, die Position des symbolischen Interaktionismus zugrunde. Sie rückten so die Interaktion und die Deutung derselben in

---

380 König, E.; Zedler, P., Theorien der Erziehungswissenschaft. Einführung in Grundlagen, Methoden und praktische Konsequenzen, Weinheim 1998, S. 153-154

381 ebd., S. 168

382 Kuckartz, U., Methoden erziehungswissenschaftlicher Forschung 2: Empirische Methoden, in: Erziehungswissenschaft, S. 562-564

383 Kron, F. W., Grundwissen Didaktik, S. 216-221

den Mittelpunkt ihrer Forschung. Sie gingen weiter von den Vorstellungen der Identitätsentwicklung Eriksons aus.

- Sie kamen in ihren Forschungen zum Schluss, dass Achtung, Wärme, Rücksichtnahme von Seiten des Lehrers sich förderlich auf die Persönlichkeitsentwicklung des Kindes auswirken, während Missachtung, Kälte und Härte die Persönlichkeitsentwicklung erheblich beeinträchtigen.
- Durch Untersuchungen zum Unterricht gelangten sie zur Überzeugung, dass Kleingruppenunterricht in jedem Fall dem Frontalunterricht vorzuziehen sei.

Das Ergebnis, zu welchem sie in ihrer Unterrichtsforschung gelangten, ist nicht verwunderlich, wenn man die Grundlagen ihrer Forschung (symbolischer Interaktionismus) beachtet. Übrigens haben neuere Lehrmethodenforschungen diese Behauptung nicht erhärtet.[384]

7.13.3.2 H. Petillon geht auf die Perspektiven der Lehrerinnen und Lehrer im Unterricht ein[385]

Er ging in seinen Untersuchungen von dem rollentheoretischen Ansatz der Sozialisationsforschung aus. Von diesem Ansatz her untersuchte er die Interaktionszusammenhänge Lehrer-Schüler im Unterricht.

Die im Unterricht aufeinander bezogenen Interaktionen können von Lehrer/Lehrerinnen dadurch am besten ermittelt werden, dass ihre Eruierung auf Schülermerkmale bezogen werden z.B. auf Leistung und Konformität.

Er arbeitete 5 typische Interaktionsformen heraus:

- **Der Idealschüler:**
  Er ist dem Lehrer zugewandt. Er ist aufgeweckt und aktiv. Er erbringt gute Leistungen. Die Lehrer/Lehrerinnen gehen stark auf diese Kinder ein.

---

384 Terhart, E., Lehr-Lern-Methoden, S. 75

385 Petillon, H., Der Schüler. Rekonstruktion der Schule aus der Perspektive von Kindern und Jugendlichen, Darmstadt 1987

- **Die Selbständigen:**
  Haben sehr gute Schulleistungen, passen sich aber nicht an. Sie sind selbstsicher. Sie bedrohen die Autorität des Lehrers.
- **Die Ignorierten:**
  Sie haben durchschnittliche Schulleistungen, sind diszipliniert, unauffällig, zurückhaltend. Die Lehrer/Lehrerinnen geben diesen Kindern wenig Aufmerksamkeit.
- **Die Sorgenkinder:**
  Sie haben schlechte Schulleistungen. Sie wenden sich mit Bedürfnissen in angemessener Form an die Lehrer/Lehrerinnen. Ihnen wird von den Lehrenden große Aufmerksamkeit geschenkt. Sie empfangen besondere Zuwendung.
- **Die Abgelehnten:**
  Diese Schüler haben schlechte Schulleistungen, sind undiszipliniert und überfordern die Lehrenden. Sie stehen unter der ständigen Kontrolle der Lehrenden. Sie werden oft von den Lehrern/Lehrerinnen öffentlich getadelt.

7.13.3.3 Th. Heinze geht auf die Unterrichtstaktiken der Schüler ein[386]

Er geht in seinen Überlegungen von der Kommunikationstheorie Watzlawicks aus und von der Theorie der symbolischen Interaktion, wie sie u. a. Mollenhauer entfaltet hat.
Er unterscheidet 4 Unterrichtstaktiken:

1. **Das abgeschirmte Engagement:**
   Die Schüler schalten im Unterricht ab, weil sie vom Lehrer nicht motiviert werden können.
2. **Selbstengagement:**
   Die Schüler beschäftigen sich während des Unterrichts selbst. Sie zeichnen, schreiben Briefe, reden zusammen.

---

[386] Kron, F. W., Grundwissen Didaktik, S. 226-228

3. **Geistige Absenz:**
Die Schüler träumen während des Unterrichts vor sich hin. Sie sind geistig abwesend.
4. **Augensprache:**
Schüler nehmen mit anderen Schülern nonverbalen gestischen Kontakt auf. Sie suchen z.B. das, was der Lehrer gerade ausführt, verächtlich zu machen.

7.14 Die Schule

7.14.1 Die Aufgabe der Schule

Die Schule ist eine ganz besondere Form institutionalisierter Erziehung in der modernen Gesellschaft, die wir nun näher betrachten wollen. Mit Hilfe der Schule erstreben Gesellschaft und Staat für ihre Bürger die bestmögliche Förderung des Einzelnen. Sie achten auf eine breit angelegte Allgemeinbildung aller, die den Herausforderungen unserer Zeit gerecht werden sollte. Jeder Schüler/Schülerin sollte später seine gewünschten Berufschancen realisieren können. Zugleich sollte jeder in die Lage versetzt werden, das freiheitlich demokratische Gemeinwesen mitgestalten zu können.

Die Bildung soll weiter die Leistungsfähigkeit der Gesellschaft in allen Bereichen fördern, damit sie in der Lage ist, die immer neuen Herausforderungen und Probleme zu bewältigen.[387]

Die Schule nimmt zudem durch die Wahrnehmung des Bildungsauftrags Einfluss auf die Entwicklungsrichtung des Gesellschaft.[388]

Alfred Schirlbauer macht in seinem Aufsatz »Wollt ihr die totale Schule?« darauf aufmerksam, dass man heute nicht mehr klar weiß, wozu die Schule eigentlich da ist.

---

[387] Aurin, K., Das Interesse an der »guten Schule«, in: Gute Schulen – worauf beruht ihre Wirksamkeit?, hg. v. K. Aurin, Bad Heilbrunn 1990, S. 9

[388] Röhrs, H., Allgemeine Erziehungswissenschaft, S. 322

Alle gesellschaftlich-politisch unlösbar scheinenden Probleme werden ihr zugeschoben. Sie ist heute zuständig für Sexualerziehung, Umwelterziehung, Medienerziehung, Friedenserziehung usw. Sind dies wirklich die Aufgaben der Schule, fragt Schirlbauer?[389]

7.14.2 Die Schulpädagogik

In der Schulpädagogik setzt man sich heute mit allen Fragen, die mit der Schule zusammenhängen, auseinander. Hans Jürgen Apel und Hans-Ulrich Grunder zeigen in einem geschichtlichen Abriss, wie es zur heutigen Schulpädagogik gekommen ist. Im ersten Drittel des 19. Jahrhunderts entwickelte sich schulpädagogisches Denken sowohl innerhalb der entstehenden Allgemeinen Pädagogik als auch in einer speziellen Seminarpädagogik. Die aufkommende Reformpädagogik leitete eine Ausgliederung des schulpädagogischen Denkens aus der Allgemeinen Pädagogik ein. Mit einer kleinen Schrift von G. Simmler (1922) tritt der Begriff Schulpädagogik in die pädagogische Diskussion ein. Nach 1945 wurde die Schulpädagogik wieder als pädagogische Bereichsdisziplin der Allgemeinen Pädagogik verstanden. Den eigentlichen wissenschaftlichen Aufschwung erlebte die Schulpädagogik erst in der Errichtung entsprechender Lehrstühle an den Pädagogischen Hochschulen zwischen 1950 und 1970.[390]

Die Schulpädagogik setzt sich vor allem mit den Theorien des pädagogischen Handelns in Schule und Unterricht, mit Theorien des Fächerspektrums des Lehrplans und des Unterrichts (Didaktik) und den Schultheorien auseinander.[391] Wie wir sehen, ist die Didaktik heute ein Teilbereich der Schulpädagogik. Ich betrachte die Schulpädagogik aber nach wie vor als Teilbereich der Didaktik, da die didaktischen Überlegungen auch für die außerschulische Bildung in

389 Schirlbauer, A., Wollt ihr die totale Schule?, in: Pädagogische Rundschau, Frankfurt a. M.; Berlin; Bern; New York; Paris; Wien Nr. 5/1994, S. 531-533

390 Apel, H. J.; Grunder, H.-U., Die Schulpädagogik – Selbstverständnis, Entstehung, Schwerpunkte schulpädagogischen Denkens, in: Texte zur Schulpädagogik, S. 14-25

391 ebd., S. 9

Familie, christlicher Gemeinde (Kirche) und im Bereich der Erwachsenenbildung ihre Gültigkeit haben.

Beeinflusst wird die Schulpädagogik von der Psychologie (Entwicklungspsychologie, Pädagogische Psychologie → Lehr-Lern-Theorie), der Soziologie der Erziehung (Sozialisationstheorien), der Schulforschung (Zusammenhang von Lehrerverhalten und Lern- und Sozialverhalten der Schüler) und dem Schulrecht (die vom Staat festgelegten Verbindlichkeiten).[392]

Die Schulpädagogik ist, wie wir sehen, sehr stark von verschiedenen Bezugswissenschaften abhängig. Meiner Überzeugung nach sollte die Schulpädagogik vor allem die von der Bibel her entfalteten pädagogischen Grundüberlegungen (Erziehungsziele, Erziehungsprinzipien) mit berücksichtigen und die Überlegungen der bibelorientierten Didaktik beachten.

7.14.3 Die wichtigsten Schultheorien

7.14.3.1 Organisationssoziologische Theorie

Bei dieser Theorie geht es um die Frage, wieweit sich die allgemeinen Ergebnisse der Organisationssoziologie auf die Schule übertragen lassen (J. M. Niederberger, R. Scott, M. v. Staldern).

Es sind vor allem drei Organisationsebenen, die das Ziel der Schule mitbestimmen.

- Der Unterricht wird geprägt von der Lernorganisation (Lehrplan, Jahrgangsklasse, Facheinteilung u. a. m.).
- Den pädagogischen Möglichkeiten sind Grenzen gesetzt z.B. durch die Raumzuteilung, Dienstvorschriften, Arbeitszeitbestimmungen oder durch die Verwaltungsorganisation.
- Es gibt dann weiter die Aufteilung in Schulformen, Bildungsgänge, Abschlussberechtigungen und Übergangsmöglichkeiten.

[392] ebd., S. 25-32

Die einzelne Schule ist eingebunden in die Makroorganisation des Bildungswesens.

Aus dem eben Ausgeführten sucht man zu zeigen, dass »unpädagogische« Vorgaben die pädagogischen Prinzipien der Schule stark beeinflussen. Der Eindruck, der hier erweckt wird, als würde das Organisationskorsett der Schule ihre eigentliche Arbeit, nämlich den Unterricht, stark determinieren, ist nicht richtig. Vielmehr schafft eine gute Organisation und Verwaltung pädagogische Handlungsfreiräume. Die Schule behält nämlich im Bereich des Unterrichts eine gewisse Autonomie. Eine gute Organisation ermöglicht das direkte, dem Kind angepasste, pädagogische Handeln, weil sie den Pädagogen stark entlastet.[393] Aufgabe der Pädagogen wäre es, mitzuhelfen herauszuarbeiten, welche organisatorischen Rahmenbedingungen den Lehr- und Lernprozess optimal fördern, statt über Einengung zu jammern.[394]

7.14.3.2 Struktur-funktionale Theorie[395]

Es geht in dieser Theorie um die gesellschaftliche Funktion der Schule. Die Gedanken dazu wurden vor allem von K. H. Fingerle und H. Fend entfaltet. Durch die Schule erwerben die Individuen ihren jeweiligen kultur- und gesellschaftsspezifischen Habitus und die Gesellschaft erlebt ihre generationelle Erneuerung und Festigung.

Die Schule hat vier zentrale Funktionen:

1. **Qualifikationsfunktion:**
   Die Schule ist beauftragt, der heranwachsenden Jugend Kenntnisse und Fertigkeiten zu vermitteln, um später im Beschäfti-

---

393 Fuhr, Th., Pädagogik und Organisation. Anmerkungen zu einem schwierigen Verhältnis, in: Pädagogische Rundschau, Frankfurt a. M.; Berlin; Bern; New York; Paris, Wien Nr. 5/1994, S. 585

394 ebd., S. 588-589

395 Gudjons, H., Pädagogisches Grundwissen, S. 241-243; vgl. Wittenbruch, W., Schulpädagogik. Konstitutionsprobleme und die Vielfalt der Reflexionsansätze (1994), in: Texte zur Schulpädagogik, S. 204

gungssystem brauchbar zu sein und am gesellschaftlichen Leben teilnehmen zu können.
Sie hat aber auch Arbeitstugenden wie Leistungsbereitschaft, Fleiß, Pünktlichkeit, Ausdauer usw. zu vermitteln.

2. **Selektions- und Allokationsfunktion:**
   Bekanntlich sind moderne Gesellschaften hochgradig arbeits- und funktionsteilig organisiert. Der Schule kommt nun die Funktion zu, die Schüler durch unterschiedlich hohe Qualifikationen (dokumentiert durch verschiedene Schulabschlüsse) für diesen Verteilungsprozess auszusortieren (Selektion) und die unterschiedlich qualifizierten Absolventen den jeweiligen Ebenen des Beschäftigungssystems zuzuführen (Allokation).
3. **Integrations- und Legitimationsfunktion:**
   Die heranwachsende Jugend soll durch die Schule in die Normen und Werte der Gesellschaft eingeführt und schließlich integriert werden (Verfassungsnormen, Ausübung von Herrschaft, Demokratieverständnis usw.).
   Die Schule hat diese Prinzipien zu legitimieren, d.h. ihre Gültigkeit und Verbindlichkeit zu begründen.[396]
4. Als vierte Funktion nennt W. Klafki die **Kulturüberlieferung.** Der heranwachsende Schüler soll sich mit den Schwerpunkten der abendländischen Tradition (Religion, Literatur, Philosophie, Recht und Staatswesen, usw.) auseinandersetzen, um zu einer individuellen Orientierung zu gelangen. Es geht nicht nur um die Erhaltung von Kultur, sondern es soll gezeigt werden, wie sie weiter entwickelt werden kann.

7.14.3.3 Psychoanalytische Schultheorie

In dieser Theorie werden verschiedene Aspekte des Schullebens unter die psychoanalytische Lupe genommen.

---

[396] Fend, H., Theorie der Schule, München; Wien; Baltimore 1980, S. 10-18

1. **Das Leistungsprinzip:**
   Es wird aufgezeigt, dass dieses Prinzip an Rivalität und Konkurrenz gekoppelt ist und zu Hass, Intoleranz und Ausbeutung führen kann.[397]
2. **Die Beziehungsebene Lehrer – Schüler:**
   - Man geht davon aus, dass es in der Lehrer-Schüler Beziehung beim Lehrer zur Wiederholung der eigenen kindlichen Auseinandersetzung mit den Eltern komme. Kindliche Phantasien, Gefühle und Wünsche nach eigener Macht und nach der Macht der Eltern würden unbewusst im Umgang mit den Kindern realisiert.[398]
     Es komme dadurch zu Gefühls-Mehrdeutigkeiten und Widersprüchen im Streben der Lehrer, mit den Kindern das nötige Pensum durchzuarbeiten (Kinder zugleich zu lieben und zu hassen).
   - Es gehe um das psychoanalytische Erfassen der lebensgeschichtlichen Zusammenhänge bei Lehrern, Kindern und Eltern.
   - Die Lehrer üben einerseits Autorität aus und stehen andererseits unter der Autorität von Vorgesetzten. Dies könne zu Konflikten führen, die aufgeklärt werden sollten.[399]

Die psychoanalytische Schultheorie sieht die heutige Schule sehr negativ. Peter Fürstenau formuliert dies so:

»Der Einfluss der funktionalen Faktoren der Schule bringt jedoch nicht nur die intentionalen Erziehungsmaßnahmen der Lehrer weithin um ihre Wirkung, er bestimmt das Lehrerverhalten vielmehr so stark, dass von einem eigenen intentionalen Erziehungsbereich kaum mehr gesprochen werden kann, ... Der von den institutionellen (organisatorischen) Gegebenheiten einschließlich den Ausbildungsbedingungen und -anforderungen ausgehende Druck auf die Inhaber der Lehrerrolle ist derart, dass ein Spielraum päda-

[397] Gudjons, H., Pädagogisches Grundwissen, S. 244
[398] Fürstenau, P., Zur Psychoanalyse der Schule als Institution (1964), in: Texte zur Schulpädagogik, S. 158
[399] ebd., S. 159-161

gogisch angemessener, verantwortlicher, situationsbezogener Entscheidungen und Handlungen in der Schule nicht mehr gegeben ist.«[400]

7.14.3.4 Interaktionistische Schultheorie[401]

Die Institution Schule überwacht die Einhaltung der Erwartungen an die Schüler durch positive und negative Sanktionen. Sie übt soziale Kontrolle über die Einhaltung vorweg definierter Situationen aus. Dies sei keine perfide Überwachung, sondern Ausdruck der wechselseitig anerkannten Situationsdefinition der Institution Schule.

Leider würden in der Schule vor allem die zu Prügelknaben, die ein abweichendes Verhalten haben. Es gelte dabei zu beachten, dass die Institution Schule definiere, was abweichendes Verhalten sei, was ein guter Schüler sei usw.

Die interaktionistische Schultheorie sucht aufzuzeigen, wie Identität entwickelt, dargestellt, verteidigt und verletzt werden kann.

7.14.3.5 Geisteswissenschaftliche Schultheorie[402]

- Die Schule wird als mitwirkendes Moment in den umfassenden historischen, kulturellen, ökonomisch-sozialen und politischen Zusammenhängen gesehen.
- Der neuzeitliche Vorgang, dass der Staat zum Träger des Schulwesens wurde und dessen relative Eigenständigkeit sichert, wird positiv gesehen. Der Staat hat aber darüber zu wachen, dass in der Schule Raum für pädagogisch verantwortliches Arbeiten gegeben wird.
- Der methodisch geordnete, systematisch aufgebaute Unterricht wird als das Entscheidende der Schule gesehen.

---

400 zit. nach ebd., S. 168
401 Gudjons, H., Pädagogisches Grundwissen, S. 246-248
402 ebd., S. 248-249

7.14.3.6 Bibelorientierte Schultheorie

Alle heutigen Schultheorien haben einen anthropologischen Ansatz. Es geht ihnen um die Entfaltung des Menschen, um seine gesellschaftliche Eingliederung usw.

Die bibelorientierte Schultheorie hat einen theozentrischen Ansatz:

- Die Schule versteht sich zuerst als »Hilfsinstitution« des Elternhauses. Die Schule geht davon aus, dass den Eltern der primäre Erziehungsauftrag zukommt. Deshalb unterstützt sie die Eltern in ihren erzieherischen Bemühungen und unterrichtet die Kinder in ihrem Auftrag. Sie reißt eben gerade nicht die Erziehung an sich, sondern sucht den Eltern in ihren erzieherischen Anstrengungen zu helfen. Damit dies möglich ist, pflegen die Lehrer einen engen Kontakt mit den Eltern der Kinder. Man nimmt ernst, dass erzieherisches Versagen der Eltern zu derart großen sozialen Problemen führt, dass diese auch nicht mit einer an den Schulen angewandten Sozialpädagogik[403] aufgefangen werden können.
- Die Hinführung der Kinder in eine persönliche Gottesbeziehung ist das hinter allem stehende Ziel. Man geht von der Überzeugung aus, dass sich ein Mensch erst dann dem göttlichen Plan entsprechend entfalten kann, wenn er in einer persönlichen Got-

[403] Einige grundlegende Gedanken zur Sozialpädagogik: Die Sozialpädagogik beschäftigt sich vor allem, beeinflusst durch Herman Nohl (1879-1960) und Erich Weniger (1894-1961) mit all den Problemen, die bei der heranwachsenden Jugend durch den Einfluss der modernen Gesellschaft aufbrechen können. Dies führte zu der Jugendfürsorge und Jugendpflege (vgl. Marburger, H., Entwicklung und Konzepte der Sozialpädagogik, München 1981^2, S.77-91). Seit 1970 kümmert man sich in der Sozialpädagogik auch um die in einer Notsituation stehenden Menschen. Sie ist also nicht mehr nur auf die Jugend ausgerichtet (vgl. Röhrs, H., Allgemeine Erziehungswissenschaft, S. 368). Sie beschäftigt sich heute mit Familien-, Verwahrlosten-, Strafvollzugs- und Altershilfe (vgl. ebd., S. 371). Sie wird auch bei Schwererziehbarkeit der Kinder, bei familiären Konflikten, Dissozialität bei Heranwachsenden, bei Drogensüchtigen, Aidskranken oder bei Kriminalität angewandt (vgl. ebd., S. 377; vgl. Mollenhauer, K., Sozialpädagogische Einrichtungen, in: Erziehungswissenschaft. Ein Grundkurs, S. 465-466). Es geht bei dieser Form der Sozialpädagogik um Hilfe zur Selbsthilfe (vgl. Marburger, H., Entwicklung und Konzepte der Sozialpädagogik, S. 146-147).

tesbeziehung lebt. Zugleich findet der Mensch durch diese persönliche Gottesbeziehung zum Sinn des Lebens.

- Die Grundlage für all das, was in der Schule angestrebt wird, ist das Wort Gottes.
  Von diesem Wort her hat die Schule die Aufgabe, den Kindern die göttlichen Grundwerte und Normen zu vermitteln, die ein verantwortliches Zusammenleben in der Familie, der christlichen Gemeinde und in der Gesellschaft ermöglichen.
- Die Schule ist beauftragt, das Kind in allen Bereichen der Gottesbildlichkeit - geistlich, sozial, moralisch, intellektuell, kreativ, körperlich und emotional - zu fördern.[404]
- Zugleich hat sie ihm Kenntnisse und Fertigkeiten zu vermitteln, durch welche es befähigt wird, sich später im gesellschaftlichen Leben in einem ihm angemessenen Beruf zu bewähren.

Das Ziel aller Bemühungen besteht darin, das Kind in die Lage zu versetzen, sein Leben bei den vielfältigen Anforderungen unserer Gesellschaft selbständig, mit der Hilfe Gottes, so zu gestalten, dass es den biblischen Werten und Normen entsprechend helfend und verändernd auf die Gesellschaft einwirkt.

7.14.4 Die Struktur des Bildungswesens

Die Struktur des Bildungswesens ist eigentlich das Ergebnis einer historischen Entwicklung.

Auf der anderen Seite wird die Sozialpädagogik von Paul Natorp (1854-1924) beeinflusst zur zentralen Aufgabe einer jeden Pädagogik erklärt (vgl. ebd., S. 78). Es geht darum, die heranwachsenden Kinder mit Hilfe der Sozialpädagogik in eine sich ständig wandelnde Gesellschaft einzuführen (vgl. Röhrs, H., Allgemeine Erziehungswissenschaft, S. 382). Man erhofft sich von der Sozialpädagogik, dass sie auch das Versagen vieler Familien in der modernen Gesellschaft auffangen könne.

Diese beiden Ansätze von Nohl/Weniger und Natorp haben bis heute in der Sozialpädagogik für innere Spannung gesorgt, da nicht klar ist, ob sie eher zu der Sozialwissenschaft oder zu der Pädagogik gehört (vgl. Niemeyer, Ch., Die Sozialpädagogik in diesem Jahrhundert, in: Die gegenwärtige Struktur der Erziehungswissenschaft, S. 187-205).

404 Dubs, R., Bildungspolitik. Schule und Unterricht, S. 22

Es sind vor allem 5 Strukturprinzipien zu beachten:

1. Das Bildungswesen hat einen großen Organisationsgrad
   Dieses komplexe System ist Ausdruck der gesellschaftlichen Funktion der Schule. Wir reden heute vom »Bildungswesen« und nicht vom »Schulwesen«, weil viele Bereiche sich heute nicht mehr Schule nennen, so z.B. Weiterbildung, berufliche Bildung, Erwachsenenbildung usw.
   Am Anfang der schulischen Laufbahn steht die Grundschule. Annette Schavan schreibt dazu:

   »Die Grundschule ist in der Schulbiographie des Kindes wohl die wichtigste Schule. Hier machen Kinder ihre ersten Schulerfahrungen. Ihre weitere Einstellung zur Schule, das Zutrauen, das sie zu sich selbst entwickeln, ihre Leistungsmotivation und Lernfreude werden hier entscheidend vorgeprägt.«[405]

2. Im Anschluss an die Grundschule haben wir es mit einem zwei- oder dreigliedrigen Schulsystem zu tun (je nach Kanton oder Bundesland). Nach der Grundschule hilft heute in verschiedenen Kantonen oder Bundesländern die Orientierungsstufe bei der Verteilung in die weiterführenden Schulen. Mit Hilfe dieser Orientierungsstufe sucht man die Schwierigkeiten und Unzulänglichkeiten einer zu frühen schulischen Auslese zu mindern.[406]
   Verschiedene Kantone in der Schweiz streben die in Deutschland schon verwirklichte **»Gesamtschule«** an. Ulrich Sprenger weist darauf hin, dass in den Gesamtschulen Deutschlands eine Nivellierung nach unten festzustellen sei. Er beklagt sich auch darüber, dass die angebotenen Leistungskurse (Kernkurse) die Klassengemeinschaft auflösen. Der Schüler gelangt in der Schule nicht mehr zu einem Gefühl des Angenommenseins in einer überschaubaren Klassengemeinschaft. Es entstehen deshalb unter den Schülern viele Grüppchen und Cliquen, die den Unterrichtsver-

[405] zit. nach Schavan, A., Schule der Zukunft, S. 39

[406] Weber, E., Pädagogik. Eine Einführung. Grundfragen und Grundbegriffe. Ontogenetische Voraussetzungen der Erziehung – Notwendigkeit und Möglichkeit der Erziehung, Bd. 1/Teil 2, Donauwörth 1996^{8}, S. 377

lauf stören. Ulrich Sprenger hält die deutsche Gesamtschule für einen Misserfolg und fordert die Rückkehr zu festen Klassen.[407] Hans Hermann Groothoff plädiert in seinem Aufsatz »Bildungspolitik und Pädagogik« ebenfalls für die Wiedereinführung von Jahrgangsklassen.[408] Erich Weber zeigt, dass nicht wissenschaftliche Erkenntnisse die Einstellung zur Gesamtschule beeinflussen, sondern ideologische Überzeugungen.[409]

Die Vorstellungen, wie die **gymnasiale Ausbildung** aussehen sollte, ändern sich immer wieder. Durch ständig neue Konzepte versucht man die Ausbildung an den Gymnasien zu einer größeren Gegenwartsnähe zu führen, weil viele nach dem Abitur oder der Matur mit der Berufsausbildung beginnen. Zugleich hält man am Ziel, die Jugendlichen zur Hochschulreife zu führen, fest.[410] Die neuen gymnasialen Reformen wollen dieser Doppelqualifizierung der Ausbildung am Gymnasium besser Rechnung tragen. Ob das gelingt, wird sich noch zeigen.

Zu ständig neuen Konzepten der gymnasialen Schulreform kommt es, weil man den Glauben an die Legitimität eines allgemeinen, die Geschichte überdauernden Konsenses von Bildungsgütern aufgegeben hat. Zugleich hat man die Zuversicht, die Wissenschaft liefere den Schlüssel zum Verständnis der zu gestaltenden Welt, fallen gelassen.[411]

Dazu kommt noch die Bildungsinflation, die zu einer Abwertung des Abiturs und der Matur geführt haben. Viele Erziehungswissenschaftler, darunter auch B. Zymek, fordern eine Rückkehr zu höheren Leistungsanforderungen an den Gymnasien, obwohl sie wissen, dass dies kaum möglich sein wird.[412]

---

407 Sprenger, U., Die deutsche Gesamtschule – ein Misserfolg, in: Zeit-Fragen. Zeitung für freie Meinungsbildung, Ethik und Verantwortung, Zürich Januar 1995, S. 7

408 Groothoff, H.-H., Bildungspolitik und Pädagogik, in: Pädagogische Rundschau, Frankfurt a. M. Nr. 3/1996, S. 416

409 Weber, E., Pädagogik. Eine Einführung. Grundfragen und Grundbegriffe, Bd. 1/Teil 2, S. 385-386

410 Röhrs, H., Allgemeine Erziehungswissenschaft, S. 335

411 Benner, D., Studien zur Didaktik und Schultheorie, S. 118

412 Baumgart, F.; Lange, U., Theorien der Schule, S. 167-169

3. Ein weiteres Strukturmerkmal ist die Trennung von beruflicher und allgemeiner Bildung.
   - Die Berufsbildung vollzieht sich im »dualen System«. Die betriebliche Ausbildung wird ergänzt durch die begleitenden Berufsschulen. Die Berufsschullehrer gehen in ihrem Unterricht von wirtschaftspädagogischen Überlegungen aus.[413]
   - Allgemeinbildende Schulen verleihen keine berufsqualifizierenden Abschlüsse.
     Es ist nur in Ausnahmefällen möglich, mit einem berufsqualifizierenden Abschluss in wissenschaftliche Hochschulen zu kommen. Dazu bedarf es in der Regel der Matur (Abitur). Hier wird mit der Berufsmatur, die ich sehr begrüße, eine Annäherung geschaffen.
4. Das Bildungswesen ist föderalistisch strukturiert.
   Das schweizerische und deutsche Bildungswesen wird nicht zentral, sondern in Verantwortung durch die Kantone, bzw. Bundesländer, organisiert. Dies führt natürlich zu einem föderalistischen Wirrwarr. Mir scheint diese Struktur des Schulsystems aber viele Vorteile zu haben. Auf diese Weise kann der Eigenart einer jeden Region des Landes Rechnung getragen werden. Ferner können sich verschiedene Schulsysteme gegenseitig positiv beeinflussen. Zudem können ungute ideologische Ausprägungen aufgefangen werden. Das föderalistische Bildungswesen hat auch Raum für Privatschulen.
5. Man bemüht sich um eine Annäherung der Bildungsgänge aneinander, sodass das ganze Bildungswesen durchlässiger wird. Dies ist sehr zu begrüßen, da sich auf diese Weise Benachteiligungen z.B. lokaler Art abbauen lassen.[414]

---

413 Röhrs, H., Allgemeine Erziehungswissenschaft, S. 401-409.
Jürgen Zabeck sagt, dass die Wirtschaftspädagogik die Fragen nach dem erzieherisch Relevanten im Kontext aller sozialen Prozesse, die einen Bezug zur Aufgabe der Eingliederung der nachwachsenden Generation in das Beschäftigungswesen haben, aufzuarbeiten habe. Vgl. Zabeck, J., Die Berufs- und Wirtschaftspädagogik als erziehungswissenschaftliche Teildisziplin, in: Die gegenwärtige Struktur der Erziehungswissenschaft, S. 181. Die Wirtschaftspädagogik bildet insbesondere für die Berufsfelder Wirtschaft und Verwaltung aus. Vgl. Lenzen, D., Orientierung Erziehungswissenschaft. Was sie kann, was sie will, Reinbek bei Hamburg 1999, S. 117

414 Gudjons, H., Pädagogisches Grundwissen, S. 250-255

Vom bibelorientierten Ansatz herkommend begrüßen wir die föderalistische Struktur des Bildungswesens, weil so der nötige Raum für Privatschulen auf biblischer Basis gegeben ist. Im Blick auf die Entfaltung dieser Privatschulen wünschten wir eine Lockerung des staatlichen Schulmonopols. Privatschulen sollten gleichberechtigt neben staatlichen Schulen betrieben werden können.[415] So wäre es der Gemeinde Jesu möglich, noch viel mehr Schulen – Primar-, Sekundarschulen, Gymnasien usw. – zu gründen. Auch eine pädagogische Fakultät könnte ins Leben gerufen werden, an welcher die Lehrer für diese verschiedenen Schulen ausgebildet würden. Denn erst durch eine von der Bibel ausgehende Lehrerausbildung kann die bibelorientierte Didaktik zum Tragen kommen.

7.14.5 Rechtliche Grundlagen des Bildungswesens

Das gesamte Schulwesen steht unter der Aufsicht des Staates, d. h. der Kantone, bzw. der Bundesländer. Alle wesentlichen Entscheidungen werden von den Kantons- oder Länderparlamenten in formellen Gesetzen erarbeitet und umgesetzt bzw. in der Schweiz dem Volk zur Abstimmung unterbreitet.

Die Staatsschulen werden in Deutschland, Österreich und der Schweiz zur weltanschaulich-religiösen Neutralität verpflichtet. Dieses Toleranzgebot führt zu einer Schule mit einem verweltlichten Kulturchristentum und verunmöglicht das Lehren eines Glaubenschristentums. Die Inhalte des christlichen Glaubens werden nicht mehr entfaltet, geschweige dass die Kinder aufgefordert werden, die ihnen in Christus angebotene Rettung im Glauben anzunehmen. Die Schule soll ja für alle weltanschaulichen und religiösen Inhalte und Werte offen sein.

Wolfgang Brezinka sagt treffend dazu:

> »Unter den Bedingungen des Pluralismus muss die öffentliche Schule ihren Schülern gerade das schuldig bleiben, was sie in der

---

415 Adam, K., Für Kinder haften die Eltern. Die Familie als Opfer der Wohlstandsgesellschaft, Weinheim; Berlin 1996, S. 215

Pubertät am meisten suchen: religiöse-weltanschauliche Orientierung, Lebenssinn, Halt an einem tragfähigen Glauben.«[416]

Wenn wir den bibelorientierten Ansatz ernst nehmen, bleibt es unsere Aufgabe, an den öffentlichen Schulen die Botschaft der Bibel trotz der geforderten Toleranz in den verschiedenen Fachbereichen weiterzusagen.

Zugleich sollten an Christus glaubende Eltern zum Ausdruck bringen, dass sie mit dem staatlichen Schulmonopol[417] Mühe haben. Sowohl die Erziehung der Kinder als auch ihre Ausbildung ist letztlich Aufgabe der Eltern und der Gemeinde Jesu und nicht des Staates.[418] Deshalb wünschen sie eine Lockerung des staatlichen Schulmonopols, sodass sich private Schulen gleichberechtigt neben staatlichen entfalten können.

7.14.6 Welche Merkmale hat eine gute Schule?

Schulwirksamkeitsuntersuchungen vor allem in den USA, Großbritannien und Deutschland führten im Blick auf die Merkmale einer guten Schule zu den folgenden allgemeinen Erkenntnissen:

7.14.6.1 Organisatorischer und struktureller Bereich

- **Die Schulleitung**
  Damit es unter den Schülern zu guten Schulleistungen kommen kann, braucht die Schule eine gute Leitung. Ein Schulleiter/eine Schulleiterin hat die Schule mit der Schulleitung zusammen klar

---

[416] zit. nach Brezinka, W., Erziehung heute – Elternhaus und Schule in gemeinsamer Verantwortung, in: Pädagogische Rundschau, Frankfurt a. M.; Bern; New York; Paris Nr. 4/1991 S. 384-385

[417] Das Schulmonopol des Staates besteht de facto darin, dass Schulen mit einer privaten Trägerschaft gar nicht (Schweiz) oder in weitaus geringerem Maße als die öffentlichen Schulen (Deutschland) finanziell gefördert werden.

[418] Schirrmacher, Th., Ethik. Lektionen zum Selbststudium, Bd. 2, Neuhausen-Stuttgart 1994, S. 402

zu führen. Diese Führung geschieht besonders durch das kompetente, motivierende Verhalten des Leiters/der Leiterin und weniger durch Worte.[419] Den Lehrern werden von der Schulleitung einerseits Chancen zu eigener pädagogischer Entfaltung gegeben, anderseits achtet sie auf das Einhalten der Verpflichtungen der Schule gegenüber.[420] Sie bemüht sich um eine positive Weiterentwicklung der Schule in Zusammenarbeit mit den Lehrerinnen und Lehrern. Sie initiiert dazu die notwendigen Lernprozesse.
Die, welche in der Schule Führungsverantwortung tragen, müssen in verschiedenen Konfliktbereichen vermitteln können.[421] Sie achten auch darauf, dass beschlossene Maßnahmen im Umgang mit schwierigen Schülern eingehalten werden.

- **Lehrerkollegium**
  Es braucht unter den Lehrern/Lehrerinnen eine gute Zusammenarbeit, damit eine Schule erfolgreich sein kann. Dazu braucht es im Lehrerkollegium das Verständnis füreinander, den Erfahrungsaustausch, die gegenseitige Hilfe und kein »hintenrum« reden. Häufiger Lehrerwechsel wirkt sich erschwerend auf eine gute Zusammenarbeit aus.
- **Das Curriculum**
  Eine Schule braucht ein zielorientiertes Unterrichtsangebot. Viele Pflicht- und wenig Wahlfächer prägen den Stundenplan.
- **Unterstützung und Mitarbeit durch die Eltern**
  Es ist wichtig, dass die Eltern die Bemühungen der Lehrer/Lehrerinnen unterstützen, und wenn die Kinder noch kleiner sind, im Bereich der häuslichen Schularbeiten motiviert mithelfen. Studien haben aufgezeigt, dass die Unterstützung und Mitarbeit der Eltern ein wesentlicher Faktor hinsichtlich der Leistung der Schüler ist.[422]

---

419 Austin, G. R.; Holowenzak, S. B., Erwartungen – Führung – Schulklima – Sichtung der Untersuchungen über beispielhafte Schulen, in: Gute Schulen, S. 62
420 Aurin, K., Strukturelemente und Merkmale guter Schulen – Worauf beruht ihre Qualität?, in: Gute Schulen, S. 73
421 Schavan, A., Schule der Zukunft, S. 72
422 Purkey, S. C.; Smith, M. S., Wirksame Schulen – Ein Überblick über die Ergebnisse der Schulwirkungsforschung in den Vereinigten Staaten, in: Gute Schulen, S. 36-37

Regelmäßige Kontakte zwischen Eltern und Lehrer/Lehrerinnen, Aussprachemöglichkeiten, Schulbesuche usw. können zu einem guten Verhältnis Eltern – Lehrer/Lehrerinnen beitragen.[423] Im Gespräch mit Eltern von Problemkindern sollte der Lehrer aufmerksam zuhören, was die Eltern ihm sagen, sodass sie sich von ihm ernst genommen fühlen. Gemeinsam könnten Maßnahmen erarbeitet werden, um dem Kind zu helfen. Der Lehrer hat sich im Besprechen dieser Maßnahmen vor herablassenden Bemerkungen oder unüberlegten Anschuldigungen zu hüten. Die Hilfen, die man gemeinsam zusammenträgt, sollten konkret sein. Es sollte gezeigt werden, was man wie macht. Die Eltern sollten im Blick auf ihre Bemühungen ermutigt werden.[424]

- **Wirksam genutzte Unterrichtszeit**
  Die Unterrichtsstunden sollten von den einzelnen Lehrern/Lehrerinnen besser genutzt werden. Es sollte jegliche Ablenkung durch Störungen im Flur, auf dem Schulhof usw. vermieden werden.[425]

7.14.6.2 Gutes Unterrichtsklima

- **Gute kollegiale Beziehung unter den Lehrern/Lehrerinnen**
  Kollegialität baut die Konkurrenz zwischen den verschiedenen Fachbereichen ab. Es findet auch ein ständiger Austausch unter den Lehrerinnen und Lehrern statt. Auf diese Weise wird die intellektuelle Kooperation begünstigt. Der Lerneifer der Schüler wird durch das Gefühl der Einheit der Lehrkräfte gefördert.[426]

---

423 Aurin, K., Strukturelemente und Merkmale guter Schulen – Worauf beruht ihre Qualität?, in: Gute Schulen, S. 85

424 Schenk-Danzinger, L., Entwicklung, Sozialisation, Erziehung, Bd. 2, S. 340-342

425 Purkey, S. C.; Smith, M. S., Wirksame Schulen – Ein Überblick über die Ergebnisse der Schulwirkungsforschung in den Vereinigten Staaten, in: Gute Schulen, S. 38

426 ebd., S. 38-39

- **Klare Ziele und hohe Erwartungen an die Schüler, die von allen geteilt werden**
  Klare Ziele im Blick auf das, was die Schüler lernen sollen, fördern den Einsatz der Lehrer/Lehrerinnen und die Lernbereitschaft der Schüler. Hohe Erwartungen an die Schüler durch die Lehrkräfte fördern ihre Leistungsbereitschaft.
  Gilbert R. Austin und Stephan P. Holowenzak sind der Überzeugung, dass die Leistungen der Schüler die Erwartungen des Lehrerkollegiums widerspiegeln.[427]
  In Schulen mit hohen Erwartungen wird den Schülern im Unterricht geholfen, die erwarteten Leistungen zu erbringen. Fördern und fordern gehören zusammen.[428]
  Zugleich übernehmen Schüler Verantwortung in der Schule, sei es in der Bibliothek, im Betreuen von diversen Sammlungen, in der Sporthalle usw.[429]
- **Ordnung und Disziplin**
  Die Ernsthaftigkeit und Zielstrebigkeit, mit welcher eine Schule ihre Aufgaben wahrnimmt, wird in der Ordnung und Disziplin innerhalb dieser Schule erkennbar. Diese können dann durchgezogen werden, wenn unter den Lehrerinnen und Lehrern in konkreten Dingen der Schulwirklichkeit (z.B. darf während des Unterrichts Kaugummi gekaut werden?) Übereinstimmung herrscht. Es wurde empirisch nachgewiesen, dass eindeutige und vernünftige Regeln, fair und konsequent angewandt, die Schulgemeinschaft festigen und die Lernbereitschaft fördern.[430]
  Bei auffälligen und störenden Schülern erarbeiten die Lehrerinnen und Lehrer gemeinsam Schritte, die sie hinsichtlich dieser Schüler durchsetzen wollen. Sie legen die Grenzen und Sanktionen fest und besprechen Möglichkeiten, ihnen auch Zuwendung und An-

---

427 Austin, G. R.; Holowenzak, S. P., Erwartungen – Führung – Schulklima – Sichtung der Untersuchungen über beispielhafte Schulen, in: Gute Schulen, S. 50

428 Aurin, K., Strukturelemente und Merkmale guter Schulen – Worauf beruht ihre Qualität?, in: Gute Schulen, S. 81-82

429 Schavan, A., Schule der Zukunft, S. 52

430 Purkey, S. C.; Smith, M. S., Wirksame Schulen – Ein Überblick über die Ergebnisse der Schulwirkungsforschung in den Vereinigten Staaten, in: Gute Schulen, S. 39-40

erkennung zu geben. Auf diese Weise unterstützen sie gegenseitig ihre Autorität und erhöhen so die Wirksamkeit der jeweiligen Interventionsschritte.[431]

- **Erziehender Unterricht**
  Die Lehrer/Lehrerinnen guter Schulen befürworten den erziehenden, von der Liebe geprägten Unterricht. Die Schüler fühlen sich bei einem solchen Unterricht durch die Lehrpersonen ernst genommen. Das Verhältnis zwischen Lehrern und Schülern und auch den Schülern untereinander, vor allem in der Klassengemeinschaft, ist von positiven Erfahrungen geprägt.[432]
  Damit ein erziehender Unterricht möglich ist, sollte die Klasse nicht mehr als 25 Schüler haben. Im Blick auf den erziehenden Unterricht sucht das Lehrerkollegium nach einem Grundkonsens. Doch wird jeder Lehrer/Lehrerin in seinem/ihrem Unterricht etwas andere Schwerpunkte setzen.

Schulinterne Lehrerfortbildung gehört zu einer guten Schule. Sie ist ein Element der Qualitätsentwicklung und -sicherung.

Die Schulleitung lädt Leiterinnen und Leiter anderer guter Schulen ein, mit dem Wunsch, die Schule von außen kritisch zu betrachten und Verbesserungsvorschläge zu machen.

Die Schulen auf biblischer Basis haben die Voraussetzungen, gute Schulen zu sein. Sie befürworten eine **klare Führung der Schulen** auf der Grundlage der Bibel. Sie suchen eine gute **Zusammenarbeit im Lehrerkollegium** zu praktizieren. Sie fördern **die Mitarbeit der Eltern**, da sie sich als Hilfsanstalten von ihnen verstehen. Die Schulen haben, um ein Modewort zu brauchen, eine gute »korporative Identität«.

Gute Beziehungen unter den Lehrkräften sind durch den gemeinsamen Glauben an den Retter Jesus Christus und durch das gemeinsame

[431] Klein, W.; Krey, B., Umgang mit schwierigen Schülern, S. 70-71

[432] Aurin, K., Strukturelemente und Merkmale guter Schulen – Worauf beruht ihre Qualität?, in: Gute Schulen, S. 80. Toni Hansel ist der Ansicht, dass sich die Schulwirkungsforschung vor allem mit dem Kern des Schullebens, dem Unterricht befassen sollte, in dem auch das Lehrer-Schüler-Verhältnis entscheidend wichtig ist. Vgl. Hansel, T., Schulqualität und Schulforschung. Zur Anatomie eines belasteten Verhältnisses, in: Pädagogische Rundschau, Frankfurt a. M. Nr. 2/1999, S. 246

Gebet in einer besonders tiefen Weise möglich. Auf dieser Basis können auch die auftretenden Konflikte gelöst werden. Von der Bibel her sind **klare Ziele** vorgegeben, die man gemeinsam anstrebt. **Ordnung und Disziplin** sind Teil einer bibelorientierten Didaktik und der Unterricht wird grundsätzlich **als erziehender Unterricht** verstanden.

In den Schulen auf biblischer Grundlage wird zusätzlich zu dem eben Ausgeführten in allen Fächern eine alles verbindende Lebensschau von der Bibel her vermittelt. Es werden **letztgültige Werte** für das Leben und Sterben aufgezeigt. Im Unterricht geht es nicht nur um Wissensvermittlung, sondern es wird auf den eigentlichen Sinn des Lebens hingewiesen, der darin besteht, dass man Jesus im Glauben als Retter annimmt und ihn dann als letzte Autorität im Leben ernst nimmt. Diese Vermittlung des Lebenssinns wirkt sich fördernd auf die Lernbereitschaft der Schüler aus. Interessant ist zu beachten, dass die Lernbereitschaft religiös engagierter Jugendlicher im Vergleich mit anderen größer ist.[433]

Kann die Schule den Sinn des Lebens nicht aufzeigen, hat sie Mühe, ihren Schülern einsichtig zu machen, warum es nötig ist, sich das von ihr vermittelte Wissen anzueignen. Es kann zu Schulmüdigkeit, Lernunlust und oft sogar zur Lernverweigerung kommen.[434]

Viele Eltern schicken ihre Kinder heute an Schulen auf biblischer Basis, weil dort ein gutes Unterrichtsklima herrscht, es weniger Gewalt unter den Schülern gibt und die Schulen den höheren Leistungsanforderungen unserer Zeit gerecht werden.[435]

Die Schulen auf biblischer Grundlage sollten sich gegenseitig helfen, indem sie sich durch befreundete Schulleiterinnen oder Schulleiter beurteilen lassen. So können nötige Veränderungen eingeleitet werden.

7.14.7 Außerschulische Weiterbildungsmöglichkeiten

In einer modernen Gesellschaft hat der Mensch nie ausgelernt.

---

[433] Fend, H., Entwicklungspsychologie des Jugendalters, S. 386-387

[434] Gudjons, H., Handlungsorientiert lehren und lernen, S. 20

[435] idea Spektrum. Hg. v. Informationsdienst der Evangelischen Allianz e.V., Wetzlar Nr. 37/1997, S. 12

Die Ziele der Weiterbildung reichen heute vom Nachholen versäumter Schulabschlüsse, Anpassung an veränderte berufliche Anforderungen, politische und gewerkschaftliche Bildung bis zu Hilfen zur Bewältigung persönlicher Lebenskrisen. Sie umfasst das ganze Spektrum menschlicher Lebensverhältnisse.[436] Heute steht bei denen, die sich weiterbilden wollen, der Nutzeffekt im Vordergrund. Sie fragen: Was bringt mir diese Weiterbildung?[437]
Folgende Institutionen bieten Weiterbildung an:
- Volkshochschulen
- Politische Bildung
- Betriebliche Weiterbildung
- Großfirmen bieten Schulungen an
- Kirchliche Erwachsenenbildung[438]
- usw.

Gerade die auf dem Fundament der Bibel stehenden Institutionen (Theologische Hochschulen, Seminare und Bibelschulen ...) sollten sich vermehrt in der Weiterbildung einsetzen. Im Bereich der Lebensgestaltung (Gestaltung der Ehe, Kindererziehung, Frauenbild usw.) haben sie eine wichtige Aufgabe zu erfüllen.

7.14.8 Schwerpunkte der Schule der Zukunft

- Die Schule der Zukunft wird versuchen, **ein pluralistisches Wertesystem zu vermitteln**. Dies führt natürlich dazu, dass klare Leitlinien für das Handeln im Alltag fehlen. Dies bewirkt im Leben der Kinder eine große Verunsicherung und fördert so die Entwicklung von Extrempositionen (z.B. Neonazismus).[439]

---

[436] Faulstich, P.; Zeuner, Ch., Erwachsenenbildung. Eine handlungsorientierte Einführung in Theorie, Didaktik und Adressaten, Weinheim; München 1999, S. 56
[437] Lott, M., Wertewandel, Unterricht und Erziehung, S. 80
[438] Gudjons, H., Pädagogisches Grundwissen, S. 260-262; vgl. Lenzen, D., Orientierung Erziehungswissenschaft. Was sie kann, was sie will, Reinbek bei Hamburg 1999, S. 88-89
[439] ebd., S. 306

In der Schule der Zukunft müssen meiner Überzeugung nach die von Gott in seinem Wort vorgegebenen **ewiggültigen Werte und Normen** – Nächstenliebe, Feindesliebe, Treue, Gerechtigkeit, Achtung vor dem Leben – vermittelt werden. Diese ermöglichen ein verantwortliches Zusammenleben und verhindern die Bildung von Extrempositionen.

- Die Schule der Zukunft wird **immer weniger Wert auf Wissen legen**, da die Fülle des sich explosionsartig vermehrenden Wissens technologisch jederzeit verfügbar ist. Der Schwerpunkt wird auf das Erfassen von Lernzusammenhängen, sozialen Erfahrungen und auf den Praxisbezug gelegt, der unter Einbezug des gesellschaftlichen Umfelds ermöglicht werden soll.[440]

  Mir scheint es nach wie vor wichtig, dass sich die Schüler in den verschiedenen Fachbereichen ein **exemplarisches Grundwissen** (deklaratives Wissen) aneignen, um in der Lage zu sein, das, was als Information auf sie einstürmt, richtig einordnen zu können. Dort, wo das Wissen abgewertet wird, wird auch das Lernen (prozedurales Wissen) entwertet. Das Aneignen von Wissen und das Wissen darum, wie man lernt, gehören zusammen.
- Man glaubt, dass die **traditionelle Lehrerrolle durch die Medien stark verändert wird**. Der Lehrer, so meint man, werde nach und nach zum Lerndiagnostiker, der dem Lernenden geeignete Lernprogramme, z. T. auch aus dem Internet, zur Verfügung stellt und ihn beratend begleitet. Dies wird natürlich zu einer hochgradigen Individualisierung des Unterrichts führen.[441]

  In einem solchen Unterricht, wie er eben vorgestellt wurde, fällt das erzieherische Moment im Verhältnis Lehrer-Schüler weg. Es besteht bei dieser Art des Unterrichts die Gefahr der Vereinsamung des Kindes, da die Medien oft nur einen eingleisigen, monologischen Unterricht ermöglichen.[442]

---

[440] Wollenweber, H., Unterricht und Erziehung in einer zukunftsorientierten Schule, in: Pädagogische Rundschau, Nr. 6/1996, S. 699

[441] Gudjons, H., Pädagogisches Grundwissen, S. 307

[442] Röhrs, H., Allgemeine Erziehungswissenschaft, S. 293

Ich bin davon überzeugt, dass gerade die Lehrer der Zukunft noch vermehrt **erzieherische Aufgaben** wahrzunehmen haben. Sie haben den Heranwachsenden zu helfen, sich als Persönlichkeiten zu entfalten, sodass sie fähig werden, die Angebote der Medien einzuordnen und zu beurteilen.[443] Zugleich soll ihnen geholfen werden, soziale Verantwortung wahrnehmen zu können.[444] Zudem scheint mir nach wie vor das Lernen im Klassenverband wichtig, weil dies den Austausch und das Gespräch unter den Schülern, also das soziale Lernen, fördert.
Es müssen aber neue Lehrformen entwickelt werden, die eine Nutzung hilfreicher Lernprogramme für Computer und aus dem Internet ermöglichen, ohne die erzieherische Aufgabe des Lehrers in Frage zu stellen.[445] Die Lehrertätigkeit und der Einsatz der Medien haben sich zu ergänzen.

- Die Schule der Zukunft müsse, so glaubt man, immer mehr die **Erziehungsfunktion der Familie übernehmen**. Ja, sie müsse durch Professionalisierung in die Lage versetzt werden, diese sogar besser zu erfüllen, als dies in den Familien möglich ist.[446] Peter Stuck, Professor für Erziehungswissenschaft an der Universität Hamburg, formuliert dies so:

  »Schule muss also mehr denn je den in ihren Richtlinien bereits formulierten Erziehungsauftrag annehmen; sie muss darüber hinaus die ihr zusätzlich zugespielte familienersetzende Erziehung leisten. Dafür braucht sie neue, d.h. andere Lehrer, eine neue Lehrerbildung und eine neue äußere und innere Gestaltung mit einer neuen Arbeitsplatzbeschreibung für Lehrer.«[447]

---

443 Adam, K., Für Kinder haften die Eltern, S. 194-195
444 Wollenweber, H., Modernisierungsprozesse in Gesellschaft und Wirtschaft als Herausforderung für schulische Bildungs- und Erziehungsarbeit, in: Pädagogische Rundschau, Nr. 1/1994, S. 20
445 Haefner, K., Inwieweit wird das Lehren zu schwierig für die Lehrer, in: Pädagogische Rundschau, Nr. 6/1998, S. 667
446 Gudjons, H., Pädagogisches Grundwissen, S. 307-308
447 zit. nach Struck, P., Neue Lehrer braucht das Land. Ein Plädoyer für eine zeitgemäße Schule, Darmstadt 1994, S. 140

Mit den, der Schule zugewiesenen erzieherischen und sozialpädagogischen Aufgaben, wird der schulischen Omnipotenz das Wort geredet. Dass die Schule mit dieser Aufgabe hoffnungslos überfordert wäre, wird kaum beachtet. Wolfgang Brenzinka weist darauf hin, dass die wichtigsten Bedingungen für den Schulerfolg von der Zuwendung abhängig sind, die das Kind in der Familie erfährt.[448]
Vom bibelorientierten Ansatz herkommend meine ich, dass gerade der umgekehrte Weg richtig ist. Der Staat sollte Wege finden, die Familie zu stärken.[449] Es sollte den Familien gezeigt werden, wie sie die erzieherische Aufgabe besser wahrnehmen können. Die Schule kann dies, was in der Familie versäumt wird, niemals auffangen. Hans-Hermann Groothoff sagt ganz treffend:

»Da in unserer Gesellschaft aber weite Teile der Elternschaft ... sich aus ihrer Verantwortung der Jugend gegenüber zurückziehen, kann ein Unheil auf uns zukommen, das nicht geringer ist als das ökologische Unheil, das sich bereits am Horizont abzeichnet.«[450]

Mir scheint im Blick auf die Zukunft eine bessere Zusammenarbeit zwischen Lehrerschaft und Eltern sehr wichtig. Dies erfordert von beiden Seiten einen Mehreinsatz, der sich aber lohnt.[451]

- Hans-Günter Rolff fordert eine deutliche Stärkung der Einzelschule und ihrer Regelungskompetenzen. Die **teilautonomen Einzelschulen** sollten nach ihm zu lernenden Organisationen werden, die unter Berücksichtigung allgemeiner staatlicher Rahmenvorgaben Lösungsstrategien für ihre pädagogischen Aufgaben entwickeln.[452] Dies erfordert natürlich von den einzelnen Lehrkräften mehr Transparenz, Kooperation und vermehrte Bereitschaft zu Koordination. Zudem sollen die Schulleitungen und

448 Brezinka, W., Glaube, Moral und Erziehung, S. 188
449 Brezinka, W., »Werte-Erziehung« in einer wertunsicheren Gesellschaft, in: Pädagogische Rundschau, Nr. 1/1994, S. 56
450 zit. nach Groothoff, H.-H., Die Krise der allgemeinbildenden Schule, S. 96
451 Dubs, R., Bildungspolitik, Schule und Unterricht, S. 102-103
452 Baumgart, F.; Lange, U., Theorien der Schule, S. 233-234

die Lehrerschaft in Zukunft den Kurs der Schulen weitgehend selbst festlegen können unter Einbezug der Eltern und Schüler.[453] Dies führt zu einer Demokratisierung der Einzelschule.[454] Von staatlicher Seite erhofft man sich, dass teilautonome Schulen die ihnen zur Verfügung gestellten Mittel effizienter einsetzen, sodass finanzielle Einsparungen möglich sind.[455]
Diese Autonomie der Schulen sehe ich einerseits als Chance, da sie das Setzen spezifischer Schwerpunkte ermöglicht. Dadurch kann die Schule ein bestimmtes Profil erlangen.[456] Andererseits kann diese Autonomie zur Deregulierung und Chaotisierung des Schulwesens führen. Christian Rittelmeyer gibt ferner zu bedenken, dass dadurch die bereits schon vorhandenen Qualitätsunterschiede zwischen den Schulen weiter vergrößert würden, und dass es zu einer ethnischen Separierung der Schüler kommen könnte.[457]

---

453 Rauschenberger, H., Erzieherisches Denken und Handeln, S. 190-193

454 Böttcher, W., Autonomie aus Lehrersicht, in: Schulautonomie – Chancen und Grenzen. Impulse für die Schulentwicklung, hg. v. P. Daschner; H.-G. Rolff; T. Stryck, Weinheim; München 1995, S. 64-68

455 Stryck, T., Autonomie und Schulträger. Über die Entwicklung aus kommunaler Sicht, in: Schulautonomie – Chancen und Grenzen, S. 128

456 Frommelt, B., Auf dem Weg von der Lernschule zur Lebensschule. Das hessische Autonomiekonzept, in: Schulautonomie – Chancen und Grenzen, S. 196-197

457 Rittelmeyer, Ch., Schulautonomie – Problemstellungen eines bildungspolitischen Zukunftsprojektes, in: Bildung und Erziehung, Köln Nr. 2/1997, S. 125-135

8 Katechetik

8.1 Einleitende Gedanken

Das Wort Katechetik wird vom griechischen Wort κατηχέω, kataecheō, abgeleitet. Dieses Wort kann mit »berichten« (Apg 21,21.24) oder mit »unterrichten, unterweisen, belehren« (Lk 1,4; Röm 2,18; Gal 6,6) übersetzt werden.[1] Es geht bei dieser Unterweisung darum, die Lehre des göttlichen Wortes weiterzugeben.

Über Augustin, M. Luther, Ph. J. Spener, A. H. Francke bis in die neuere Zeit ging es in der Katechese um die von der Gemeinde Jesu (Kirche) wahrgenommenen Unterweisung des göttlichen Wortes.[2]

Während sich für den kirchlichen Unterricht noch lange das Wort Katechetik halten konnte, setzte sich an den staatlichen Schulen schon im Verlauf des 19. Jahrhunderts der Bergriff Religionsunterricht durch.

Die sich entfaltende Religionspädagogik bemühte sich vor allem seit dem Zweiten Weltkrieg um den schulischen Religionsunterricht, gab aber auch Anregungen für den Unterricht innerhalb der Kirche.[3]

Seit Ende der fünfziger Jahre kam es zu einer Aufwertung der kirchlichen Katechese, nachdem sich das katechetische Handeln lange Zeit in den Religionsunterricht der Schulen verlagert hatte. Weil im schulischen Religionsunterricht in der zunehmend säkularen und pluralen Gesellschaft wichtige Anliegen der Kirche nicht mehr vermittelt wurden, sah sich die Kirche veranlasst, ihre katechetische Aufgabe wieder vermehrt wahrzunehmen.[4]

---

1 Bauer, W., Wörterbuch zum Neuen Testament, Berlin; New York 1971[5], Sp. 837-838

2 Abromeit, H.-J., Katechese/Katechetik, in: Evangelisches Lexikon für Theologie und Gemeinde, hg. v. H. Burkhardt, U. Swarat; O. Betz; M. Herbst; G. Ruhbach; T. Sorg, Bd. 2, Wuppertal; Zürich 1993, S. 1045-1047

3 ebd., S. 1048. Ausführungen dazu siehe 1.2

4 Bartholomäus, W., Das katechetische Handeln der Kirche – katholische Entwicklung und Spezifika, in: Gemeindepädagogisches Kompendium, hg. v. G. Adam; R. Lachmann, Göttingen 1987, S. 87-88

In den folgenden Ausführungen halte ich an dem von der Bibel hergeleiteten Begriff **Katechetik** fest, da es mir in diesem Fachbereich um die Weitergabe des göttlichen Wortes durch die Gemeinde Jesu an die heranwachsende Jugend geht.

In der Katechetik geht es u. a. darum zu zeigen, wie die Prinzipien der bibelorientierten Didaktik bei der Weitergabe des Wortes Gottes angewandt werden können. Diesen in Kapitel 7 entfalteten didaktischen Prinzipien sind im Fach Katechetik noch das Bibelverständnis und die hermeneutischen Überlegungen vorgeordnet.

- Bibelverständnis:
  Wir gehen davon aus, dass die Bibel das inspirierte Wort Gottes und als solches unfehlbar und irrtumslos ist.[5]
- Hermeneutische Überlegungen:
  Zunächst gilt es die philologisch-historische Bedeutung des vorgegebenen biblischen Textes oder der Texte zu erfassen. Der Text muss dann heilsgeschichtlich-christozentrisch ausgelegt werden.[6]

Wichtige Grundlagen der Katechetik sind ferner eine von der Bibel her entfaltete Dogmatik und Ethik. Die dogmatischen und ethischen Überzeugungen der Lehrperson prägen den Unterricht ganz entscheidend.

In der Katechetik geht es um die Frage, **wie** das ganze Wort Gottes, sowohl das Alte als auch das Neue Testament, im gemeindlichen (kirchlichen) und schulischen Unterricht weitergegeben werden soll, damit die Ziele, welche in der bibelorientierten Didaktik entfaltet werden, erreicht werden können.

Trägerin der katechetischen Bemühungen ist die Gemeinde. Sie weiß sich von Jesus beauftragt, die Kinder in verschiedenen Altersstufen – Sonntagsschule, Jungschar, Teenagerclub, biblischer Unterricht, Jugendgruppe – mit der biblischen Botschaft ganzheitlich (pädagogisch-didaktisch) bekannt zu machen und sie dieser Botschaft entsprechend erzieherisch zu begleiten. Zugleich hat sie sich in den Kindergärten und im Religionsunterricht an öffentlichen und

---

5 Breitere Ausführungen dazu siehe 1.3.1
6 Gründlichere Ausführungen dazu siehe 1.3.2

freien Schulen um eine diesem Umfeld angepasste Entfaltung des göttlichen Wortes zu bemühen.

Die Katechetik ist somit als Teilbereich der Gemeindepädagogik zu verstehen. In der Gemeindepädagogik werden die pädagogisch-didaktischen Möglichkeiten der Gemeinde an der heranwachsenden Jugend entfaltet. In der Katechetik fragt man sich, wie das Wort Gottes diesen pädagogischen Bemühungen angepasst didaktisch-methodisch am bestmöglichen weitergegeben werden kann.

Im Fachbereich Katechetik geht es um folgende grundsätzliche Fragen:

- **Wie** haben wir das Wort Gottes weiterzugeben, damit sich Kinder freiwillig, ohne Druck, **für Jesus entscheiden**?
- **Wie** können wir im Unterricht das Wort Gottes entfalten, sodass der **Umgestaltungsprozess ins Bild Gottes** unterstützt wird?
- **Wie** kann den gläubigen Kindern geholfen werden, dass sie den **Weg in die Gemeinde finden**?

Bevor wir die Frage nach dem Wie, nach der Gestaltung des Unterrichts im Einzelnen erörtern, haben wir noch die Frage zu klären: Wer ist denn überhaupt in der Lage, den Kindern das Wort Gottes ganzheitlich so weiterzugeben, dass sie davon angesprochen sind? Es drängt sich uns hier die Frage nach dem Religionslehrer/-lehrerin[7] auf. Der Religionslehrer/-lehrerin wiederum hat sich zu fragen, wie er/sie sich ganz konkret in der Begegnung mit den Kindern zu verhalten hat.

---

[7] Ich verstehe unter Religionslehrern/-lehrerinnen sowohl die, die innerhalb der christlichen Gemeinde in den verschiedenen Bereichen die Botschaft der Bibel weitergeben, als auch die, welche an den öffentlichen oder freien Schulen Religionsunterricht erteilen. Heute nehmen auch oft Gemeindepädagogen/-pädagoginnen diese Aufgabe wahr.

8.2 Der Religionslehrer / Die Religionslehrerin

Grundsätzlichste Aufgabe des Religionslehrers/-lehrerin hat es zu sein, die Erziehungsbemühungen der Eltern zu unterstützen. Leider ist es heute so, dass viele Eltern die Erziehung ihrer Kinder vernachlässigen und ihnen auch die Botschaft der Bibel nicht weitergeben, sodass der Religionslehrer/-lehrerin das Versäumte nachzuholen hat. Der Religionslehrer/-lehrerin versteht sich deshalb nicht nur als Fachlehrer/-lehrerin, sondern auch als Erzieher/Erzieherin. Er/Sie sucht im Leben der Kinder, die in der Bibel vorgegebenen Ziele zu erreichen.

8.2.1 Welche Voraussetzungen müssen im Leben des Religionslehrers/-lehrerin erfüllt sein?

Wenn ich von der Religionslehrerin oder vom Religionslehrer spreche, denke ich an alle die, welche den Kindern die biblische Botschaft weitergeben, sei es im gemeindlichen (kirchlichen) Rahmen oder in Kindergärten, öffentlichen oder freien Schulen. Ich denke hier also an Kindergärtnerinnen, Volksschullehrer/-lehrerinnen, an Lehrer/Lehrerinnen der Sekundarstufe, des Gymnasiums, Pfarrer (Prediger, Pastoren), Katecheten/Katechetinnen oder auch an solche, die in der Gemeinde neben ihrem Beruf in der Kinder-, Jungschar- oder Jugendarbeit mithelfen. Der/die Religionslehrer/-lehrerin gibt der heranwachsenden Jugend das Wort Gottes weiter. Dieses göttliche Wort ist, weil es die Offenbarung Gottes für uns Menschen ist, **das Allerwichtigste, was Kindern gelehrt werden soll**.

Jeder Religionslehrer (wenn ich vom Religionslehrer spreche, ist die Religionslehrerin immer mit eingeschlossen) gibt das Wort Gottes durch das Wort, aber auch durch sein ganzes Leben weiter. Lehre und Leben müssen beim Religionslehrer eine Einheit bilden. Das, was dem Kind **wissensmäßig** von Gottes Wort mitgeteilt wird, soll es erfahrungsmäßig im persönlichen Umgang mit dem Lehrer erleben. Erst wenn **Erfahrung** und **Wissen** für ein Kind übereinstimmen, ist es bereit, dem Vorgetragenen auch **Glauben zu schenken.**

Nur bei **dem** Religionslehrer bilden Lehre und Leben eine Einheit, der bereit ist, diesem Wort Gottes, das er weitergibt, zu gehorchen. Erst wenn **Jesus, das lebendige Wort Gottes,** in ihm lebt, ist er in der Lage, **das geschriebene Wort Gottes** in rechter Weise auszuleben (2. Kor 3,3).

Gerade beim nicht wiedergeborenen Religionslehrer kommt es zwischen Leben und biblischer Lehre zu großen Spannungen, auf welche Peter Biehl in seinem Aufsatz »Beruf Religionslehrer« hinweist.[8]

Der Grund, weshalb nur der wiedergeborene Religionslehrer die biblische Botschaft in rechter Weise weitergeben kann, besteht ferner darin, dass nur er mit Hilfe des Heiligen Geistes in der Lage ist, das, was die Bibel lehrt, zu verstehen (Joh 16,13). Wer den Heiligen Geist nicht hat, kann das Wort Gottes nicht in rechter Weise verstehen. Gerade das Kreuzesgeschehen bleibt ihm unverständlich, eine Torheit (1. Kor 1,18-23). Nur, wer die Bibel versteht, kann sie den Kindern und Jugendlichen ihrem Sinn entsprechend weitergeben. Das, was er weitergibt, ist für ihn nicht nur Lehre, sondern auch Leben, deshalb ist sein Unterricht nicht abstrakte Belehrung, sondern **Glaubenszeugnis**.

Neben der Wiedergeburt braucht es zur Weitergabe des göttlichen Wortes an Kinder und Jugendliche das **Gerufensein von Gott**. Jesus ist es, der bestimmte Menschen beruft, sein Wort weiterzugeben. Jedem, der diese Berufung ernst nimmt, gibt Jesus die Kraft, Befähigung und sogar die Vollmacht dazu. Religionslehrer zu sein darf nie nur Beruf, sondern muss immer auch Berufung sein. Als Berufene leben wir von unserem Auftraggeber her. In ihm haben wir, wenn wir unterrichten, unseren Rückhalt. Ihm sind wir aber auch verantwortlich. Wer nicht von Gott beauftragt vor der Schulklasse steht, sucht in seiner Tätigkeit die Sicherheit in sich selbst. Er stützt sich auf seine

---

8 Biehl, P., Beruf: Religionslehrer. Schwerpunkte der gegenwärtigen Diskussion, in: Jahrbuch der Religionspädagogik, Bd. 2, hg. v. P. Biehl; Ch. Bizer; H.-G. Heimbrock; F. Rickers, Neukirchen-Vluyn 1986, S. 181

Studien, seine Weiterbildung.[9] Der nur sich selbst verantwortliche Religionslehrer muss sich, wie H.-G. Heimbrock ausführt, »von dem Zwang befreit fühlen, immer persönlich ›ganz hinter der Sache‹ stehen zu müssen.«[10] Und doch setzt sich gerade dieser sich selbst verantwortliche Religionslehrer, welcher nicht bereit ist, sich an Gott und sein Wort zu binden, vielen Zwängen aus. Um zeitgemäß unterrichten zu können, muss er die ständig wechselnden theologischen Grunderkenntnisse seiner Zeit ernst nehmen und sich den neuesten religionspädagogischen Modeströmungen und soziologischen Einsichten anpassen. Genau diese Zwänge führen in seinem Leben zu großen Unsicherheiten.

P. Biehl ist der Überzeugung, dass wir den »verkündigenden« Unterricht hinter uns gelassen haben.[11] Er meint, dass der christliche Glaube dem Wandel unterworfen sei und in skeptischer Umwelt neu verantwortet werden müsse. So verstandener christlicher Glaube habe heute im Unterricht die Gestalt der **Frage und der Erwägung anzunehmen. Wir sehen, dass dort, wo der Mensch meint, nur noch sich selbst verantwortlich zu sein, sich die Aussagen der biblischen Botschaft in Fragen und Erwägungen auflösen. Was hat ein Kind noch von diesem Unterricht?**

Der an Christus glaubende Religionslehrer muss immer wieder die Ziele des Unterrichts im Auge behalten. Es geht neben der Weitergabe biblischer Grundwahrheiten darum, den Kindern zu helfen, **das ihnen in Christus angebotene Heil anzunehmen**. Zudem hat der Unterricht den **Umgestaltungsprozess ins Bild Gottes zu fördern**. Der Unterricht sollte sich im Leben der Kinder gemeinschaftsfördernd auswirken. Sie sollten im Unterricht Hilfen erfahren, wie sie Verantwortung tragen können (ethisches Verhalten). Ihr Denkvermögen und ihre Kreativität sollten ebenfalls gefördert werden. Schließlich werden ihnen im Unterricht Hilfen geben, wie sie in rechter Weise mit ihrem Körper und der Emotionalität umgehen

---

9 Schilling, J., Kursbuch Jugendarbeit. Informieren – planen – handeln, München 1983, S. 47

10 zit. nach Biehl, P., Beruf: Religionslehrer. Schwerpunkte der gegenwärtigen Diskussion, in: Jahrbuch der Religionspädagogik, Bd. 2, S. 178

11 ebd., S. 189

können. Es geht auch darum, dem Kind zu helfen, **den Weg in die Gemeinde zu finden**. Gerade das bewusste Anstreben dieser im Wort Gottes vorgegebenen Ziele führt den Religionslehrer ins Gebet. Er braucht die Hilfe Jesu, um all diesen Zielen in ausgewogener Weise gerecht werden zu können. Wichtig ist auch, dass die Religionslehrer in eine Gemeinde eingebunden sind. Einige stehen ja in den Schulzimmern säkularer Schulen und haben dort das Anliegen Gottes und damit seiner Gemeinde in glaubwürdiger Weise zu vertreten. Dies ist oft deshalb so schwer, weil die Kinder, vom Elternhaus her beeinflusst, gegen diesen Unterricht negativ eingestellt sind. Ja, man fragt sich oft sogar, ob der Religionsunterricht im ganzen Stundenangebot der Schule etwas Sinnvolles zu bieten habe.[12] Gerade weil dies so ist, braucht der Religionslehrer das unterstützende Gebet der Gemeinde, da der Unterricht oft mit Leiden verbunden ist.[13]

Natürlich gehört zu der Aufgabe, als Religionslehrer tätig zu sein, eine **entsprechende Ausbildung**. Zunächst hat es in dieser Ausbildung um die Vermittlung eines theologischen Grundwissens zu gehen. Der Religionslehrer hat sich ein gründliches Bibelwissen, die Fähigkeit, exegetisch zu arbeiten, ein gutes dogmatisches, ethisches und kirchengeschichtliches Wissen anzueignen. Er muss in der Lage sein, seine Glaubensüberzeugung klar zu begründen.[14] Ferner müssen neben den von der Bibel her entfalteten pädagogisch-didaktischen Überlegungen dem Religionslehrer auch entwicklungspsychologische Erkenntnisse vermittelt werden, damit er dem Kind seinem Alter entsprechend die biblische Botschaft weitergeben kann.[15] Die Entwicklungspsychologie hat für uns als Wissenschaft keinen Selbstzweck, sondern dient nur dazu, dem Kind im erziehenden Unterricht gerecht zu werden. Außerdem muss der Religionslehrer im Studium in die verschiedenen Methoden und Sozialformen des Unterrichtens

---

12 Kittel, H., Evangelische Religionspädagogik, Berlin 1970, S. 301

13 Meskemper, G., Jesus der Lehrer. Sein Vorbild für die Vorbilder der Gegenwart, Neuhausen-Stuttgart 1988, S. 37

14 Kruhöffer, G., Wieviel Theologie brauchen Religionslehrer/-innen? – Zum theologischen Profil der Religionspädagogik, in: Grundlagen der evangelischen Religionspädagogik, hg. v. J. Ohlemacher; H. Schmidt, Göttingen 1988, S. 74

15 Stückelberger, A. E., Grundlagen und Bausteine christlicher Erziehung. Der Erzieher, das Kind, die Erziehung, Zürich 1946, S. 41

eingeführt werden. Es ist wünschenswert, dass der, der in die verschiedenen Methoden einführt, selbst in der Praxis steht, damit ein Praxis-Theorie-Konflikt vermieden werden kann.[16] Zu dieser theoretischen Ausbildung muss eine **Zeit des Praktikums hinzukommen, in welchem das Gelernte unter fachkundiger Anleitung eingeübt und vertieft werden kann. Weiterbildung ist unerlässlich.**

Heute wird der Religionslehrer immer mehr ins Zentrum der religionspädagogischen Überlegungen gerückt. Da er sich von Gott und seinem Wort emanzipiert hat, wird er immer mehr zur entscheidenden Figur. Von ihm wird schließlich alles erwartet. Erwin Rauscher sagt treffend:

> »Das Ich des Lehrers setzt sich als objektive Norm der Wirklichkeit (= Egonomie).«[17]

Deshalb versagen heute viele Religionslehrer. Sie können nicht geben, was man von ihnen erwartet.

Wir halten nach wie vor daran fest, dass der Religionslehrer aus einer persönlichen Beziehung zu Jesus, als ein von Gott Berufener, das Wort Gottes den Kindern weiterzugeben hat. Wenn dies so ist, steht Jesus und sein Wort im Mittelpunkt. Der Religionslehrer ist nur Diener, nicht Herr.

8.2.2 Verhaltensweisen, die bei der Weitergabe des göttlichen Wortes zu berücksichtigen sind

Grundsätzlich hat der Religionslehrer allen Kindern seiner Gruppe oder Klasse **in Liebe** zu begegnen. Die Quelle dieser Liebe, welche er den Kindern schenkt, ist der in ihm wohnende Christus (Röm 5,5; Gal 5,22). Die Liebe zeigt sich darin, dass er die Kinder und Jugendlichen **in ihrer Art ernst nimmt**. Das Kind ist für den Lehrer

---

16 Seiß, R., Humane Pädagogik. Liebe – das Zentrum erzieherischen Handelns, Bad Heilbrunn 1986², S. 18-20

17 zit. nach Rauscher, E., Religion im Dialog. Fächerverbindung, Projektstruktur, Religionsunterricht, Frankfurt a. M.; Bern; New York; Paris 1991, S. 183

nicht nur Objekt, sondern er hat Achtung vor ihm, weil es Geschöpf des Gottes ist, dem er dient. Er weiß, dass er dann, wenn er sich einem Kind liebend zuwendet, letztlich Jesus selbst dient (Mt 25,40). Er weiß, dass er im Umgang mit Kindern nicht nur der Lehrende, sondern auch der Lernende ist (Mt 18,1-5). Die Liebe zu den Kindern wird auch darin sichtbar, dass er bereit ist, den Kindern **Vertrauen zu schenken**, das sich darin zeigt, dass er ihnen etwas zutraut, selbst dann, wenn sie ihn immer wieder enttäuschen. Dies ist nur dann möglich, wenn er treu **für die Kinder betet**.

Überhaupt zeigt sich die Liebe zu den Kindern darin, dass er sie in seinen Gebeten begleitet. Er breitet alles, was ihn im Blick auf die einzelnen Schüler bewegt – ihre Mängel, Probleme, Ängste – vor Jesus aus.[18]

Wie kann aber der Religionslehrer dem Kind zeigen, dass er es liebt?

- Zunächst zeigt sich für den Schüler die Liebe des Lehrers darin, dass er seinen Namen, seine Lieblingsbeschäftigungen, seine Probleme usw. kennt.
- Dann spürt der Schüler, dass ihn der Lehrer liebt, wenn dieser während des Unterrichts immer wieder Augenkontakt mit ihm hat.
- Ferner merkt der Schüler, dass ihn der Lehrer liebt, wenn er körperlichen Kontakt mit ihm hat. Dies kann z.B. bei der Begrüßung durch einen Händedruck geschehen.
- Wenn der Religionslehrer spürt, dass ein Kind innerlich stark leidet, sucht er mit ihm das Gespräch. Er schenkt ihm Zeit und konzentrierte Aufmerksamkeit. Gerade in der Schule brauchen die Kinder oft das tröstende Wort eines Lehrers. Schüler sind oft entmutigt, weil ihnen etwas nicht gelingt. Es kann auch sein, dass sich ein Schüler in der Klasse nicht angenommen fühlt. Wo sind die mitleidenden Lehrer?[19]

---

18 Christsein – Lehrersein. Möglichkeiten und Grenzen für christliche Lehrerinnen und Lehrer an staatlichen Schulen, hg. v. W. Gasser, St . Gallen 1991, S. 26-29

19 Meskemper, G., Jesus der Lehrer, S. 36

- Dazu gehört auch, dass der Lehrer ab und zu dem Alter der Kinder angepasst einen Einblick in die Freuden und Probleme seines Lebens gewährt und die Kinder auffordert, für ihn zu beten.[20]

Diese gottgewirkte Liebe zeigt sich auch in einer **klaren disziplinarischen Führung**. Der Lehrer verlangt von den Kindern Gehorsam. Dies setzt aber in seinem Leben voraus, dass auch er Jesus, dem ja sein Leben gehört, gehorcht. Sein Gehorsam Gott und seinem Wort gegenüber gibt ihm die Autorität, Gehorsam zu verlangen. Er stellt diese Autorität nicht selbst her, sondern hat sie, weil er in ihr lebt. Er hat eine bestimmte Ausstrahlungskraft, die nach Kurt Frör wichtiger ist als alles andere im Religionsunterricht.[21] Als von Gott beglaubigte Autorität strahlt er Vertrauen, Zuversicht und Geborgenheit aus, sodass sich die Kinder in seinem Unterricht wohl und ernst genommen fühlen.

Im Unterricht gibt es ganz klar **richtiges und falsches Verhalten**. Die Stunden selbst sind geprägt von klaren, disziplinarischen Anweisungen. Schwatzende Kinder fordert er auf, ruhig zu sein. Innerlich abwesende Kinder, die mit einem Schreibzeug spielen, in einem Buch blättern, sucht er durch Fragen und Aufforderungen wieder in das Unterrichtsgeschehen einzubeziehen. Störende Kinder weist er zurecht. Mit Kindern, die ihm besonders Mühe machen, muss er sprechen. Ziel des Gespräches hat es zu sein, gerade diese Kinder als Mitarbeiter zu gewinnen. Tadel vor allen fordert eher nur zum Widerspruch heraus. Die Lehrer haben von Kollektivstrafen abzusehen, da sie ungerecht sind. Sie treffen nämlich Schuldige und Nicht-Schuldige in gleicher Weise.[22]

Der Unterricht will unter anderem dazu beitragen, dass sich das Kind **biblisches Grundwissen und Zusammenhänge aneignet**, die von ihm in Prüfungen verlangt werden dürfen. Der Lehrer darf im Religionsunterricht durchaus Leistungen erwarten, die auch be-

---

20 Graystone, P., Platz für Kinder. Auch in der Kirche?, Wuppertal; Kassel 1990, S. 121-122

21 Frör, K., Grundriss der Religionspädagogik. Im Umfeld der modernen Erziehungswissenschaft, Konstanz 1983[2], S. 189

22 Dietrich, Th., Zeit- und Grundfragen der Pädagogik, Bad Heilbrunn 1992[7], S. 123

notet werden, wenn das Kind spürt, dass die Leistungen nicht das Eigentliche des Religionsunterrichts sind.

Diese aus der Liebe herauswachsende Ordnung in der Schulklasse führt zu einer positiven, wohltuenden Atmosphäre, welche ihrerseits die Bereitschaft fördert, das, was der Lehrer unterrichtet, aufzunehmen. Man weiß heute um die Wichtigkeit dieser Atmosphäre. B. Grom schreibt:

> »Selbst eine Pädagogik, der es nur um Wissensvermittlung geht, muss heute anerkennen, dass das Lernklima, der »Arbeitsgeist« einer Klasse, wesentlich vom emotionalen Klima abhängt.«[23]

Gerade die aus der Liebe herauswachsende straffe disziplinarische Führung hilft dem Kind, die schenkende und fordernde Seite der göttlichen Liebe zu verstehen. Ich kann die Auffassung von T. M. Neuberger nicht teilen, der im Religionsunterricht einen gleichberechtigten Umgang zwischen Lehrer und Schüler fordert. Er behauptet:

> »Diese Interaktionsform, die auf eigene Dominanz verzichtet, entspricht dem christlichen Ideal von brüderlicher Liebe.«[24]

Auf diese Weise kommt der Anspruch der biblischen Botschaft auf das Leben eines Menschen kaum mehr zum Tragen.[25]

An dieser Stelle gehe ich noch etwas genauer auf die disziplinarischen Probleme in einer Schulklasse ein. Die disziplinarischen Probleme ergeben sich vor allem aus drei Gründen:

1. Der Religionslehrer verursacht sie selbst
   Oft verursachen die Religionslehrer selbst die disziplinarischen Probleme. Wenn sie in einer solchen Situation noch ständig die Kinder zurechtweisen, kann es in der Klasse zu großen Spannun-

---

23 Grom, B., Methoden für Religionsunterricht, Jugendarbeit und Erwachsenenbildung, Düsseldorf; Göttingen 1976, S. 20

24 Neuberger, T. M., Lebensorientierung und religiöse Deutungssysteme, Frankfurt a. M.; Bern; New York; Paris 1989, S. 165

25 Meskemper, G., Jesus der Lehrer, S. 24-25

gen kommen. Hier die Verhaltensweisen des Lehrers, welche disziplinarische Probleme auslösen können:

- Der Lehrer hält sich nicht an das, was er von den Kindern verlangt. Er ist z.B. unpünktlich, obwohl er Pünktlichkeit erwartet.
- Unsicherheit beim Beginn der Stunde. Wenn der Lehrer nicht die Führung übernimmt, übernehmen sie die Kinder.
- Langweilige Art zu unterrichten (monotone Stimme, schlechte Gestik, theoretische Darbietungsweise).
- Inkonsequenzen den Kindern gegenüber. Wenn man nicht alle Kinder in der Klasse kennt, tadelt man nur die, deren Namen man kennt.
- Er ist nicht bereit, klare Grenzen zu setzen und verzichtet darauf, bestimmte Abmachungen durchzusetzen.[26]
- Schlechte Vorbereitung
- Die innere Einstellung. Es kann sein, dass es dem Lehrer nicht passt, diese Stunde zu halten.

2. Das Verhalten der Schüler verursacht sie
Kinder, welche zu Hause alles tun dürfen und zu kleinen Haustyrannen geworden sind, sind im Unterricht nicht auf einmal ganz anders. Sie müssen aber merken, dass sie sich in die Klasse einzuordnen haben. Der Lehrer muss gerade solchen Kindern gegenüber konsequent bleiben. Wichtig ist, dass er sich nicht auf ein Tauziehen mit den Kindern einlässt. In solchen Situationen fühlt sich der Lehrer oft überfordert. Er erbittet von Gott Hilfe, sich in dieser Problemsituation richtig zu verhalten.
Einzelne Kinder mit körperlichen oder geistigen Behinderungen (schlechtes Seh- oder Hörvermögen, kleinwüchsige oder dicke Kinder) werden sich dann, wenn sie sich nicht ernst genommen fühlen, zu ausgesprochenen Störenfrieden entwickeln.

[26] Klein, W.; Krey, B., Umgang mit schwierigen Schülern. Konzeptionelle Überlegungen – Erfahrungen – Ergebnisse, Hohengehren 1999, S. 29

Zudem können schwierige familiäre Verhältnisse dazu führen, dass Kinder den Unterricht stören.[27]

3. Verschiedene Umstände
Ein unfreundlicher Raum, in welchem Unordnung herrscht, begünstigt disziplinarische Probleme. Die ganze Raumgestaltung, Sitzordnung, Bilder usw. können die Harmonie und Ruhe in der Klasse fördern. Wichtig ist, dass alle Kinder so sitzen, dass Sichtverbindung mit dem Lehrer möglich ist.
Manchmal ergeben sich disziplinarische Schwierigkeiten einfach deshalb, weil es im Raum zu warm, zu kühl oder weil er schlecht gelüftet ist.
Auch ein Wetterumschwung kann die Kinder gereizt machen.

8.2.3 Grundlegendes, das der Religionslehrer beim Unterrichten zu beachten hat

Wichtig ist, dass das Kind vom Religionsunterricht begeistert wird. Eine langweilige Darbietung der biblischen Botschaft zerstört jegliches Interesse.

Ich möchte darauf hinweisen, dass das Allerwichtigste beim Unterrichten immer wieder die gründliche Vorbereitung einer jeden Stunde ist.

Damit die Kinder im Unterricht von der biblischen Botschaft angesprochen werden, hat der Lehrer **verständlich zu unterrichten**. Im Blick auf dieses Ziel kommt **der Sprache** eine entscheidende Bedeutung zu. Die Einfachheit und Verständlichkeit der Sprache soll von einer klaren Gliederung der Gedankengänge geprägt sein. Zugleich hat der Lehrer das Wort Gottes **anschaulich** weiterzugeben. Wir können gerade in diesem Bereich die Bibel selbst als Vorbild nehmen. Gott bemüht sich in seinem Wort, anschaulich zu uns Menschen zu sprechen. Sicherlich gehört zu einem anschaulichen

[27] Velten, D., Disziplinschwierigkeiten, in: Erziehen konkret. Beiträge zu grundlegenden und praktischen Fragen der christlichen Erziehung, hg. v. T. Kögler; D. Velten, Lahr 1999, S. 14

Unterricht, dass wir mit verschiedenen Anschauungshilfen das Gesagte zu verdeutlichen suchen. Über das Einsetzen von Anschauungshilfen werden wir noch eingehend sprechen. Mir ist es aber ein besonderes Anliegen, dass unsere ganze Art zu unterrichten anschaulich ist. Dies zeigt sich im Umgang mit der **Stimme**, in der **Mimik und Gestik**. Die ganze Darbietungsweise sollte dynamisch sein. Im Grunde genommen kann nur der Religionslehrer anschaulich unterrichten, der mit dem inneren Auge schaut, was er darlegt. Anders gesagt: Er muss von dem, was er den Schülern weitergibt, selbst zutiefst erfasst sein.

Zudem ist es nur dann möglich, Kinder mit der biblischen Botschaft anzusprechen, wenn der Religionslehrer in ihrem Denken klare Vorstellungen von dem schafft, was er eben darlegt. Dazu ist es nötig, dass der Unterrichtende die biblischen Begriffe sauber mit Hilfe jener Vorstellungen, über welche das Kind seinem Alter entsprechend verfügt, erklärt. Wir gehen also davon aus, dass die Bibel in ihren Aussagen durchaus verständlich und damit erklärbar ist. Wie das im Einzelnen aussehen kann, zeigt uns A. E. Stückelberger in seinem Buch »Bibel, Kind und wir«.[28] H.-G. Heimbrock, der von der historisch-kritischen Bibelbetrachtungsweise und von der Entmythologisierung Bultmanns herkommt, hält dieser Auffassung entgegen, dass nur durch eine symbolbezogene Hermeneutik der metaphorische Charakter religiöser Sprache ernst genommen werden könne.[29] Er behauptet sogar, dass nicht klare Begriffe, sondern Symbole dem Kind weiterhelfen können. Dazu gehört nach Heimbrock

> »die Erschließung von Alltagserfahrungen durch kontextuale Verschränkung von Symbolen der Tradition und den in der Lerngruppe und ihrem sozialen Umfeld dominanten Angeboten von Alltagssymbolik.«[30]

---

28 Stückelberger, A. E., Bibel, Kind und wir. Eine Methodik zur Gestaltung des Unterrichts in Biblischer Geschichte, Wuppertal-Elberfeld 1977, S. 39-44
29 Heimbrock, H.-G., Lern-Wege religiöser Erziehung, Göttingen 1984, S. 79
30 zit. nach ebd., S. 91

Auf diese Weise lassen sich biblische Begriffe wie Glaube, Sünde usw. total von der heutigen Zeit herkommend uminterpretieren. So verliert die Bibel ihre Aussagekraft für die Kinder.

Der Religionslehrer hat sich auch darum zu bemühen, das Kind in seiner **Alltagssituation anzusprechen**. Dazu braucht er die Kenntnis entwicklungspsychologischer Ergebnisse und das Wissen, in welcher Umwelt die Kinder leben. Er muss die Erfahrungs- und Erlebnissituation der Schüler kennen (siehe 7.5.1.4). Besuche bei den Familien, aus welchen die Kinder kommen, können eine große Hilfe sein. Studien im Bereich der religiösen Sozialisation können z. T. hilfreiche Anregungen geben. Den Kindern sollten auch helfende Anweisungen gegeben werden, wie sie das, was die Bibel lehrt (Nächstenliebe, Vergebungs-, Hilfsbereitschaft usw.), in ihrem Alltag mit Hilfe von Jesus ganz praktisch, sei es im Umgang mit den Eltern, den Geschwistern und in der Schule, umsetzen können. Es sollte ihnen von den biblischen Werten und Normen her geholfen werden, sich ethisch und moralisch richtig zu verhalten.

Es gilt aber zu beachten, dass nicht nur der Lehrer den Schüler, sondern auch der Schüler den Lehrer im Unterricht beeinflusst. Im Umgang mit den Schülern lernt ein Lehrer viele wesentliche Dinge, vor allem im Blick auf den Umgang mit Kindern. Der Lehrer ist immer auch ein Lernender.

Eigentlich sollte das Darzulegende mit den Schülern so weit als möglich **erarbeitet** werden. Dazu ist es nötig, dass sie in den Unterrichtsverlauf einbezogen werden. Der Unterricht ist mit einem ständigen Kreislauf Lehrer → Schüler, phasenweise auch Schüler → Lehrer vergleichbar. Wie die Schüler in den Unterricht einbezogen werden können, habe ich unter 7.6.3 und 7.7 ausgeführt.

8.3 Hauptformen der Weitergabe des göttlichen Wortes

Aus der Bibel ergeben sich zwei Hauptformen der Weitergabe des göttlichen Wortes:

1. Die Bibel ist zuerst einmal Geschichte
   Die uns in der Bibel vorgegebene Offenbarung Gottes geschah in Raum und Zeit. Gott handelte in der Geschichte und machte auf diese Weise Geschichte. Denken wir hier nur an die Erwählung und Führung des Volkes Israel, welche uns im AT ausführlich beschrieben wird. Auch Jesus, der Sohn Gottes, ging deshalb in die Geschichte ein, weil er Mensch wurde. Seine Taten, sein Leiden, Sterben und sein Auferstehen sind historische Ereignisse. Die auf diesem historischen Heilshandeln Gottes in Christus beruhende Ausbreitung des Evangeliums, wie es uns in der Apostelgeschichte berichtet wird, ist ebenfalls ein historisches Handeln.
   Wir sehen: Gottes Handeln wird sowohl im AT als auch im NT in der Geschichte sichtbar. Die geeignetste Form, dieses historische Handeln Gottes weiterzugeben, ist die **Erzählung.**
   Interessant ist zu beachten, dass Gott selbst angeordnet hat, dass wir sein in der Geschichte sich offenbarendes Handeln weitererzählen sollen:

   »Was wir gehört und erfahren und unsere Väter uns **erzählt** haben, wollen wir nicht verhehlen ihren Söhnen und dem künftigen Geschlecht **erzählen.**« (Ps 78,3.4a)

2. Die Bibel ist auch Lehre
   Eingeflochten in das historische Handeln offenbarte uns Gott Wahrheiten, die wir Menschen ernst zu nehmen haben.
   - Unter anderem offenbarte uns Gott, warum wir Menschen sündig sind (1. Mose 3,1-7), welche zeitlichen und ewigen Auswirkungen diese Tatsache, dass wir Sünder sind, für unser Leben hat (Röm 3,23; 5,12; 6,23a).
   - Er offenbarte zudem, wie Sünde aus unserem Leben entfernt, vergeben werden kann.
   - Dazu braucht es ein stellvertretendes Opfer (Hebr 9,14). Von Seiten des Menschen braucht es den Glauben an dieses Opfer (Hebr 9,13.14)
     - Jesus ist das eigentliche Opfer Gottes geworden (Joh 1,29). Durch den Glauben an ihn gelangen wir zur Vergebung der Sünden (Joh 3,16).

Solche lehrmäßigen Wahrheiten lassen sich in der Erzählung einer Geschichte aber auch, so wie es in der Bibel selbst an einigen Stellen geschieht, **thematisch entfalten**.

8.4 Die Erzählung einer biblischen Geschichte

Wir sahen, dass Gott selbst uns beauftragt, die Geschichten der Bibel zu erzählen. Es gilt zu beachten, dass gerade im **Vorschul- und Grundschulalter** dem Kind gar kein anderer Zugang zu den biblischen Texten zugemutet werden kann.[31] Mit Hilfe der biblischen Geschichte können dem Kind lehrmäßige Wahrheiten der Bibel altersentsprechend mitgeteilt werden.

Grundsätzlich hört jedes Kind gerne Geschichten. Selbst das Kind, das viel vor dem Fernseher sitzt oder Kassetten hört, hört aufmerksam zu, wenn ihm eine Geschichte erzählt wird. Gerade weil es sich mit den Personen in der Geschichte identifiziert und innerlich mitleidet, sich aber auch mitfreut, kommt ihm die in der Geschichte entfaltete biblische Wahrheit sehr nahe.

- Durch die Identifikation mit den Personen aus der Geschichte kann das Kind zur Selbsterkenntnis gelangen.[32] Es kann sein falsches Verhalten Eltern und Geschwistern gegenüber erkennen.
- Zugleich werden ihm die biblischen Gestalten durch die Identifikation zu Vorbildern.[33] Es ist bereit, die Wertmaßstäbe der Personen der Geschichte zu übernehmen.

Durch das innere Miterleben einer Geschichte wird der Nachahmungstrieb eines Kindes stark angeregt. Es ist bereit, das Verhalten dieser Person spontan nachzuahmen. Direkte Aufforderungen an das Kind bringen wenig im Vergleich zu dem, was eine Geschichte über den Nachahmungstrieb zu erreichen vermag.

---

31 Frör, K., Grundriss der Religionspädagogik, S. 102

32 Wegenast, K., Religionsdidaktik Grundschule. Voraussetzungen, Grundlagen, Materialien, Stuttgart; Berlin; Köln; Mainz 1983, S. 98

33 Wanner, W., Erzählen kann jeder, Gießen 1985[3], S. 30

Wichtig ist, dass wir nicht nur versuchen, dem Kind mit Hilfe der biblischen Geschichte moralische Anweisungen weiterzugeben. Ein Kind wehrt sich innerlich gegen Moral, mit welcher es in unserer Zeit geradezu überfüttert wird. Es braucht eine persönliche Beziehung zu Jesus. Jesus ist die Kraftquelle, aus der ein Gott wohlgefälliges Leben gelebt werden kann.

Weil das Kind sich von den biblischen Geschichten angesprochen fühlt, wächst in ihm eine Liebe zur Bibel, dem Wort Gottes. Es wird durch die Geschichten angeregt, die Bibel zu lesen.

8.4.1 Die methodischen Schritte zur Erarbeitung einer biblischen Geschichte

Grundsätzlich muss Unterricht geplant werden. Nur gründliche Planung ermöglicht das Erreichen festgesetzter Ziele. Wir wissen aber auch, dass der eigentliche Verlauf der Stunde letztlich nicht planbar ist. Wenn ich jetzt zeige, wie eine biblische Geschichte zu erarbeiten ist, möchte ich vorausschicken, dass ich nicht **die** Methode, sondern **eine** Methode darlege. Es ist auch klar, dass wir uns nicht immer so gründlich vorbereiten können, wie ich es jetzt entfalten werde. Es ist selbstverständlich, dass man zu der nun auszuarbeitenden Lektion wertvolle didaktische Planungsvorgaben berücksichtigt. Eigentlich sollte im Gesamtplan (siehe 8.7) auf gute didaktische Stundenentwürfe hingewiesen werden. Diese Entwürfe können das Planen erleichtern aber nicht ersetzen.[34]

1. Schritt: Die vorgegebene Geschichte vom Text her aufarbeiten

Zunächst haben wir die biblische Geschichte gründlich zu lesen. Es ist eine große Hilfe, wenn man sie in der Grundsprache lesen kann. Wenn das nicht möglich ist, haben wir sie in verschiedenen Bibel-

---

[34] Bochinger, E.; Paul, E., Einführung in die Religionspädagogik, in: Studium Theologie, Bd. 5, München; Mainz 1979, S. 160

übersetzungen nachzulesen. Es gilt weiter, den Kontext zu beachten, in welchem sich diese Geschichte ereignet.

- Bei der Durcharbeitung des Textes muss uns zuerst der Ablauf der Geschichte klar werden.
- Dann ist es unsere Aufgabe, die Personen, welche uns in dieser Geschichte begegnen, näher zu betrachten, sodass wir sie uns gut vorstellen können.
  - Ihr Alter
  - Ihr Auftrag
  - Ihre Stellung
  - Ihre besonderen Probleme
  - Ihre Beziehung zu Gott
- Ferner haben wir uns über die Kontakte der Personen untereinander Klarheit zu verschaffen.
  - Wo und wozu treffen sich diese Personen?
  - Ihre Beziehung zueinander?
  - Was reden sie miteinander und wie ist ihre innere Einstellung dabei?
- Schließlich haben wir uns in die Hauptperson und die vorgegebenen Umstände hineinzudenken.
- Es gibt dann noch allgemeine Informationen zusammenzutragen:
  - Der geschichtliche Hintergrund dieser Begebenheit
  - Der zeitgeschichtliche Rahmen
  - Kulturgeschichtliches Wissen (z.B. jüdische Feste und Sitten)
  - Geographische Lage (z.B. Galiläa, Samaria, Judäa)
  - Die sozialen Verhältnisse (Status Zöllner, Pharisäer, Samariter)

2. Schritt: Herausarbeiten des Lernziels

Wir haben uns zu fragen, welches Lernziel wir mit der vorliegenden Geschichte erreichen wollen. Einerseits drängt die Geschichte selbst zu bestimmten Zielen, andererseits gilt es, die Kinder, die wir unterrichten, ins Auge zu fassen. Das Ziel muss ihrer inneren Verfassung und ihrem Alter angepasst sein. Die Wahl des Lernziels ist also einerseits von der vorgegebenen Geschichte und andererseits von der Situation, in welcher sich die Kinder befinden, geprägt. Es ist ganz klar, dass die Entscheidung für dieses oder jenes Lernziel die ganze Darbietung der Geschichte prägen wird.

3. Schritt: Der Einstieg in die Geschichte

Nachdem wir mit dem Inhalt der biblischen Geschichte vertraut geworden sind und uns das eigentliche Ziel der Stunde klar ist, müssen wir einen geeigneten Einstieg suchen.

Der Einstieg ist die Brücke, mit Hilfe derer wir das Kind an die biblische Geschichte heranführen. Wenn der Einstieg langweilig ist, verlieren wir die Aufmerksamkeit der Kinder, bevor wir sie gewonnen haben. Der Einstieg muss das Interesse des Kindes an der Geschichte wecken.

Einstiegsmöglichkeiten:[35]

- Eine Kurzzusammenfassung der vorangehenden Geschichte kann als Einstieg dienen.
- Wir können gleich mitten in der Geschichte beginnen. Wir setzen bei einer spannenden Stelle der Geschichte ein und blenden dann zurück.
- Ein Erlebnis aus der Gegenwart kann als Einstieg dienen: »Stellt euch vor, gestern erlebte ich ...« »So ähnlich ging es auch ...«
- Eine Behauptung kann als Einstieg dienen.
- Auch ein Bild oder ein Gegenstand eignen sich gut.

4. Schritt: Die Entfaltung der Geschichte

Die Kinder können die biblischen Geschichten deshalb so gut verstehen, weil ihnen hier Menschen begegnen, welche dieselben Empfindungen (Ärger, Angst, Trauer), dieselben Probleme (Ungehorsam, Streit, Neid) hatten. Es besteht meiner Überzeugung nach zwischen den Gestalten der biblischen Geschichte und den Kindern kein Graben, wie das immer wieder behauptet wird, obwohl geographische, zeitgeschichtliche und kulturelle Unterschiede vorhanden sind. Doch müssen diese Unterschiede in der Erzählung der Geschichte mit berücksichtigt und dargelegt werden.

---

[35] Wanner, W., Erzählen kann jeder, S. 50-54

Es ist außerdem unsere Aufgabe, die Spannung, die im biblischen Text liegt, herauszuarbeiten.

Wir haben nun die Geschichte auf das Lernziel ausgerichtet zu entfalten. Jede Geschichte lässt sich in verschiedene Szenen aufteilen. In den Szenen sollen Teilziele des übergeordneten Lernziels herausgearbeitet werden. Es gibt verschiedene Entfaltungsmöglichkeiten einer Geschichte:

- Wir können die Abfolge der Geschichte so ernst nehmen, wie sie in der Bibel steht. Für diese Art der Erzählung setzt sich vor allem D. Steinwede ein. Weil der Text seiner Überzeugung nach für die Kinder identifizierbar bleiben muss, sollen Struktur, Aufbau, Abfolge und Sprachgestalt der Texte ernst genommen werden.[36]
- Es ist auch möglich, die Geschichte in Gesprächsform zu entfalten. Ein Reporter stellt der Hauptperson gezielte Fragen. Natürlich muss dieses Gespräch vorbereitet werden.
- Ein Zuschauer kann die ganze Begebenheit aus seiner Sicht erzählen.

Grundsätzlich dürfen die vorgegebenen biblischen Gedanken nicht abgeändert werden, weil der Text für uns autoritatives Wort Gottes ist. Wir können uns also mit der Auffassung von W. Neidhart nicht einverstanden erklären, wenn er sagt, dass der Erzähler sich sogar die Freiheit nehmen dürfe, im Text gar nicht auftretende Gestalten einzuführen.[37]

Eine jede Geschichte hat auch ihren **Höhepunkt**. Wenn irgend möglich sollte die Geschichte so aufgebaut werden, dass der Höhepunkt fast am Schluss erreicht wird. Nach dem Höhepunkt muss die Geschichte noch mit einigen Sätzen abgeschlossen werden. Am Anfang ist es gut, wenn man die Schlusssätze schriftlich formuliert. Ein langatmiger Schluss führt dazu, dass die Kinder innerlich schon längst abgeschaltet haben, obwohl der Religionslehrer immer noch spricht.

[36] Wegenast, K., Religionsdidaktik Grundschule, S. 99
[37] ebd., S. 101

Schema 1: **Aufbau der Szenen in einer biblischen Geschichte**

Beispiel: Die Heilung des Gelähmten (Mk 2,1-12)

Einstieg	**1. Szene**	**2. Szene**	**3. Szene**	**4. Szene**	**Schluss**
Jemand erkrankt. Wo geht man hin?	Den Gelähmten in seiner Situation verstehen	Männer bringen ihn zu Jesus	Sie suchen und finden einen Weg zu Jesus	Jesus vergibt dem Kranken die Sünden und heilt ihn	Alle staunen

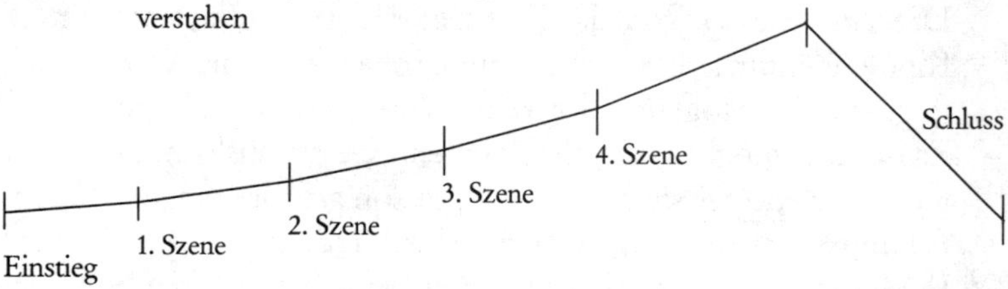

Gerade wenn wir eine Geschichte entfalten, merken wir, welche Begriffe, Gegenstände und Bräuche erklärt werden müssen. Diese zu klärenden Dinge müssen in der schriftlichen Vorbereitung deutlich vermerkt werden.

5. Schritt: Anwendung für das Kind

Bei der Anwendung geht es um den für das Kind kaum bemerkbaren Brückenschlag von der Geschichte in sein Alltagsleben. Die Anwendung darf den Ablauf der Geschichte nicht stören. Es ist aber falsch, wenn wir die Anwendung für die Kinder mit dem Hinweis, dass in der Geschichte selbst genügend Aussagekraft stecke, fallen lassen. Bochinger und Paul sagen ganz richtig, dass die Präsentation einer biblischen Geschichte oder eines biblischen Themas erst dann schülergemäß ist, wenn das Dargebotene mit den Erfahrungen der Schüler verknüpfbar ist.[38]

Die Anwendung muss in die Situation des Kindes hineinsprechen. Damit dies möglich ist, haben wir die entwicklungspsychologischen

[38] Bochinger, E.; Paul, E., Einführung in die Religionspädagogik, S. 135

Erkenntnisse zu berücksichtigen. Es ist aber auch nötig, die Kinder und ihre Probleme persönlich zu kennen.

Was ist beim Einbauen der Anwendung in die Geschichte zu beachten?

Zunächst haben wir darauf zu achten, dass die Anwendungsgedanken den unter 4. ausgearbeiteten Szenen entsprechen.

- Die Anwendung darf nicht zuviel Raum einnehmen.
- Bevor wir die Anwendung einbauen, haben wir uns darüber klar zu werden, ob wir besonders die an Christus glaubenden Kinder oder die, welche Jesus noch nicht als persönlichen Retter angenommen haben, ansprechen wollen. Natürlich hängt dies auch vom vorgegebenen Inhalt der Geschichte ab.
- Die Anwendung erst am Schluss zu bringen, ist sinnlos. Das Kind hört nach dem Höhepunkt ohnehin nicht mehr recht zu.
- Anwendung muss in die konkrete Situation der anwesenden Kinder hineinsprechen. Allgemeine Anwendungsgedanken wie z.B. »Gott will, dass wir lieb sind«, »Gott will, dass wir immer gehorchen«, »Das Wort Gottes hilft uns«, sprechen das Kind überhaupt nicht an. Solche Anwendungen sind nichtssagende Moral.
- Es ist auch nicht gut, wenn die Anwendung in einer zusätzlichen Geschichte entfaltet wird.
- Wichtig ist, dass der Hauptgedanke der Geschichte und die sich daraus ergebende Anwendung in einem **Bibelvers** zusammengefasst wird, der in die Entfaltung der Geschichte eingebaut werden sollte.

Die Anwendung gehört in die Geschichte! Zur Anwendung gehört der Hinweis auf einen Bibeltext!

Schema 2:
Die Anwendung soll in die Geschichte eingebaut werden

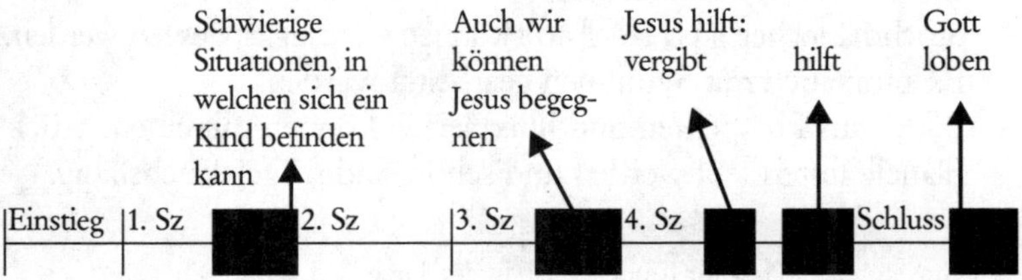

Es geht beim Erzählen einer Geschichte nicht nur darum, biblisches Wissen zu vermitteln, sondern wir haben den Kindern zu zeigen, wie sie die Hilfe Jesu im Alltag erfahren können. Es geht darum, dass das Ziel der Lektion für das Kind erfahrbar wird. Dem Kind muss gezeigt werden, wie es den Weg zu Jesus finden oder wie es das Gehörte mit Hilfe von Jesus praktisch umsetzen kann.[39]

6. Schritt: Visuelle Hilfsmittel (Medien)

Am Schluss fragen wir uns noch, wie wir die zu erzählende Geschichte veranschaulichen können. Man hat festgestellt, dass nur etwa 15-20 Prozent des Gehörten im Gedächtnis haften bleibt. Werden aber Ohr und Auge angesprochen, sind es bereits 40-50 Prozent. Gelingt es, neben dem Hören und Sehen noch zum Tun hinzuführen, können bis zu 80 Prozent behalten werden. Deshalb haben wir uns nicht nur auf das Ohr des Kindes zu konzentrieren, sondern müssen auch seine Augen mit einbeziehen. Beim Einsatz von visuellen Hilfsmitteln ist eine dreifache Regel zu beachten:

- Abwechslung: Es gilt, verschiedene Möglichkeiten zu nutzen.
- Mit Bildern sparsam umgehen
- Bilder vermeiden, welche der kindlichen Phantasie keinen Spielraum lassen

Die visuellen Hilfsmittel im Einzelnen:

1. Flanelltafel:

Die Flanelltafel ist aus der Arbeit unter den Kindern nicht mehr wegzudenken. Sie kann vielfältig eingesetzt werden.

- Es gibt eine Vielzahl von Flanellbildern zu biblischen Geschichten.
- Es können auch Bilder aus einer früheren kirchengeschichtlichen Epoche verwendet werden.
- Strichmännchen aus Flanellstoff können vielseitig eingesetzt werden.
- Es kann auch mit Symbolen gearbeitet werden.
- Bilder aus Prospekten und Illustrierten können mit einem Stück Flanell hinterklebt werden und schon sind sie gebrauchsfähig.

---

[39] Graystone, P., Platz für Kinder. Auch in der Kirche?, S. 49-50

2. Wandtafel oder Hellraumprojektor:
Während des Erzählens können einzelne Worte, wichtige Sätze, angeschrieben werden. Einige einfache Striche helfen, das Gesagte zu veranschaulichen. Die Wandtafel wird heute immer mehr durch den Hellraumprojektor ersetzt, weil ausgearbeitete Folien für den Lehrer archivierbar sind.

3. Gegenstände:
Weil wir uns bemühen, möglichst anschaulich zu erzählen, ist es nahe liegend, dass wir ab und zu auch Gegenstände in den Unterricht mitbringen. Besonders wertvoll ist es, wenn es sich dabei um Gegenstände handelt, die den Kindern sonst nicht ohne weiteres zugänglich sind (z.B. Öllampe, Thorarolle aus Israel usw.).

4. Dias, Filme oder Videos:
Zu vielen biblischen Geschichten kann man Dia-Serien ausleihen. Es gibt heute auch Filme oder Videos, die im Unterricht eingesetzt werden können. Hier ist aber große Vorsicht am Platz! Das Kind ist nicht in der Lage, die vielen Eindrücke eines Films oder eines Videos aufzunehmen. Es sollte deshalb nur ein Ausschnitt der Geschichte gezeigt werden.

5. Landkarten:
Gerade bei größeren Kindern kann eine Landkarte auf großes Interesse stoßen, da sie eine Einordnungs- und Bezugsfunktion hat.[40] Wenn wir z.B. vom Auszug Israels aus Ägypten, von den Reisen des Apostels Paulus sprechen, können wir die Wege auf der Landkarte zeigen.

Denken wir noch einmal daran: Das Anschauungsmaterial darf nicht im Mittelpunkt der Darbietung stehen. Es unterstreicht nur, was wir erzählen.

---

40 Wellenhofer, W., Unterricht heute. Aufgaben, Möglichkeiten, Probleme. Ein Studien- und Lehrbuch in Schaubildern, Ainring 1997, S. 288

8.4.2 Die Darbietung der Geschichte

Vorbereitung und Darbietung einer biblischen Geschichte stehen in einem sehr engen Zusammenhang. In der Regel gilt: Wie die Vorbereitung, so die Darbietung!

Haben wir uns für die Vorbereitung Zeit genommen und gründlich gearbeitet, wird uns auch die Darbietung Freude bereiten. Trotzdem gilt es noch einige wesentliche Dinge über die Darbietung zu entfalten.

1. Die Geschichte miterleben

Nur dann kommt die Geschichte bei den Kindern an, wenn der Erzähler sie innerlich beim Vortragen miterlebt. Dieses Miterleben macht den Inhalt der Geschichte für das Kind lebendig. Das Kind muss spüren, was uns in der Geschichte wichtig ist. Das Kind liebt neben einzelnen dramatischen Phasen das behutsame Darstellen und Schildern, das Verweilen bei Personen und Bildern.[41]

2. Das Auftreten

Oft ist es so, dass sich vor der Stunde bedrückend Angst auf uns legt, weil wir den Eindruck haben, wir könnten die Geschichte nicht gut genug erzählen. Hieraus kann sich ein gehemmtes, unsicheres Auftreten vor den Kindern ergeben. Wir sind während des Sprechens ständig mit uns und unserer Angst beschäftigt. Die Folge davon ist, dass sich die Kinder langweilen.

Wie können wir diese Angst überwinden?

Zunächst haben wir uns gründlich vorzubereiten. Weiter haben wir uns vor den Kindern als Botschafter Jesu zu verstehen (2. Kor 5,20). Er, Jesus Christus, hat uns ja beauftragt, den Kindern das Evangelium weiterzusagen. Die meisten werden diese Angst nie ganz verlieren. Dies macht aber nichts, weil uns diese Angst immer wieder deutlich macht, dass wir im Dienst an den Kindern ganz von Jesus abhängig sind und bleiben.

---

41 Wanner, W., Erzählen kann jeder, S. 19

Beim Erzählen ist es zunächst einmal wichtig, vor den Kindern zu stehen. Es ist nicht gut, wenn wir sitzen oder uns irgendwo aufstützen. Dies bringt unsere Unsicherheit zum Ausdruck. Während der Darbietung ist der Augenkontakt mit jedem Kind unerlässlich. Aus den Augen wird für uns ersichtlich, ob die Kinder innerlich mitgehen oder nicht. Deshalb ist das Hin- und Hergehen vor den Kindern nicht richtig, weil so der Augenkontakt erschwert wird. Da die Geschichte, welche das Kind hört, Wort Gottes ist, ist es wichtig, dass der Unterrichtende die Bibel während der Erzählung ab und zu in die Hand nimmt. Dieser sichtbare Hinweis auf die Bibel soll das Kind anspornen, das Gehörte selbständig in der Bibel nachzulesen.[42] Die Zettel, die wir brauchen, um die Geschichte zu erzählen, können wir in die Bibel legen. Im Zusammenhang mit dem Gebrauch von Zetteln als Stütze, möchte ich kurz auf folgendes hinweisen:

- Auf diesen Zetteln befindet sich nicht der eigentliche Stundenentwurf. Der ist viel zu umfangreich. Auf ihnen stehen stichwortartig die Schwerpunkte des eigentlichen Stundenentwurfs.
- Es muss auf ihnen deutlich ersichtlich sein, wo welche Anschauungshilfen eingesetzt werden.
- An wichtigen Stellen haben wir Fragen oder Denkanstöße ausformuliert aufgeschrieben.
- Die Zettel dürfen nur eine Gedächtnisstütze sein.

Wir unterstreichen mit unserer Mimik, mit den Händen und oft sogar mit dem ganzen Körper, was wir eben erzählen. Es geht doch nicht, dass wir bewegungslos erzählen, wie Mose an den Felsen schlug, die Schlange erhöhte, wie die Jünger ruderten, wie Jesus einen Kranken aufrichtete usw. Deshalb ist es undenkbar, dass unsere Hände beim Erzählen in der Hosentasche sind. Wir haben aber auch ein nervöses Gestikulieren zu vermeiden. Dieses beunruhigt die Kinder.

3. Einsetzen von Anschauungshilfen (Medien)

Überaus wichtig ist zunächst einmal, dass wir anschaulich erzählen. Dies ist dann der Fall, wenn wir das, was wir erzählen, vor unseren inneren Augen sehen und auch miterleben. Auf diese Weise können

---

[42] Graystone, P., Platz für Kinder. Auch in der Kirche?, S. 75-77

wir die Kinder beim Erzählen das sehen lassen, was wir selbst sehen. Diesen Vorgang nennen wir »Imaginierung«.[43] Damit die Anschauungshilfen das Gesagte unterstreichen können, müssen sie richtig eingesetzt werden.

- Wer mit Flanellfiguren oder Folien arbeitet, muss diese so hinlegen, dass er sie nicht suchen muss. Um die Bilder richtig einsetzen zu können, muss man die Geschichte zumindest einmal für sich erzählt haben.
- Benützen wir die Tafel, müssen wir genau wissen, was wir anschreiben oder anzeichnen wollen und wann wir das machen.
- Auch wenn wir Dias einsetzen, müssen wir die Geschichte zumindest einmal für uns erzählt haben, damit wir wissen, wo die Bilder gewechselt werden müssen.

4. Die Sprache beim Erzählen

Beim Erzählen haben wir unseren Wortschatz dem der Kinder anzupassen. Durch das Gespräch mit den Kindern, aber auch durch das Lesen guter Kinderliteratur, lernen wir diesen Wortschatz kennen. Beim Erzählen haben wir darauf zu achten, dass wir kurze Sätze bilden und einfach reden. Begriffe, welche das Kind nicht verstehen kann, haben wir zu erklären. Fremdwörter sollten wir vermeiden.

Direkte Rede macht die Erzählung lebendig.

Wenn wir uns bemühen, den Kindern angepasst zu erzählen, heißt dies nicht, dass wir auch die Ausdrücke verwenden, welche von den Kindern auf der Straße gebraucht werden. Ein vulgärer Jargon während einer Erzählung ist fehl am Platz. Mit eingebauten »Straßenausdrücken« kann man die Kinder beim Erzählen sogar verlieren.

5. Die Stimme des Erzählers

Monotone Gleichförmigkeit der Stimme ermüdet das Kind, ebenfalls das zu leise Sprechen. Besonders ermüdend wirkt sich das Absinken der Stimme nach jedem Satz aus. Bei zu großer Lautstärke werden sich die Kinder die Freiheit nehmen, sich nebenher zu unter-

---

[43] Wegenast, K., Religionsdidaktik Grundschule, S. 100

halten. Sie verstehen ja immer noch alles. Richtig wäre, wenn wir bestimmte Stellen der Geschichte laut und lebhaft, andere aber mit gedämpfter Stimme wiedergeben würden. Die Klangfarbe und das Tempo müssen dem Inhalt der Geschichte angepasst sein.

- Fröhliche Dinge werden schneller und oft lauter erzählt.
- Traurige Abschnitte einer Geschichte kann man nicht anders als langsam weitergeben.
- In spannenden Abschnitten ergibt sich oft, dass man rasch, abgehackt und gedrängt spricht.

Was der Pinsel in der Hand des Malers, das ist die Stimme für den Erzähler. Mit ihr kann er die Geschichte den Kindern vor Augen malen.

6. Die Mitarbeit der Kinder in der Erzählung

Lebendiges Erzählen ist schon in sich ein Dialog, und doch ist es nötig, dass wir die Kinder ganz bewusst zur Mitarbeit heranziehen.

- Denkanstöße (Impulse) können da und dort in die Geschichte eingebaut werden.
- Gut vorbereitete Fragen helfen, die Kinder einzubeziehen, z.B. »Was würdest du in dieser Situation machen?«
- Kinder können den alles tragenden und zusammenfassenden Bibelvers im Chor nachsprechen.
- Die Entfaltung einer bestimmten Situation in der Geschichte kann vorübergehend in ein Klassengespräch ausmünden.

Wenn die Geschichte auf den Höhepunkt zugeht, wirken Schülerbeiträge störend. Die Kinder sollen in dieser Phase der Geschichte gefesselt hinhören. Am Schluss die Kinder noch zur Mitarbeit anzuspornen, ist sinnlos. Das Kind ist nach dem Höhepunkt in einer Phase der Entspannung. Der Schluss muss deshalb kurz sein.

8.4.3 Die Vertiefung des Gesagten

Wir sind beauftragt, das, was wir den Kindern erzählt haben, anschließend mit ihnen zu vertiefen. Bis jetzt haben wir das Ohr und das Auge angesprochen. Jetzt gilt es, das Gehörte und Geschaute

noch zu tun. Wir tragen gerade mit der Vertiefung der Ganzheitlichkeit des biblischen Unterrichts Rechnung. Mit Hilfe der Vertiefung kann die kreative Entwicklung, die oft ungenutzt brach liegt, gefördert werden. In diesem Zusammenhang möchte ich in Erinnerung rufen, dass heute leider einseitig der Intellekt des Kindes angesprochen wird. Vertiefung wird nur noch als reflektierendes Nachdenken gesehen.[44]

Möglichkeiten der Vertiefung

1. Der Hefteintrag oder der Gebrauch von Arbeitsblättern

Zur Vertiefung des Gehörten kann die Führung eines Heftes gehören.

- Der Lehrer kann die dargelegten Gedanken in einer Kurzfassung an die Tafel schreiben. Die Kinder schreiben dann diese Zusammenfassung sorgfältig ins Heft ab.
- Es besteht für den Lehrer auch die Möglichkeit, die Zusammenfassung auf ein Arbeitsblatt zu schreiben, das aber vom Schüler noch ergänzt werden muss. Dieses Blatt sollte dann ins Heft eingeklebt werden. Bitte nie nur vorgedruckte Blätter abgeben!
- Es ist auch möglich, gemeinsam mit der Klasse eine Kurzzusammenfassung der Geschichte zu erarbeiten. Schüler dürfen dann den Satz, den sie beigetragen haben, an die Tafel schreiben. Anschließend wird diese Zusammenfassung ins Heft geschrieben.
- Ab 12 Jahren können die Kinder ab und zu den Gedanken, der sie am meisten angesprochen hat, selbständig auf ein Blatt schreiben. Nachdem wir die Blätter korrigiert haben, können sie diesen Gedanken ins Heft einschreiben.

Heute arbeiten immer mehr Lehrer im katechetischen Unterricht mit Arbeitsblättern, die in einen Ringordner eingeordnet werden. Solche Arbeitsblätter sollten aber erst ab der 4. Schulklasse eingesetzt werden.

---

44 Schule auf biblischer Basis. Grundlagen und Ziele Evangelischer Bekenntnisschulen, hg. v. der Arbeitsgemeinschaft Evangelischer Bekenntnisschulen (AEBS), Neuhausen-Stuttgart 1985, S. 84

2. Zeichnen

Die Zeichnung ist die einfachste und am meisten praktizierte Art der Ausdrucksübung. Sie ist eine wertvolle Äußerung, weil wir daraus erkennen können, ob das Kind das Ziel der Geschichte verstanden hat oder was ihm besonders Eindruck gemacht hat. Dieses bildnerische Gestalten ist Ausdruck für das Angesprochensein vom Wort Gottes her. Die Zeichnung ist nicht deckungsgleich mit dem Gehörten, sondern in ihr schwingt das subjektive Angesprochensein des Kindes mit. Auf diese Weise wird das in der Stunde Ausgeführte durch anschauliche Darstellung verarbeitet.[45]

- Zumeist kann unter den Hefteintrag gezeichnet werden.
- Ab und zu darf dafür ruhig eine ganze Seite verwendet werden.
- Es ist auch möglich, die Szenen der Geschichte gruppenweise auf großen Blättern zu gestalten. Diese Bilder können dann im Klassenzimmer aufgehängt werden.

Der Unterrichtende muss sich die Zeit nehmen, die Zeichnungen mit den Kindern exemplarisch zu besprechen.

3. Basteln

Es geht auch hier zunächst nicht um irgendeine Bastelarbeit, sondern sie soll mit der Geschichte in Beziehung stehen. Während des Bastelns sollen die Kinder immer wieder an die Geschichte erinnert werden. Wir sollten dem Alter angepasste Bastelarbeiten wählen, sonst müssen wir den Kindern zuviel helfen. Je mehr das Kind selbständig arbeiten kann, desto besser.

Möglichkeiten:

- Faltarbeiten mit Papier (z.B. Schiff oder Fisch)
- Klebearbeiten (z.B. Mosaik aus Buntpapier)
- Bildreißen aus Papier (z.B. Tiere, Gestalten)

Diese Arbeiten sollten so gestaltet werden, dass man sie – wenn irgend möglich – ins Heft einkleben kann. Das Heft wird dann ein Gegenstand, welchen das Kind immer wieder gerne anschaut. Dieses

---

[45] Müller, E., Bildnerische Eigentätigkeit im Religionsunterricht der Primarstufe. Entwicklung einer Lernform, Frankfurt a. M.; Bern; New York; Paris 1990, S. 8-9

Anschauen des Heftes ist eine willkommene Wiederholung der Geschichten.

- Zum Basteln gehört auch das Modellieren mit wiederverwendbarer Modelliermasse.
- Auch Pfeifenreiniger können beim Herstellen von Figuren gute Dienste leisten.[46]

Die Kinder können in Gruppen Collagen der verschiedenen Szenen der Geschichte anfertigen, die dann aufgehängt werden.

4. Spiele

Gemeint sind hier Spiele im Raum, die mit der biblischen Geschichte im Zusammenhang stehen.

Möglichkeiten:

- Rollenspiele: Das Kind muss sich mit der zu spielenden Person identifizieren. Dadurch prägt sich die Geschichte besonders ein.
- Pantomimen: Sie sind bei den Kindern sehr beliebt, weil sie nichts auswendig zu lernen, sondern sich nur mit Gestik und Mimik auszudrücken brauchen.
- Memory: Mit Hilfe eines Memorys, das zum Thema angefertigt wurde, kann der Inhalt der Stunde vertieft werden.[47]
- Montagsmaler: Die Kinder müssen, nachdem sie in zwei Gruppen aufgeteilt worden sind, eine Szene an die Wandtafel zeichnen. Die andere Gruppe muss jeweils erraten, was gezeichnet wird.[48]

5. Die Hausaufgaben

Zur Vertiefung gehören auch die Hausaufgaben. Das in der Stunde Dargelegte wird mit Hilfe der Hausaufgaben vertieft. Hausaufgaben müssen aber sinnvoll sein. Wichtig ist, dass die Hausaufgaben überprüft werden.

---

46 Gute Bastelideen finden sich im Buch: Mit Kindern zu biblischen Geschichten basteln. Für Sonntagsschule, Kinderstunde, Jungschar, Religionsunterricht und in der Familie, hg. v. M. Paul; Ch. Volkmann, Dillenburg 1997

47 Jahnke, M., Kinderarbeit kreaktiv, Neukirchen-Vluyn 1998, S. 115-116

48 ebd., S. 119

Das Ziel der Vertiefung ist, dass das Kind die wichtigsten Gedanken der Stunde bleibend mitnehmen und in seinem Alltag umsetzen kann.

8.4.4 Abfassung der Katechese

Nachdem der Lehrer alles zusammengetragen hat, was für die Gestaltung der Lektion erforderlich ist, hat er einen übersichtlichen Stundenablauf zu erstellen.

- Er hat sich nun noch zu fragen, an welchen Stellen er die Schüler in das Unterrichtsgeschehen einbeziehen will. Er schreibt die Fragen, Impulse, Aufforderungen usw. in den Stundenablauf. Die Schülerantworten schreibt er nur stichwortartig auf, da sie ein Stück weit offen bleiben.
- Er hebt in seinem Stundenablauf deutlich hervor, an welchen Stellen er die Anschauungshilfen einsetzen will.
- Er macht sich auch Gedanken über den zeitlichen Ablauf.

Nur eine gute schriftliche Stundenvorgabe erlaubt es dem Lehrer, dem Schüler während des Unterrichts die volle Aufmerksamkeit zu schenken (Nähere Ausführungen siehe 8.5.3).

8.4.5 Präparation einer biblischen Geschichte (Muster)

Name:	Mauerhofer, Armin
Datum:	11. September 1992
Ort:	Freie Evangelische Gemeinde Langenthal
Alter der Kinder:	8-10 Jahre
Thema:	Markus 2,1-12: Heilung eines Gelähmten
Ziel der Lektion:	Jesus vergibt die Sünden und hilft uns.
Lernhilfen, Medien:	Flanelltafel, die anzuheftenden Bilder, der Bibelvers, Tafel, vorbereitete Tafelzeichnung eines orientalischen Hauses, Karte, Bastelbogen eines orientalischen Hauses

Darbieten der Lektion:

Zeit	Phasen und Szenen	Unterrichtsverlauf	Lernhilfen (Medien)
4'	Ein-stimmung	Singen von zwei bekannten Liedern Gebet Kurzes Lied	
3'	Einstieg	Es war im vergangenen Winter. Unsere Kinder fuhren an einem schönen Hang in Adelboden Ski. Plötzlich kam Matthias ganz aufgeregt zu mir. »Vati«, begann er gleich, »Daniel ist ungeschickt hingefallen und kann nicht mehr aufstehen.« Schnell eilte ich zu Daniel. Er war mit den Skiern so dumm hingefallen, dass er selbst nicht mehr aufstehen konnte. Er war auf meine Hilfe angewiesen. Ich musste ihn aus seiner unbequemen Lage befreien. *Frage:* Wer von euch hat in seinem Leben auch schon eine Situation erlebt, in welcher er sich selbst nicht mehr helfen konnte? Kennt jemand Menschen, die ständig auf die Hilfe anderer angewiesen sind? Schüler: Behinderte, Gelähmte, Kranke ... *Ich hefte ganz zuoberst an die Flanelltafel das Bild eines behinderten Kindes im Rollstuhl.*	Bild eines behinderten Kindes

Zeit	Phasen und Szenen	Unterrichtsverlauf	Lernhilfen (Medien)
5’	1. Szene	<u>**Der Gelähmte wird vorgestellt**</u> Die Bibel erzählt uns in Markus 2,1-12 von einem schwer kranken Mann, der ganz auf die Hilfe anderer Menschen angewiesen war. Dieser Mann lebte zur Zeit Jesu in Kapernaum. *Ich zeige auf einer schon aufgehängten Karte, wo Kapernaum lag.* Dieser Mann war gelähmt. Nicht nur das, alle Bewegungen, die er machte, waren mit großen Schmerzen verbunden. Es blieb ihm nichts anderes übrig, als möglichst still in seinem Haus auf einer Matte zu liegen. Betten gab es damals kaum. *Ich lasse ein Kind ein Bild von diesem Kranken an die Flanelltafel heften.* Andere Menschen umsorgten ihn. Sie brachten ihm das Essen, besorgten den Haushalt, die Wäsche. Sie vermochten aber nicht, seine ständigen Schmerzen zu lindern. In Gedanken wollen wir nun bei diesem schwer kranken Mann, der in seinem Haus nur auf einer Matte liegt, einen Krankenbesuch machen. Erst erkundigen wir uns, wie es ihm geht. *Frage:* Was fällt uns an diesem schwer kranken Mann, der oft so fürchterliche Schmerzen hat, auf? <u>Schüler:</u> Er ist sehr traurig. Er hat im Blick auf die Zukunft keine Hoffnung, weil die Krankheit nicht weggeht. *Frage:* Gibt es auch in unserem Leben Situationen, die uns sehr traurig machen? <u>Schüler:</u> Dies kann der Fall sein, wenn eine Freundin wegzieht oder wenn wir umziehen müssen. Traurig werden wir auch, wenn die Eltern sich streiten, wenn ich ins Krankenhaus muss, ...	Karte von Israel Bild des Gelähmten 1. Bild
	2. Szene	<u>**Helfer bringen den Gelähmten zu Jesus**</u> Die Menschen, welche sich um den Gelähmten kümmerten, berichteten ihm eines Morgens voller Freude: »Du, Jesus, der schon so viele kranke	

Zeit	Phasen und Szenen	Unterrichtsverlauf	Lernhilfen (Medien)
5'		Menschen gesund gemacht hat, ist wieder in unsere Stadt gekommen.« Ganz traurig sagte der Gelähmte: »Ja, aber was nützt mir das?« *Denkanstoß: Ja, was nützt das diesem Gelähmten?* <u>Schüler:</u> Jesus könnte doch auch ihm helfen. Genau von dieser Tatsache, nämlich dass Jesus auch ihm, dem Gelähmten, helfen kann, waren die, welche für ihn sorgten, überzeugt. Sie sagten deshalb zu ihm: »Jesus kann bestimmt auch dir helfen.« *An die Tafel mit roter Kreide schreiben: Jesus kann helfen.* »Gerade weil wir davon überzeugt sind, dass Jesus dir helfen kann, haben wir uns Folgendes ausgedacht: ...« *Denkanstoß: »Folgendes ausgedacht: ...«* Mit einer Gestik die Schüler auffordern, das Ausgedachte mitzuteilen. <u>Schüler:</u> Wir wollen dich zu Jesus bringen. Kurze Zeit später waren die Helfer des Gelähmten schon mit ihm auf dem Weg zu Jesus. Vier Männer trugen ihn ganz sorgfältig auf seiner Matte.	Jesus kann helfen
8'	3. Szene	<u>**Der Gelähmte begegnet Jesus**</u> Jesus predigte in einem Haus in Kapernaum. Es war wohl das Haus, in welchem Petrus wohnte. Die Häuser sahen zu der Zeit, als Jesus auf dieser Erde war, anders aus als unsere Häuser heute. Wir wollen uns gemeinsam ein solches Haus anschauen. *Zuerst schaue ich mit den Kindern den Querschnitt eines Hauses an, der an der Tafel gezeichnet ist.* *Aufforderung*: Zählt auf, was euch ganz besonders auffällt!	Zeichnug an der Wandtafel (oder Folie)

Zeit	Phasen und Szenen	Unterrichtsverlauf	Lernhilfen (Medien)
		<u>Schüler:</u> - Das Haus hat nur einen Raum - Das Haus hat ein flaches Dach - Über eine Außentreppe gelangt man aufs Dach Als Jesus in diesem Haus zu predigen begann, kamen immer mehr Leute. Das Haus füllte sich mit Zuhörern. Die, welche im Haus keinen Platz fanden, standen dicht gedrängt vor der Tür und am Fenster. Alle wollten sie Jesus sehen und hören. Die vier Männer, welche den Gelähmten zu Jesus trugen, sahen die vielen Leute. Sicherlich hatten sie zunächst versucht, die Menschen, welche vor der Tür standen, dazu zu bewegen, Platz zu machen, damit sie den Gelähmten zu Jesus bringen könnten. Es war aber nichts zu machen, denn das Haus war übervoll von Menschen. Es war also ganz einfach nicht möglich, zu Jesus zu kommen. Der Kranke wurde wieder traurig. Seine Hoffnung, dass ihm endlich geholfen werde, verflog. Die vier Männer überlegten, wie sie den Kranken zu Jesus bringen könnten.	
8'		Durch die Türe geht es nicht, durchs Fenster ist es auch nicht möglich. *Frage:* Hat jemand von euch eine Idee? <u>Schüler:</u> Sie könnten einfach warten, bis Jesus herauskommt. Sie könnten versuchen, vom Dach her zu Jesus zu kommen. Sorgfältig trugen die Männer den Schwerkranken über die Außentreppe aufs Dach. (Kann gut am gebastelten Haus gezeigt werden.) Dort begannen sie den Lehm und das Holz des Daches genau dort, wo Jesus stand, zu entfernen. (Kann ebenfalls am gebastelten Haus gezeigt werden.) Nachdem das Loch groß genug war, ließen sie den Kranken vor die Füße Jesu hinunter. *Ich lasse ein Bild vom Kranken, der hinuntergelassen wird, von einem Kind an die Flanelltafel heften.*	Bild, wie der Gelähmte hinuntergelassen wird 2. Bild

Zeit	Phasen und Szenen	Unterrichtsverlauf	Lernhilfen (Medien)
		Nun lag der Kranke vor den Füßen Jesu. Er konnte es kaum fassen. *Ich schreibe links unter die Überschrift an die Tafel: Der Gelähmte begegnet Jesus.* Ach, wie wäre es schön, wenn Jesus heute noch auf dieser Erde wäre, dann könnten auch wir zu ihm gehen, eine Begegnung mit ihm haben. Nun ist aber Jesus nach seinem Tod am Kreuz und seiner Auferstehung in den Himmel aufgefahren. Jesus lebt heute im Himmel. *Frage:* Ist es denn für uns Menschen heute noch möglich, Jesus zu begegnen, da er doch im Himmel ist? Schüler: (vermutlich werden die Kinder Ja sagen.) *Ich bestätige dieses Ja als Lehrer.* Die noch wichtigere Frage ist: Wie können wir Menschen Jesus heute begegnen? Jesus Christus, der im Himmel ist, spricht in der Bibel zu uns. Um also Jesus zu begegnen, müssen wir entweder die Bibel lesen oder im biblischen Unterricht auf das hören, was uns von der Bibel gesagt wird. Dann begegnen wir heute also Jesus, wenn wir auf das hören, was die Bibel sagt. *Rechts unter die Überschrift schreibe ich mit roter Kreide: Wir können Jesus durch das Hören auf die Bibel begegnen.*	Der Gelähmte begegnet Jesus Wir können Jesus durch das Hören auf die Bibel begegnen.
	4. Szene	**Jesus vergibt dem Gelähmten die Sünden und heilt ihn** Alle Augen derer, die im Haus, vor der Tür, vor dem Fenster und auf dem Dach waren, waren gespannt auf Jesus und den Gelähmten gerichtet. Was wird Jesus nun tun? Jesus durchbrach auf einmal die erwartungsvolle Stille, indem er sagte: ... *Denkanstoß: (gebe mit einer Bewegung das Wort an die Schüler weiter)*	

Zeit	Phasen und Szenen	Unterrichtsverlauf	Lernhilfen (Medien)
		<u>Schüler:</u> Du darfst gesund sein. Ich heile dich. Stehe auf!	
		Genau diese Aussage Jesu haben alle Anwesenden erwartet. Jesus sagte aber etwas ganz anderes. Er sagte nämlich: »Mein Sohn, deine Sünden sind dir vergeben.« Jesus vergab also zunächst dem Gelähmten seine Sünden.	
		Tafelanschrieb: Jesus vergab ihm die Sünden.	Jesus vergab ihm die Sünden.
		Nach dieser Aussage lag der Gelähmte immer noch von Schmerzen gequält auf seiner Matte. An seiner äußeren Situation hatte sich überhaupt nichts geändert. Die Umstehenden waren zunächst enttäuscht. Jesus wollte aber allen Anwesenden deutlich machen, dass die Sündenvergebung das Allerwichtigste ist, das ein Mensch in seinem Leben braucht. Es ist wichtiger als die Gesundheit.	
15'		*Frage:* Warum ist denn die Sündenvergebung so wichtig? <u>Schüler:</u> Weil wir durch die Sünden von Gott getrennt sind. Weil wir, wenn wir in diesem Zustand sterben, ewig verloren gehen.	
		Die Schriftgelehrten fanden diese Zusage Jesu an den Gelähmten eine Gotteslästerung. Sie waren überzeugt, dass Jesus mit dieser Zusage den Namen Gottes schlecht machte vor den Menschen. Wir wollen kurz betrachten, wer diese Schriftgelehrten waren: Diese Männer hatten das ganze Alte Testament gründlich studiert. Sie waren zur Zeit Jesu die, welche dem Volk Israel die Bibel lehrten. Sie genossen ein großes Ansehen unter der Bevölkerung. Warum fanden sie denn diesen Zuspruch der Sündenvergebung eine Gotteslästerung? Sie sagten mit Recht: Nur Gott allein kann Sünden vergeben. Sie folgerten dann weiter: Weil nur Gott Sünden vergeben kann, lästert Jesus Gott, wenn er Sünden	

Zeit	Phasen und Szenen	Unterrichtsverlauf	Lernhilfen (Medien)
		vergibt, er macht also den Namen Gottes schlecht vor den Menschen. *Denkanstoß: Was meint ihr zu der Behauptung der Schriftgelehrten?* Schüler: Sie stellten in Frage, dass Jesus der Sohn Gottes ist, deshalb kamen sie zu diesem Schluss. Sie glaubten nicht, dass Jesus Gott ist. Die Bibel bezeugt immer wieder, dass Jesus Gott ist. Weil er Gott ist, kann er eben Sünden vergeben. Jesus war später bereit, die Sünden der Menschen auf sich zu nehmen. Ihn traf dann die Strafe Gottes, die jeden Menschen hätte treffen müssen, weil jeder gesündigt hat. Er musste deshalb am Kreuz auf dem Hügel Golgatha sterben. Weil Jesus unsere Sünden und die Strafe für dieselben dort getragen hat, kann er uns heute die Sündenvergebung anbieten. Jedem, der zu ihm kommt, d.h. die Bibel liest, sagt Jesus: Ich will dir deine Sünden vergeben. Jesus macht uns allen dieses Angebot.	
15'		*Frage:* Was haben wir im Blick auf dieses Angebot noch zu tun? Schüler: Wir haben die Vergebung noch anzunehmen. Die Annahme sieht so aus: Wir dürfen Jesus alle unsere Sünden sagen. Wir dürfen ihm sagen, dass wir gelogen, geflucht, gestohlen ... haben. Wenn wir ihm die Sünden sagen, vergibt er uns. *Aufforderung:* Schlagt 1. Johannes 1,9 auf. Ich fordere einen Schüler auf, diesen Vers zu lesen. Denken wir daran: Die Sündenvergebung ist das Allerwichtigste in unserem Leben. *Tafelanschrieb:* *Mit roter Kreide »Jesus vergibt uns die Sünden« rechts neben »Jesus vergab ihm die Sünden«.*	Jesus vergibt uns die Sünden

Zeit	Phasen und Szenen	Unterrichtsverlauf	Lernhilfen (Medien)
		Ich hefte das Bibelwort aus Psalm 103, 1a + 3 an die Flanelltafel. »Lobe den Herrn, meine Seele … der dir alle deine Sünden vergibt und heilt alle deine Gebrechen.«	
		Aufforderung: Wir lesen gemeinsam diesen Bibelvers.	
		Jesus geht nun auf die Behauptung der Schriftgelehrten ein, dass er eben den Namen Gottes gelästert, d. h. schlecht gemacht habe. Er sagt ihnen: »Der Beweis dafür, dass ich Macht habe, Sünden zu vergeben, der Beweis also dafür, dass ich Gott bin, dem alle Macht gegeben ist, besteht darin, dass ich diesen Gelähmten gesund machen kann.« Es ist ganz klar, dass nur Gott allein diesem Gelähmten helfen konnte. Jesus wandte sich dann dem Gelähmten zu und sagte: »Ich sage dir, steh auf, nimm deine Matte und geh heim!« Alle schauten gespannt auf den Gelähmten. Was geschah? Der Gelähmte steht auf, nimmt seine Matte, auf der er jahrelang lag und verlässt den Raum.	
		Ein Schüler heftet das Bild des gesunden Mannes an die Flanelltafel.	Bild des gesunden Mannes 3. Bild
		Die Leute waren außer sich vor Staunen.	
		Tafelanschrieb: Jesus half ihm.	Jesus half ihm.
		Jesus ist auch heute bereit, jedem, der die Sündenvergebung angenommen hat, zu helfen.	
		Frage: Wann brauchen wir die Hilfe Jesu? Schüler: - In der Schule - Beim Aufgabenmachen - Wenn wir traurig sind - In Krankheitszeiten	
		Tafelanschrieb: *Ich schreibe mit roter Kreide »Jesus hilft uns immer wieder« rechts neben »Jesus half ihm«.*	Jesus hilft uns immer wieder.

Zeit	Phasen und Szenen	Unterrichtsverlauf	Lernhilfen (Medien)
		Um die Hilfe Jesu zu erfahren, ist es noch nötig, dass wir ihm im Gebet unsere Schwierigkeiten, das, was uns bedrückt, sagen und ihn bitten, uns zu helfen. *Aufforderung:* – Alle zusammen lesen noch einmal den Bibelvers – Jetzt die Knaben, dann die Mädchen – Ich rufe die Kinder auf, verschiedene Worte wegzunehmen. – Wenn kein Wort mehr an der Flanelltafel ist, sagen ihn alle Schüler auswendig auf.	
3'	Schluss	Auf einmal begannen die staunenden Menschen, Gott darüber zu loben, was er eben an diesem Gelähmten getan hatte. Es kann sein, dass sie alle miteinander Psalm 103 gebetet haben. *Denkanstoß: Auch wir haben Grund Gott zu loben.* Schüler: Zunächst können wir Gott loben, wenn wir die Sündenvergebung angenommen haben. Jedes Mal, wenn er uns in irgendeiner Situation hilft, können wir ihn loben. *Aufforderung:* Wir wollen jetzt gerade zusammen Gott loben. Jeder, der will, kann nun Gott für irgendetwas loben, das er erlebt hat. Ich schließe dann die Gebetsgemeinschaft. Abschließendes Bild an der Flanelltafel: 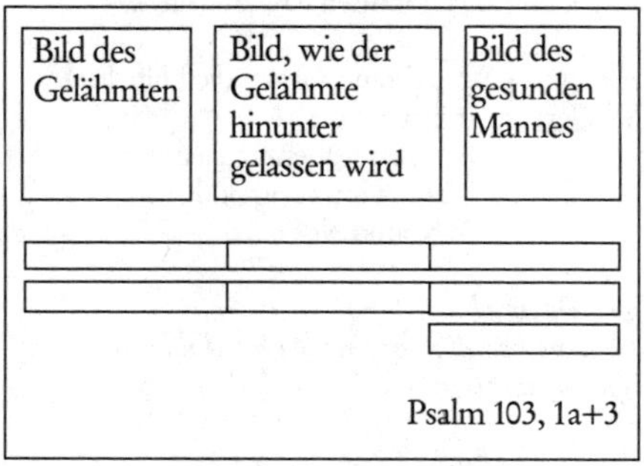	

Zeit	Phasen und Szenen	Unterrichtsverlauf	Lernhilfen (Medien)
	Vertiefung	*Aufforderung:* Nehmt bitte die Hefte hervor und schreibt die Zusammenfassung der Stunde von der Wandtafel ab. Darunter schreibt ihr noch das Bibelwort aus Ps. 103, 1a + 3.	
		Tafelanschrieb: Jesus kann helfen (Markus 2,1-12)	
		Der Gelähmte begegnete Jesus **– Wir können Jesus durch das Hören auf die Bibel begegnen.**	Hefteintrag
		Jesus vergab ihm die Sünden **– Jesus vergibt uns die Sünden**	
7'		Jesus half ihm **– Jesus hilft uns immer wieder**	
		Psalm 103, 1a + 3	
	Aufgaben	*Aufgaben:*	
		Bibelvers Psalm 103, 1a + 3 auswendig lernen. Orientalisches Haus, wie es zur Zeit Jesu war, basteln. Bastelbogen austeilen und einige Anleitungen dazu geben (4. Beilageblatt).	
	Ausklang	Wir singen noch ein Lied	

Berücksichtigte Literatur:

Frey, R., Bibelarbeit und keiner schläft. Biblische Verkündigung in der Jungschar, Kassel 1988

Jakobi, E., Werkbuch Kinderstunden. 40 Entwürfe für Jungschar, Kindergottesdienst und Sonntagsschule, Gießen; Basel 1986[2]

Lexikon zur Bibel hg. v. F. Rienecker, Wuppertal 1961[3]

Stückelberger, A. E. Bibel, Kind und wir. Eine Methodik zur Gestaltung des Unterrichts in Biblischer Geschichte, Wuppertal-Elberfeld 1977

Wanner, W. Erzählen kann jeder, Gießen; Basel 1985[3]

Wegenast, K. Religionsdidaktik Grundschule. Voraussetzungen, Grundlagen, Materialien, Stuttgart; Berlin; Köln; Mainz 1983

Mit Kindern die Bibel entdecken: Die gute biblische Unterrichtshilfe für die Kinderarbeit in Sonntagsschule, Kindergottesdienst, Kinderstunde und Jungschar, für den Religionsunterricht und das Bibelgespräch im Familienkreis, Bd. 1, hg. v. H. Jaeger, Dillenburg 1992[3]

Die Bilder hat Susanne Malessa gezeichnet.

Der Bastelbogen wurde übernommen aus: Mit Kindern die Bibel entdecken: Die gute biblische Unterrichtshilfe für die Kinderarbeit in Sonntagsschule, Kindergottesdienst, Kinderstunde und Jungschar, für den Religionsunterricht und das Bibelgespräch im Familienkreis, Bd. 1, hg. v. H. Jaeger, Dillenburg 1992[3], S. 21

8.5 Die Entfaltung einer biblischen Thematik

Bei den kleineren Kindern steht in der Katechese das Erzählen einer biblischen Geschichte im Mittelpunkt.

Beim 9- bis 12-jährigen Kind wird es möglich, ab und zu eine Stunde thematisch zu gestalten. Noch später, bei den 12- bis 16-Jährigen, tritt die Gestaltung von Themen in den Mittelpunkt des Unterrichts. Schön wäre aber, wenn die Themen trotzdem ab und zu anhand biblischer Geschichten entfaltet würden.

8.5.1 Die Auswahl der zu entfaltenden Themen

Wir haben uns zunächst die Frage zu stellen, welche biblischen Themen wir mit den 12- bis 16-jährigen Kindern betrachten sollen. Es ist selbstverständlich, dass wir in der Wahl der Themen von der Bibel selbst ausgehen. Von ihr her setzen wir die Schwerpunkte. Im heutigen Religionsunterricht werden die Themen nach ganz anderen Kriterien ausgewählt.[49] Zunächst einmal, so wird gesagt, müsse man auf die Interessen der Schüler, auf ihre psychische und kognitive Entwicklung und auf ihr Vorwissen Rücksicht nehmen. Weiter müssten die Themen nach der theologischen und religionswissenschaftlichen Relevanz und Struktur, nach der gesellschaftlichen Relevanz, nach ihrem kirchlichen Bezug befragt werden. Letztlich ist es der Mensch, der die biblischen Themen nach subjektiven Gesichtspunkten festlegt. Er fragt nicht mehr: »Was will mir die Bibel sagen?« Vielmehr legt er fest, was sie ihm sagen darf.

---

[49] Schmidt, H., Gegenstand und Mitteilung des Glaubens – Zu Tiefenstrukturen von Lehren und Lernen im Religionsunterricht, in: Grundlagen der evangelischen Religionspädagogik, S. 27

8.5.1.1 Die Bibel – das Wort Gottes

Zunächst hat man den Kindern aufzuzeigen, dass die Bibel das Wort Gottes ist.[50] Es muss ihnen klar gemacht werden, dass die Bibel ihnen die Wahrheit sagt. Der Religionsunterricht geht von der in der Bibel vorgegebenen Wahrheit aus und ist nicht geprägt von einer nie abgeschlossenen Suche nach der Wahrheit, wie dies bei der modernen Religionspädagogik der Fall ist.[51] Wenn wir dem Kind verdeutlichen, dass ihm die Bibel die Wahrheit sagt, wächst in ihm ein tiefes Vertrauen zum Wort Gottes. Durch dieses Vertrauen kann es zu einer echten Gottesbeziehung gelangen. Die Kinder erkennen, dass Gott durch die Bibel zu ihnen spricht. Demzufolge hat die Bibel für ihr Leben Autorität, der sie gehorchen sollten.

Die Schwerpunkte zu diesem Thema:

- Die Inspiration der Bibel
  - Der Vorgang der Inspiration
  - Das Wunder der inneren Einheit
  - Das Wunder der Prophetie
- Die Autorität der Bibel
  - Richtschnur für Glauben und Leben
  - Unsere Antwort auf die Aussagen der Bibel: Gehorsam
- Die Überlieferungsgeschichte der Bibel
  - Die ursprünglichen Sprachen
  - Die Überlieferung
  - Die deutsche Übersetzung
- Die Einteilung der Bibel
  - AT und NT

---

50 Grundsätzliche Überlegungen dazu siehe 1.3. Ich lehne in meinen Überlegungen die historisch-kritische Bibelbetrachtungsweise ab, da sie dem vorgegebenen Text nicht gerecht wird. Vgl. Maier, G., Das Ende der historisch-kritischen Methode, Wuppertal 1975[3]

51 Kruhöffer, G., Wieviel Theologie brauchen Religionslehrer/innen? – Zum theologischen Profil der Religionspädagogik, in: Grundlagen der evangelischen Religionspädagogik, S. 91

  - Die Reihenfolge der biblischen Bücher
- Eine kleine Bibelkunde
  - Kurzer Einblick in den Inhalt der verschiedenen biblischen Bücher
- Die Mitte der biblischen Botschaft – Jesus Christus
- Hilfen zum Bibellesen

Empfehlenswerte Literatur:

Theologisch:
- Aebi, E., Kurze Einführung in die Bibel, Bibellesebund 1963[3]
- Lightfoot, N. R., Die Bibel – Entstehung und Überlieferung, Wuppertal 1977[3]
- Mauerhofer, E., Einleitung in die Schriften des Neuen Testaments, Bd. 1, Matthäus – Apostelgeschichte, Neuhausen-Stuttgart 1995 und Bd. 2, Römer – Offenbarung, Neuhausen-Stuttgart 1995
- Stadelmann, H., Grundlinien eines bibeltreuen Schriftverständnisses, Wuppertal 1985

Didaktisch:
- Arbeitsbuch für den biblischen Unterricht. Antwort auf 125 biblische Fragen, Dillenburg 1976[2]
- Arbeitsblätter für den biblischen Unterricht vom Bund Freier Evangelischer Gemeinden der Schweiz, Niederhünigen o. J.
- Biblische Lehre für junge Leute. Das Arbeitsbuch für Bibelunterricht, Teenykreis, Schule und Familie, hg. v. H. Jaeger; J. Pletsch, Dillenburg 1994
- Biblisches Lehrprogramm CREDO, erarbeitet im Missionswerk »Action Biblique«, Genf 1985
- Jugend-Lehre, Jahrgang 1-3, hg. von der Vereinigung Freier Missionsgemeinden, Rubigen o. J.
- Das Neue Testament entdecken. Leiterhandbuch mit allen Arbeitsblättern und Kopiervorlagen. Das Arbeitsbuch für Bibelunterricht, Jugend- und Hauskreis, Schule und Familie, hg. v. H. Jaeger; J. Pletsch, Dillenburg 1996
- Kompass. Arbeitshilfe für den biblischen Unterricht, Bd. 1, Kreuzlingen 1994
- Mit Kindern die Bibel entdecken. Die gute biblische Unterrichtshilfe für die Kinderarbeit in Sonntagsschule, Kindergottesdienst, Kinderstunde und Jungschar, für den Religionsunterricht und das Bibelgespräch im Familienkreis, Bd. 1-4, hg. v. H. Jaeger, Dillenburg 1991-1994

8.5.1.2 Glaubenslehre

In der Glaubenslehre geht es um den in der Bibel geoffenbarten dreieinen Gott, der alles ins Dasein gerufen hat. Zudem stehen sein Heilshandeln in Jesus Christus und die Auswirkungen für uns, die ganze Menschheit, jetzt und bis in Ewigkeit im Mittelpunkt der Glaubenslehre.[52] Wir haben zu zeigen, wie wir das, was Jesus in seinem Erlösungswerk für uns errungen hat, im Glauben annehmen können. Dazu ist es nötig, darzulegen, wie Glaube ganz praktisch aussieht. Durch den Glauben wird unsere Beziehung zu Gott und dadurch zu den Mitmenschen entscheidend verändert.

In der Glaubenslehre geht es also darum, objektive Glaubenstatsachen zu vermitteln. Andererseits haben wir zu zeigen, wie ein Mensch durch den Glauben in den Besitz der Auswirkungen dessen, was Gott in Jesus getan hat, gelangen kann. Bei der Entfaltung dieser zum Glauben hinführenden biblischen Grundtatsachen können erzählende Elemente eine große Hilfe sein. Die Lehrer/Lehrerinnen können den Schülern erzählen, wie sie durch den Glauben an das Erlösungswerk Jesu zur Vergebung der Sünden und zu einem neuen Leben gelangt sind.

Viele sind heute der Meinung, dass dogmatische Lehrwahrheiten mit der Lebenswirklichkeit, in welcher der heutige Mensch lebt, nichts mehr zu tun haben.[53] Engelbert Groß schreibt:

> »Das Dogma hat das negative Image des existentiell und sozial Bedeutungslosen.«[54]

Um den Schülern die biblischen Grundwahrheiten trotzdem nahe zu bringen, bittet man sie, sich einmal spielerisch in die Lage zu verset-

52 Wie der Unterricht über Gott an den heutigen Schulen aussieht, entfaltet Klaus Wegenast. Es ist bedrückend zu sehen, dass der in der Bibel geoffenbarte Gott als persönliches Gegenüber des Menschen religionsdidaktisch in Frage gestellt wird und zu einem unanschaulichen Symbol verkommt, dem im Leben keine Bedeutung mehr zukommt. Vgl. Wegenast, K., Der christliche Glaube als Lehre im Religionsunterricht, in: Religionspädagogisches Kompendium, hg. v. G. Adam; R. Lachmann, Göttingen 1997[5], S. 354-370

53 Kruhöffer, G., Wieviel Theologie brauchen Religionslehrer/innen? – Zum theologischen Profil der Religionspädagogik, in: Grundlagen der evangelischen Religionspädagogik, S. 78

54 zit. nach Groß, E., Dogmatikdidaktische Grundregeln, in: Religionsdidaktik in Grundregeln. Leitfaden für den Religionsunterricht, hg. v. E. Gross; K. König, Regensburg 1996, S. 131

zen, »als ob sie glauben würden«.[55] Leider hilft dies auch nicht weiter, da Glaube nicht ausprobiert werden kann.

Die Glaubenslehre bemüht sich, die Größe, Weisheit und Liebe Gottes aufzuzeigen, um die Schüler zur Dankbarkeit gegenüber Gott, zur Hingabe und zur Anbetung zu führen.

Ein wichtiges Ziel der Glaubenslehre ist es, aufzuzeigen, dass Gott will, dass die, welche Jesus als Retter im Glauben angenommen haben, verbindlich in Gemeinden zusammenleben sollen. Es wird deshalb ein kurzer Einblick in das Wesen (Bilder der Gemeinde) und den Aufbau der Gemeinde (Älteste, Diakone/Diakoninnen) gegeben. Besonders wird darauf hingewiesen, dass jedes Gemeindeglied beauftragt ist, mit Hilfe der Gaben, die ihm der Heilige Geist geschenkt hat (1. Kor 12,4-11), in irgendeinem Aufgabenbereich innerhalb der Gemeinde (Sonntagsschul-, Jungschar-, Teenie-, Jugendarbeit, Chor, Orchester, Putzdienst usw.) mitzuhelfen (1. Petr 4,10).

Es sollte auch gezeigt werden, dass der Teufel alles daran setzt, die Gemeinde Jesu zu zerstören. Er greift sie von innen und außen an. Von innen sucht er sie mit Hilfe unbereinigter Sünden einzelner Gemeindeglieder, durch Irrlehren und sektiererische Ansichten kaputt zu machen. Von außen greift er sie durch Verachtung, Verfolgung oder verführerische Strömungen an.

Eine besondere Aufgabe der Gemeinden ist es, die verlorenen Menschen zu evangelisieren und zu missionieren, damit auch sie Jesus als ihren Retter annehmen. An dieser Stelle sollte der Missionsauftrag Gottes entfaltet werden (Mt 28,18-20; Mk 16,15.16; Apg 1,8). Die Entfaltung des Missionsbefehls sollte durch Beiträge von Missionaren ergänzt werden.

Es sollte den Kindern auch ein Einblick in die verschiedenen Weltreligionen gegeben werden, unter welchen die Missionare arbeiten. Zudem ist ein Einblick in das Wesen der verschiedenen Weltreligionen auch deshalb hilfreich, weil die Kinder in der Schule und auf der Straße immer mehr Ausländern begegnen, die an eine dieser Re-

---

55 ebd., S. 138

ligionen glauben und sie auch praktizieren.[56] Im heutigen Religionsunterricht sucht man die Kinder zum gleichwertigen Dialog mit den Vertretern anderer Religionen anzuleiten. Zugleich wird darauf hingewiesen, dass eine Zusammenarbeit aller Religionen im Blick auf eine brüderliche Weltgemeinschaft angestrebt werden sollte.[57] Die Missionierung der Menschen anderer Religionen scheint nicht mehr zeitgemäß. Hier müssen wir von der Bibel her einen Gegenakzent setzen. Es ist nach wie vor der Auftrag der Gemeinde Jesu, alle Menschen mit dem Evangelium zu erreichen, weil die Menschen nur durch das Erlösungswerk Jesu gerettet werden können (Apg 4,12).

Schwerpunkte zu diesem Thema:

- Der dreieine Gott
- Drei und doch eins
- Das Wesen Gottes

- **Gott Vater**
  - Sein Schöpfungswerk – Abgrenzung zur Evolution
  - Der Mensch im Bild Gottes geschaffen
  - Sündenfall – Einige Gedanken zu Satan
  - Der Mensch als Sünder
  - Folgen der Sünde:
    Getrennt von Gott
    Tod
    Ewige Gottferne
- **Gott Sohn**
  - Die Menschwerdung Jesu
  - Das Leben Jesu
  - Das Leiden und Sterben Jesu am Kreuz:
    Auswirkungen für die Menschen: Vergebung, Erlösung, Befreiung vom Gericht
    Glaubensantwort des Menschen: Bekehrung. Der Mensch bringt Jesus in Buße die Sünden

---

56 Lähnemann, J., Zugänge zu den Weltreligionen, in: Religionspädagogisches Kompendium, S. 427

57 ebd., S. 445-446

  - Die Auferstehung Jesu:
    Auswirkungen für die Menschen: Angebot eines neuen Lebens, der Stellung der Gotteskindschaft und der Auferstehung
    Glaubensantwort: Wiedergeburt. Jesus nimmt im Leben eines Menschen Wohnung
  - Die Himmelfahrt Jesu:
    Auswirkungen für die Menschen: Jesus ist der Herr, der Hohepriester und Fürsprecher
    Glaubensantwort des Menschen: Er gibt sich Jesus immer wieder neu hin und bereinigt immer wieder seine Sünden → Bewahrung
  - Die Wiederkunft Jesu:
    Auswirkungen für die Menschen: Jesus kommt, um sie in den Himmel zum Preisgericht und Hochzeitsmahl zu holen
    Glaubensantwort des Menschen: Freudiges Warten und Erfüllung seines Auftrags
- **Gott Heiliger Geist**
  - Sein Kommen auf die Erde
  - Die Wirkungsweisen des Heiligen Geistes
  - Die Gemeinde
  - Wer gehört zur Gemeinde?
  - Die universelle und örtliche Gemeinde
  - Aufbau der Gemeinde
  - Gaben und Dienste in der Gemeinde
  - Sinnbilder der Gemeinde
  - Verbindung der Einzelgemeinden untereinander
  - Gefahren für die Gemeinde
    - Sünde im Leben einzelner Gemeindeglieder
    - Irrlehren
    - Sekten: Zeugen Jehovas, Mormonen, Anthroposophie, Neuapostolische Kirche
    - Weltanschauungen: Humanismus, Kommunismus, Pluralismus
    - Esoterik, Okkultismus
    - Ökumene

- Das Gebet der Gemeinde
- Die Taufe
- Das Abendmahl
- Der missionarische Auftrag der Gemeinde
  - Der Missionsauftrag
  - Eine kleine Missionsgeschichte
  - Die missionarische Situation der Welt heute
    - Weltreligionen: Judentum, Islam, Buddhismus, Hinduismus
- Unser Beitrag zur Weltmission

Literatur:

Theologisch:
- Kuhn, W., Stolpersteine des Darwinismus. Wunder der Schöpfung in Wort und Bild, Bd. 2, Berneck 1985
- Mauerhofer, A., Gemeindebau nach biblischem Vorbild, Neuhausen-Stuttgart 1998
- Mensching, G., Die Religion. Eine umfassende Darstellung ihrer Erscheinungsformen, Strukturtypen und Lebensgesetze, München o. J.
- Reifler, H.-U., Missionarisches Handeln am Ende des 20. Jahrhunderts. Eine Einführung in die Missiologie, Gießen; Basel 1997
- Ryrie, Ch. C., Die Bibel verstehen. Das Handbuch systematischer Theologie für jedermann, Dillenburg 1999[2]

Didaktisch:
- Arbeitsbuch für den biblischen Unterricht. Antwort auf 125 biblische Fragen, Dillenburg 1976[2]
- Biblische Lehre für junge Leute. Das Arbeitsbuch für Bibelunterricht, Teenykreis, Schule und Familie, hg. v. H. Jaeger; J. Pletsch, Dillenburg 1994
- Biblisches Lehrprogramm CREDO, erarbeitet im Missionswerk »Action Biblique«, Genf 1985
- Boshers, B. und das Student Impact Team, Bedienung bitte ... 12 Inputs, die deine Gemeinde verändern können, Asslar; Witten 1998
- Jugend-Lehre, Jahrgang 1-3, hg. v. Vereinigung Freier Missionsgemeinden, Rubigen o. J.
- Kompass, Arbeitshilfen für den biblischen Unterricht, Bd. 1 u. 3, Kreuzlingen 1994; 1996
- Praxisbuch. Jugend-Bibelunterricht. So werde ich mit der Bibel vertraut, hg.v. F. Schröder, Neuhausen-Stuttgart 1993

8.5.1.3 Heilsgeschichtlicher Überblick

Es ist dringend notwendig, dass wir dem Kind, nachdem es weiß, dass die Bibel das Wort Gottes ist, einen heilsgeschichtlichen Überblick geben, damit es die Aussagen der Bibel richtig einordnen kann.

Helge Stadelmann nennt in seinem Buch »Grundlinien eines bibeltreuen Schriftverständnisses« drei Gründe, warum das heilsgeschichtliche Denken entscheidend wichtig ist:[58]

1. **Heilsgeschichtliches Denken nimmt das Fortschreiten der Offenbarung ernst.**
   Stadelmann schreibt unter anderem dazu:

   »Heilsgeschichte zeigt sich da, wo uns die Bibel Gottes konkretes Handeln in bestimmten geschichtlichen Situationen deutet. Heilsgeschichte manifestiert sich, wo Gott zu bestimmten Zeiten und Orten erwählend in den Geschichtslauf eingreift ...; er erwählt sich sein Volk Israel aus allen Völkern heraus, er erwählt einen Überrest und sendet, als die Zeit erfüllt war, seinen Sohn zur Erlösung; er erwählt Apostel, die die Botschaft von Jesus zu allen Völkern tragen und erwählt sich aus allen Völkern seine Gemeinde ... Und am Ende des gegenwärtigen Zeitalters, nach den Wehen der Endzeit, wird der wiedergekommene Christus für eine begrenzte Zeit sein messianisches Reich auf dieser Erde aufrichten (Offb 20). So gibt es unterschiedliche »Heilsordnungen« (Ökonomien) (vgl. Eph 1,10; 3,9).«[59]

   Die Kinder sollen wissen, in welchem heilsgeschichtlichen Abschnitt wir heute leben und welches die nächsten heilsgeschichtlichen Ereignisse sind.

---

[58] Stadelmann, H., Grundlinien eines bibeltreuen Schriftverständnisses, Wuppertal 1985, S. 123-125; 130-133.

[59] zit. nach ebd., S. 124-125

2. Heilsgeschichtliches Denken öffnet den Blick für die Einheit der Bibel.

»Kein Teil der Schrift ist in ihrem heilsgeschichtlichen Ganzen entbehrlich. Alles trägt zu dem organisch-vielschichtigen Ganzen bei.«[60] Christus ist die heilsgeschichtliche Mitte der Schrift. Auf ihn weist das Alte Testament hin. Von ihm her wird die ganze zukünftige Heilsgeschichte bis hin zur neuen Erde und zum neuen Himmel entfaltet.

3. Heilsgeschichtliches Denken bewahrt vor geschichtsloser Bibelbetrachtung und gottloser Geschichtsbetrachtung.

Gott hat in Raum und Zeit immer wieder neu gehandelt, deshalb kann die Bibel niemals geschichtslos betrachtet werden. Gott hat in seinem Handeln Geschichte gesetzt.[61]

Biblisch-heilsgeschichtliches Denken bewahrt auch vor philosophischen, ideologischen und okkulten Geschichtsauffassungen. Die gewaltigen Bemühungen um Frieden, Gerechtigkeit und Bewahrung der Schöpfung sind nur von einer ideologischen Geschichtsauffassung her verständlich.

Es ist überaus wichtig, dass die Kinder heilsgeschichtlich denken lernen, um die ideologischen und utopischen Gedankengebilde ihrer Zeit durchschauen zu können.

Die Schwerpunkte zu diesem Thema:

- Die Schöpfung
- Der Sündenfall
- Die Sintflut
- Turmbau zu Babel
- Schwerpunkte der Geschichte Israels
  - Patriarchen
  - Auszug aus Ägypten – Gesetz am Sinai – Einzug ins Land Kanaan
  - Richter- und Königszeit

---

60 zit. nach ebd., S. 131
61 ebd., S. 123

- Untergang des Nordreichs
- Exil von Juda – Wiederaufbau des Tempels und Jerusalems
- Das Leben Jesu
  - Krippe
  - Kreuz
  - Auferstehung
  - Himmelfahrt
- Zeit der Gemeinde
  - Jesus sammelt seine Gemeinde aus allen Völkern
  - Israel in der Verbannung – am Ende dieser Zeit Rückkehr Israels
    - In diesem Zusammenhang sollte in den Kindern eine von Gott gewollte Liebe zum Volk Israel geweckt werden
- Die Vollendung der Gemeinde
  - Entrückung
  - Preisgericht
  - Hochzeit des Lammes
- Die antichristliche Zeit
  - Die Herrschaft des Antichristen
  - Die göttlichen Gerichte
- Das 1000-jährige Reich
  - Jesus herrscht auf dieser Erde mit der Gemeinde
  - Er errichtet auf dieser Erde sein Friedensreich. Die Schöpfung wird erneuert
  - Israel ist wieder das Bundesvolk Gottes
- Himmel und Erde vergehen
- Das Jüngste Gericht
- Die Erschaffung eines neuen Himmels und einer neuen Erde
  - Das neue Jerusalem – Wohnung Gottes und der Gemeinde

Literatur:

Theologisch:

- Pache, R., Die Wiederkunft Jesu Christi, Wuppertal 1968[5]
- Sauer, E., Das Morgenrot der Welterlösung, Gütersloh 1937
- Scheunemann, V., Licht am Horizont. Weltuntergang oder Weltvollendung – Was geschieht mit uns?, Neuhausen-Stuttgart 1995[2]

Didaktisch:
- Arbeitsbuch für den biblischen Unterricht, Neuhausen-Stuttgart 1976[2]
- Biblische Lehre für junge Leute. Das Arbeitsbuch für Bibelunterricht, Teenykreis, Schule und Familie, hg. v. H. Jaeger; J. Pletsch, Dillenburg 1994
- Biblisches Lehrprogramm CREDO, erarbeitet im Missionswerk »Action Biblique«, Genf 1985
- Jugend-Lehre, Jahrgang 3, hg. v. Vereinigung Freier Missionsgemeinden, Rubigen o. J.
- Praxisbuch. Jugend-Bibelunterricht. So werde ich mit der Bibel vertraut, hg.v. F. Schröder, Neuhausen-Stuttgart 1993

8.5.1.4 Das Leben als Christ

Es geht in diesem Bereich um das von der Bibel her geprägte ethische Verhalten des Kindes. Zunächst haben wir den Kindern im Unterricht zu zeigen, wie sie mit Jesus einen persönlichen Umgang pflegen können. Dieser Umgang ist das Zentrum des geistlichen Wachstums, des Umgestaltetwerdens in das Bild Jesu. Ferner haben wir darzulegen, wie sie mit Hilfe des in ihnen wohnenden Christus die Versuchungen, Probleme und Schwierigkeiten ertragen und überwinden können. Zudem haben wir mit ihnen konkrete Hilfen für ein Leben mit Jesus in der heutigen Zeit, das sich an den letztgültigen Werten (Nächstenliebe, Treue, Fairness usw.) und Normen (vor allem die Zehn Gebote) der Bibel orientiert, zu erarbeiten. Es geht im Unterricht darum, den Kindern zu helfen, sich auf Grund der vorgegebenen biblischen Normen mit Hilfe von Jesus in den vielfältigen Situationen des Lebens, richtig zu verhalten. Um dieses Ziel zu erreichen, braucht es neben der Entfaltung der normativen ethischen Aussagen der Bibel die Thematisierung bestimmter Situationen und das eingehende Gespräch darüber. Dazu eigenen sich besonders gut bestimmte Vorfälle, denen die Kinder innerhalb und außerhalb der Schule begegnen oder Fallstudien.[62] Es müssen die Gründe für ein bestimmtes Verhalten von den biblischen Normen her erarbeitet werden. Ein solcher Unterricht wirkt sich auch gewissensbildend aus. Das Kind lernt, mit Hilfe des Gewissens zwischen richtigem

---

62 Schmidt, G. R., Fachdidaktischer Umgang mit ethischen Inhalten, in: Religionspädagogisches Kompendium, S. 415

und falschem Verhalten zu unterscheiden. Ab und zu wird sich jeder Mensch falsch, d.h. schuldhaft verhalten. Deshalb wird den Kindern auch gezeigt, wie sie ihre Schuld vor Gott und im zwischenmenschlichen Bereich bereinigen können.

Zugleich ist ein Leben mit Jesus ein Leben für den Nächsten (Röm 13,9). Wie dieses Leben für den anderen konkret aussieht, gilt es den Kindern anhand biblischer Gestalten aufzuzeigen.[63] Kennt der Nächste – Schwester, Bruder, Klassenkamerad/-kameradin usw. – Jesus noch nicht als persönlichen Retter, haben sie sich darum zu bemühen, ihn zu Jesus zu führen.

Jeder, der mit Hilfe von Jesus sein Leben gestaltet, geht auch verantwortlich mit der Schöpfung um, da sie Gottes Werk und Eigentum ist.

Diese ethischen Maßstäbe werden im Zusammenleben innerhalb der Gemeinde Jesu ganz praktisch ins alltägliche Leben umgesetzt. Die Gemeinde ist demzufolge der Ort, wo dem Kind in unserer pluralistischen Welt biblisch ethisches Verhalten vorbildlich vorgelebt wird. Deshalb ist das Eingebettetsein der heranwachsenden Kinder in die Gemeinde oder ihre Hinführung in dieselbe von großer Bedeutung.

Ich kann die ethischen Zielvorstellungen für den Religionsunterricht von Hans G. Ulrich nicht teilen. Er schreibt:

> »Was als »Ethik« in den Blick kommt, wird weder auf die Lösung von Konfliktlagen zu reduzieren sein noch auf die Einübung von Einstellungen noch auf den Gebrauch von Kriterien im ethischen Urteil.«[64]

Wie er zu diesem Schluss kommt, legt er folgendermaßen dar: In unserer liberalisierten, pluralistischen und permissiven Gesellschaft sei ein geschlossenes moralisches System nicht mehr denkbar, folglich sei auch keine Erziehung zu einer einheitlichen Moral möglich. Hans G. Ulrich fordert deshalb, dass die Schüler in die Grundsätze der

---

63 ebd., S. 414

64 zit. nach Ulrich, H. G., Ethik im Religionsunterricht – theologische und pädagogische Perspektiven, in: Grundlagen der evangelischen Religionspädagogik, S. 209

Situationsethik eingeführt werden sollten. Albert Biesinger und Christoph Schmitt meinen, dass ethisches Verhalten mit Hilfe von human- und sozialwissenschaftlichen Erkenntnissen und von gesellschaftlichen Analysen herausgearbeitet werden könne.[65] Sie beachten leider nicht, dass sie so dem Subjektivismus Tür und Tor öffnen und ebenfalls in die Situationsethik abgleiten, da so begründetes ethisches Verhalten wandelbar und pluralistisch ist. Nach Günter R. Schmidt hat man dem heranwachsenden Jugendlichen zu helfen, zur Mündigkeit, »zur eigenverantwortlichen Lebensgestaltung auf der Grundlage **eigener** Wert- und Sacheinsicht« zu gelangen.[66]

Diesen Auffassungen halten wir entgegen, dass uns die Bibel, da sie Gottes Wort ist, für alle Zeiten verbindliche Normen und Werte für unser ethisches Verhalten in den verschiedensten Situationen des Lebens gegeben hat. Der Mensch ist letztlich für alles, was er tut, unterlässt, vernachlässigt dem Gott gegenüber verantwortlich, der uns diese Ordnungen in seinem Wort gegeben hat (Offb 20,12).

Schwerpunkte zu diesem Thema:

- Die Zehn Gebote (die Grundnormen Gottes)
  - Was lehren die einzelnen Gebote?
  - Wie können die Aussagen dieser Gebote in den Alltag umgesetzt werden?
- Das Gebet
  - Die Stille Zeit
  - Gebete Jesu
  - Gebetsschwerpunkte und Gebetsarten
- Das Verhalten in der Versuchung
  - Warum gibt es Versuchungen?
  - Arten der Versuchung
  - Sinn der Versuchung
  - Überwindung der Versuchung
- Als Christ in den Nöten des Lebens

---

65 Biesinger, A.; Schmitt, Ch., Ethikdidaktische Grundregeln, in: Religionsdidaktik in Grundregeln, S. 166

66 zit. nach Schmidt, G. R., Fachdidaktischer Umgang mit ethischen Inhalten, in: Religionspädagogisches Kompendium, S. 409

  - Probleme in der Schule, zu Hause
  - Leiden
  - Krankheit
  - Tod
- Jesus will uns in sein Bild umgestalten
  - Gehorsam dem Wort Gottes gegenüber
- Wie erkennen wir Gottes Willen?
- Der Umgang mit den Gefühlen
- Christsein heute
  - Sexualität, Liebe, Freundschaft, Ehe
  - Einstellung zur Arbeit
  - Gestaltung der Freizeit
  - Umgang mit dem Geld
  - Christ und Sport
  - Umgang mit den Massenmedien
  - Einstellung zu Genussmitteln, Drogen
  - Verantwortungsvoller Umgang mit der Schöpfung
  - Christ und Staat, Militär
  - Der Umgang mit Ausländern
- Wie führt man Menschen zu Jesus?

Literatur:

Theologisch:
- Felten, M., Auf Drogen hereinfallen? Mein Kind nicht! Wie Eltern Heranwachsende unterstützen können, Wuppertal; Bern 1996
- Huntemann, G., Biblisches Ethos im Zeitalter der Moralrevolution, Neuhausen-Stuttgart 1995
- Naujokat, G., Junge Menschen – erste Liebe. Begegnung der Gefühle, Vellmar/Kassel; Neuhausen-Stuttgart 1995[4]
- von Padberg, L. E., Ethik im Spannungsfeld von Selbstverwirklichung und Gottesorientierung, Bad Liebenzell 1989

Didaktisch:
- Biblische Lehre für junge Leute. Das Arbeitsbuch für Bibelunterricht, Teenykreis, Schule und Familie, hg. v. H. Jaeger; J. Pletsch, Dillenburg 1994
- Biblisches Lehrprogramm CREDO, erarbeitet im Missionswerk »Action Biblique«, Genf 1985
- Boshers, B. und das Student Impact Team, Frische Fische fischen. 12 Inputs, die das Leben deiner Freunde verändern können, Asslar; Witten 1998
- Die Jüngerschafts-Kurse für junge Leute. Leiter-Handbuch Jüngerschaftskurse. Als Christ geistlich wachsen, hg. v. B. St. Clair, Dillenburg 1998

- Jugend-Lehre, Jahrgang 1-3, hg. v. der Vereinigung Freier Missionsgemeinden, Rubigen o. J.
- Kompass. Arbeitshilfe für den biblischen Unterricht, Bd. 2, Kreuzlingen 1995

8.5.1.5 Kleine Kirchengeschichte

Von der Heilsgeschichte herkommend gehen wir davon aus, dass Gott der Herr der Geschichte ist. Angelpunkt der Geschichte ist der Sühnetod Jesu und seine Erhöhung. Durch Kreuz und Auferstehung wurde der Herr der Geschichte Herr der Gemeinde (Eph 1,21-23). In der Kirchengeschichte geht es um die Darstellung, wie Jesus seine Gemeinde durch die Jahrhunderte hindurchführte. Es gilt auch zu zeigen, dass Kirche und Gemeinde nur selten identisch waren. Um dies deutlich zu machen, muss der Unterschied zwischen Kirche und Gemeinde aufgezeigt werden. In der Geschichte der Gemeinde sehen wir das Handeln des jetzt in seiner Gemeinde gegenwärtigen Gottes, der diese Gemeinde zu seiner Zeit vollenden wird (Offb 7, 9-17). Es muss aus der Geschichte der Gemeinde Jesu deutlich hervorgehen, dass sie immer eine wartende Gemeinde war und ist. Dort, wo sie in der Geschichte nicht gewartet hat, war sie eine schlafende Gemeinde. Die Geschichte macht auch deutlich, dass die wahre Gemeinde immer eine leidende Gemeinde war. Ferner ist Kirchengeschichte notwendig, um die jetzige Ausgestaltung der Gemeinde Jesu – zu welcher wir als wiedergeborene Menschen gehören – verstehen zu können. Unkenntnis schafft Distanz. Aus der Distanz ergibt sich eine kritische Haltung.[67]

Der Einblick in die Kirchengeschichte hilft uns auch, aus den Fehlern der vor uns liegenden Generationen zu lernen. Natürlich müssen diese Fehler bei der Darbietung sauber herausgearbeitet und besprochen werden. Andererseits können sich Kenntnisse aus der Kirchengeschichte in der Gegenwart helfend und ermutigend auswirken.

Um das Wesen der Kirche oder der Gemeinde Jesu in der jeweiligen Zeit bis heute richtig verstehen zu können, muss ihrer jeweiligen

---

67 Ohlemacher, J., Die Geschichte der Kirche als Voraussetzung und Gegenstand der Religionspädagogik, in: Grundlagen der evangelischen Religionspädagogik, S. 224

Beziehung zur Bibel, dem Fundament der Gemeinde, besondere Beachtung geschenkt werden.[68]

Es geht in den kirchengeschichtlichen Ausführungen letztlich darum, Verständnis und Liebe zur Gemeinde Jesu zu wecken, die bei den Kindern zu treuer Teilnahme am Gemeindeleben führen sollte.

Im kirchengeschichtlichen Unterricht geht es ferner um die Darstellung bestimmter Personen. Deshalb lebt er von der anschaulichen Erzählung, da diese Personen in ihren besonderen Situationen vergegenwärtigt und veranschaulicht werden müssen. Zudem sollten sich die älteren Schüler mit Originalquellen auseinandersetzen können (Partnerarbeit, Gruppenarbeit). Diese Beschäftigung mit Quellen mündet immer wieder in das auswertende Gespräch aus.[69]

Hilfreich ist, wenn gemeinsam eine Zeitleiste erstellt wird, auf welcher die wichtigsten Ereignisse und Personen eingetragen werden. Eine große Zeitleiste sollte im Unterrichtraum aufgehängt werden. Zugleich sollte jedes Kind eine solche Zeitleiste gestalten. So können sie sich das Gelehrte besser merken.[70]

Heute rückt die Betrachtung der Weltreligionen, religiöser Bewegungen sowie nichtreligiöser Weltanschauungen immer mehr an die Stelle der Kirchengeschichte.

Schwerpunkte zu diesem Thema:

- Von der Urgemeinde zur römisch-katholischen Kirche
  - Wellen der Christenverfolgung
  - Das Christentum wird Staatsreligion
  - Beginn des Papsttums
  - Missionsbewegung der iroschottischen Mönche (5./6. Jahrhundert)
  - Das Gepräge des frühen Mittelalters: Papsttum, Klöster, Christianisierung der Germanen

---

68 König, K., Kirchengeschichtsdidaktische Grundregeln, in: Religionsdidaktik in Grundregeln, S. 184

69 Ruppert, G.; Thierfelder, J., Umgang mit der Geschichte – Zur Fachdidaktik kirchengeschichtlicher Fundamentalinhalte, in: Religionspädagogisches Kompendium, S. 320-321

70 ebd., S. 325-326

  - 11.-13. Jahrhundert: Kreuzzüge, Waldenser
- Vorkämpfer der Reformation:
  John Wyclif (1321-1384) → Lollarden
  Johannes Hus (1370-1415) → Hussiten
- Reformation
  - Martin Luther
  - Huldrich Zwingli
  - Johannes Calvin
- Das Täufertum
- Gegenreformation
- Aufbruch im 17. Jahrhundert
  - Puritanismus → Gründung der Vereinigten Staaten
  - Pietismus
    - Philipp Jakob Spener (1635-1705)
    - August Hermann Francke (1663-1727)
- Die Aufklärung
  - Der Verstand vermag alles zu erforschen und zu durchdringen
- Die Erweckungsbewegung
  - John Wesley
  - Die Erweckung in Deutschland und in der Schweiz
    - Réveil in Genf
    - Gestalten der Erweckungsbewegung:
      - Aloys Henhöfer (1789-1862)
      - Ludwig Hofacker (1798-1828)
      - Karl von Rodt (1805-1861)
- Gemeinde Jesu in der Neuzeit
- Erschütterungen im 20. Jahrhundert
- Erweckliche Aufbrüche im 20. Jahrhundert in Europa, den USA, Südamerika, Afrika und Asien

Literatur:

Kirchengeschichte:

- Broadbent, E. H., Gemeinde Jesu in Knechtsgestalt, Dillenburg 1965
- Hauß, F., Väter der Christenheit, neu hg. v. S. Spahr, Wuppertal; Zürich 1991
- Raupp, W., Werkbuch Kirchengeschichte. 52 Personen aus zwei Jahrtausenden, Gießen; Basel 1987

- Sierszyn, A., 2000 Jahre Kirchengeschichte. Von den Anfängen bis zum Untergang des Weströmischen Reiches, Bd. 1, Neuhausen-Stuttgart 1995
- Sierszyn, A., 2000 Jahre Kirchengeschichte. Das Mittelalter, Bd. 2, Neuhausen-Stuttgart 1997
- Sierszyn, A., 2000 Jahre Kirchengeschichte. Reformation und Gegenreformation, Bd. 3, Holzgerlingen 2000
- Sierszyn, A., 2000 Jahre Kirchengeschichte. Die Neuzeit, Bd. 4, Holzgerlingen 2000

Didaktisch:
- Jugend-Lehre, Jahrgang 1-3, hg. v. Vereinigung Freier Missionsgemeinden, Rubigen o. J.
- Kompass. Arbeitshilfe für den biblischen Unterricht, Bd. 3, Kreuzlingen 1996

8.5.2 Die methodischen Schritte bei der Erarbeitung einer thematischen Lektion

Zunächst hat sich der Religionslehrer in die ganze Thematik, die er in den nächsten Wochen unterrichten will, einzuarbeiten, z.B. »die Gemeinde« oder »das Gebet«.
- Wichtig ist, dass er sich zuerst von der Bibel her einen Überblick über die ganze Thematik verschafft (Bibelwissenschaft, Exegese).
- Zudem sollte er hilfreiche dogmatische Literatur zu diesem Thema einsehen (Systematische Theologie).
- Dazu gehört sicherlich auch, dass er gutes didaktisches Arbeitsmaterial zu Rate zieht, in welchem die zu unterrichtende Thematik schon in verschiedene Einzelthemen aufgegliedert ist (katechetische Gesichtspunkte).

Nach dieser Vorarbeit kann der Lehrer die ganze Thematik in Einzellektionen einteilen.

Gemeinsam wollen wir jetzt **die methodischen Schritte** der Erarbeitung einer Einzellektion betrachten:

1. Schritt: Das Lernziel

Zuerst hat sich der Lehrer darüber Klarheit zu verschaffen, welches Lernziel er mit Hilfe dieser Lektion anstreben will. Einerseits bestimmt der vorgegebene biblische Inhalt dieses Ziel. Andererseits hat der Lehrer das Alter und die Situation der zu unterrichtenden Kinder beim Festlegen des Ziels mit zu berücksichtigen. Bei der Formulierung des Lernziels muss deutlich werden, welches biblische Wissen er in dieser Lektion vermitteln will. Durch die Vermittlung dieses biblischen Wissens sollen im Kind bestimmte Einstellungen geweckt werden. Zugleich muss aus der Formulierung klar hervorgehen, welche praktischen Hilfen er dem Kind für sein Leben im Alltag weitergeben will.

Beispiel: Es geht in einer Lektion darum, die Wichtigkeit des Gebets aufzuzeigen. Zunächst haben wir im Kind die Einsicht zu wecken, dass ihm das Gebet eine Hilfe sein kann (Einstellung). Weiter sollten in dieser Lektion auch praktische Anleitungen für das Gebet gegeben werden. Die Formulierung des Lernziels lautet in diesem Fall: »Das Gebet ist eine Hilfe im Alltag. Einige praktische Anleitungen dazu«.

Dieses am Anfang festgelegte Lernziel prägt natürlich den ganzen Aufbau und die Darbietung des Themas.

2. Schritt: Der Einstieg

Der Einstieg soll beim Kind Interesse für das Thema, das in der Stunde entfaltet wird, wecken. Misslingt der Einstieg, hat der Lehrer die Kinder oft für die ganze Stunde verloren. Einstiegsmöglichkeiten:

- Ein Zeitungsbericht oder Zeitungsbilder der letzten Tage eignen sich bei bestimmten Themen gut. Ferner können Bilder, die Impulscharakter haben oder zum Nachdenken anregen, eingesetzt werden. Auch Karikaturen eignen sich gut.[71]
- Dias, ein Kurzfilm, ein Ausschnitt aus einer Videokassette können als Einstieg dienen.
- Ein kurzes Anspiel kann das Interesse für das Thema wecken.
- Ein Problem aus dem alltäglichen Leben kann zum Thema hinführen.
- Auch ein Interview mit einer für eine besondere Thematik geeigneten Person spricht die Kinder an.

---

[71] Haas, D.; Bätz, K., Ratgeber Religionsunterricht. Hilfen zum Aufbau und zur Durchführung, Lahr; Zürich; Köln 1984, S. 112-114

- Die zentralen Begriffe der vorangehenden Lektionen können an die Flanelltafel geheftet werden. Die Kinder werden aufgefordert, die Worte in die richtige Reihenfolge zu bringen.[72]

Heute ist man gerade im Religionsunterricht der Überzeugung, dass die »Problemsituation« des Kindes im Mittelpunkt des Unterrichts stehen sollte. Von diesen Grundgedanken herkommend entfaltet man den »problemorientierten Unterricht«.

Exkurs: **Der problemorientierte Unterricht**

Von der Theologie Paul Tillichs beeinflusst hat Hans-Bernhard Kaufmann den problemorientierten Unterricht 1968 mit der Thesenreihe »Muss die Bibel im Mittelpunkt des Religionsunterrichtes stehen?«[73] ins Leben gerufen.[74] H.-B. Kaufmann ist der Überzeugung, dass die traditionelle Mittelpunktstellung der Bibel als Gegenstand und Stoff des Religionsunterrichts ein Selbstmissverständnis sei und weder theologisch noch didaktisch gerechtfertigt werden könne.

Inhalte und Ziele des Religionsunterrichts müssten zunächst vier Kriterien standhalten, die als didaktische Konstanten anzusehen seien:

- Werden sie den Bedürfnissen, Interessen und Perspektiven der Heranwachsenden gerecht?
- Berücksichtigen sie die sozio-kulturellen Voraussetzungen und die gesellschaftlichen Erfordernisse und Konflikte?
- Werden sie der Bedeutung der Überlieferung gerecht und sind sie im Urteil der Wissenschaft angemessen und sachgemäß?
- Werden Schüler und Lehrer an der Auswahl bzw. an der Differenzierung und Explikation von Zielen und Inhalten nach dem Grad ihrer Kompetenz angemessen beteiligt?

---

72 Kliemann, P., Impulse und Methoden. Anregungen für die Praxis des Religionsunterrichts, Stuttgart 1997, S. 87

73 Kaufmann, H.-B., Muss die Bibel im Mittelpunkt des Religionsunterrichts stehen?, in: Der Streit um den problemorientierten Unterricht, hg. v. H.-B. Kaufmann, Frankfurt 1973

74 Bochinger, E.; Paul, E., Einführung in die Religionspädagogik, S. 49

Wir spüren aus der Formulierung dieser Kriterien, dass der Mensch in dieser Unterrichtsform mit seinem Welt- und Selbstverständnis in den Mittelpunkt rückt. Es geht hier um **einen anthropozentrischen statt einen christozentrischen Unterricht**. Die Bibel wird nur soweit wie nötig beigezogen, weil Texte, die vor zwei- bis dreitausend Jahren entstanden sind, das Kind nach Kaufmanns Meinung kaum mehr ansprechen können.

Schema zur problemorientierten Erarbeitung eines Themas:[75]

1. **Gegenwärtige Lebenssituation**
   In einem ersten Schritt sollte man versuchen, sich zu dem gestellten Thema Situationen zu vergegenwärtigen, in denen die Problematik des Themas anschaulich wird.
2. **Profilierung des Problems in der persönlichen und in der gesellschaftlichen Dimension**
   - Wie sind einzelne Menschen ganz persönlich von dem Problem betroffen?
   - Wie kommt es in den gesellschaftlichen Strukturen zum Ausdruck (in Gesetzen und Organisationen)?
3. **Biblische Verdeutlichung des Problems**
   Man sucht nach erzählenden und beurteilenden biblischen Texten. Welche heutigen und biblischen Texte können einander gegenübergestellt werden?
4. **Möglichkeiten der Bewältigung des Problems**
   - Welchen Beitrag gibt das Evangelium zur Bewältigung des Problems?
   - Welche anderen Angebote zur Bewältigung des Problems gibt es?

Die Bibel liefert, wie wir sehen, nur noch einen möglichen Lösungsversuch der Probleme. Zugleich besteht die Gefahr, dass biblische Aussagen, aus ihrem Zusammenhang gerissen, zur Stützung ideologisch gefärbter Auffassungen herangezogen werden können. Wenn wir die Bibel als Wort Gottes ernst nehmen, können wir nicht anders, als den »problemorientierten Unterricht« ablehnen. Die Bibel wird in dieser Unterrichtsform über-

[75] ebd., S. 55

haupt nicht mehr ernst genommen. Der Mensch bestimmt, was sie aussagen darf und was nicht.
Exkurs Ende

3. Schritt: Die Entfaltung des Themas
Es ist die Aufgabe des Lehrers, das Thema vom Lernziel herkommend dem Alter des Kindes entsprechend zu entfalten. Dazu sind entwicklungspsychologische Kenntnisse unerlässlich (siehe dazu 6.9). Es ist für die Kinder eine große Hilfe, wenn der Stoff sauber gegliedert vorgetragen wird. Vom Lernziel herkommend ist es gut, die Stunde in drei Teilziele aufzuteilen. In jedem Teilziel sollte ein Schwerpunkt des am Anfang festgelegten Lernziels entfaltet werden. Wenn irgend möglich sollte sich jedes Teilziel aus dem vorangehenden ergeben, sodass sich für das Kind ein einleuchtender gedanklicher Ablauf ergibt. Die Unterrichtsstunde braucht das Lernziel als »roten Faden«, welches der Bezugspunkt aller Einzelheiten und zugleich der Spannungsbogen der Lektion ist.[76] Das letzte Teilziel sollte der Höhepunkt der Stunde sein.

Jedes Teilziel muss das nächste sinnvoll und notwendig machen. Nur so ist eine verstehende Mitarbeit des Schülers möglich.

Schema 3:
Jedes Teilziel muss das folgende sinnvoll und notwendig machen

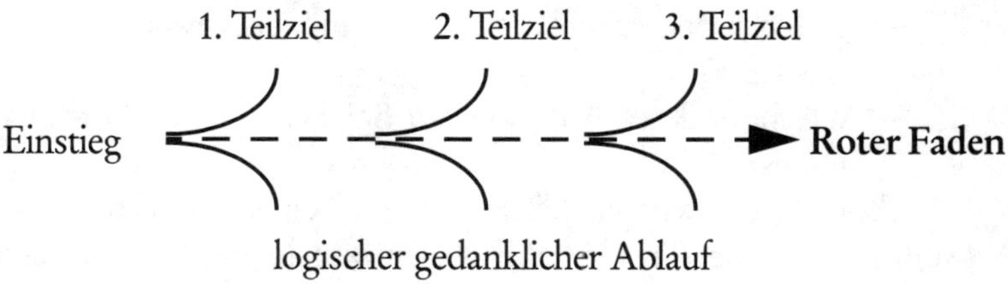

Wenn die einzelnen Teilziele unverbunden nebeneinander stehen, fehlt der Stunde der innere Zusammenhang. Es ergibt sich kein klarer gedanklicher Aufbau. Eine solche Stunde ist langweilig.

[76] Glöckel, H., Vom Unterricht. Lehrbuch der Allgemeinen Didaktik, Bad Heilbrunn 1990 S. 180

Schema 4:
Wenn Teilziele unverbunden nebeneinander stehen, ergibt sich kein klarer Aufbau

	1. Teilziel	2. Teilziel	3. Teilziel
Einstieg	⟶	⟶	⟶

Kein logischer gedanklicher Aufbau

Wenn der Inhalt des Themas dynamisch und logisch geordnet wird, prägt er sich beim Kind gut ein.

Bei der Entfaltung des Themas geht es zunächst um lehrmäßige biblische Wahrheiten. Diese hat der Lehrer aber so weiterzugeben, dass die Schüler sie verstehen können. Er muss sich in seiner Sprache den Schülern anpassen.

> »Viel zu oft wird die christliche Botschaft in einer intellektuellen Fachsprache ... vorgetragen, die nur dem Insider zugänglich ist. Sehr leicht entsteht hier (für den Schüler, A. M.) der Eindruck, als hätten theologische oder Glaubensaussagen keinen Bezug zur Wirklichkeit. Christliche Botschaft in die Sprachhorizonte des Schülers zu bringen, heißt aber gleichzeitig, sie in seinen Wirklichkeits- und Denkhorizont zu bringen.«[77]

Die Schüler verstehen den Lehrer erst dann, wenn er sich ihren sprachlichen Möglichkeiten anpasst. Führt er Begriffe ein, die der Schüler noch nicht kennt, hat er diese zu erklären. Wichtig ist zudem, dass er anschaulich spricht. Dies ist erst dann möglich, wenn er sich unter der biblischen Lehre, die er weitergibt, selbst etwas vorstellen kann.

---

[77] zit. nach Neuberger, T. M., Lebensorientierung und religiöse Deutungssysteme, S. 166

Verschiedene Möglichkeiten, die lehrmäßigen Schwerpunkte zu erarbeiten:

- Der Lehrer kann die lehrmäßigen Schwerpunkte mit Hilfe von Fragen und Impulsen mit den Schülern der ganzen Klasse erarbeiten.
- Es ist oft eine Hilfe, wenn er zur Erarbeitung eines bestimmten Schwerpunkts die Klasse kurz in kleinere Gruppen aufteilt und ihnen die nötigen Arbeitsblätter dazu austeilt. Wichtig ist, dass er den Schülern genau sagt, was sie machen müssen.
- Auch die Stillarbeit kann zur Erarbeitung eines Teilbereichs eines Teilzieles hilfreich sein.[78]

Wenn irgend möglich, sollte versucht werden, die ganze Lektion von einem **Bibelvers** her aufzubauen oder auf einen **Bibelvers** hin auszurichten, denn das Wort Gottes hat eine gewaltige Kraft (Hebr 4,12). Dieses Bibelwort gibt der ganzen Stunde einen tiefen inneren Zusammenhang. Auf diese Weise prägt sich dem Kind, ohne dass es dies richtig merkt, sowohl ein Bibelwort als auch die damit verbundene biblische Lehre ein.[79] Manchmal ist es auch möglich, vor allem wenn man ganze biblische Bücher mit den Kindern betrachtet, für die Lektion einen tragenden Bibelvers zu wählen, der alle Teilziele mitträgt.

4. Schritt: Aktualisierung und Anwendung

Nachdem die lehrmäßigen biblischen Wahrheiten zum Thema herausgearbeitet worden sind, hat man noch die Brücke ins Leben des Kindes zu schlagen. Dies kann auf zwei Arten geschehen:

1. **Darbietung der lehrmäßigen biblischen Wahrheit → Aktualisierung in unsere Zeit → Anwendung für das Kind**
   In der Aktualisierung wird gezeigt, wie das, was uns die Bibel berichtet, in der heutigen Zeit ganz konkret aussieht.
2. **Darbietung der lehrmäßigen biblischen Wahrheit → Anwendung für das Kind**
   Sehr oft ist eine Aktualisierung nicht nötig, weil das Kind durchaus versteht, worum es in der Entfaltung der biblischen Lehre geht.

---

78 Nähere Ausführungen dazu siehe 7.7.2 und 7.7.3

79 Graystone, P., Platz für Kinder. Auch in der Kirche?, S. 78

Warum ist denn dieser Brückenschlag ins Leben des Kindes so wichtig?
Die biblische Lehre muss für das Kind in seinem Alltag erfahrbar werden. Biblische Lehre ist nicht alte, verstaubte Theorie, sondern ewiggültige Wahrheit, die für uns heute erlebbar ist. Das Wort Gottes hat noch gar nichts von seiner Kraft eingebüßt (1. Thess 1,5). Viele Jugendliche klagen darüber, dass sie mit dem, was ihnen im Religionsunterricht weitergegeben wird, in ihrem alltäglichen Leben wenig oder nichts anfangen können.[80]

Damit die Kinder und Jugendlichen von der biblischen Botschaft angesprochen werden, muss jede Lektion **das Elementare der biblischen Botschaft keimhaft in sich tragen**. Dies ist dann der Fall, wenn jede Lektion eine **christozentrische Ausrichtung** hat. In Christus ist dem Kind der Zugang zur Erfahrbarkeit der ganzen biblischen Lehre und die Möglichkeit, sie zu leben, gegeben.

- Zunächst hat man den Schülern zu zeigen, wie Jesus ihr persönlicher Retter werden kann. Wir haben sie auch aufzufordern, diese Rettung anzunehmen (2. Kor 5,18-20). Wenn sie es wünschen, sollten wir ihnen dabei helfen. Nur die Schüler, welche Jesus im Glauben als ihren Retter angenommen haben, können das, was die Bibel lehrt, ganz praktisch erfahren, denn Jesus ist in jeder Situation des Lebens bei ihnen (Mt 28,20).
- Sie sind auch in der Lage, die biblische Lehre mit Hilfe des in ihnen wohnenden Christus praktisch umzusetzen (Joh 15,5). Ihnen muss aber noch gezeigt werden, wie sie mit Hilfe von Jesus die biblischen Wahrheiten in ihrem Alltag in die Tat umsetzen können (Jak 1,22). Das Wort Gottes soll im geistlichen, sozialen, moralischen, intellektuellen und körperlichen Bereich angewandt werden. Dies führt natürlich zu positiven Veränderungen im Leben der Kinder oder Jugendlichen (siehe 7.5.1.2).

Damit den Schülern geholfen werden kann, das, was ihnen unterrichtet wird, mit Hilfe von Jesus praktisch im Alltag umzusetzen, hat der Unterrichtende drei Dinge zu beachten:

---

[80] Neuberger, T. M., Lebensorientierung und religiöse Deutungssysteme, S. 125

1. Er hat die entwicklungspsychologischen Gegebenheiten im Leben des Kindes und Jugendlichen zu beachten. Er muss wissen, was das Kind in der frühen Kindheit, in der späteren Kindheit und in der Pubertät innerlich umtreibt und beschäftigt (siehe 6.5).
2. Er sollte die **familiäre Situation** kennen, aus der die Kinder oder Teenager kommen, sonst können gut gemeinte Hilfen zur Überforderung werden.
3. Es ist für ihn ferner nötig, die **besonderen Probleme** der einzelnen Kinder und Jugendlichen zu kennen. Dies ist durch den persönlichen Kontakt mit ihnen möglich.

Wenn diese drei Dinge beachtet werden, können dem Kind, Teenager und Jugendlichen für seine Alltagssituationen von der Bibel her wirkliche Hilfen angeboten werden.

Jeder lehrmäßigen Darlegung in einem der drei Teilbereiche einer Lektion muss eine auf die Lebenssituationen der Schüler abgestimmte **Anwendung** folgen. Die Schüler brauchen ganz konkrete Hilfen für das Verhalten in der Schule oder zu Hause. Natürlich können diese Anwendungsmöglichkeiten auch mit den Kindern oder Teenagern erarbeitet werden.[81]

Sie benötigen Ermutigung, Anerkennung und oft auch Trost. Auch im Bereich der Anwendung sollten sich die Ausführungen so ergänzen, dass alles von einem Grundgedanken her miteinander verbunden wird. Es darf niemals drei ganz verschiedene Anwendungsmöglichkeiten geben. Dies verwirrt die Kinder nur. (Siehe Schema 5)

Zum Bereich der Anwendung gehört auch **die Darlegung:**

Während wir die Lektion ausarbeiten, kann es sein, dass uns eine biblische Wahrheit und ihre Umsetzung ins Leben stark anspricht. Wir sind von diesem Gedanken zutiefst bewegt. Es ist unser Wunsch, den Kindern diesen Gedanken besonders nahe zu bringen.

Die Weitergabe dieses wichtigsten Gedankens geschieht in der Darlegung. Den in der Darlegung entfalteten Gedanken suchen wir

---

[81] Gangel, K. O., Anwendung der Lektion, in: Wie mach ich's richtig? Tips und Hilfen zum Lehren und Lernen, hg. v. B. Wilkinson, Dillenburg 1998, S. 165

Schema 5:

Thematische Darlegung: Ein Grundgedanke verbindet sowohl die Lehraussagen als auch die Anwendung

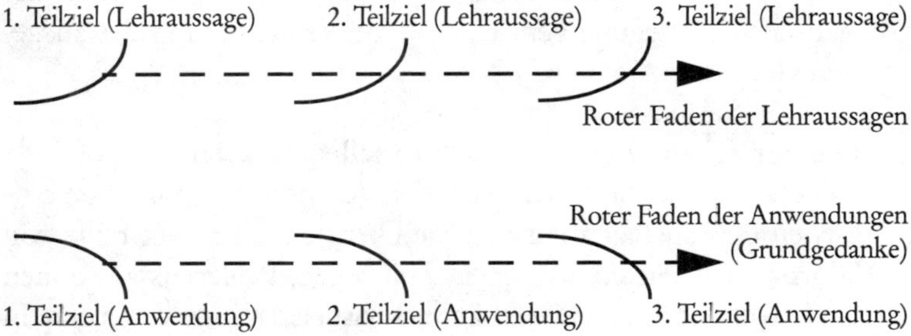

den Kindern ganz anschaulich, wenn nötig mit visuellen Hilfsmitteln, nahe zu bringen. Wir verzichten aber ganz bewusst auf das gemeinsame Erarbeiten. Wir sagen jetzt das weiter, was uns in dieser Stunde besonders auf dem Herzen brennt. Deshalb nennen wir diesen Teil der Lektion **Darlegung**. Eine Darlegung ist nur dann möglich, wenn die Kinder bereit sind, hinzuhören, was der Lehrer sagt. Hans Glöckel weist in seinem Buch »Vom Unterricht« darauf hin, dass der Lehrer die Form der Belehrung wählen sollte, wenn er einen ungestörten, ganzheitlichen Eindruck anstrebt und den Schüler in seiner seelischen Ganzheit ansprechen und beeindrucken will. Die Belehrung kann auch, wie Hans Glöckel weiter ausführt, zu einem eindringlichen Appell an das Kind führen.[82] Gerade bei der Darlegung haben wir bewusst mit dem Wirken des Heiligen Geistes zu rechnen. Er hat uns ja diesen Gedanken aufs Herz gelegt, deshalb wird er auch die Herzen der Kinder für diesen entscheidend wichtigen Gedanken offen machen (1. Kor 16,9; Kol 4,3). Die Darlegung sollte nicht länger als 4-5 Minuten dauern.

5. Schritt: Visuelle Hilfsmittel (Medien)

Jetzt hat sich der Religionslehrer darüber Gedanken zu machen, wie er diese oft recht abstrakt wirkenden biblischen Wahrheiten, die er

---

82 Glöckel, H., Vom Unterricht, S. 66-67

den Kindern oder Teenagern in der Lektion nahe zu bringen sucht, anschaulich darstellen kann, damit **Ohr und Auge gleichzeitig angesprochen werden**. Bei der Erzählung einer biblischen Geschichte steht bei der Veranschaulichung das Bild im Mittelpunkt. Bei der thematischen Darlegung geht es um eine Visualisierung der ausgeführten Gedanken.

1. **Die vortechnischen oder traditionellen Medien**
   Gerade die Flanelltafel kann bei der Veranschaulichung von biblischen Lehraussagen vorzügliche Dienste leisten. Mit Hilfe von Wortstreifen, Strichmännchen, Symbolen, Pfeilen usw. können Gedanken für das Kind verständlich visuell dargestellt werden. In den angehefteten Wortstreifen werden die Inhalte der einzelnen Teilziele prägnant zusammengefasst. Zugleich wird zu jedem Teilziel ein bildhaftes (figuratives) Element eingebaut, denn so können sich die Kinder das Ausgeführte besser merken.[83] Die Wortstreifen und die figurativen Elemente sollten so groß sein, dass alle Kinder sie sehen und lesen können. Schön wäre, wenn am Schluss der Stunde die drei lehrmäßigen Schwerpunkte veranschaulicht an der Flanelltafel dargestellt wären.
   An der Wandtafel werden die abstrakt wirkenden Gedanken während der Darbietung fortlaufend, oft mit verschiedenen Farben, anschaulich dargestellt. Da der Hellraumprojektor heute immer stärker an die Stelle der Wandtafel tritt, können die entfalteten Gedanken mit Hilfe verschieden farbiger Stifte auf Folien veranschaulicht werden.

2. **Die audiovisuellen Medien**
   Im Unterricht können Dias, CD, Tonkassetten, Schulfunksendungen, Kurzfilme und Videokassetten eingesetzt werden. Diese Medien eignen sich besonders gut, um **in die Thematik der Stunde einzuführen**. Es werden bestimmte Probleme angesprochen, Fragen aufgerissen usw. Diese Medien können im Bereich

[83] Wellenhofer, W., Unterricht heute, S. 137

des Einstiegs gute Dienste leisten, da sie das Kind zum Thema heranführen und gleichzeitig Interesse wecken.[84]
Zugleich können diese Medien zur Vermittlung von biblischem Wissen eingesetzt werden. Die Einsatzmöglichkeiten in diesem Bereich sind aber nur gering. Auch im Bereich der Anwendung können sie eingesetzt werden. Es werden den Kindern konkrete Hilfen für ihren Alltag aufgezeigt. Doch ist dies nur sehr begrenzt möglich.
Gerade beim Einsatz audiovisueller Medien besteht die Gefahr, dass sie den Stundenablauf dominieren, deshalb hat der Lehrer gut darauf zu achten, dass diese Medien in den Lernprozess eingebunden bleiben.[85] Zwei bis drei gut ausgewählte und eingesetzte Dias können mehr bewirken als zwanzig, und ein 5- bis 10-minütiger Videoausschnitt motiviert die Kinder meist mehr, im Unterricht mitzuarbeiten, als eine komplette 30-minütige Videosendung.[86]
Lehrer, die audiovisuelle Medien im Unterricht einsetzen, brauchen im Umgang mit technischen Apparaturen Sicherheit und genügend Zeit zur technischen Vorbereitung. Pannen im technischen Bereich können eine ganze Stunde zerstören.
Hier noch einige Gedanken zum Film (zur Videokassette): Das Positive am Film ist, dass er im Zuschauer Betroffenheit schafft, weil die außerhalb seines Lebens bestehende Wirklichkeit in bedrängende Nähe gerückt und miterlebt wird. Der Nachteil besteht darin, dass die für ein reflektierendes Urteilen notwendige Distanz weitgehend fehlt. Dies ist pädagogisch zu berücksichtigen.[87]
Um dem im Alltag üblichen passiven Medienkonsum zu begegnen, gehört es zu den dringenden Aufgaben, die Schüler durch Beobachtungsaufträge und Begleitunterlagen gezielt zur aktiven Auseinandersetzung mit dem Gesehenen zu veranlassen.[88]

---

84 Frör, K., Grundriss der Religionspädagogik, S. 151-153
85 ebd., S. 153
86 Kliemann, P., Impulse und Methoden, S. 13
87 Haas, D.; Bätz, K., Ratgeber Religionsunterricht, S. 133
88 Wellenhofer, W., Unterricht heute, S. 388

Medien dazu zu benutzen, dass Schüler religiöse Tiefenerlebnisse machen können, finde ich sehr fragwürdig.[89]

Denken wir daran: Die visuellen Hilfsmittel ersetzen nie den durch die anschauliche Wortwahl geprägten Unterricht, sondern dienen nur dazu, das Gesagte zu unterstreichen. Das Wort kann im Unterricht durch nichts ersetzt werden (vgl. Röm 10,17). Es kann aber durch visuelle und auditive Hilfsmittel den Kindern verständlicher gemacht werden. Kurt Frör sagt dazu:

»Der persongebundene Unterricht ist auch in einer künftigen, voll ausgebauten »audiovisuellen Schule« nicht zu entbehren.«[90]

6. Schritt: Schluss der Darbietung

Am Schluss der Stunde werden kurz die wichtigsten Gedanken der Teilziele **mit den Schülern zusammengetragen**. Zugleich werden die Anwendungen, die bei jedem Teilziel ausgeführt wurden, wiederholt.

Das eigentliche Lernziel der Stunde soll am Schluss im Zentrum stehen. Schön ist natürlich, wenn der Lehrer das, was er in der Stunde herauszuarbeiten versuchte, **in einem Bibelvers**, den er während der Stunde auswendig lernen lässt, **abschließend zusammenfassen kann**.

Drei Dinge sind für die Gestaltung des Schlusses wesentlich:

- Es ist nicht richtig, wenn der Lehrer die Kurzzusammenfassung selbst macht. Er muss das Dargelegte mit den Schülern zusammentragen. Jetzt spürt er, ob die Schüler seine Ausführungen verstanden haben.
- An der Flanelltafel oder Wandtafel soll die zusammenfassende Veranschaulichung der Teilziele übersichtlich geordnet für die Schüler sichtbar sein. Es sollten für die verschiedenen Teilziele wenn irgend möglich verschiedene Farben verwendet werden.

---

89 Baus, K., Unterrichtsmedien, in: Handbuch religionspädagogischer Grundbegriffe, Bd. 2, hg. v. G. Bitter; G. Miller, München 1986, S. 521

90 zit. nach Frör, K., Grundriss der Religionspädagogik, S. 153

Diese Veranschaulichung sollte ihnen zum Wahrnehmungsraster werden, das sich ihnen einprägt.

- Am Schluss dürfen keine neuen Gedanken entfaltet werden.

In bestimmten Situationen ist es sicherlich richtig, wenn der Lehrer darauf hinweist, dass er für ein seelsorgerliches Gespräch Zeit hat.

7. Schritt: Vertiefung

Bis jetzt haben wir das Ohr und das Auge des Kindes angesprochen. In der Vertiefung geht es nun darum, das Gehörte mit der Tat zu verbinden.

- **Der Hefteintrag oder der Gebrauch von Arbeitsblättern**

  Ich halte **den Hefteintrag** für eines der geeignetsten Mittel der Vertiefung.

  - Zunächst sollten die Kinder den wichtigsten Teil der Stundenübersicht in ihr Heft zeichnen.
  - Anschließend haben sie die Hauptgedanken der Stunde schriftlich festzuhalten. Die Kernworte können mit roter Farbe geschrieben werden. Zumeist ist es sicherlich so, dass der Lehrer den Hefteintrag vor der Stunde sauber an die Tafel schreibt. Bei älteren Schülern kann der Hefteintrag von den Schülern zusammengetragen werden. Ab und zu können die Schüler das, was ihnen am wichtigsten erschien, in ihr Heft einschreiben.

  Immer mehr Lehrer arbeiten im biblischen Unterricht mit einem Ringordner. Ein solcher Ordner eignet sich besonders gut, wenn im Unterricht **Arbeitsblätter** verwendet werden. Meist verteilt der Lehrer am Schluss der Stunde ein Arbeitsblatt, auf welchem sich in der oberen Hälfte die Veranschaulichung der Stunde befindet. Auf dem unteren Teil des Blattes ist zumeist ein Lückentext, in welchem die wichtigsten Worte der Stunde eingefügt werden müssen. Der Schüler wird beauftragt, den oberen Teil anzumalen und den Lückentext auszufüllen. Natürlich können auf dem unteren Teil des Blattes auch Fragen zur Stunde gestellt werden, welche die Kinder beantworten müssen. Es kann auch Platz gelassen werden, damit die Schüler selbst die wichtigsten Gedanken der Stunde aufschreiben können.

Dieses hier beschriebene sorgfältig strukturierte Arbeitsblatt sichert den eben entfalteten Inhalt der Stunde. Es ist zugleich die Grundlage, um den durchgearbeiteten Stoff zu wiederholen.[91] Wir haben darauf zu achten, dass die Hefteinträge oder Lückentexte nicht zu lang werden. Die Schüler sollten motiviert werden, das Heft oder die Arbeitsblätter schön zu gestalten. Während die Schüler den Hefteintrag abschreiben oder das Arbeitsblatt ausfüllen, hat sie der Lehrer zu begleiten, indem er von Pult zu Pult geht.

- **Zeichnen, Bilder einkleben**
  Zu bestimmten Lückentexten können die Kinder selbst eine Zeichnung machen. Ab und zu können zu den Hefteinträgen oder zu Texten der Arbeitsblätter Bilder aus Zeitungen, Illustrierten, Missionszeitschriften usw. eingeklebt werden.
- **Spiele**
  Die Rollenspiele und Pantomimen bleiben auch in der Ober- bzw. Sekundarschule als Vertiefungsmöglichkeit wertvoll. Es gilt aber zu beachten, dass Teenager, wenn sie spontan vor anderen zu spielen haben, stark befangen sein können, sodass spielerisches Handeln nur noch bedingt möglich ist.[92] Dem kann Rechnung getragen werden, indem man ein kleineres Spiel mit einer Gruppe freiwilliger Schüler richtig einübt.
- **Sinnvolle Hausaufgaben und Benotung**
  Zur Vertiefung gehören gerade bei älteren Schülern die sinnvollen Hausaufgaben. Die Aufgaben sollen die eben in der Stunde entfalteten Gedanken vertiefen helfen.
  - Der in der Stunde gelernte Bibelvers soll auf die nächste Stunde gefestigt werden.
  - In einem Kurzaufsatz können sie eigene Gedanken zu einem Schwerpunkt der Stunde entfalten. Natürlich muss dieser Kurzaufsatz korrigiert und besprochen werden. Er wird dann ins Heft oder auf ein vorbereitetes Arbeitsblatt geschrieben.

---

91 Wellenhofer, W., Unterricht heute, S. 311
92 Glöckel, H., Vom Unterricht, S. 149

- Wenn ein Themenbereich abgeschlossen worden ist, beauftragt man die Kinder, alle Hefteinträge oder Arbeitsblätter zu diesem Thema gründlich zu lernen. Es wird dann in einer schriftlichen Arbeit überprüft, ob sie das Wichtigste der eben entfalteten Themen verstanden haben. Kurt Frör ist der Überzeugung, dass auch im Religionsunterricht die Erfolgskontrolle nötig ist.[93] Auch in diesem Fach soll ernsthafte Leistung mit guten Zensuren belohnt werden, sonst könnte die Motivation schwinden. Wir müssen uns aber bewusst sein, dass das Eigentliche beim Religionsunterricht, nämlich die Bereitschaft, dem Wort Gottes Glauben zu schenken und ihm zu gehorchen, nicht benotet werden kann.

Denken wir daran: Hausaufgaben haben nur dann einen Sinn, wenn sie überprüft werden. Es ist wichtig, dass man regelmäßig kleinere Hausaufgaben gibt. Es ist nicht richtig, wenn man ab und zu viele, dann wieder keine Hausaufgaben gibt.

8.5.3 Abfassung einer Katechese

1. Ausarbeitung der Lektion[94]

Nachdem wir alles für die Lektion Erforderliche zusammengetragen haben, gilt es nun, einen übersichtlichen Stundenablauf zu erstellen. Nur eine gründliche Ablaufplanung erlaubt es dem Lehrer, den Schülern während des Unterrichts die volle Aufmerksamkeit zu schenken und auf ihre Fragen und Einwände einzugehen. Diese Stundenübersicht hilft ihm weiter, den Verlauf der Stunde gründlich zu durchdenken. Im Unterricht ist ihm diese Ausarbeitung eine Merkhilfe.

---

93 Frör, K., Grundriss der Religionspädagogik, S. 156-157. Gottfried Schröter nennt noch weitere Gründe, warum Leistungen im biblischen Unterricht benotet werden sollten. Vgl. Schröter, G., Versetzung gefährdet? Mit Tips für Schüler und Eltern, Neuhausen-Stuttgart 1980, S. 52-53

94 Vorbereitung des Unterrichts, hg. v. H. Glöckel; R. Rabenstein; R. Drescher; H. Kreiselmeyer, Bad Heilbrunn 1992², S. 37-39

Neben dem Einstieg, den inhaltlichen Schwerpunkten und ihren Anwendungen, wird nun aufgeschrieben, an welchen Stellen die Schüler ins Unterrichtsgeschehen einbezogen werden sollen. Fragen, Impulse, Arbeitsanweisungen usw. werden in den Stundenablauf hineingeschrieben. Die Schülerbeiträge sollten stichwortartig aufgeschrieben werden, da sie ein Stück weit offen bleiben.
Im Stundenentwurf sollte deutlich hervorgehoben werden, an welcher Stelle welche Anschauungshilfen eingesetzt werden.
Auch der Wechsel der Unterrichtsformen – Still-, Partner- oder Gruppenarbeit – sollte im Stundenentwurf vermerkt werden.

2. **Vorbereitung der Stunde**[95]

Jede Stunde muss gründlich vorbereitet werden. Alle Anschauungshilfen müssen so vorbereitet sein, dass sie reibungslos eingesetzt werden können. Der Raum muss zum Unterricht vorbereitet sein.
Wichtige Abschnitte müssen nach gründlicher Beschäftigung mit der Lektion vor der Stunde ausprobiert werden.

3. **Nachbereitung**[96]

In der Nachbereitung werden die bei der Planung und Durchführung der Stunde gemachten Erfahrungen für die weitere Arbeit ausgewertet.
Es stellen sich folgende Fragen:
- Wo waren die Stärken und Schwächen der Lektion? Woran lag es?
- Wie war das Lehrerverhalten?
- Wie wurden die Schüler in das Unterrichtsgeschehen einbezogen?
- Wie war das Verhalten der Schüler?
- War die Veranschaulichung gelungen?
- Was haben die Schüler wirklich lernen können?
- Wurde das Ziel der Lektion erreicht?

Nur eine gründliche Nachbereitung hilft, den Unterricht immer noch besser zu gestalten.

95 ebd., S. 50-51
96 ebd., S. 51-52

8.5.4 Präparation einer thematischen Lektion (Muster)

Name:	Mauerhofer, Armin
Datum:	29. August 1997
Ort:	Freie Evangelische Gemeinde Langenthal
Alter der Kinder:	13-14 Jahre
Thema:	Das Gebet – Reden mit Gott
Ziel der Lektion:	Das Gebet ist im Alltag eine Hilfe. Praktische Anleitungen zum Gebet
Lernhilfen, Medien:	Flanellständer, die anzuheftenden Gegenstände, Arbeitsblatt, Bibelvers, Hefteintrag muss an die Tafel geschrieben werden

Ausarbeitung der Lektion

Zeit	Phasen und Teilziele	Unterrichtsverlauf	Sozialformen	Lernhilfen (Medien)
4’	Einstimmung	Singen von zwei Liedern Gebet	Klassenunterricht	
3’	Einstieg	*Erzählung*: Daniel sitzt ganz bedrückt am Mittagstisch. Er stochert im Essen herum und starrt vor sich hin. Matthias und Damaris, die ebenfalls am Tisch sitzen, erzählen, was sie in der Schule und im Kindergarten erlebt haben. Sie reden so viel, dass man das Schweigen von Daniel kaum beachtet. Es erscheint uns Eltern merkwürdig, dass der redselige Daniel seit etwa zwei Tagen so bedrückt ist und schweigt. Durch sein Schweigen ist er in der Familie fast ein wenig zum Außenseiter geworden. Wir müssen uns als Eltern dringend Zeit nehmen, mit ihm zu reden, damit er möglichst bald wieder in die familiäre Gemeinschaft einbezogen werden kann. Aus dieser alltäglichen Begebenheit wird ersichtlich, dass durch das Gespräch die Gemeinschaft zwischen Eltern und Kindern gepflegt wird. Als Schweigender steht man eigentlich außerhalb dieser Gemeinschaft.		

Zeit	Phasen und Teilziele	Unterrichtsverlauf	Sozialformen	Lernhilfen (Medien)
	1. Teilziel	**Beten ist Reden mit Gott** Genauso wie Kinder über alles, was sie bewegt, mit ihren Eltern reden können, dürfen wir Menschen mit Gott, unserem Schöpfer, reden. Er fordert uns in der Bibel sogar dazu auf, mit ihm zu reden. Ja, er freut sich darüber, wenn wir Zeit zum Gespräch mit ihm finden. *Denkanstoß:* Und doch ist etwas ganz anders, wenn wir mit Gott reden. <u>Schüler:</u> Wir können Gott nicht sehen. Obwohl wir Gott nicht sehen können, dürfen wir wissen, dass er da ist und uns hört, wenn wir mit ihm reden. Dies wird uns in Psalm 139, in den Versen 1-5 so gesagt. Hier steht: *(Text vorlesen).* *Frage:* Für dieses Reden mit Gott haben wir ein spezielles Wort, das wir alle gut kennen. <u>Schüler:</u> Wir nennen dies beten. *Ich hefte ganz zuoberst an die Flanelltafel das Wort »Gebet«.* Eigentlich lassen wir Gott durch unser Gebet Anteil haben an unserem Ergehen. Das Besondere ist aber nun, dass der ewige, große Gott gerne Anteil nimmt an dem, was uns bewegt. Aus diesem Anteilgeben von Seiten des Menschen im Gebet und Anteilnehmen von Seiten Gottes erwächst eine innige Gemeinschaft, gleich wie zwischen Eltern und Kindern → Hinweis auf den Einstieg. *Frage:* Was haben wir denn zu beten, damit Gott an unserem Ergehen Anteil nehmen kann? *Während ich diese Frage stelle, hefte ich einen breiten Pfeil unter dem Wort »Gebet« an die Flanelltafel. Er soll das Gebet symbolisieren.*		Gebet 

Zeit	Phasen und Teilziele	Unterrichtsverlauf	Sozial-formen	Lern-hilfen (Medien)
		<u>Schüler:</u> Sicherlich dürfen wir Gott all das sagen, was uns Freude macht. *Denkanstoß:* Da alles, was uns erfreut, aus Gottes Hand kommt, schließt sich der Aufzählung der erfreulichen Dinge ganz selbstverständlich noch etwas an. <u>Schüler:</u> **Der Dank**. Wir dürfen Gott für alles Erfreuliche danken. *Auf den breiten Pfeil lege ich links einen kleinen Pfeil, auf welchem »Dank« steht.*		
		Frage: Was gehört weiter zum Gebet? <u>Schüler:</u> Wir dürfen Gott auch sagen, was uns bedrückt. *Denkanstoß: Da wir wissen, dass Gott so groß ist, dass er in jeder Situation helfen kann, schließt sich der Darlegung von dem, was uns bedrückt, etwas an.* <u>Schüler:</u> **Die Bitte**, dass Gott mir aus dem heraushilft, was mich bedrückt. *Auf den breiten Pfeil lege ich neben den ersten kleinen Pfeil einen zweiten mit der Aufschrift »Bitte«.*		
		Bis jetzt haben wir nur von uns selbst geredet. Natürlich bewegen uns nicht nur schöne und schwere Dinge im Blick auf uns selbst. Es ergeben sich ja auch viele Dinge aus dem Zusammenleben mit unseren Nächsten, die uns stark bewegen können. *Frage:* Wer sind denn deine Nächsten? <u>Schüler:</u> Vater, Mutter, Geschwister, Mitschüler, Verwandte, Nachbarn. *Frage:* Was kann uns denn aus dem Zusammenleben mit unseren Nächsten beschäftigen? <u>Schüler:</u> – Krankheit der Mutter – Der Vater hat die Arbeitsstelle verloren. – Die Großmutter ist im Krankenhaus.		

Zeit	Phasen und Teilziele	Unterrichtsverlauf	Sozialformen	Lernhilfen (Medien)
		All das, was uns im Zusammenleben mit den anderen bewegt, dürfen wir Gott sagen. Ja, wir dürfen Gott sogar bitten, der Mutter, dem Vater, der Großmutter usw. in ihren schweren Situationen zu helfen. *Frage:* Wie nennt man dieses Beten für andere? <u>Schüler:</u> **Fürbitte**. *Auf den breiten Pfeil lege ich neben die beiden kleinen Pfeile einen dritten mit der Aufschrift »Fürbitte«.*		
		Gott freut sich darüber, wenn wir ihm durch das Gebet Anteil geben an unserem Ergehen. Jederzeit dürfen wir mit Gott reden, sei es vor einer Prüfung in der Schule oder wenn wir in der Nacht nicht schlafen können.		
12'		*Frage:* Gibt es besonders geeignete Zeiten, um mit Gott zu reden? <u>Schüler:</u> Ja, am Morgen und am Abend. *Aufforderung:* Erklärt bitte, warum? <u>Schüler:</u> Am Morgen darf ich Gott bitten, mir in allem, was am Tag auf mich zukommt, zu helfen. Am Abend darf ich Gott für alle erfahrene Hilfe danken. Ich darf Gott auch alles sagen, was mich bedrückt.		
		Ich fordere ein Kind auf, die Wortstreifen, auf denen »Morgen« und »Abend« steht, an die Flanelltafel zu heften. *Ich hefte anschließend noch die Überschrift »Was und wann sollen wir beten?« an.*		Morgen Abend Was und wann sollen wir beten?
		Wichtig ist zu beachten, dass der, der nicht mit Gott redet, eine gestörte Beziehung zu ihm hat, genauso wie dies beim schweigenden Daniel uns Eltern gegenüber der Fall war.		

Zeit	Phasen und Teilziele	Unterrichtsverlauf	Sozial-formen	Lern-hilfen (Medien)
		Die Bibel fordert uns immer wieder auf, das Gebet nicht zu vernachlässigen. Ein solches Bibelwort wollen wir uns besonders gut einprägen, es steht in Kolosser 4,2. *Während ich dies sage, hefte ich die Wortstreifen unter den Pfeil an die Flanelltafel, auf welchen steht: »Haltet fest am Gebet und wacht darin mit Danksagung.«* *Aufforderung:* Wir lesen diesen Vers zusammen. Jetzt fordere ich einen Knaben, dann ein Mädchen auf, den Vers zu lesen. Danach lesen ihn alle zusammen. In diesem Vers findet sich ganz deutlich die Aufforderung, am Gebet festzuhalten. Wenn wir beten, sind wir Gott gehorsam. Vernachlässigung des Gebets ist Ungehorsam gegen Gott. *Ich fordere einen Schüler auf, die Wortstreifen des Bibelverses wieder wegzunehmen.*		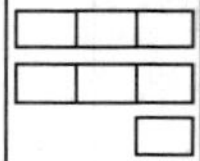 Den Bibelvers weg-nehmen
	2. Teilziel	**<u>Eine wichtige Voraussetzung, welche es zu beachten gilt, um mit Gott reden zu können</u>** Wir wissen nun, dass Gott will, dass wir mit ihm reden und ihn Anteil haben lassen an unserem Ergehen. *Ich hefte die Überschrift. »Wer kann beten?« an.* *Aufforderung:* Gemeinsam lesen wir Jesaja 59,1-2. Nachdem alle die Bibelstelle aufgeschlagen haben, fordere ich einen Schüler/Schülerin auf, zu lesen. Ich habe darauf hingewiesen, dass Gott dann, wenn wir mit ihm reden, hört. *Denkanstoß:* Vergleicht meine Aussage mit dem, was da steht. <u>Schüler:</u> Hier steht, dass Gott nicht hört, wenn wir Sünde in unserem Leben haben. Die Sünde ist wie eine Scheidewand zwischen Gott und uns.		Wer kann beten?

Zeit	Phasen und Teilziele	Unterrichtsverlauf	Sozial-formen	Lern-hilfen (Medien)
	                                10’	*Wir stellen diese Aussage auf der linken Seite der Wandtafel dar. Zwischen Gott (Dreieck) und dem Menschen (Strichmännchen) ist eine Scheidewand. Pfeile bis zur Scheidewand verdeutlichen, dass Gott uns nicht hört.* Die Bibel lehrt uns, dass alle Menschen seit dem Sündenfall von Adam und Eva Sünden in ihrem Leben haben. Dieses Bild an der Flanelltafel beschreibt die Situation eines jeden Menschen. *Frage:* Welche Grundvoraussetzung muss demzufolge in unserem Leben erfüllt sein, damit Gott uns hören kann, wenn wir mit ihm reden? Schüler: Die Sünden müssen aus unserem Leben entfernt werden. Jesus Christus, der Sohn Gottes, war bereit, alle Sünden, die wir begangen haben, auf sich zu nehmen. Deshalb fiel die Strafe, die jeden einzelnen Menschen hätte treffen müssen, nämlich dass wir ewig von Gott getrennt hätten leben müssen, auf ihn. Deshalb musste er unter unsäglichen Qualen am Kreuz von Golgatha sterben. Gott Vater hat Jesus dann am dritten Tag auferweckt. Jesus lebt heute. Dieser auferstandene Christus bietet jedem Menschen die Sündenvergebung an. *Frage:* Was ist aber von Seiten des Menschen nötig? Schüler: Er muss die Sündenvergebung, die Jesus ihm anbietet, noch annehmen. Wie die Annahme der Sündenvergebung aussieht, lehrt uns 1. Johannes 1,9. *Aufforderung:* Schlagt diese Bibelstelle auf. Ich fordere einen Schüler auf, sie zu lesen. Vom Text her erarbeiten wir, wie die Annahme der Vergebung aussieht: Erkennen – bekennen – Vergebung annehmen.		

Zeit	Phasen und Teilziele	Unterrichtsverlauf	Sozial-formen	Lern-hilfen (Medien)
		Frage: Ein Mensch weiß nun: Mir sind meine Sünden vergeben. Welche Auswirkungen hat das im Blick auf das Gebet? Schüler: Gott hört auf ihn, wenn er betet. *Wir stellen diese neue Situation auf der rechten Seite der Flanelltafel dar. Zwischen Gott (Dreieck) und dem Menschen (Strichmännchen) steht das Kreuz (Jesus hat die Sünde weggetragen). Die Pfeile, die das Gebet symbolisieren, gehen zu Gott.* Nur der Mensch, der Vergebung der Sünden hat, wird von Gott gehört, wenn er betet. Durch das Gebet darf er Gemeinschaft mit Gott haben, die ewig nicht mehr abbricht. *Aufruf:* Weil der Sündenvergebung in unserem Leben eine so wichtige Bedeutung zukommt, bitte ich alle, die diese Vergebung noch nicht angenommen haben, sie doch anzunehmen.		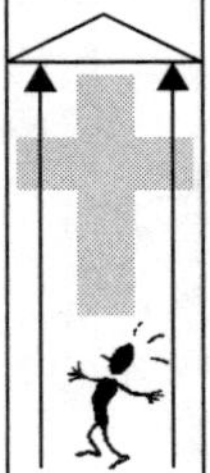
3'	3. Teilziel	**Gott antwortet auf unsere Gebete** Ihr habt es sicherlich schon erlebt, dass ihr mit einem wichtigen Anliegen zur Mutter oder zum Vater gegangen seid und von ihnen zurückgewiesen worden seid. Sie hatten für euch jetzt keine Zeit. *Frage:* Was hat dieses Verhalten der Eltern in euch ausgelöst? Schüler: Enttäuschung, Ärger Gott wird uns nie enttäuschen. Er hat immer, wenn wir mit unseren Anliegen im Gebet zu ihm kommen, Zeit für uns. Nie ist er überlastet, müde oder ärgerlich. Er nimmt alle unsere Anliegen ernst. Nichts, was uns innerlich bewegt, ist ihm zu klein, zu bedeutungslos. *Frage:* Was bedeutet dieses Wissen für mich, dass Jesus alles, was mich bewegt, ganz ernst nimmt? Schüler: Dies ermutigt mich zum Gebet.		

Zeit	Phasen und Teilziele	Unterrichtsverlauf	Sozialformen	Lernhilfen (Medien)
		Immer wieder sagt uns die Bibel, dass Gott auf die, die Vergebung der Sünden haben, hört. *Frage:* Ja, aber wie weiß ich denn, dass Gott hört? Schüler: Weil die Bibel sagt, dass Gott auf meine Gebete antwortet. *Frage:* Wie kann denn diese göttliche Antwort auf meine Gebete aussehen? Die Antwort auf diese Frage wollen wir gemeinsam erarbeiten.		
5'		Wir machen jetzt eine kurze **Partnerarbeit**. Immer zwei und zwei arbeiten zusammen. Ich teile euch ein Arbeitsblatt aus, auf welchem drei Bibeltexte angegeben sind. – Bei jedem Bibeltext schreibt ihr zunächst auf, um welche Person es sich hier handelt. – Weiter schreibt ihr dazu, wie Gott das Gebet dieser Person beantwortet hat. (siehe Arbeitsblatt)	Partnerarbeit	Arbeitsblatt S. 364
		Nachdem alle die Fragen des Arbeitsblattes beantwortet haben, tragen wir die Antworten zusammen. *Ich hefte noch die Überschrift »Wie antwortet Gott?« an.* Die Antworten Gottes auf die Gebete dieser Personen, werden zuunterst an der Flanelltafel befestigt. Die Kinder, welche die richtige Antwort geben, können das entsprechende Wort an die Flanelltafel heften.	Auswertung	Wie antwortet Gott?
5'		Hiskia erlebte, wie Gott **sein Gebet erhört hat**. *Frage:* Wer hat schon erlebt, wie Gott sein Gebet erhört hat? *Aufforderung:* Ich fordere ein Kind auf, uns eine solche Gebetserhörung zu erzählen.		Ja

Zeit	Phasen und Teilziele	Unterrichtsverlauf	Sozialformen	Lernhilfen (Medien)
		Lazarus erlebte, wie Jesus **gewartet hat**. Es ist auch für uns schwer zu erleben, wie Jesus wartet, wenn wir zu ihm beten. Beispiel aus meinem Leben: Mein Vater wurde schwer krank und musste ins Krankenhaus. Wir baten Jesus, heilend einzugreifen. Leider wurde aber die Krankheit immer schlimmer, sodass eine schwere Operation nötig wurde. Nach der Operation schwebte mein Vater fast zwei Wochen zwischen Leben und Tod. Jesus wartete. Endlich griff er ein. Mein Vater wurde wieder gesund. Ganz schwer wird es, wenn Gott zu unseren Gebeten **nein** sagt, wie Paulus dies erlebt hat. *Frage:* Wie können wir dieses göttliche Nein verkraften? Schüler: Weil wir wissen, dass Gott uns liebt und nie einen Fehler macht.		Warte Nein
3'	Schluss	**Gott will, dass wir mit ihm reden. Er fordert uns auf, ihn an unserem Ergehen teilhaben zu lassen. Er, der Schöpfer, will mit uns Gemeinschaft haben.** *Frage:* Welche Schwerpunkte haben wir beim Beten zu setzen? Schüler: Danken, Bitte und Fürbitte *Frage:* Welche Voraussetzungen gilt es zu beachten, dass Gott uns hört? Schüler: Wir haben die Vergebung der Sünden anzunehmen, indem wir Jesus unsere Sünden bekennen. Wir haben weiter gesehen, dass Gott alles, was wir ihm im Gebet sagen, ernst nimmt. *Frage:* Woran erkennen wir das? *Aufforderung:* Noch einmal wollen wir die Antwortmöglichkeiten Gottes aufzählen. Schüler: Gott kann ja, warte oder nein sagen. Gottes Antwort ist für mein Leben immer die bestmögliche.	Klassenunterricht	

<table>
<tr><th>Zeit</th><th>Phasen und Teilziele</th><th>Unterrichtsverlauf</th><th>Sozial-formen</th><th>Lern-hilfen (Medien)</th></tr>
<tr><td></td><td></td><td>
Schnell hefte ich noch einmal den Vers Kolosser 4,2 an die Flanelltafel.
Aufforderung: Wir lesen noch einmal alle zusammen diesen Vers. Jetzt alle Mädchen, alle Jungen, wieder alle zusammen.
Ich fordere ein Kind auf, den Vers wieder wegzunehmen.
Abschluss: Wir sagen den Vers alle auswendig auf.
Abschließendes Bild an der Flanelltafel:
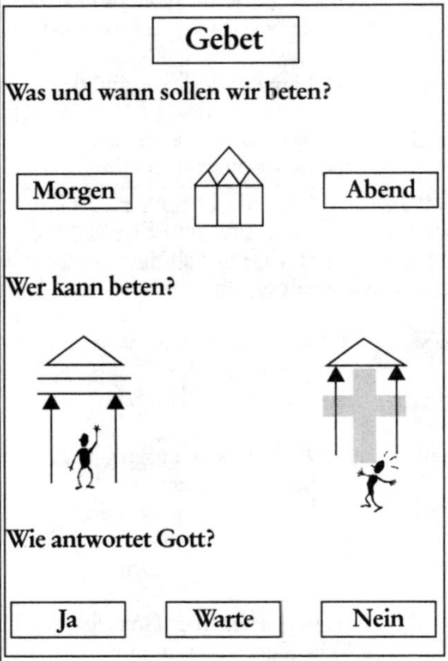

</td><td></td><td>Bibelvers weg-nehmen</td></tr>
<tr><td></td><td>Vertiefung</td><td>1. Variante:
Den Schülern wird das Vertiefungsblatt ausgeteilt.
Aufforderung: Füllt den Lückentext mit einem Bleistift aus.
Abschließend besprechen wir den Lückentext. Erst jetzt schreiben die Schüler die Worte mit Tinte oder Kugelschreiber ein.</td><td>Vertie-fungs-blatt</td><td>Vertie-fungs-blatt S. 365</td></tr>
</table>

Zeit	Phasen und Teilziele	Unterrichtsverlauf	Sozialformen	Lernhilfen (Medien)
		2. Variante: *Aufforderung:* Nehmt bitte die Hefte hervor und schreibt die Zusammenfassung der Stunde von der Wandtafel ab. (Diese habe ich schon an die Tafel geschrieben, siehe unten.) Vor dem Abschreiben lesen wir sie gemeinsam durch.		
5'		*Zusammenfassung:* **Das Gebet** Gott beauftragt uns, mit ihm zu reden (Kolosser 4,2). Wir lassen Gott in den Gebeten an unserem Ergehen Anteil nehmen. Hieraus ergibt sich im Gebet das **Danken, Bitten und die Fürbitte**. Damit Gott uns hören kann, müssen wir die Sündenvergebung, die Jesus für uns am Kreuz errungen hat, annehmen (1. Johannes 1,9). Dass Gott alles, was wir ihm im Gebet sagen, ernst nimmt, erkennen wir daran, dass er uns antwortet. **Diese Antwort kann ja, nein oder warte heißen.**	Hefteintrag	Heft
	Aufgaben	*Aufgaben auf die nächste Stunde:* – Kolosser 4,2 auswendig lernen – Die Kinder sollen unter den Hefteintrag je ein Anliegen zu Dank, Bitte und Fürbitte aufschreiben.		
	Abschluss	Gebet oder Gebetsgemeinschaft Singen eines Chorus		

Berücksichtigte Literatur:

- Arbeitsbuch für den biblischen Unterricht. Antwort auf 125 biblische Fragen, Neuhausen-Stuttgart 1976[2]
- Frey, R. Arbeit unter Kindern, Duisburg-Ruhrort 1969[3]
- Jakobi, E. Werkbuch Kinderstunden. 40 Entwürfe für Jungschar, Kindergottesdienst und Sonntagsschule, Gießen; Basel 1986[2]
- Liedholz, M. Unterwegs mit jungen Menschen. Handbuch für Jugendarbeit, Gießen; Basel 1987[4]
- Stückelberger, A. E. Bibel, Kind und wir. Eine Methodik zur Gestaltung des Unterrichts in Biblischer Geschichte, Wuppertal-Elberfeld 1977
- Theobald, D. und V. Handbuch für Kinderarbeit. Gott liebt nicht nur große Leute, Gießen 1984[5]
- Wegenast, K. Konfirmandenunterricht und Konfirmation, in: Gemeindepädagogisches Kompendium, hg. von G. Adam; R. Lachmann, Göttingen 1987

Arbeitsblatt

1. Jesaja 38,1-6

– Name der Person ....

– Wie hat Gott ihr Gebet beantwortet? ....

2. Joh 11,1-6

– Name der Person ....

– Wie hat Gott auf ihre Bitte geantwortet? ....

3. 2. Korinther 12,7-9

– Name der Person ....

– Wie hat Gott geantwortet? ....

Vertiefungsblatt

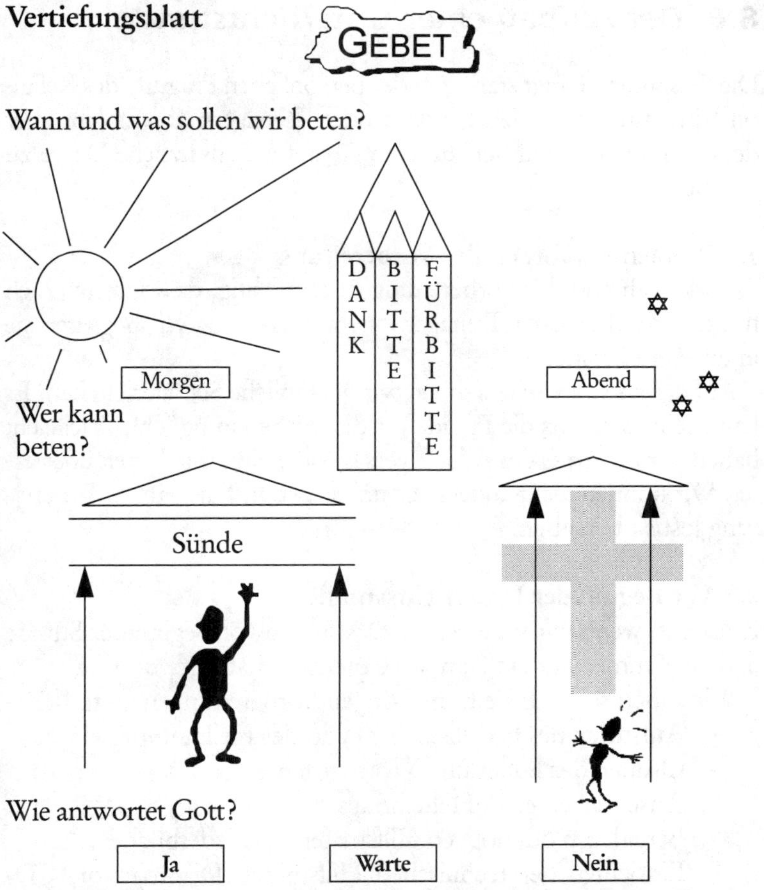

Haltet fest am Gebet und wacht darin mit Danksagung.
Kolosser 4,2

Beim Beten können wir mit ______ reden. Wenn wir etwas Schönes erleben, sollen wir Gott dafür ______. Wenn wir in Schwierigkeiten stecken, dürfen wir Gott um seine Hilfe ______. Das Gebet für andere nennt die Bibel: ______________. Damit Gott hört, wenn wir mit ihm reden, müssen unsere ____________ aus dem Leben entfernt werden. Dies wird möglich durch _____________. Auch wenn wir nicht wissen wie Gottes ______________ auf unser Gebet aussieht, dürfen wir wissen, das Gott jedes ___________ nimmt.

8.6 Der Aufbau einer Unterrichtstunde

Die Gestaltung hängt stark von der persönlichen Prägung des Religionslehrers und von den Kindern oder Teenagern ab. Es gibt aber dennoch im Blick auf den äußeren Ablauf grundsätzliche Dinge zu beachten.

1. Probleme während der Vorbereitung

Gerade während der Vorbereitung ist es wichtig, dass wir innerlich mit den Kindern oder Teenagern verbunden sind. Wir begleiten sie in unserer Fürbitte.

Auf der anderen Seite kennen wir persönliche Schwierigkeiten. Es kann sein, dass uns die Freude für die Vorbereitung fehlt. Vielleicht haben wir im Stress des Alltags versagt oder sind mit Arbeit überlastet. Wir können nicht anders, als uns selbst und die ganze Vorbereitung Jesus übergeben.

2. Vor Beginn der Unterrichtsstunde

Es ist gut, wenn wir mindestens 20 Minuten vor Beginn der Stunde in dem Zimmer sind, in dem der Unterricht stattfindet.

Wir haben so noch Zeit, die nötigen Vorbereitungen zu treffen:

- Aufstellen des Flanellständers und des Hellraumprojektors
- Ordnen der Bilder und Wortstreifen
- Anschreiben eines Hefteintrags
- Bereitlegen des nötigen Hilfsmaterials (Liederbücher ...)
- Einrichten der technischen Hilfsmittel (Diaprojektor, CD-Player usw.)

Wenn wir dies alles ohne Hast erledigen können, haben wir einen guten Start.

3. Die Begrüßung der Kinder

Es ist wünschenswert, dass wir die Kinder oder Teenager, die das Schul- oder Unterrichtszimmer betreten, freundlich begrüßen. Diese persönliche Begrüßung weckt im Kind Vertrauen. Wir erwarten, dass die Kinder oder Teenager pünktlich da sind. Wenn wir die Letzten sind, die das Zimmer betreten, begrüßen die Kinder oder

Teenager uns und das geschieht meistens lärmend, und wir brauchen dann einige Zeit, um sie zur Ruhe zu bringen.

In diesem Zusammenhang ist es wichtig, darauf hinzuweisen, dass wir die Namen der Kinder kennen sollten.

- In der Sonntagsschule, Kinderstunde, im biblischen Unterricht und in der Jungschar haben wir darauf zu achten, ob wirklich alle Kinder da sind.
- Fehlen immer wieder dieselben Kinder, ist es gut, mit den Eltern ins Gespräch zu kommen.[97]

8.6.1 Der Ablauf einer Unterrichtsstunde

Elemente, die zu einer Unterrichtsstunde gehören:

- Im Mittelpunkt einer Unterrichtsstunde steht die »biblische Geschichte« oder die »Darlegung eines biblischen Themas«. Aus der schriftlichen Vorbereitung sollten das Endziel und die Teilziele klar ersichtlich sein. Der Einbezug der Kinder in das Unterrichtsgeschehen muss sauber vorbereitet sein. Die Veranschaulichungshilfen müssen geordnet bereit liegen.
- Singen: Die Lieder sind der Stunde entsprechend ausgewählt worden.
- Vertiefung des Dargelegten: Basteln, Aufführung, Spiel, Hefteintrag, Arbeitsblätter, Auswendiglernen eines Bibelverses. All das ist schon vorbereitet.

Vorschlag eines Stundenablaufs (Lektion von 50 Min):

– Singen eines oder mehrerer Lieder und Gebet	4 Min
– Einstieg	3 Min
– Bibl. Gesch. oder Darlegung eines bibl. Themas	30 Min
– Schluss	3 Min
– Vertiefung	10 Min

---

97 Theobald, D. u. V., Handbuch für Kinderarbeit, S. 65-70

8.7 Gesamtplanung des katechetischen Unterrichts

In der Schule wird in vom Staat genehmigten **Lehrplänen** vorgeschrieben, was in den einzelnen Jahrgängen und Schultypen im Religionsunterricht behandelt werden soll. Diese Pläne lassen den Lehrern/Lehrerinnen genügend Freiraum, eigene Schwerpunkte zu setzen und die Lektionen den Kindern anzupassen.[98]

Es gilt in der Detailplanung die eben ausgeführten Vorschläge dem biblischen Anliegen und den Kindern angepasst umzusetzen.

In den Freikirchen und Gemeinschaften müssen noch solche Gesamtpläne für Kinderstunden, Sonntagsschule, Jungschar und den biblischen Unterricht (Konfirmandenunterricht) ausgearbeitet werden.

Schema 6:

Übersichtsplan, um einen Gesamtplan erstellen zu können

Alter	Kinderstunden	Sonntagsschule		Jungschar-/ Teenagerarbeit	Biblischer Unterricht
		1.Klasse	2.Klasse		
5					
6					
7					
8					
9					
10					
11					
12					
13					
14					
15					

98 Adam, G., Lehrpläne des Religionsunterrichts, in: Religionspädagogisches Kompendium, S. 218

Solche Gesamtpläne verhindern unnötige **Überschneidungen und Wiederholungen**. Es könnte nämlich, wie wir aus dem Übersichtsplan sehen, zwischen den **Kinderstunden** und der **Sonntagsschule**, zwischen der **Sonntagsschule** und der **Jungschar** und zwischen **Jungschar** und **biblischem Unterricht/Konfirmandenunterricht** sehr wohl zu **Überschneidungen** kommen.

Wenn man sauber plant, ist es durchaus möglich, dass ein Kind, das mit 5 Jahren die Kinderstunde oder mit 6 Jahren die Sonntagsschule besucht, bis zum 15. Lebensjahr mit dem ganzen Inhalt der Bibel vertraut gemacht wird.

Um Überschneidungen und Wiederholungen zu vermeiden, gilt es in jedem Bereich – Kinderstunden, Sonntagsschule, Jungschar und biblischer Unterricht/Konfirmandenunterricht – **Jahrespläne zu erstellen**. In ihnen wird der Gesamtrahmen hinsichtlich der zu bearbeitenden Themen abgesteckt.[99]

Es gilt aber zu beachten, dass bestimmte Themen – z.B. Sünde, das Erlösungswerk Jesu und was uns dadurch alles geschenkt ist, die Gemeinde – immer wieder, aber dem jeweiligen Alter entsprechend entfaltet werden sollten. So gelangt das Kind zu einem immer **tieferen Verständnis** bestimmter biblischer Wahrheiten.

In diesen Jahresplänen werden zuerst die **Lerninhalte** für die einzelnen Lektionen festgelegt.

Ferner fragt man sich, welche **Lernziele** von diesen Inhalten her angestrebt werden sollen. Diese Lernziele müssen dem Entwicklungsstand des Kindes und der Situation, in welcher es sich befindet, angepasst werden. Weil die Situation der Kinder immer wieder eine andere sein wird, wenn die Lektion gehalten wird, sind Lernzielhinweise nur als Vorschläge gedacht.

Wir überlegen uns weiter, welche **Methoden und Sozialformen** sich am besten eignen, diesen Inhalt im Blick auf das vorgeschlagene Ziel zu vermitteln.

Schließlich fragen wir uns noch, wie die Gedanken dieser Stunde am besten **veranschaulicht werden können**. Wir suchen nach den geeigneten **Medien**.

---

[99] ebd., S. 217

Abschließend weisen wir noch auf die **helfende Literatur zu diesem Thema** hin.

Schema 7:
Vorschlag für eine sorgfältige Jahresplanung

Sonntagsschule: 1. Klasse, 1. Jahr

Jahresplan	Bibl. Lerninhalte	Lernziele und Lernverse	Methoden	Medien	Literatur
1. Lektion	Mk 1,14-39 Dienstantritt von Jesus	Jesus hilft – unsere Antwort Mk 10,45	Erzählung	Folien für OHP (Mit Kindern die Bibel entdecken, S. 8)	Mit Kindern die Bibel entdecken, Bd. 1, hg. v. H. Jaeger, Dillenburg 1992[3], S. 9-14
2. Lektion	Mk 2,1-12 Heilung des Gelähmten. Sei ein Freund der Schwachen	Liebe macht erfinderisch. Das größte Wunder! Ps 103, 1a u. 3	Erzählung	Bilder vom Gelähmten; ein gebasteltes orientalisches Haus	– Mit Kindern die Bibel entdecken, Bd. 1, S. 15-21 – Frey, R., Bibelarbeit und keiner schläft, Kassel 1978, S. 57-63
3. Lektion	Mk 2,13-17 Berufung des Levi	Jesus gehorchen Mk 2,17b	Aufführung als Einstieg: Kind gehorcht nicht	Bilder zwei Stühle	– Mit Kindern die Bibel entdecken, Bd. 1, S. 22-27 – Jakobi, E., Werkbuch Kinderstunde, Gießen 1985, S. 53-56

In einem Jahresplan müssen auch Zeiten der **Wiederholung und der Festigung** eingeplant werden.[100]

Es wäre die Aufgabe einer Freikirche oder mehrer Freikirchen oder Gemeinschaften zusammen, solche Jahrespläne zu erarbeiten. In einigen Freikirchen gibt es diese schon in Form von Mitarbeiterzeitschriften mit Stundenentwürfen.

100 ebd., S. 219

Gut wäre auch, wenn in einem weiteren Schritt für jede Lektion **ein Entwurf** ausgearbeitet werden könnte.

Es gibt schon Entwürfe zu einzelnen Lektionen:

- Im Bereich der Kinderstunden- und Sonntagsschularbeit gibt es die ausgezeichneten Bücher »Mit Kindern die Bibel entdecken. Die gute biblische Unterrichtshilfe für die Kinderarbeit in Sonntagsschule, Kindergottesdienst, Kinderstunde und Jungschar, für den Religionsunterricht und das Bibelgespräch im Familienkreis, Bd. 1-4, hg. v. H. Jaeger, Dillenburg 1991-1994«.
- Für den Bereich des biblischen Unterrichts hat die »Vereinigung Freier Missionsgemeinden« eine »Jugend-Lehre, Rubigen o. J.« ausgearbeitet. In den drei Arbeitsheften finde ich die Aufteilung des Unterrichtsstoffs auf drei Jahre besonders gut gelungen.
- Ausgezeichnet sind auch die Stundenentwürfe im Buch »Biblische Lehre für junge Leute. Das Arbeitsbuch für Bibelunterricht, Teenykreis, Schule und Familie, hg. v. H. Jaeger; J. Pletsch, Dillenburg 1994.«
- usw.

8.8 Mit Schülern beten

Das Gebet darf in der Kinderstunde, der Sonntagsschule, der Jungschar, im biblischen Unterricht und im Religionsunterricht in der Schule nie zu einer Routinehandlung werden, obwohl ihm im Programm ein fester Platz zukommt.

1. Das Gebet des Lehrers / der Lehrerin

Wer die Kinder zum Gebet anleiten will, muss selbst ein Beter sein. Wer das Gebet nicht oder kaum praktiziert, wirkt vor den Kindern unecht. Kinder haben übrigens ein feines Gespür für Echtheit. Das Gebet ist Ausdruck unserer Abhängigkeit von Gott. Gebet ist demzufolge Ausdruck einer demütigen Haltung.[101] Es ist bezeichnend,

---

[101] Ruthe, R., Elternbuch, Wuppertal 1986, S. 212

dass in allen heutigen Büchern über Religionspädagogik nur ganz am Rand oder überhaupt nicht auf das Gebet eingegangen wird.

Erziehung hin zur Selbstverwirklichung und Gebet passen eben nicht zusammen.

- **Das Gebet vor der Weitergabe des göttlichen Wortes**
  Im Reich Gottes geschieht nichts, was Wert hat, ohne Vorbereitung im Gebet. Darum muss uns das Gebet vor der Stunde zu einer Selbstverständlichkeit werden. Sicherlich beten wir erst einmal für uns selbst. Wir beten aber auch für die Schüler. Wir wissen, aus welchen Hintergründen diese kommen. Wir beten dafür, dass sie fähig sind, das, was wir vorbereitet haben, auch aufzunehmen.[102]
- **Das Gebet in der Stunde**
  Wir haben so zu beten, dass der Schüler alle Formulierungen versteht. Das ist nur dann möglich, wenn wir uns während des Betens in die Lage des Schülers hineinversetzen. Dies wirkt sich sowohl auf die Anliegen als auch auf die zeitliche Dauer des Gebets aus.
  Es erscheint mir wichtig, dass wir am Anfang und am Ende der Stunde beten. Das Anfangsgebet macht dem Schüler deutlich, dass wir alles für diese Stunde von Jesus erwarten. Das Schlussgebet bringt einerseits unseren Dank zum Ausdruck, andererseits bitten wir Jesus, dass das eben Dargelegte im Leben des Schülers zur Tat werden möchte.

2. Das Gebet der Schüler

Da heute viele Schüler leider nicht mehr beten lernen, haben wir ihnen zuerst zu erklären, was Beten ist. Es gilt aber zu beachten, dass wir nur die Schüler, welche Gott persönlich kennen, in rechter Weise zum Gebet anleiten können, da sie durch den Heiligen Geist gewirkt ein Verlangen zum Beten haben. Ohne persönliche Gottesbeziehung erstarrt das Gebet in äußeren Formen.

---

[102] Theobald, D. u. V., Handbuch für Kinderarbeit, S. 113

Was ist das: Beten?
Die neuere Theologie hat außerordentlich Mühe, über das Gebet zu sprechen, da durch das Entmythologisierungsprogramm Bultmanns eine persönliche Gottesbeziehung des Menschen undenkbar geworden ist. Das Gebet wird deshalb als Gespräch des Menschen mit sich selbst, als Meditation verstanden.[103] Man sucht mit Hilfe des Gebets, zur eigenen Personmitte zu gelangen.[104]

Für uns bedeutet Beten Reden mit Gott. Im Gebet reden wir mit dem, der uns erschaffen hat und uns täglich erhält.

In diesem Zusammenhang ist es auch angebracht, von der äußeren Haltung zu sprechen. Wir haben zu zeigen, dass das Schließen der Augen, das Falten der Hände eigentlich nur dazu dient, uns besser auf das konzentrieren zu können, was wir beten. Wir werden so ganz einfach weniger abgelenkt.

An dieser Stelle muss aber noch gesagt werden, dass die äußere Haltung nicht das Wichtigste ist, sondern die innere Einstellung, mit welcher wir Gott begegnen.

- **Der Inhalt des Gebets**
  Anhand biblischer Beispiele kann den Schülern der Inhalt des Gebets erklärt werden.
  - Lk 17,16: Der gesund gewordene Aussätzige dankt Jesus.
    Von dieser Geschichte aus können wir das Danken im Gebet entfalten.
  - 1.Sam 1,9-18: Hanna bittet Gott um ein Kind.
    Von dieser Geschichte her können wir auf das Bitten im Gebet eingehen. Natürlich wollen wir Gott nicht um Dinge bitten, durch die wir groß herauskommen.
  - 1. Mose 18,16-33: Abraham tritt fürbittend für Sodom und Gomorra ein.
    Diese Geschichte kann als Einstieg dienen, um die Kinder zu lehren, was Fürbitte ist.

---

[103] Bockmühl, K., Atheismus in der Christenheit. Die Unwirklichkeit Gottes in Theologie und Kirche, Gießen; Basel 1985, S. 78

[104] Albrecht, W., Gebetserziehung, in: Handbuch religionspädagogischer Grundbegriffe, Bd. 1, hg. v. G. Bitter; G. Miller, München 1986, S. 264

- Jes 38,2-3: Hiskia sagt Gott alles, was ihn im Blick auf seine Krankheit bewegt.
  Anhand dieser Geschichte können wir den Kindern zeigen, dass wir Jesus alle Nöte, Probleme unseres Lebens sagen dürfen. Jesus versteht uns auch dann, wenn wir ganz traurig sind.

- **Wie beantwortet Gott unsere Gebete?**
  Ein Grundhindernis für die Erhörung unserer Gebete ist Sünde in unserem Leben (Jes 59,1.2). Um erhörlich beten zu können, ist es deshalb unerlässlich, dass wir Jesus, der ja für uns am Kreuz starb, unsere Sünden bringen (Spr 28,13). Waren gläubige Kinder ungehorsam oder unwillig, sollen sie Jesus im Gebet die Sünden bekennen und dann dankend die Vergebung annehmen. Anschließend haben sie sich bei denen, die sie verletzt haben, zu entschuldigen.
  - Jesus kann dann, wenn wir das Grundhindernis, die Sünde, aus unserem Leben ausgeräumt haben, unser Gebet unter anderem mit einem »**Ja**« beantworten.
    Viele biblische Begebenheiten und Bibelstellen reden vom Ja Gottes (Ps 50,15; Mt 21,22; Joh 16,24).
    Einem Schüler müssen aber auch die vielen kleinen, alltäglichen Gebetserhörungen bewusst gemacht werden. Der Schüler darf nicht nur auf »große Dinge«, die er von Jesus erbittet, fixiert bleiben.
  - Jesus kann zu einem Gebet aber auch »**Nein**« sagen. Gerade in diesem göttlichen Nein, der scheinbaren »Nicht-Erhörung«, liegt die Erhörung, nur sehen wir dies nicht. Vielleicht bitten wir um etwas, das Gott uns deshalb nicht geben will, weil es für uns nicht gut ist.
    Es kann aber auch sein, dass wir um etwas bitten, um uns vor den anderen wichtig machen zu können.
    Jesus kann zu unseren Gebeten aber auch aus unerklärlichen Gründen ein Nein haben. Wir können Gott nicht immer verstehen. Gott lässt es zu, dass eine Mutter krank bleibt, auch wenn viele für sie beten. Auch bei Paulus blieb z.B. „der Pfahl im Fleisch" (2. Kor 12,7-9).
  - Jesus kann auch sagen: »**Warte!**« Mit diesem »Warten-Lassen« will Jesus vorerst unser Vertrauen in ihn prüfen. Dazu

passst sehr gut das Gleichnis von der bittenden Witwe (Lk 18,1-8).
Jesus will uns oft auch von egoistischen Hintergedanken reinigen. Manchmal ist es auch so, dass Jesus ganz einfach dann unsere Bitten erfüllt, wenn der von ihm festgesetzte Zeitpunkt gekommen ist.

Oft ist es so, dass Jesus die Kinder brauchen will, um das, was sie eben gebetet haben, zu erfüllen.[105] Ein Kind bittet vielleicht: »Herr Jesus, schenke doch, dass mehr Kinder in die Sonntagsschule kommen.« Diesem Kind haben wir klar zu machen, dass es nun von Jesus her beauftragt ist, andere Kinder einzuladen. Damit bestimmte Gebete erfüllt werden, braucht es von Seiten des Beters Gehorsam Gott gegenüber.

- Ermutigung zum Gebet
  Die Schüler sollen immer wieder neu zum persönlichen Gebet ermutigt werden.
  Drei Hauptprobleme sind zu beachten:
  - Ein Schüler braucht klare Anweisungen, was er beten soll. Es ist gut, wenn er zuerst mit **Danken** beginnt. Anschließend folgen die **Bitten**. Mit der **Fürbitte** wird das Gebet abgeschlossen.
  - Zudem haben wir dem Schüler zu sagen, **wann** er beten soll. Besonders gut eignet sich die Zeit vor dem Einschlafen. Aber auch am Morgen soll sich der Schüler zum Gebet kurz Zeit nehmen. Wenn das Kind oder Teenager keine festen Gebetszeiten kennt, wird es/er aufhören zu beten. Reinhold Ruthe sagt dazu: »Der Mensch ist ein Gewohnheitstier, formulieren wir salopp.«[106] Ohne Gewohnheiten können wir nicht leben. Eine Gewohnheit ist ein erlerntes Schema des Handelns, Denkens oder Fühlens. Dieses Schema ist uns nicht angeboren, wie es viele Reaktionen niedriger Lebewesen sind. Deshalb ist es äußerst wichtig, dass Eltern und Erzieher darauf achten, dass ihre Kinder sich schon in den ersten Lebensjah-

105 Frey, R., Arbeit unter Kindern, Duisburg-Ruhrort 1969^3, S. 102-103
106 Ruthe, R., Elternbuch, S. 221

ren gute Gewohnheiten aneignen. Gewohnheiten lassen sich nur schwer verlernen. Sie sind tief in unsere Persönlichkeit eingegraben (Spr 22,6). Das Gebet sollte zu einer solchen guten Gewohnheit werden.

- Eines der größten Probleme ist der Umstand, dass der Schüler oft keinen Raum findet, wo er ein paar Minuten ungestört beten könnte. Der Schüler braucht von uns auch Ratschläge, wo er beten soll.

3. Das gemeinsame Gebet der Schüler

Wir haben den Schülern zu zeigen, dass die Bibel neben dem persönlichen Gebet auch das gemeinsame Gebet kennt (vgl Apg 2,24; 20,36).

Es ist wichtig, dass wir diese Gebetsform schon in der Kinderstunde, später in der Jungschar, im Religionsunterricht in der Schule und im biblischen Unterricht einüben und pflegen.

So wenig, wie wir Kindern die Entscheidung zu Jesus aufdrängen können und wollen, so wenig dürfen wir sie zum Beten drängen. Die Freiwilligkeit muss unbedingt gewahrt bleiben. Wir üben auf die Schüler keinen Druck aus! Vor allem für kleinere Kinder ist es eine Hilfe, wenn wir die Anliegen vor dem gemeinsamen Gebet zusammentragen. Größere Kinder und Teenager sollten frei beten.

Zum gemeinsamen Gebet gehört gerade bei den Schülern eine bestimmte Atmosphäre. Zumeist ist nach der Erzählung der biblischen Geschichte eine spürbare Bereitschaft zum Gebet vorhanden. Die Kinder sind vielleicht von der Erzählung der biblischen Geschichte tief bewegt.

Schwierigkeiten beim gemeinsamen Gebet.[107]

- Beim gemeinsamen Gebet kann plötzlich eine Unruhe eintreten. Dies kann verschiedene Ursachen haben:
  - Vielleicht fehlte die Überleitung von der Geschichte zum Gebet.

[107] Theobald, D. u. V., Handbuch für Kinderarbeit, S. 117-118; Frey, R., Arbeit unter Kindern, S. 104

   - Oft ist es ein Zeichen dafür, dass die Gebetszeit zu lang geworden ist.

Bei Unruhe sollten wir das gemeinsame Gebet sofort abschließen.

- Es kann sein, dass Schüler während der Gebetsgemeinschaft kichern oder lachen.

  Das Lachen kann verschiedene Gründe haben:

  - Vielleicht hat ein Mitschüler im Gebet eine lustige Formulierung oder ein komisches Wort gebraucht.
  - Es kann auch sein, dass gerade einige unruhige Schüler zusammen sitzen, die sich zum Lachen reizen.
  - Es kann sich leider auch um ein bewusstes Stören handeln.

  Sobald wir das Kichern oder Lachen hören, haben wir die Gebetsgemeinschaft sofort zu unterbrechen. Doch sollten wir daraus keine »Staatsaffäre« machen.

- Was machen wir aber, wenn kein Schüler betet?

  Erst warten wir einige Augenblicke. Wenn kein Schüler die Gelegenheit zum Gebet ergreift, beten wir selbst.

  Es kann auch sein, dass sich kein Schüler traut, den Anfang zu machen. Vielleicht können wir fragen: »Wer möchte heute die Gebetsgemeinschaft beginnen?«

  Diese Erfahrungen zeigen, dass es besser ist, nicht in jeder Unterrichtsstunde in dieser Weise zu beten. Die Gefahr der Gewohnheit und der »Routinegebete« ist zu groß.

An den christlichen Schulen wird gerade dem gemeinsamen Gebet der Schüler eine große Bedeutung beigemessen.[108] In Andachten und Schülergebetskreisen werden die Kinder oder Teenager ermutigt, für ihre Lehrer, die Mitschüler und die ganze Schule zu beten. Walter Hahne hat im Raum Tübingen viele Kindergebetskreise ins Leben gerufen. Kinder trafen sich einmal in der Woche zum gemeinsamen Gebet.

---

[108] Schule auf biblischer Basis, S. 88

8.9 Mit Schülern singen

Wir singen mit den Kindern nicht nur, um von einem Programmpunkt zum anderen überzuleiten. Ich zähle einige Gründe auf, warum wir mit den Kindern singen sollten.

1. Beweggründe zum Singen mit Schülern

- Das Singen mit Kindern basiert in erster Linie auf einem Auftrag Gottes. Gottes Wort fordert uns zum Singen auf. Folgende Bibelstellen sind zu erwähnen: *»Singt Gott, spielt seinem Namen!«* (Ps 68,5; vgl. Ps 81,2; 98,5; 105,2; 147,7).
- Paulus greift diesen biblischen Aufruf zum Singen auf, wenn er in Eph 5,19 schreibt: *»Indem ihr zueinander in Psalmen und Lobliedern und geistlichen Liedern redet und dem Herrn in eurem Herzen singt und spielt«* (vgl. Kol 3,16).

Die Bibel sieht im Singen eine geistliche Notwendigkeit. Es ist ein Ausdruck der inneren Haltung des Lobens. Das heißt nun aber nicht, dass in jeder Lektion viel gesungen werden muss. Manchmal kommen wir einfach nicht dazu. Das Singen gehört aber grundsätzlich ins Stundenprogramm.

Die Schüler, welche wir vor uns haben, kommen aus verschiedenen Situationen und Verhältnissen. Einige erlebten einen Familienstreit, andere hatten in einem vorangehenden Schulfach Mühe, wieder andere sind fröhlich, ja übermütig. Und alle diese Schüler sollen auf das Wort Gottes hören.

Wir bringen das nur mit Hilfe des gemeinsamen Singens fertig. Während des Singens wachsen die Schüler zu einer Gemeinschaft zusammen. Es ist so, dass besonders Jungen Zeiten durchlaufen, in welchen sie schwer zum Singen zu bewegen sind. Es kann sein, dass in den Elternhäusern nie froh gesungen wird. Es gibt aber auch Schüler, die grundsätzlich davon überzeugt sind, dass sie nicht singen können. Solche Schüler dürfen wir nicht zwingen, mitzusingen. Sie sollen erst einmal ruhig dabei sitzen und sich den Gesang anhören. Wir werden erleben, wie diese Schüler auf einmal beginnen mitzusummen oder zu brummen, wenn sie sich selbst vergessen. Ja, plötzlich beginnen sie sogar den Mund zu öffnen und zu singen. Sie haben ganz vergessen, dass sie nicht singen können. Sie wurden einfach vom frohen Singen mitgerissen.

- Das Singen hat auch **eine »Ventilfunktion«**. Es ist für ein kleineres Kind eine Qual, einfach stillsitzen zu müssen. Da zuckt es in allen Gliedern. Die überschäumende Kraft kann nicht angestaut bleiben, sonst sind die Schüler während der ganzen Stunde unruhig. Die lebhaften Lieder am Anfang der Stunde haben eine Art »Ventilfunktion«. Die physische und seelische »Hochspannung« kann auf »Normalstrom« herabtransformiert werden. Sie können sich Freude und Ausgelassenheit, aber auch Trauer und Aufgebrachtsein vom Herzen singen.
- Durch den Gesang werden die Schüler auf die biblische Geschichte vorbereitet. Das Singen hat also eine **wegbereitende Funktion**. Die Schüler gelangen zur inneren Ruhe und Aufgeschlossenheit für die biblischen Aussagen. Das letzte Lied vor der Geschichte oder dem Thema sollte zur Lektion hinführen. Zugleich kann ein Lied das Gesagte vertiefen.
- Das Singen hat aber auch **in sich selbst einen Wert**. Wie viele, die sich gegen das gesprochene Wort der Bibel wehren, singen sich im Lied dieses Wort selbst ins Herz.[109]

Weiter sind die auswendig gelernten Lieder mit ihren Botschaften ein Kapital, dessen Wert wir nicht hoch genug einschätzen können.[110]

Oft sind die Schüler so sehr von diesen Liedern erfüllt, dass sie diese zu Hause, beim Spielen immer und immer wieder singen. Auf diese Weise werden die Eltern, die Geschwister und die Kameraden von der Botschaft dieser Lieder angesprochen.

2. Die Auswahl der Lieder

Es gibt überaus viele schöne neue Lieder für heranwachsende Kinder. Aber auch ältere Lieder sind längst nicht alle veraltet. Man darf schon sagen, dass die Zahl der Lieder für Kinder und Teenager ins Unermessliche reicht.

---

109 Frey, R., Arbeit unter Kindern, S. 83
110 Theobald, D. u. V., Handbuch für Kinderarbeit, S. 124

Es gibt viele gute Liederbücher mit Kinderliedern und mit Liedern für Teenager:

- Freued eu alli Tag, hg. v. G. Schultz, Verlag Bibellesebund, Winterthur 1989
- Kommt singt mit uns! 60 Kinder- und Jungscharlieder, Hänssler-Verlag, Neuhausen-Stuttgart 1990
- Von Jesus singen, Bd. 2, hg. v. Lebenszentrum Adelshofen u. Operation Mobilisation, Eppingen 1990
- usw.

Abgesehen davon, dass durch den persönlichen Geschmack des Lehrers oder der Lehrerin eine Liedauswahl getroffen wird, haben wir Folgendes zu beachten:

- Vorerst bestimmt sicherlich einmal die Art der Zusammenkunft die Auswahl der Lieder. In einer Hauskinderstunde, der Sonntagsschule, im biblischen Unterricht, im Konfirmandenunterricht, im Religionsunterricht an der Schule und in der Jungschar singen wir nicht dieselben Lieder.
- Natürlich spielt bei der Auswahl der Lieder auch das Alter eine Rolle. Grundsätzlich ist aber dazu zu sagen, dass die Melodie des Liedes eingängig sein muss.
- Bei der Liedauswahl haben wir auch auf besondere Anlässe Rücksicht zu nehmen. Es ist doch selbstverständlich, dass die Adventszeit, Weihnachten, Karfreitag und Ostern die Liederauswahl mitbestimmen.
- Natürlich müssen die Lieder auch dem Maßstab biblischer Aussagen standhalten.[111] Damit ist nicht gesagt, dass alle Lieder Bibeltexte zur Grundlage haben müssen. Alle Liedaussagen müssen aber theologisch haltbar sein.

  Wir haben, wenn wir ein lebendiges und freudiges Singen fördern wollen, verschiedene Liedgattungen in unseren Stunden zu berücksichtigen.
- Die Kinder singen gerne Chorusse. Sie sind kurz und deshalb leicht zu lernen und leicht zu behalten. Oft ist es ein vertonter Bibelvers.

---

[111] ebd., S. 125

- Schüler singen auch gerne Kanons. Das mag wohl damit zusammenhängen, dass die Schüler auf diese Weise mehrstimmig singen können.[112]
- Es gibt auch Lieder aus dem Gemeindeliederbuch oder aus dem Kirchengesangbuch, die sich eignen, mit den Schülern zu singen. Gerade weil wir das Ziel haben, die Schüler später in die Gemeinde zu führen, sollten wir mit ihnen ab und zu ein Lied lernen, das auch die Gemeinde singt.

3. Wie singen wir mit den Schülern?

Wir haben persönlich einige Liederbücher anzuschaffen, und aus diesen verschiedenen Büchern suchen wir die Lieder aus, die wir mit den Schülern singen möchten. Damit nun nicht alle Schüler die Lieder auswendig lernen müssen, schreiben wir sie mit breitem Filzstift auf Halbkarton oder auf eine Folie, die wir auf den Hellraumprojektor legen können.

Bei kleineren Kindern kann man die Lieder mit Symbolen oder Bildern illustrieren.

Wenn wir auf diese Weise mit den Kindern die Lieder singen, können sie diese überraschend schnell auswendig.

Eine Flöte kann beim Anstimmen der Lieder eine Hilfe sein. Haben wir ein Lied zu hoch oder zu tief angestimmt, haben wir nach der ersten Strophe oder gleich mitten drin zu unterbrechen und neu anzufangen.

Die Instrumentalbegleitung ist nicht unbedingt nötig, doch kann sie viel zur Verschönerung des Gesangs beitragen. Wir haben aber darauf zu achten, dass der Gesang nie von der Instrumentalbegleitung abhängig wird, sonst stirbt er.

- Die Flöte eignet sich sehr gut zur Begleitung der Lieder. Damit kann man eine Oberstimme oder eine zweite Stimme spielen.
- Auch die Gitarre eignet sich gut.
- Mit dem Klavier sollten die Lieder nur leicht, nicht zu laut begleitet werden.

112 ebd., S. 126

Besonders schön ist es, wenn musikalische Schüler selbst den Gesang mit Instrumenten begleiten.

Es gibt Lieder, zu denen die Schüler den Rhythmus klatschen oder schnippen können.[113]

4. Das Einüben der Lieder

Es ist vorteilhaft, ein neues Lied in mehreren Abschnitten einzuüben. In einer ersten Stunde kann man den Refrain als Chorus lernen. In der nächsten Stunde kommen dann die Strophen dazu.

Durch Abwechslung wird eine mehrmalige Wiederholung möglich. Einmal singen die Knaben, dann die Mädchen. Bei einer nächsten Strophe stehen wir auf. Wieder eine Strophe singen wir mit Instrumentalbegleitung.

Hat ein Lied, welches wir mit kleinen Kindern einüben, Bewegungen, haben wir diese gleich von Anfang an mitzuüben.

Gewisse Aussagen des Liedes oder einzelne Begriffe werden wir den Schülern erklären müssen. Wir haben aber darauf zu achten, dass wir jetzt nicht eine langweilige dogmatische Abhandlung weitergeben. Zuviel »Belehrung« nimmt dem Schüler die Freude am Singen.

Um dem Schüler das Lied, das wir eben gerade einüben, näher zu bringen, kann eine Begebenheit, in welcher dieses Lied eine Rolle spielte, erzählt werden. Vielleicht können wir sogar erzählen, wie dieses Lied entstanden ist. Es ist auch möglich, den Schülern eine Begebenheit aus dem Leben des Komponisten, die zu diesem Lied passt, weiterzugeben. Auf diese Weise bekommt der Schüler eine Beziehung zum Lied.

8.10 Das Auswendiglernen von Bibelversen

Obwohl die meisten, welche unter Kindern und Teenagern arbeiten, davon überzeugt sind, dass es gut ist, wenn die heranwachsenden

113 Haas, D.; Bätz, K., Ratgeber Religionsunterricht, S. 86

Kinder Bibelverse auswendig lernen, verzichten viele in der Praxis darauf.

Meistens wird dies mit dem Stress, in welchem die Schüler heute stehen, begründet. Man weist darauf hin, dass die Kinder und Teenager in der Schule stark gefordert oder gar überfordert sind. Das mag alles stimmen und trotzdem ist es wichtig, dass wir mit den Schülern Bibelverse auswendig lernen, denn die Bibel selbst fordert uns dazu auf (Spr 7,1).

- Das Wort Gottes kann einen Menschen zur Rettung hinführen (2. Tim 3,15). Das auswendig gelernte Wort Gottes kann Fundament einer Bekehrung und Wiedergeburt werden.
- Es ist für die Erretteten in ihrem Alltagsleben eine Quelle der Kraft (Hebr 4,12).
- Es ist eine bewahrende Kraft im Leben eines Gläubigen (Joh 17,17).
- Es ist ferner die Grundlage, um in allem, was wir tun, Gelingen zu haben. Dies steht so in Jos 1,8: *»Dieses Buch des Gesetzes soll nicht von deinem Mund weichen, und du sollst Tag und Nacht darüber nachsinnen, damit du darauf achtest, nach alledem zu handeln, was darin geschrieben ist; denn dann wirst du auf deinen Wegen zum Ziel gelangen, und dann wirst du Erfolg haben.«*

Weil das Wort Gottes unser Leben derart umfassend zu beeinflussen vermag, fordert uns Gott auf, die Kinder anzuleiten, dieses Wort zu hören und es zu lernen (5. Mose 6,2). In Psalm 78,7 werden sie weiter aufgefordert, dieses Wort zu bewahren und zu befolgen.[114]

1. Das Hören

Kinder sind dann, wenn sie an einer Sache interessiert sind, gute Zuhörer. In diesem Zusammenhang ist es aber wichtig darauf hinzuweisen, dass unsere innere Einstellung sich auf die Schüler überträgt.

Es gibt viele Möglichkeiten, wie wir zum Lernen eines Bibelverses überleiten können:

- Wir können den Bibelvers in die Geschichte, sozusagen als Merksatz einbauen.

[114] Frey, R., Arbeit unter Kindern, S. 108

- Er kann auch die Zusammenfassung einer thematischen Lektion sein.

Wir haben vor allem darauf zu achten, dass die Schüler dann, wenn wir mit ihnen den Bibelvers lernen wollen, nicht abschalten.

2. Das Lernen der Bibelverse

Da Schüler im Allgemeinen eine gute Aufnahmefähigkeit haben, lernen sie Bibelverse gut und recht schnell auswendig. Wir haben aber zu beachten, dass vor allem kleinere Kinder stark mechanisch auswendig lernen, d. h. sie können sich die Wortlaute einprägen, ohne den Sinn zu verstehen. Weil dies so ist, haben wir den zu lernenden Vers interessant zu erklären. Am besten ist es natürlich, wenn die erzählte Geschichte oder das ausgeführte Thema den Inhalt des Bibelverses erklärt.

- Beim gemeinsamen Lernen der Bibelverse haben wir auf die Ermüdungserscheinungen der Schüler zu achten. Lieber dreimal 2 Minuten über die ganze Stunde verteilt lernen als einmal über fünf Minuten.
- Bei großen Altersunterschieden in der Gruppe eignen sich Verse mit zwei Teilen. Die Kleineren lernen dann nur den ersten Teil.
- Anerkennung und Lob sind Anreiz zum Lernen. Ab und zu könnte eine kleine, angemessene Belohnung als Ansporn dienen. Gerade mit der Belohnung haben wir aber zurückhaltend umzugehen, damit weniger begabte Schüler nicht entmutigt werden.
- Je nach Lernfreudigkeit der Schüler kann man in jeder Unterrichtsstunde einen neuen Bibelvers lernen oder in jeder zweiten. Manchmal haben wir uns auf einen »Monatsvers« zu beschränken, den wir dann in jeder Lektion auf irgendeine Weise wieder aufgreifen. Dies erfordert viel Phantasie.
- Neben dem Wortlaut des Verses ist auch die Bibelstelle sehr wichtig (wie bei einer Adresse die Straße, Hausnummer und Ort). Übrigens ermutigt das Auswendiglernen der Bibelverse den Schüler, diesen Vers in der Bibel nachzuschlagen.

3. Einige Illustrationsmöglichkeiten:

- Wir schreiben den vollständigen Bibelvers an die Wandtafel. Wichtige Worte können wir mit farbiger Kreide hervorheben.

Die Schüler lesen nun den Vers. Dann wischen wir oder ein Kind mit dem Schwamm ein Wort weg, lesen wieder, einmal die Jungen, dann die Mädchen, bis nichts mehr an der Tafel steht. Die meisten werden dann den Vers auswendig können.

- Auf einer Folie, die auf dem Hellraumprojektor gezeigt wird, können ausgelassene Buchstaben eingesetzt werden.
  Beispiel: eee u ü o iii ... /.ch fr... m.ch .b.r d..n W.rt!
  (Psalm 119,162)
- Alle an die Tafel oder auf die Folie eines Hellraumprojektors geschriebenen Worte müssen umgedreht werden:
  NOV NELLA NETIES TSBIGMU UD HCIM ...
  (Psalm 139,5; Luther)
- Wir können ferner, um einen Vers zu lernen, ein Bild gebrauchen. Dieses Bild, welches wir an die Flanelltafel heften, muss den Hauptgedanken des Verses, den wir lernen wollen, darstellen. Anhand dieses Bildes kann der Inhalt des Verses kurz erarbeitet werden.
  Beispiel: 1. Kor 16,13: Das Bild: ein Soldat
- Auch mit Hilfe von Symbolen können Bibelverse gut auswendig gelernt werden.
  Die Symbole werden an die Flanelltafel geheftet. Gemeinsam erarbeitet man die Bedeutung der Bilder. Anschließend kann der Bibelvers kurz erklärt und gelernt werden.
  Beispiele:
  Joh 1,29: Symbole: Auge, Schaf, Wolf, Kette, Kreuz. Psalm 119,105: Symbole: Bibel, Fuß, Leuchte, Weg.
- Auch Wortstreifen können eine Hilfe sein.
  Wort für Wort eines Bibelverses, der auf einen Wortstreifen geschrieben wurde, können an die Flanelltafel geheftet werden. Schüler können dann ein Wort nach dem anderen wegnehmen.
- Bibelworte können auch als Puzzle dargestellt werden.
- Schön ist es, ab und zu einen Bibelvers zu singen.

Wie wir sehen, sind bei der Illustration der Bibelverse der Fantasie keine Grenzen gesetzt.

Der auswendig gelernte Bibelvers sollte auf dem Vertiefungsblatt stehen, auf welchem die Stunde zusammengefasst ist. Wenn wir kein

Vertiefungsblatt abgeben, weil wir z.B. eine vertiefende Bastelarbeit machen, sollten wir den Schülern den Bibelvers auf einem schön gestalteten Blatt mitgeben.[115]

4. Das Behalten (Bewahren) der Bibelverse

Wir haben in unserem Leben schon vieles gelernt. Behalten konnten wir allerdings nur **das, was wir häufig wiederholten**. Dies gilt auch im Blick auf das Lernen von Bibelversen. Wiederholen der Bibelverse kann langweilig sein. Wenn man es aber phantasievoll macht, ist es etwas Fröhliches und Interessantes.

Hier einige Möglichkeiten abwechslungsreicher Wiederholungen:

Am besten teilen wir die Schüler dazu in zwei etwa gleich starke Gruppen. Dies erfordert von uns natürlich, dass wir die Schüler kennen.

- Welche Gruppe hat am meisten Fische im Netz?
  Der Leiter hat sich eine Anzahl »Fische« aus Filz oder Flanell ausgeschnitten und mit einer Bibelstelle beschriftet. An der Flanelltafel sind zwei »Fischernetze« angebracht. Bei der Gruppe, die den Vers zuerst aufsagen kann, kommt der Fisch ins Netz.
- Welche Gruppe schießt die meisten Tore? Aus Flanell fertigen wir uns ein Fußballfeld an: 2 Tore, Mittellinie, je 2 Stationen bis zum Tor, Ball. Der Ball ist in der Mitte. Wenn die eine Mannschaft den Bibelvers weiß, wandert der Ball ins gegnerische Feld zu Station 1. Wenn sie den Vers nochmals weiß, zu Station 2. Wenn die andere Mannschaft den Vers weiß, geht er zurück auf Station 1. Wer hat am Schluss die meisten Tore geschossen?
- Eine weitere Idee ist das Fischen: Ein Schüler zieht mit der Angel (Magnet) einen Kartonfisch aus dem Teich (Kartonschachtel). An dem Kartonfisch befindet sich eine Büroklammer (für den Magnet). Auf jedem Fisch steht eine Bibelstelle. Kann der Schüler den Vers aufsagen, darf er den Fisch behalten, andernfalls muss er in den Teich zurück.[116]

---

[115] Middleton, S. A., Helfen Sie Schülern, Bibelverse auswendig zu lernen!, in: Wie mach ich's richtig?, S. 208

[116] Weitere Ideen dazu: Frey R., Arbeit unter Kindern, S. 116-117; Theobald, D. u. V., Handbuch für Kinderarbeit, S. 173-175

5. Das Tun dessen, was die Bibelverse sagen

Die Bibel fordert uns auf, nicht nur Hörer, sondern auch Täter des Wortes zu sein. Indem wir die Bibelverse beim Lernen erklären, helfen wir dem Schüler, das Wort in seinem Leben anwenden zu können. Wir sollten die Schüler aber auch fragen, ob sie in dieser Woche etwas mit diesem oder jenem Bibelvers erlebt haben. Wir wollen dabei in keiner Weise drängen, sondern den Schülern Gelegenheit geben, sich Erfahrungen mit Gottes Wort bewusst zu machen, denn Bibelverse, mit denen man im Alltag etwas erlebt, werden besonders gut im Gedächtnis bleiben.

Literaturverzeichnis

Abromeit, H. – J. Katechese/Katechetik, in: Evangelisches Lexikon für Theologie und Gemeinde, hg. v. H. Burkhardt; U. Swarat; O. Betz; M. Herbst; G. Ruhbach; T. Sorg, Bd. 2, Wuppertal; Zürich 1993

Adam, G. Lehrpläne des Religionsunterrichts, in: Religionspädagogisches Kompendium, hg. v. G. Adam; R. Lachmann, Göttingen 1997[5]

Adam, K. Für Kinder haften die Eltern. Die Familie als Opfer der Wohlstandsgesellschaft, Weinheim; Berlin 1996

Aebli, H. Zwölf Grundformen des Lehrens. Eine Allgemeine Didaktik auf psychologischer Grundlage. Medien und Inhalte didaktischer Kommunikation, der Lernzyklus, Stuttgart 1998[10]

Albrecht, W. Gebetserziehung, in: Handbuch religionspädagogischer Grundbegriffe, Bd. 1, hg. v. G. Bitter; G. Miller, München 1986

Antholzer, R. Plädoyer für eine biblische Seelsorge, Berneck 1986

Anti-Okkultismus-Info, hg. v. R. Franzke; M. Meyer, Hannover Nr. 2/ 1998

Apel, H. J. Schulpädagogik und pädagogische Bildung (1994), in: Texte zur Schulpädagogik. Selbstverständnis, Entstehung und Schwerpunkte schulpädagogischen Denkens, hg. v. H. J. Apel; H.-U. Grunder, Weinheim; München 1995

Apel, H. J.; Grunder, H.-U. Die Schulpädagogik – Selbstverständnis, Entstehung, Schwerpunkte schulpädagogischen Denkens, in: Texte zur Schulpädagogik. Selbstverständnis, Entstehung und Schwerpunkte schulpädagogischen Denkens, hg. v. H. J. Apel; H.-U. Grunder, Weinheim; München 1995

Arbeitsblätter für den biblischen Unterricht vom Bund Freier Evangelischer Gemeinden der Schweiz, Niederhünigen o. J.

Arbeitsbuch für den biblischen Unterricht. Antwort auf 125 biblische Fragen, Neuhausen-Stuttgart 1976[2]

Aschersleben, K. Frontalunterricht – klassisch und modern. Eine Einführung, Neuwied; Kriftel 1999

Aurin, K. Das Interesse an der »guten Schule«, in: Gute Schulen – worauf beruht ihre Wirksamkeit?, hg. v. K. Aurin, Bad Heilbrunn 1990

Aurin, K. Strukturelemente und Merkmale guter Schulen – Worauf beruht ihre Qualität?, in: Gute Schulen – worauf beruht ihre Wirksamkeit?, hg. v. K. Aurin, Bad Heilbrunn 1990

Austin, G. R.; Holowenzak, S. B., Erwartungen – Führung – Schulklima – Sichtung der Untersuchungen über beispielhafte Schulen, in: Gute Schulen – worauf beruht ihre Wirksamkeit?, hg. v. K. Aurin, Bad Heilbrunn 1990

Ballauf, Th.; Schaller, K. Pädagogik, eine Geschichte der Bildung und Erziehung. Vom 16. Jahrhundert bis zum 19. Jahrhundert, Bd. 2, Freiburg; München 1970

Bartholomäus, W. Das katechetische Handeln der Kirche – katholische Entwicklung und Spezifika, in: Gemeindepädagogisches Kompendium, hg. v. G. Adam; R. Lachmann, Göttingen 1987

Bauer, W. Wörterbuch zum Neuen Testament, Berlin; New York 1971[5]

Baumgart, F.; Lange, U. Theorien der Schule. Erläuterungen – Texte – Arbeitsaufgaben, Bad Heilbrunn 1999

Baur, R. S. Die psychopädische Variante der Suggestopädie, in: Neues Lernen, Journal 2, o. J.

Baus, K. Unterrichtsmedien, in: Handbuch religionspädagogischer Grundbegriffe, Bd. 2, hg. v. G. Bitter; G. Miller, München 1986

Benner, D. Studien zur Didaktik und Schultheorie. Pädagogik als Wissenschaft, Handlungstheorie und Reformpraxis, Bd. 3, Weinheim; München 1995

Berner, H. Didaktische Kompetenz. Zugänge zu einer theoriegestützten bildungsorientierten Planung und Reflexion des Unterrichts, Bern; Stuttgart; Wien 1999

Biblische Lehre für junge Leute. Das Arbeitsbuch für Bibelunterricht, Teenykreis, Schule und Familie, hg. v. H. Jaeger; J. Pletsch, Dillenburg 1994

Biblisches Lehrprogramm CREDO, erarbeitet im Missionswerk »Action Biblique«, Genf 1985

Biehl, P. Beruf: Religionslehrer. Schwerpunkte der gegenwärtigen Diskussion, in: Jahrbuch der Religionspädagogik, Bd. 2, hg. v. P.

Biehl; Ch. Bizer; H.-G. Heimbrock; F. Rickers, Neukirchen-Vluyn 1986

Biesinger, A.; Schmitt, Ch. Ethikdidaktische Grundregeln, in: Religionsdidaktik in Grundregeln. Leitfaden für den Religionsunterricht, hg. v. E. Groß; K. König, Regensburg 1996

Binneberg, K. Das didaktische Prinzip in der Wissenschaft. Wolfgang Klafki zum 70. Geburtstag am 1. September 1997, in: Pädagogische Rundschau, Frankfurt a. M. Nr. 4/1997

Blechschmidt, E. Die Erhaltung der Individualität. Fakten zur Humanembryologie, Neuhausen-Stuttgart 1982

Bochinger, E.; Paul, E. Einführung in die Religionspädagogik, in: Studium und Theologie, Bd. 5, München; Mainz 1979

Bockmühl, K. Atheismus in der Christenheit. Die Unwirklichkeit Gottes in Theologie und Kirche, Gießen; Basel 1985

Boekhoff, I.; Koch, Th.; Oyen, S., Studentische Selbst-, Mitbestimmungs- und Solidaritätsfähigkeit (nicht nur) im Kontext der neuen Prüfungsverordnung, in: Welche Lehrer braucht das Land? Notwendige und mögliche Reformen der Lehrerbildung, hg. v. E. Cloer; D. Klika; H. Kunert, Weinheim; München 2000

Boshers, B. und das Student Impact Team, Bedienung bitte ... 12 Inputs, die deine Gemeinde verändern können, Asslar; Witten 1998

Boshers, B. und das Student Impact Team, Frische Fische fischen. 12 Inputs, die das Leben deiner Freunde verändern können, Asslar; Witten 1998

Böttcher, W. Autonomie aus Lehrersicht, in: Schulautonomie – Chancen und Grenzen. Impulse für die Schulentwicklung, hg. v. P. Daschner; H.-G. Rolff; T. Stryck, Weinheim; München 1995

Braun, W. Gewissen als Fetisch? Gedanken zur Bildung und Erziehung des Gewissens, in: Pädagogische Rundschau, Frankfurt a. M.; Berlin; Bern; New York; Paris; Wien Nr. 4/ 1992

Breinbauer, I. M. Einführung in die Allgemeine Pädagogik, Wien 1996

Brenn, H. Die Unterrichtsbeurteilung des Lehrers, eine bedeutsame Aufgabe im Hinblick auf seinen Erziehungsauftrag, in: Der gute Lehrer. Empfehlungen für den Umgang mit Schülern, Eltern und Kollegen, hg. v. S. Bäuerle, Stuttgart 1989

Brezinka, W. Glaube, Moral und Erziehung, München; Basel 1992

Brezinka, W. Erziehung heute – Elternhaus und Schule in gemeinsamer Verantwortung, in: Pädagogische Rundschau, Frankfurt a. M.; Bern; New York; Paris Nr. 4/1991

Brezinka, W. »Werte-Erziehung« in einer wertunsicheren Gesellschaft, in: Pädagogische Rundschau, Frankfurt a. M.; Berlin; Bern; New York; Paris; Wien Nr. 1/1994

Bridger, F. Wie Kinder glauben, Wuppertal; Kassel 1990

Büchel, M. Das Kind in seinem Umfeld, in: Praxisbuch: Seelsorge mit Kindern. In Liebe leiten, hg. v. M. Dieterich, Neuhausen-Stuttgart 1994

Bucher, A. A.; Reich, K. H. Stufen religiöser Entwicklung, Fakten oder Fiktionen? in: Entwicklung von Religiosität, hg. v. A. A. Bucher; K. H. Reich, Freiburg Schweiz 1989

Bukow, W.-D. Religiöse Sozialisation und Entwicklung des religiösen Urteils: Einige kritische Bemerkungen zur Theorie der religiösen Urteilsentwicklung aus der Perspektive der religiösen Sozialisation, in: Entwicklung von Religiosität, hg. v. A. A. Bucher; K. H. Reich, Freiburg Schweiz 1989

Burgard, P. Zum Problem des Messens religiöser Urteilsstrukturen, in: Entwicklung von Religiosität, hg. v. A. A. Bucher; K. H. Reich, Freiburg Schweiz 1989

Caselmann, Chr. Wesensformen des Lehrers. Versuch einer Typenlehre, Stuttgart 1964[3]

Chess, St.; Thomas, A. Know your Child, New York 1989

Christsein – Lehrersein, Möglichkeiten und Grenzen für christliche Lehrerinnen und Lehrer an staatlichen Schulen, hg. v. W. Gasser, St. Gallen 1991

Collins, G. Vom Kind zum Erwachsenen. Psychologie der persönlichen Entwicklung, Witten 1980

Das Neue Testament entdecken. Leiterhandbuch mit allen Arbeitsblättern und Kopiervorlagen. Das Arbeitsbuch für Bibelunterricht, Jugend- und Hauskreis, Schule und Familie, hg. v. H. Jaeger; J. Pletsch, Dillenburg 1996

Decker, F. Die neuen Methoden des Lernens und der Veränderung. Lern- und Organisationsentwicklung mit NLP, Kinesiologie und Mentalpädagogik, München 1996

Dhority, L. Moderne Suggestopädie (aus dem Amerikanischen übersetzt und bearbeitet von G. Hinkelmann), Bremen 1986

Diesbergen, C. Radikal-konstruktivistische Pädagogik als problematische Konstruktion. Eine Studie zum Radikalen Konstruktivismus und seiner Anwendung in der Pädagogik, Bern; Berlin; Bruxelles; Frankfurt a. M.; New York; Wien 2000[2]

Dietrich, Th. Zeit- und Grundfragen der Pädagogik, Bad Heilbrunn 1992[7]

Dubs, R. Bildungspolitik, Schule und Unterricht. Eine persönliche Standortbestimmung, St. Gallen 1993

Duncker, L. Perspektivität und Erfahrung. Kontrapunkte moderner Didaktik, in: Die Deutsche Schule. Zeitschrift für Erziehungswissenschaft, Bildungspolitik und pädagogische Praxis, Weinheim Beiheft Nr. 5/1999

Duncker, L. Prinzipien einer Didaktik der Vielfalt, in: Allgemeine Didaktik und Fachdidaktik. Fachdidaktiker behandeln Probleme ihres Unterrichts, hg. v. S. Reinhardt; E. Weise, Weinheim 1997

Edelmann, W. Lernpsychologie, Weinheim 1986[2]

Engelen, U. Das Konzept des Evangelisch Stiftischen Gymnasiums – einer Schule in der Balance zwischen Pflege kultureller Tradition und Herausforderungen an die Zukunft, in: Pädagogische Rundschau, Frankfurt a. M. Nr. 6/1998

Ernst, C.; von Luckner, N. Stellt die Frühkindheit die Weichen? Eine Kritik an der Lehre von der schicksalhaften Bedeutung erster Erlebnisse, Stuttgart 1987

Faix, W. Die christliche Familie heute. Ergebnisse einer Umfrage unter evangelikalen Familien über ihr Glaubens- und Familienleben und ihre Erziehungspraxis, Bonn 2000

Faix, W. Entwicklungspsychologische Erkenntnisse der frühen Kindheit und ihre Bedeutung für Familie und Gemeinde, in: Jahrbuch für evangelische Theologie (JETh), 12. Jahrgang, Wuppertal 1998

Faulstich, P.; Zeuner, Ch. Erwachsenenbildung. Eine handlungsorientierte Einführung in Theorie, Didaktik und Adressaten, Weinheim; München 1999

Fend, H. Entwicklungspsychologie des Jugendalters. Ein Lehrbuch für pädagogische und psychologische Berufe, Opladen 2000

Fend, H. Theorien der Schule, München; Wien; Baltimore 1980
Forneck, H. J. Bildung – Die Archäologie der Selbsterschaffung, in: Studien zur Philosophie und Theorie der Bildung. Kritische Erziehungswissenschaft – Moderne – Postmoderne, hg. v. W. Marotzki; H. Sünker, Bd. 2, Weinheim 1993
Fowler, J. W. Die Berufung der Theorie der Glaubensentwicklung: Richtungen und Modifikationen seit 1981, in: Glaubensentwicklung und Erziehung, hg. v. K. E. Nipkow; F. Schweitzer; J. W. Fowler, Gütersloh 1988
Fowler, J. W. Stages of Faith, The Psychology of Human Development and the Quest of Meaning, San Francisco 1981
Fraas, H.-J. Lebenslauf und religiöse Entwicklung, in: Gemeindepädagogisches Kompendium, hg. v. G. Adam; R. Lachmann, Göttingen 1987
Frey, K. Allgemeine Didaktik. Kp. 23: Werkstattunterricht. ETH Institut für Verhaltenswissenschaft, Zürich 1990[4]
Frey, K. Die Projektmethode, in: Zwölf Unterrichtsmethoden. Vielfalt für die Praxis, hg. v. J. Wiechmann, Weinheim; Basel 2000[2]
Frey, R. Arbeit unter Kindern, Duisburg-Ruhrort 1969[3]
Frey, R. Bibelarbeit und keiner schläft. Biblische Verkündigung in der Jungschar, Kassel 1988
Frommelt, B. Auf dem Weg von der Lernschule zur Lebensschule. Das hessische Autonomiekonzept, in: Schulautonomie – Chancen und Grenzen. Impulse für die Schulentwicklung, hg. v. P. Daschner; H.-G. Rolff; T. Stryck, Weinheim; München 1995
Frör, K. Grundriss der Religionspädagogik. Im Umfeld der modernen Erziehungswissenschaft, Konstanz 1983[2]
Früchtel, U. Leitfaden Religionsunterricht. Arbeitsbuch zur Didaktik des Religionsunterrichts, Göttingen 1987[4]
Fuhr, Th. Pädagogik und Organisation. Anmerkungen zu einem schwierigen Verhältnis, in: Pädagogische Rundschau, Frankfurt a. M.; Berlin; Bern; New York; Paris; Wien Nr. 5/1994
Fürstenau, P. Zur Psychoanalyse der Schule als Institution (1964), in: Texte zur Schulpädagogik. Selbstverständnis, Entstehung und Schwerpunkte schulpädagogischen Denkens, hg. v. H. J. Apel; H.-U. Grunder, Weinheim; München 1995

Gangel, K. O. Anwendung der Lektion, in: Wie mach ich's richtig? Tips und Hilfen zum Lehren und Lernen, hg. v. B. Wilkinson, Dillenburg 1998

Gangel, K. O. Die Beurteilung des eigenen Unterrichts, in: Wie mach ich's richtig? Tips und Hilfen zum Lehren und Lernen, hg. v. B. Wilkinson, Dillenburg 1998

Garz, D. Moral, Erziehung und Gesellschaft. Wider die Erziehungskatastrophe, Bad Heilbrunn 1998

Giesecke, H. Einführung in die Pädagogik, Weinheim; München 1990

Giesecke, H. Pädagogik als Beruf. Grundformen pädagogischen Handelns, Weinheim; München 1993[4]

Giesecke, H. Zum Verhältnis von Allgemeiner Didaktik und Fachdidaktik – Das Beispiel Politikunterricht, in: Die gegenwärtige Struktur der Erziehungswissenschaft. Zum Selbstverständnis einer undisziplinierten Disziplin, hg. v. D. Hoffmann; K. Neumann, Weinheim 1998

Glöckel, H. Vom Unterricht. Lehrbuch der allgemeinen Didaktik, Bad Heilbrunn 1990

Graystone, P. Platz für Kinder. Auch in der Kirche?, Wuppertal; Kassel 1990

Grinder, M. NLP für Lehrer. Ein praxisorientiertes Arbeitsbuch, Freiburg 1997[5]

Grom, B. Methoden für Religionsunterricht, Jugendarbeit und Erwachsenenbildung, Düsseldorf; Göttingen 1976

Groothoff, H.-H. Bildungspolitik und Pädagogik, in: Pädagogische Rundschau, Frankfurt a. M. Nr. 3/1996

Groothoff, H.-H. Die Krise der allgemeinbildenden Schule. Über den Widerstreit von Bildung und Ausbildung im deutschen Schulwesen, Frankfurt a. M. 1989

Groß, E. Dogmatikdidaktische Grundregeln, in: Religionsdidaktik in Grundregeln. Leitfaden für den Religionsunterricht, hg. v. E. Groß; K. König, Regensburg 1996

Groth, G. Erziehung und Orientierung in der modernen Medienwelt – Kulturanthropologische und bildungsphilosophische Anmerkungen, in: Pädagogische Rundschau, Frankfurt a. M. Nr. 4/1996

Grüber, I. Praxisbuch Kinesiologie. Mehr Energie für Körper und Seele, München 1998

Grunder, H.-U. Jean Piaget als Reformpädagoge, in: Pädagogische Rundschau, Frankfurt a. M.; Berlin; Bern; New York; Paris; Wien Nr. 5/1992

Gudjons, H. Handlungsorientiert lehren und lernen. Schüleraktivierung – Selbsttätigkeit – Projektarbeit, Bad Heilbrunn 1992[3]

Gudjons, H. Pädagogisches Grundwissen, Bad Heilbrunn 1993

Haas, D.; Bätz, K. Ratgeber Religionsunterricht. Hilfen zum Aufbau und zur Durchführung, Lahr; Zürich; Köln 1984

Haecker, H.; Werres, W. Urteile über Schule und Unterricht. Schülerfragebogen für Schüler des 5.-10. Schuljahres (SUSU 5-10), in: Schüler in Schule und Unterricht. Berichte und Untersuchungsverfahren, hg. v. W. Werres, Frankfurt a. M. 1996

Haefner, K. Inwieweit wird das Lehren zu schwierig für die Lehrer?, in: Pädagogische Rundschau, Frankfurt a. M. Nr. 6/1998

Hansel, T. Schulqualität und Schulforschung. Zur Anatomie eines belasteten Verhältnisses, in: Pädagogische Rundschau; Frankfurt a. M. Nr. 2/1999

Hänze, M. Denken und Gefühl. Wechselwirkung zwischen Emotion und Kognition im Unterricht, Neuwied; Kriftel; Berlin 1998

Heimann, P. Didaktik als Theorie und Lehre, in: Die Deutsche Schule 1962

Heimbrock, H.-G. Lern-Wege religiöser Erziehung, Göttingen 1984

Hellekamps, S. Erziehender Unterricht und Didaktik. Neuere Didaktiktheorien im Horizont klassischer Begriffsbestimmung, Weinheim 1991

Helmer, K. Komplementarität, Anschlussfähigkeit und transversale Vernunft. Orientierungen für den schulischen Unterricht, in: Pädagogische Rundschau, Frankfurt a. M.; Bern; New York; Paris Nr. 3/ 1992

Helsper, W. Antinomien des Lehrerhandelns und die Bedeutung der Fallrekonstruktion – Überlegungen zu einer Professionalisierung im Rahmen universitärer Lehrerausbildung, in: Welche Lehrer braucht das Land? Notwendige und mögliche Reformen der Lehrerbildung, hg. v. E. Cloer; D. Klika; H. Kunert, Weinheim; München 2000

Hemel, U. Ziele religiöser Erziehung. Beiträge zu einer integrativen Theorie, Frankfurt a. M.; Bern; New York; Paris 1988

Hemminger, H.-J. Kindheit als Schicksal? Die Frage nach den Langzeitfolgen frühkindlicher seelischer Verletzungen, Reinbek 1982

Heymann, H. W. Bildungstheorie und Didaktik. Zur Dynamik des Spannungsfeldes zwischen allgemeiner und fachbezogener Didaktik, in: Die Deutsche Schule. Zeitschrift für Erziehungswissenschaft, Bildungspolitik und pädagogische Praxis, Weinheim Beiheft Nr. 5/1999

Hildeschmidt, A. Schulversagen als Entwicklungsproblem, in: Entwicklungspsychologie, hg. v. R. Oerter; L. Montada, München-Weinheim 1987[2]

Holzbrecher, A. Subjektorientierte Didaktik. Lernen als Suchprozess und Arbeit an Widerständen, in: Die Deutsche Schule. Zeitschrift für Erziehungswissenschaft, Bildungspolitik und pädagogische Praxis, Weinheim Beiheft Nr. 5/1999

Huber, L. Lingua Franca und Gemeinsprache. Gehört zur Allgemeinen Bildung eine gemeinsame Sprache, in: Pluralität und Bildung, hg. v. I. Gogolin; M. Krüger-Potratz; M. A. Meyer, Opladen 1998

Hübner, P. Prolegomena zu einer christlichen Psychologie, Lüdenscheid o. J.

Hull, J. M. Glaube und Bildung. Ausgewählte Schriften, Bd. 1, Berg am Irchel 2000

Hussy, W. Zur Entwicklung des Problemlösens, in: Entwicklungspsychologie, hg. v. R. Oerter; L. Montada, München; Weinheim 1987[2]

idea Spektrum Hg. v. Informationsdienst der Evangelischen Allianz e.V., Wetzlar Nr. 37/1997

Jahnke, M. Kinderarbeit kreaktiv, Neukirchen-Vluyn 1998

Jakobi, E. Werkbuch Kinderstunden. 40 Entwürfe für Jungschar, Kindergottesdienst und Sonntagsschule, Gießen; Basel 1986[2]

Jugend-Lehre Jahrgang 1-3, hg. v. der Vereinigung Freier Missionsgemeinden, Rubigen o. J.

Jürgens, E. Offener Unterricht im Spiegel empirischer Forschung, in: Pädagogische Rundschau, Frankfurt a. M. Nr. 6/1997

Kasten, H. Pubertät und Adoleszenz. Wie Kinder heute erwachsen werden, München; Basel 1999

Kaufmann, H.-B. Muss die Bibel im Mittelpunkt des Religionsunterrichts stehen?, in: Der Streit um den problemorientierten Unterricht, hg. v. H.-B. Kaufmann, Frankfurt 1973

Kinder – unsere Zukunft Plädoyer für die Ungeborenen, hg. v. H. Thielscher-Noll u. H. G. Noll, Neuhausen-Stuttgart 1988

Kittel, H. Evangelische Religionspädagogik, Berlin 1970

Klafki, W. Kategoriale Bildung. Zur bildungstheoretischen Deutung der modernen Didaktik, in: Studien zur Bildungstheorie und Didaktik, Weinheim; Berlin; Basel 1971

Klafki, W. Schlüsselprobleme der modernen Welt und die Aufgaben der Schule – Grundlinien einer neuen Allgemeinbildungskonzeption in internationaler/interkultureller Perspektive, in: Pluralität und Bildung, hg. v. I. Gogolin; M. Krüger-Potratz; M. A. Meyer, Opladen 1998

Klein, W.; Krey, B. Umgang mit schwierigen Schülern. Konzeptionelle Überlegungen – Erfahrungen – Ergebnisse, Hohengehren 1999

Kleiner, E. Suggestopädie. Diabolisch einfach lernen?!, Pädagogische Abschlussarbeit am Didaktikum Aarau 1991

Kliemann, P. Impulse und Methoden. Anregungen für die Praxis des Religionsunterrichts, Stuttgart 1997

Knoblauch, J. Lernstress ade! 33 Strategien für geistiges Arbeiten, Neukirchen-Vluyn 1985[3]

Knoop, K.; Schwab, M. Einführung in die Geschichte der Pädagogik. Pädagogen-Porträts aus vier Jahrhunderten, Heidelberg; Wiesbaden 1994[3]

Kögler, T. Lernen durch Entspannung? Superlearning, Suggestopädie und »Sanfte Methoden« der Entspannung in Schule, Kirche und Gemeinde. Eine kritische Studie, Lahr 1993

Kompass, Arbeitshilfe für den biblischen Unterricht, Bd. 1-3, Kreuzlingen 1994-1996

Koneberg, L.; Förder, G. Kinesiologie für Kinder. Damit Lernen mehr Spaß macht, München 1996

König, E.; Zedler, P. Theorien der Erziehungswissenschaft. Einführung in Grundlagen, Methoden und praktische Konsequenzen, Weinheim 1998

König, K. Kirchengeschichtsdidaktische Grundregeln, in: Religionsdidaktik in Grundregeln. Leitfaden für den Religionsunterricht, hg. v. E. Groß; K. König, Regensburg 1996

Kordes, H. Fallanalyse und Bildungsgang – Plädoyer für eine auf den Bildungsgang bezogene professionelle pädagogische Arbeit, in: Bildungsgangdidaktik. Denkanstöße für pädagogische Forschung und schulische Praxis, hg. v. M. A. Meyer; A. Reinartz, Opladen 1998

Krag, W. Zur Wirkung der suggestopädischen Lehrmethode, Frankfurt a. M.; Bern; New York; Paris 1989

Kratochwil, L. Unterrichten können. Brennpunkte der Didaktik. Grundlagen der Schulpädagogik, Bd. 4, Hohengehren 1994[2]

Kron, F. W. Grundwissen Didaktik, München; Basel 1993

Kron, F. W. Grundwissen Pädagogik, München; Basel 1989[2]

Kruhöffer, G. Wieviel Theologie brauchen Religionslehrer/-innen? – Zum theologischen Profil der Religionspädagogik, in: Grundlagen der evangelischen Religionspädagogik, hg. v. J. Ohlemacher; H. Schmidt, Göttingen 1988

Kuckartz, U. Methoden erziehungswissenschaftlicher Forschung 2: Empirische Methoden, in: Erziehungswissenschaft. Ein Grundkurs, hg. v. D. Lenzen, Reinbek bei Hamburg 1997[3]

Kuhn, W. Darwin im Computerzeitalter. Das Ende einer Illusion, Berneck 1989

Kunze, I. Bildungsgangdidaktik, eine Didaktik für alle Schulstufen?, in: Bildungsgangdidaktik. Denkanstöße für pädagogische Forschung und schulische Praxis, hg. v. M. A. Meyer; A. Reinartz, Opladen 1998

Lähnemann, J. Zugänge zu den Weltreligionen, in: Religionspädagogisches Kompendium, hg. v. G. Adam; R. Lachmann, Göttingen 1997[5]

Lammers, A. Zur Möglichkeit und Notwendigkeit fachüberschreitenden Unterrichts, in: Grundfragen des Unterrichts. Bildung und Erziehung in der Schule der Zukunft, hg. v. J. Rekus, Weinheim; München 1998

Lankes, E.-M.; Prenzel, M. Wie Lehrer Interesse wecken und fördern können, in: Der gute Lehrer. Empfehlungen für den Umgang mit Schülern, Eltern und Kollegen, hg. v. S. Bäuerle, Stuttgart 1989

Lemke, D. Flexibilität als Prinzip der Unterrichtsplanung, in: Pädagogische Positionen. Ein Leitfaden für Lehrer aller Schularten, hg. v. J. Petersen; G.-B. Reinert, Donauwörth 1990

Lenzen, D. Orientierung Erziehungswissenschaft. Was sie kann, was sie will, Reinbek bei Hamburg 1999

Lexikon zur Bibel hg. v. F. Rienecker, Wuppertal 1961[3]

Liedholz, M. Unterwegs mit jungen Menschen. Handbuch für Jugendarbeit, Gießen; Basel 1987[4]

Lott, M. Wertewandel, Unterricht und Erziehung, Hamburg 1996

Lück, I. Alarm um die Schule. Kritische Auseinandersetzung mit der gegenwärtigen Erziehungs-Situation. Die neomarxistische Unterwanderung, Neuhausen-Stuttgart 1980[2]

Maier, G. Das Ende der historisch-kritischen Methode, Wuppertal 1975[3]

Maier, H. W. Drei Theorien der Kindheitsentwicklung, New York 1983

Marburger, H. Entwicklung und Konzepte der Sozialpädagogik, München 1981[2]

Memmert, W. Didaktik in Graphiken und Tabellen, Bad Heilbrunn 1977

Menyhay, E. Kreativ-innovatives Denken und pädagogische Einsichten, Frankfurt a. M.; Bern; New York; Paris 1990

Meskemper, G. Jesus der Lehrer. Sein Vorbild für die Vorbilder der Gegenwart, Neuhausen-Stuttgart 1988

Meves, Ch. Es geht um unsere Kinder. Erfahrungen und Einsichten aus der Beratungspraxis, Gießen 1988

Meyer, M. Bildungsgangdidaktik. Auf der Suche nach dem Kern der Allgemeinen Didaktik, in: Die Deutsche Schule. Zeitschrift für Erziehungswissenschaft, Bildungspolitik und pädagogische Praxis, Weinheim Beiheft Nr. 5/1999

Meyer, M. A.; Reinartz, A. Einleitung, in: Bildungsgangdidaktik. Denkanstöße für pädagogische Forschung und schulische Praxis, hg. v. M. A. Meyer; A. Reinartz, Opladen 1998

Middleton, S. A. Helfen Sie Schülern, Bibelverse auswendig zu lernen!, in: Wie mach ich's richtig? Tips und Hilfen zum Lehren und Lernen, hg. v. B. Wilkinson, Dillenburg 1998

Miller, R. Lehrer lernen. Ein pädagogisches Arbeitsbuch, Weinheim; Basel 1999

Mit Kindern die Bibel entdecken: Die gute biblische Unterrichtshilfe für die Kinderarbeit in Sonntagsschule, Kindergottesdienst, Kinderstunde und Jungschar, für den Religionsunterricht und das Bibelgespräch im Familienkreis, Bd. 1-4, hg. v. H. Jaeger, Dillenburg 1991-1994

Mit Kindern zu biblischen Geschichten basteln. Für Sonntagsschule, Kinderstunde, Jungschar, Religionsunterricht und in der Familie, hg. v. M. Paul; Ch. Volkmann, Dillenburg 1997

Mollenhauer, K. Sozialpädagogische Einrichtungen, in: Erziehungswissenschaft. Ein Grundkurs, hg. v. D. Lenzen, Reinbek bei Hamburg 1997³

Möller, Ch. Technik der Lernplanung. Methoden und Probleme der Lernzielerstellung, Weinheim; Berlin; Basel 1969

Montada, L. Themen, Traditionen, Trends, in: Entwicklungspsychologie, hg. v. R. Oerter; L. Montada, München-Weinheim 1987²

Montada, L. Systematik der Angewandten Entwicklungspsychologie: Probleme der Praxis. Beiträge der Forschung, in: Entwicklungspsychologie, hg. v. R. Oerter; L. Montada, München-Weinheim 1987²

Mühlan, E. Kinder in der Zerreißprobe. Der antichristliche Angriff auf die Familie, Asslar 1986²

Müller, E. Bildnerische Eigentätigkeit im Religionsunterricht der Primarstufe. Entwicklung einer Lernform, Frankfurt a. M.; Bern; New York; Paris 1990

Müller, P. Das Leib-Seeleproblem in den Naturwissenschaften und in der Medizin, in: Das heutige Menschenbild. Entwürfe und Ansätze, hg. v. M. Svilar, Bern; Frankfurt a. M.; New York; Paris 1989

Mussen, P. Einführung in die Entwicklungspsychologie, Weinheim; München 1991⁹

Mussen, P. H.; Conger, J. J.; Kagan, J. Lehrbuch der Kinderpsychologie, Stuttgart 1981³

Neuberger, T. M. Lebensorientierung und religiöse Deutungssysteme, Frankfurt a. M.; Bern; New York; Paris 1989

Niemeyer, Ch. Die Sozialpädagogik in diesem Jahrhundert, in: Die gegenwärtige Struktur der Erziehungswissenschaft. Zum Selbstverständnis einer undisziplinierten Disziplin, hg. v. D. Hoffmann; K. Neumann, Weinheim 1998

Nüesch, H. P. Kinesiologie erobert unsere Schulen, in: Christliches Zeugnis, hg. v. Campus für Christus, Zürich Nr. 4/1998

Obst, H. Das Experimentieren im naturwissenschaftlichen Unterricht – Quelle für Erfahrungen, in: Allgemeine Didaktik und Fachdidaktik. Fachdidaktiker behandeln Probleme ihres Unterrichts, hg. v. S. Reinhardt; E. Weise, Weinheim 1997

Oerter, R. Der ökologische Ansatz, in: Entwicklungspsychologie, hg. v. R. Oerter; L. Montada, München-Weinheim 1987²

Oerter, R. Entwicklung der Motivation und Handlungssteuerung, in: Entwicklungspsychologie, hg. v. R. Oerter; L. Montada, München-Weinheim 1987²

Oerter, R. Entwicklung und Förderung: Angewandte Entwicklungspsychologie, in: Pädagogik. Handbuch für Studium und Praxis, hg. v. L. Roth, München 1991

Oerter, R. Jugendalter, in: Entwicklungspsychologie, hg. v. R. Oerter; L. Montada, München-Weinheim 1987²

Oerter, R. Kindheit, in: Entwicklungspsychologie, hg. v. R. Oerter; L. Montada, München-Weinheim 1987²

Oerter, R.; Schuster-Oeltzschner, M., Gedächtnis und Wissen, in: Entwicklungspsychologie, hg. v. R. Oerter; L. Montada, München; Weinheim 1987²

Ohlemacher, J. Die Geschichte der Kirche als Voraussetzung und Gegenstand der Religionspädagogik, in: Grundlagen der evangelischen Religionspädagogik, hg. v. J. Ohlemacher; H. Schmidt, Göttingen 1988

Oser, F. Genese und Logik der Entwicklung des religiösen Bewusstseins: Eine Entgegnung auf Kritiken, in: Glaubensentwicklung und Erziehung, hg. v. K. E. Nipkow; F. Schweitzer; J. W. Fowler, Gütersloh 1988

Oser, F.; Gmünder, P. Der Mensch. Stufen seiner religiösen Entwicklung. Ein strukturgenetischer Ansatz, Zürich; Köln 1984

Ostermann, E. Der Tanz ums Goldene Kalb. Egoismus, Globalismus, Kapitalismus. Mit einer geistigen Wende in die Zukunft, Neuhausen-Stuttgart 1997

Ouweneel, W. J. Herz und Seele. Gibt es eine christliche Psychologie? Dillenburg 1991

Ouweneel, W. J. Psychologie. Ein bibelorientiert-wissenschaftlicher Entwurf, Bielefeld; Dillenburg 1993

Paul, E. Methoden, in: Handbuch der Religionspädagogik, hg. v. E. Feifel; R. Leuenberger; G. Stachel; K. Wegenast; Bd. 2, Zürich; Einsiedeln; Köln 1978[2]

Petermann, F. Daten, Dimensionen, Verfahrensweisen, in: Entwicklungspsychologie, hg. v. R. Oerter; L. Montada, München-Weinheim 1987[2]

Peterßen, W. H. Lehrbuch Allgemeine Didaktik, München 1992[3]

Petillon, H. Der Schüler. Rekonstruktion der Schule aus der Perspektive von Kindern und Jugendlichen, Darmstadt 1987

Pfeifer, A. Mütter sind nicht immer schuld. Von Selbstvorwürfen zur Gelassenheit, Wuppertal; Zürich 1995

Pfeifer, A. Wir erziehen unsere Kinder anders, Neuhausen-Stuttgart 1989

Pfeifer, S. Die Schwachen tragen. Moderne Psychiatrie und biblische Seelsorge, Basel; Gießen 1988

Piaget, J. Das moralische Urteil beim Kinde, Frankfurt 1973

Pöggeler, F. Der Lehrer zwischen Leistungsmessung, Notengebung und pädagogischem Bezug, in: Der gute Lehrer. Empfehlungen für den Umgang mit Schülern, Eltern und Kollegen, hg. v. S. Bäuerle, Stuttgart 1989

Pöggeler, F. Hausaufgaben! Helfen oder nicht? Freiburg; Basel; Wien 1978

Pöggeler, F. Revolution des Lernens: Bildung in der Informationsgesellschaft, in: Pädagogische Rundschau, Frankfurt a. M. Nr. 3/ 1998

Printz, M. Grundlinien einer bibelorientierten Gemeindepädagogik. Pädagogische und praktisch-theoretische Überlegungen, Wuppertal; Zürich 1996

Prokop, O. Medizinischer Okkultismus, Stuttgart; New York 1977[4]

Purkey, S. C.; Smith, M. S. Wirksame Schulen – Ein Überblick über die Ergebnisse der Schulwirkungsforschung in den Vereinigten Staaten, in: Gute Schulen – worauf beruht ihre Wirksamkeit?, hg. v. K. Aurin, Bad Heilbrunn 1990

Raufuß, D. Handeln im Unterricht?, in: Pädagogische Rundschau, Frankfurt a. M. Nr. 6/1997

Rauschenberger, H. Erzieherisches Denken und Handeln. Gesellschaftliche Entwicklungen in ihrer Wirkung auf Schule und Unterricht, Weinheim; München 1999

Rauscher, E. Religion im Dialog. Fächerverbindung, Projektstruktur, Religionsunterricht, Frankfurt a. M.; Bern; New York; Paris 1991

Rebell, W. Psychologisches Grundwissen für Theologen. Ein Handbuch, München 1988

Reinartz, A. Über die Handlungsorientierung hinaus – Bildungsgangdidaktik als Impulsgeberin für eine innere Schulreform?, in: Bildungsgangdidaktik. Denkanstöße für pädagogische Forschung und schulische Praxis, hg. v. M. A. Meyer; A. Reinartz, Opladen 1998

Reinhardt, E. Grundlagen des Lehrens und Lernens. Anwendungsbezogene pädagogische Wissenschaft, Darmstadt 1994

Remplein, H. Die seelische Entwicklung des Menschen im Kindes- und Jugendalter, München 1958[7]

Rittelmeyer, Ch. Schulautonomie – Problemstellungen eines bildungspolitischen Zukunftsprojektes, in: Bildung und Erziehung, Köln Nr. 2/1997

Röhrs, H. Allgemeine Erziehungswissenschaft. Eine Einführung in die erziehungswissenschaftlichen Aufgaben und Methoden, in: Gesammelte Schriften, hg. v. H. Röhrs, Bd. 1, Weinheim 1993

Rost, D. Unserem Kind zuliebe, Vellmar-Kassel 1984

Roth, E.; Zsifkovics, M. Intelligenz, Begabung und Umwelt, in: Pädagogik. Handbuch für Studium und Praxis, hg. v. L. Roth, München 1991

Roth, L. Forschungsmethoden der Erziehungswissenschaft, in: Pädagogik, Handbuch für Studium und Praxis, hg. v. L. Roth, 1991

Röthemeier, S. Wurzeln der Pädagogik. Menschenbild und Erziehungsstile – christliche und humanistische Sichtweise im Vergleich, Berneck 1996

Ruppert, G.; Thierfelder, J. Umgang mit der Geschichte – Zur Fachdidaktik kirchengeschichtlicher Fundamentalinhalte, in: Religionspädagogisches Kompendium, hg. v. G. Adam; R. Lachmann, Göttingen 1997[5]

Ruthe, R. Elternbuch, Wuppertal 1986

Schaude, O. Kind und Schule, in: Ratgeber Erziehung, hg. v. O. Schaude; D. Velten, Wuppertal; Zürich 1991

Schavan, A. Schule der Zukunft. Bildungsperspektiven für das 21. Jahrhundert, Freiburg; Basel; Wien 1998

Schenk-Danzinger, L. Entwicklung, Sozialisation, Erziehung. Von der Geburt bis zur Schulfähigkeit, Bd. 1, Stuttgart; Wien 1994[2]

Schenk-Danzinger, L. Entwicklung, Sozialisation, Erziehung. Schul- und Jugendalter, Bd. 2, Stuttgart; Wien 1994

Schiffler, L. Suggestopädie und Superlearning – empirisch überprüft. Einführung und Weiterentwicklung für Schule und Erwachsenenbildung, Frankfurt a. M. 1989

Schilling, J. Kursbuch Jugendarbeit. Informieren – planen – handeln, München 1983

Schilmöller, R. Bildung und Leistung – Leistungsbeurteilung und bildender Unterricht, in: Grundfragen des Unterrichts. Bildung und Erziehung in der Schule der Zukunft, hg. v. J. Rekus, Weinheim; München 1998

Schirlbauer, A. Wollt ihr die totale Schule?, in: Pädagogische Rundschau, Frankfurt a. M.; Berlin; Bern; New York; Paris; Wien Nr. 5/1994

Schirrmacher, Th. Ethik. Lektionen zum Selbststudium, Bd. 2, Neuhausen-Stuttgart 1994

Schmid, C. New dimension in learning, LIND-Institut, San Francisco 1985

Schmidt, G. R. Fachdidaktischer Umgang mit ethischen Inhalten, in: Religionspädagogisches Kompendium, hg. v. G. Adam; R. Lachmann, Göttingen 1997[5]

Schmidt, H. Gegenstand und Mitteilung des Glaubens – Zu Tiefenstrukturen von Lehren und Lernen im Religionsunterricht, in: Grundlagen der evangelischen Religionspädagogik, hg. v. J. Ohlemacher; H. Schmidt, Göttingen 1988

Schmitz, E.; Stiksrud, A. Erziehung, Entfaltung und Entwicklung. Ein Lern- und Lehrbuch für den Unterricht in Psychologie und Erziehungslehre an weiterführenden Schulen, Heidelberg 1990

Schnell, F. Tiefenpsychologie – die Entdeckung des Unbewussten, in: Kindlers Handbuch Psychologie, hg. v. R. Stalmann, München 1982

Schnoor, D. Schulentwicklung durch neue Medien, in: Pädagogische Rundschau, Frankfurt a. M. Nr. 6/1998

Schritte zu den Kindern, Arbeitsbuch Gnadauer Kongress 1987, hg. v. D. Velten, Dillenburg 1987

Schröter, G. Alptraum: Zensuren, in: idea spektrum, hg. v. Informationsdienst der Evangelischen Allianz, Wetzlar Nr. 25/1994

Schröter, G. Versetzung gefährdet? Mit Tips für Schüler und Eltern, Neuhausen-Stuttgart 1980

Schule auf biblischer Basis. Grundlagen und Ziele Evangelischer Bekenntnisschulen, hg. v. der Arbeitsgemeinschaft Evangelischer Bekenntisschulen (AEBS), Neuhausen-Stuttgart 1985

Schultz, R. Im Wort gegründet? Ein Ruf zum verantwortlichen Umgang mit der Bibel in der christlichen Psychologie, in: Bibel und Gemeinde, hg. v. Bibelbund, Reiskirchen Nr. 1/ 1998

Schulz, W. Die lehrtheoretische Didaktik, in: Didaktische Theorien, hg. v. H. Gudjons; R. Teske; R. Winkel, Hamburg 1989[5]

Schulz, W. Unterrichtsplanung, München 1981[3]

Schweitzer, F. Lebensgeschichte und Religion. Religiöse Entwicklung und Erziehung im Kindes- und Jugendalter, München 1987

Schweitzer, F.; Bucher, A. A. Schwierigkeiten mit Religion. Zur subjektiven Wahrnehmung religiöser Entwicklung, in: Entwicklung von Religiosität, hg. v. A. A. Bucher; K. H. Reich, Freiburg Schweiz 1989

Seiler, Th. B.; Hoppe-Graff, S. Stufentheorien, Strukturgenese und die Emergenz einer intuitiven religiösen Theorie, in: Entwicklung von Religiosität, hg. v. A. A. Bucher; K. H. Reich, Freiburg Schweiz 1989

Seiß, R. Die seelische Entwicklung im Schulalter, Wuppertal 1979

Seiß, R. Humane Pädagogik. Liebe – das Zentrum erzieherischen Handelns, Bad Heilbrunn 1986[2]

Seiß, R. Identität und Beziehung. Ein zentraler Aspekt verstehender Entwicklungspsychologie, Neuhausen-Stuttgart 1986

Silbereisen, R. K. Soziale Kognition. Entwicklung von sozialem Wissen und Verstehen, in: Entwicklungspsychologie, hg. v. R. Oerter; L. Montada, München-Weinheim 1987[2]

Silbereisen, R. K.; Kastner, P. Jugend und Problemverhalten. Entwicklungspsychologische Perspektiven, in: Entwicklungspsychologie, hg. v. R. Oerter; L. Montada, München-Weinheim 1987[2]

Skowronek, H. Lernen und Lerntheorien, in: Pädagogik. Handbuch für Studium und Praxis, hg. v. L. Roth, München 1991

Sprenger, U. Die deutsche Gesamtschule – ein Misserfolg, in: Zeit-Fragen. Zeitung für freie Meinungsbildung, Ethik und Verantwortung, Zürich Januar 1995

Stadelmann, H. Grundlinien eines bibeltreuen Schriftverständnisses, Wuppertal 1985

Struck, P. Neue Lehrer braucht das Land. Ein Plädoyer für eine zeitgemäße Schule, Darmstadt 1994

Stryck, T. Autonomie und Schulträger. Über die Entwicklung aus kommunaler Sicht, in: Schulautonomie – Chancen und Grenzen. Impulse für die Schulentwicklung, hg. v. P. Daschner; H.-G. Rolff; T. Stryck, Weinheim; München 1995

Stückelberger, A. E. Bibel, Kind und wir. Eine Methodik zur Gestaltung des Unterrichts in biblischer Geschichte, Wuppertal-Elberfeld 1977

Stückelberger, A. E. Grundlagen und Bausteine christlicher Erziehung. Der Erzieher, das Kind, die Erziehung, Zürich 1946

Tausch, R; Tausch, A.-M. Erziehungspsychologie. Begegnung von Person zu Person, Göttingen 1979[9]

Terhart, E. Lehr-Lern-Methoden. Eine Einführung in Probleme der methodischen Organisation von Lehren und Lernen, Weinheim; München 1989

Terhart, E. Reform der Lehrerbildung, in: Welche Lehrer braucht das Land? Notwendige und mögliche Reformen der Lehrerbildung, hg. v. E. Cloer; D. Klika; H. Kunert, Weinheim; München 2000

Theobald, D. u. V. Handbuch für Kinderarbeit. Gott liebt nicht nur große Leute, Gießen 1984[5]

Thielscher-Noll, H.; Noll, H. G. Das Elternseminar – erziehen und begleiten, Neuhausen-Stuttgart 1992

Trautner, H. M. Lehrbuch der Entwicklungspsychologie, Bd. 1, Göttingen; Toronto; Zürich 1978

Traxel, W. Über Gegenstand und Methode der Psychologie, Stuttgart 1968

Uhl, S. Die Mittel der Moralerziehung und ihre Wirksamkeit, Bad Heilbrunn 1996

Ulrich, H. G. Ethik im Religionsunterricht – theologische und pädagogische Perspektiven, in: Grundlagen der evangelischen Religionspädagogik, hg. v. J. Ohlemacher; H. Schmidt, Göttingen 1988

Velten, D. Disziplinschwierigkeiten, in: Erziehen konkret. Beiträge zu grundlegenden und praktischen Fragen der christlichen Erziehung, hg. v. T. Kögler; D. Velten, Lahr 1999

Vitz, P. Der Kult ums eigene Ich. Psychologie als Religion, Gießen; Basel 1995

Vorbereitung des Unterrichts, hg. v. H. Glöckel; R. Drescher; R. Rabenstein; H. Kreiselmeyer, Bad Heilbrunn 1992[2]

Wanner, W. Erzählen kann jeder, Gießen 1985[3]

Wanner, W. Mach mehr aus Dir. Schritte zur Erweiterung und Vertiefung der Persönlichkeit. Wege zur Ganzheit, Gießen; Basel 1984[2]

Wanner, W. Wer bin ich – wer bist Du? Handbuch Jugendpsychologie, Gießen; Basel 1984[3]

Weber, E. Pädagogik. Eine Einführung. Grundfragen und Grundbegriffe. Ontogenetische Voraussetzungen der Erziehung – Notwendigkeit und Möglichkeit der Erziehung, Bd. 1/Teil 2, Donauwörth 1996[8]

Weber, E. Pädagogik. Eine Einführung. Grundfragen und Grundbegriffe. Pädagogische Anthropologie. Phylogenetische (bio- und kulturrevolutionäre) Voraussetzungen der Erziehung, Bd. 1/Teil 1, Donauwörth 1995[8]

Weerth, R. NLP und Imagination. Grundannahmen, Methoden, Möglichkeiten und Grenzen, Paderborn 1994[2]

Wegenast, K. Der christliche Glaube als Lehre im Religionsunterricht, in: Religionspädagogisches Kompendium, hg. v. G. Adam; R. Lachmann, Göttingen 1997[5]

Wegenast, K. Konfirmandenunterricht und Konfirmation, in: Gemeindepädagogisches Kompendium, hg. v. G. Adam; R. Lachmann, Göttingen 1987

Wegenast, K., Religionsdidaktik Grundschule: Voraussetzungen, Grundlagen, Materialien, Stuttgart; Berlin; Köln; Mainz 1983

Wellenhofer, W. Unterricht heute. Aufgaben – Möglichkeiten – Probleme. Ein Studien- und Lehrbuch in Schaubildern, Ainring 1997

Wellenreuther, M. Quantitative Forschungsmethoden in der Erziehungswissenschaft. Eine Einführung, Weinheim; München 2000

Werres, W. ASFU – Ein Beobachtungs- und Aufnahmeverfahren zur Unterrichtsmethoden-Forschung, in: Schüler in Schule und Unterricht. Berichte und Untersuchungsverfahren, hg. v. W. Werres, Frankfurt a. M. 1996

Werres, W. Schule heute. Schülers Lust und Schülers Frust, in: Schüler in Schule und Unterricht. Berichte und Untersuchungsverfahren, hg. v. W. Werres, Frankfurt a. M. 1996

Westphalen, K. Lehrplanarbeit, in: Pädagogische Positionen. Ein Leitfaden für Lehrer aller Schularten, hg. v. J. Petersen; G.-B. Reinert, Donauwörth 1990

Wiechmann, J. Frontalunterricht, in: Zwölf Unterrichtsmethoden. Vielfalt für die Praxis, hg. v. J. Wiechmann, Weinheim; Basel 2000[2]

Wittenbruch, W. Schulpädagogik. Konstitutionsprobleme und die Vielfalt der Reflexionsansätze (1994), in: Texte zur Schulpädagogik. Selbstverständnis, Entstehung und Schwerpunkte schulpädagogischen Denkens, hg. v. H. J. Apel; H.-U. Grunder, Weinheim; München 1995

Wollenweber, H. Modernisierungsprozesse in Gesellschaft und Wirtschaft als Herausforderung für schulische Bildungs- und Erziehungsarbeit, in: Pädagogische Rundschau, Frankfurt a. M.; Berlin; Bern; New York; Paris; Wien Nr. 1/ 1994

Wollenweber, H. Gegen illusionäre Konzepte, für eine leistungsorientierte und zukunftsfähige Schule!, in: Pädagogische Rundschau, Frankfurt a. M. Nr. 2/1999

Wollenweber, H. Unterricht und Erziehung in einer zukunftsorientierten Schule, in: Pädagogische Rundschau, Frankfurt a. M. Nr. 6/1996

Wünch, H.-G. Autorität in der christlichen Schule. Eine Untersuchung zur Autoritätsdiskussion an evangelikalen Bekenntnisschulen in Deutschland, Bonn 1995

Zabeck, J. Die Berufs- und Wirtschaftspädagogik als erziehungswissenschaftliche Teildisziplin, in: Die gegenwärtige Struktur der Erziehungswissenschaft. Zum Selbstverständnis einer undisziplinierten Disziplin, hg. v. D. Hoffmann; K. Neumann, Weinheim 1998